JavaScript & Co.

Ralph Steyer

JavaScript & Co.

new reference

Markt+Technik Verlag

Die Deutsche Bibliothek – CIP-Einheitsaufnahme

Ein Titeldatensatz für diese Publikation ist
bei Der Deutschen Bibliothek erhältlich.

10 9 8 7 6 5 4 3 2 1

04 03 02 01

ISBN 3-8272-6122-8

Lektorat: Erik Franz, efranz@pearson.de
Herstellung: Anja Zygalakis, azygalakis@pearson.de
Satz: reemers publishing services gmbh, Krefeld (www.reemers.de)
Einbandgestaltung: H2 Design, München
Druck und Verarbeitung: Media-Print, Paderborn
Printed in Germany

Inhaltsverzeichnis

JavaScript & Co.

new reference

Übersicht

Einleitung

Diese Referenz behandelt jeweils einen konkreten Befehl oder eine Funktionalität bzw. einen thematischen Oberbegriff. Dabei ist das Hauptthema in Form einer Titelzeile notiert, gefolgt von einer Kurzbeschreibung des konkreten Befehls oder der Funktionalität. Anschließend wird geschildert, wie ein Befehl oder eine Funktionalität angewandt wird bzw. der thematische Oberbegriff erläutert. Sofern zu einem Thema eine oder mehrere Warnung(en) angebracht erscheint/en, wird nach dem Absatz der Anwendungen auf mögliche Gefahrenpotentiale hingewiesen – bewusst mit eventuellen Überschneidungen zu Hinweisen in der Anwendungsbeschreibung, um Gefahren deutlich herauszuheben. Es soll der Grundsatz gelten: Lieber zu viel auf eine Gefahr hinweisen als zu wenig!

Nach dem Abschnitt folgen (bis auf ganz wenige Ausnahmen, wo allgemeine Fragestellungen behandelt werden) kommentierte Beispiele (Kommentare entweder direkt im Sourcecode oder unter- bzw. oberhalb des jeweiligen Beispiels) zu dem betreffenden Thema (meist mehrere Beispiele). Wenn im Rahmen des Buchs verwandte Befehle oder Funktionalitäten behandelt werden, werden diese am Ende eines Themas notiert, sofern ein Verweis darauf sinnvoll erscheint (ansonsten gibt es – wenn notwendig – explizite Querverweise direkt an den entsprechenden Stellen).

Die einzelnen Kapitel im Überblick:

- Im ersten Kapitel gehen wir auf die grundlegende Begriffe rund um Scripte im Allgemeinen und Webscripting im Besonderen ein – der Abschnitt ist also stark Oberthemen-orientiert und verzichtet auf konkrete Beispiele. Dabei sollen unter anderem die recht allgemein zu verstehenden Themenstellungen Webseite, Interpretation versus Compilierung, Server und Client sowie serverseitige und clientseitige Scripte geklärt werden. Überdies vergleichen wir Scriptsprachen mit Java.
- Danach sollen allgemeine, grundlegende Begriffe der Script-Syntax behandelt werden. Wir sprechen Definitionen durch, die in der Programmierung von Scripten (und auch bei Programmen im allgemeinen Sinn) immer wieder auftauchen und von fundamentaler Bedeutung sind. Im Detail sind das unter anderem die Begriffe Daten und Datentypen, Klassen, Objekte, Variablen, Methoden, Funktionen, Prozeduren, Zuweisungen, Ablaufsteuerung, Ereignisse, Schlüsselworte und Token. Der Abschnitt soll einen grundsätzlichen Überblick bieten und verzichtet im Wesentlichen auf Spezifika einer einzelnen Sprache.

- Das nächste Kapitel beschäftigt sich mit HTML-Grundlagen. Zwar werden nicht sämtliche HTML-Befehle intensiv behandelt (nur eine Auswahl), aber die für Webscripting unabdingbaren HTML-Grundlagen sollen ausführlich erörtert werden. Dieser Abschnitt will nicht unbedingt einzelne HTML-Befehle in den Mittelpunkt stellen, sondern grundsätzliche Strukturen von HTML klären. Darunter ist beispielsweise das Grundgerüst einer Webseite mit den zu der Grundstruktur einer Webseite gehörenden Anweisungen zu verstehen. Ebenso gehört in diesen Themenbereich die allgemeine Technik zum Einbinden von Scripten in eine Webseite, z.B. die Einbindung von Style-Sheets, Java-Applets oder ActiveX-Controls. Diese Verankerung einer ergänzenden Technik in eine Webseite ist von allgemeiner Natur und damit thematisch aus den jeweiligen Spezialabschnitten zu den Script- und Style-Sheet-Techniken herausgezogen.
- Die nächsten beiden Buchpassagen sind gemeinsam zu sehen, denn darin werden mit JavaScript, JScript und VBScript die Schwerpunkte des Webscripting besprochen. Der erste der beiden Abschnitte dreht sich um JavaScript und JScript und beschäftigt sich mit den wichtigsten Details zu den beiden eng verwandten (und sogar größtenteils deckungsgleichen) Scriptsprachen. Dabei werden hauptsächlich die Schlüsselworte und die syntaktischen Regeln sowie bereitgestellte Funktionen behandelt. Der Paragraph zu VBScript ist, was die behandelten Themen betrifft, weitgehend identisch zu sehen wie der JavaScript-Abschnitt. Nur werden dabei zusätzlich einige Plattform-spezifische Details wie Automatisierungs-Objekte behandelt, während der Objekt-Aspekt bei dem JavaScript-Paragraph vernachlässigt wird. Dieser wird in der Referenz so umfangreich behandelt, dass er im folgenden Kapitel eigenständig angesprochen werden soll.
- In dem Kapitel zu Webscripting in Verbindung mit Objekten und Ereignisbehandlung geht es – losgelöst von einer einzelnen Scriptsprache oder Technik – allgemein um die Dynamik in einer Webseite. DOM und die verschiedenen Objektmodelle – im Schwerpunkt das Netscape-Objektmodell, welches nahtlos mit JavaScript zusammenarbeitet, Dynamic-HTML, Eventhandling etc. – sind dort behandelte Schlagworte.
- Der Abschnitt über Perl-Grundlagen soll die Verwendung von Perl insbesondere auf Clientseite zeigen. Dabei werden die Syntaxregeln und Schlüsselworte der Sprache behandelt und nicht die meist mit Perl in Verbindung gebrachte Möglichkeit der CGI-Programmierung (Perl kann mehr). Die Verbindung von Perl mit CGI wird danach gezeigt. Dabei sollen auch allgemeine CGI-Grundlagen behandelt werden.
- Den Abschluss des bilden Style-Sheets (insbesondere CSS) und die dynamische Manipulation durch Scripte.

Allgemeine Webscripting-Grundlagen

In diesem Kapitel sollen grundlegende Begriffe besprochen werden, welche für Webscripting unter Windows von zentraler Relevanz sind. Dabei werden unter anderem folgende Themen behandelt:

- Webseiten
- Scripte im Allgemeinen
- Interpretation versus Compilierung
- Server und Client
- Serverseitige Scripte
- Clientseitige Scripte
- Scriptsprachen im Vergleich mit Java
- Allgemeine Programmier- und Gestaltungsregeln für Webscripting

Webseiten

Die allgemeine Definition einer Webseite.

Anwendung

Obwohl das Internet aus zahlreichen Diensten besteht, wird es in der breiten Öffentlichkeit mittlerweile fast nur noch in Form des World Wide Web (dem Web) wahrgenommen. Nicht ganz zufällig, denn die einzelnen Dienste des Internets verschmelzen über die dort integrierten Referenzierungsmöglichkeiten der verschiedenen Techniken immer mehr unter dem Dach des Web. Der auf dem Protokoll *HTTP* (Hyper Text Transport Protocol) basierende Dienst stellt mit seiner grafischen Oberfläche eine gegenüber den restlichen Diensten leicht zu erlernende Bedienung und eine leichtverständliche Navigation zur Verfügung. Diese Oberfläche des Web besteht aus den so genannten Webseiten, welche zahlreiche Techniken in sich vereinigen können bzw. eine Referenz darauf erlauben. Einige ihrer wichtigsten Vertreter bilden den Schwerpunkt dieses Buchs.

Grundlage jeder Webseite ist die Möglichkeit, die wichtigsten Informationen einer solchen Seite in Form von Klartext anzugeben. Dies ist erstmal die eigentliche Textinformation ohne irgendwelche weiteren Zusatzangaben. Darüber hinaus zählt zu den unabdingbaren Grundlagen einer Webseite eine Dokumentenbeschreibungssprache, mit deren Anweisungen die logischen Strukturen der Webseite beschrieben werden können. Für das Web wurde eine spezielle Sprache entwickelt, die HTML (Hypertext Markup Language) genannt wird. HTML stammt von der Dokumentenbeschreibungssprache SGML (Structured Generalized Markup Language) ab, die schon seit Ende der sechziger Jahre existiert.

Zu einer so über HTML beschriebenen logischen Struktur einer Webseite gehören reiner Text, Farbangaben, aber auch Kapitel, Unterkapitel, Absätze, Sprachelemente zur Formatierung von Text und zum Darstellen von Tabellen usw. In HTML wurde bereits von Anfang an speziell die Beschreibung von Verweisen – den Hyperlinks – und das Einbinden von Grafiken integriert. Später sollte die Einbindung von immer mehr Elementen aus dem Bereich Multimedia hinzukommen. Insbesondere die Verknüpfung mit Scripten ist für die Technik des Webscripting unter Windows von zentraler Bedeutung. Jeder der supplementären Techniken ist eigen, dass sie sich bei Verwendung in einer Webseite in einem HTML-Gerüst verankern. Nicht zuletzt deshalb wird der Begriff Webseite synomym zu HTML-Seite verwendet – auch wenn dort ergänzende Techniken integriert werden.

Scripte und Webscripting

Scripte sind eine Folge von Befehlen, die von einem Interpreter abgearbeitet werden und den Scriptinterpreter veranlassen, bestimmte Aktionen durchzuführen.

Anwendung

Wenn man Scripte als eine Folge von Befehlen beschreibt, würde diese Beschreibung auch für eine vollständige Programmiersprache wie Java oder C/C++ zutreffen. Scripte sind aber in der Regel von einfacherer Struktur. Mit Scriptsprachen werden keine Programme erstellt. Sie steuern Abläufe von Programmen, die ihnen über eine Zugriffsschnittstelle und einen passenden Scriptinterpreter diese Möglichkeit eröffnen. Damit sind auch schon die wesentlichen Unterschiede zu »normalen« Programmen beschrieben. Auf das Interpreterprinzip versus das bei »normalen« Programmen meist verwendete Compilierungsprinzip gehen wir auf Seite 26 ein.

Webscripting ist ein nicht fest definierter Begriff. Allgemein es gibt jedoch eine recht allgemein akzeptierte Bedeutung. Webscripting soll nach unserem Verständnis die allgemeine Verwendung von Scripten im Rahmen einer HTML-Seite bedeuten. Das zu steuernde Programm ist in der Regel ein Browser, kann aber auch ein Serverprogramm sein. Dazu werden hauptsächlich Funktionen und Objekte direkt in den HTML-Code eingebunden oder rundweg darin notiert.

Client- und serverseitige Scripte

Die Aufteilung von Scriptaufgaben im Rahmen eines Client-Server-Prozesses.

Anwendung

Da das Internet als Client-Server-Prozess zu verstehen ist, sollte man bei Scripten im Web beachten, dass es sowohl serverseitige als auch clientseitige Scripte gibt. Jede Variante lässt sich in verschiedenen Sprachen erstellen (viele Scriptsprachen gibt es sogar in beiden Versionen). Diese zwei logisch getrennten Welten erlauben die Aufteilung von Funktionalität auf beide an einem Client-Server-Prozess beteiligten Partner. Sowohl der Client als auch der Server können diverse Aufgaben durchführen.

Zuerst wollen wir die Begriffe **Server** und **Client** sowie das **Client-Server-Prinzip** unabhängig von Scripten nochmal etwas genauer unter die Lupe nehmen. Diese beiden Begriffe werden oft missverstanden und deshalb nicht richtig verwendet.

Lassen Sie uns zuerst einmal die beiden Begriffe Server und Client analysieren. Server leitet sich aus dem lateinischen Wort Servus ab und bedeutet Sklave oder Diener. Dieser Sklave bedient irgendwelche Klienten – englisch Clients. Eine Beziehung zwischen Client und Server bedeutet also streng genommen nicht mehr, als dass irgendjemand etwas bereitstellt, was irgendjemand anderer verwenden will.

Wenn man sich dazu ein Netzwerk als Beispiel heranzieht, kommt meist einem der Rechner dort eine besondere Bedeutung zu. Er stellt Leistungen zur Verfügung (Bereitstellen von Daten oder Programmen, Datensicherung, Bereitstellung von Hardware), die von anderen Rechnern genutzt werden. Er ist gewissermaßen der Diener (oder Sklave) der anderen Rechner.

Dieser meist für die Erklärung von Client-Server-Beziehungen verwendete Ansatz beinhaltet jedoch die oben angedeutete Ungenauigkeit, welche in der Folge oft zu Verständnisproblemen führen kann. Genau genommen handelt es sich in dem Netzwerkbeispiel sowohl beim Server als auch beim Client um Software – keine Hardware. Die Gleichsetzung des Begriffs Server mit dem physikalischen Rechner stösst spätestens dann an seine Grenzen, wenn auf einem physikalischen Rechner mehrere Serverprogramme installiert sind oder ein einziges Serverprogramm über mehrere physikalische Rechner verteilt wird. Ebenso lässt sich mit dem vereinfachten Hardware-Denkansatz nicht so einfach klarmachen, warum ein Rechner oder Programm einmal als Server, dann aber wieder als Client fungieren kann.

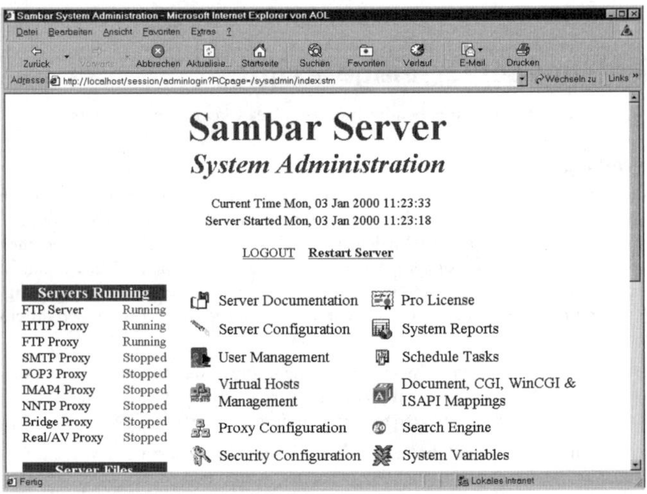

Zwei Proxy-Server und ein FTP-Server unter Sambar laufen auf einem Rechner.

Man gewöhnt sich besser daran, sowohl beim Server als auch beim Client an ein Programm zu denken, welches einfach bestimmte ihm zugeteilte Aufgaben in dem logischen Client-Server-Prozess durchführt. Wie ein Schauspieler kann ein solches

Programm mal die eine, mal die andere Rolle spielen. Je nach konkreter Client-Server-Konstellation (etwa zwei parallele Client-Server-Beziehungen) kann ein Programm sogar gleichzeitig Server und Client sein. Ein ziemlich oft verwendetes Beispiel, wo Client und Server sogar gewöhnlich auf einem Rechner laufen, ist die Einbindung von einer Excel-Tabelle in ein Winword-Dokument. Excel dient in dieser Konstellation als Server für Winword.

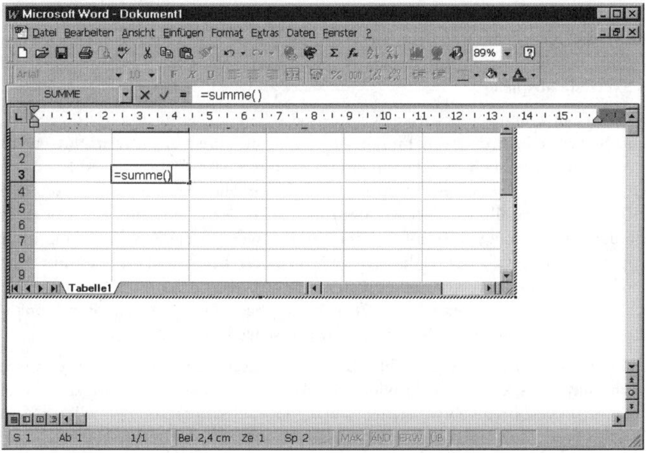

Der Server Excel bedient den Client Word.

Serverprogramme werden in der Regel nach ihren Aufgaben aufgeteilt und oft auch benannt. Im Internet/Intranet benennt man in diesem Zusammenhang die Serverprogramme nach den jeweilig betreuten Internet-Diensten als FTP-Server, News-Server, Mail-Server, WWW-Server usw. Meist haben bestimmte Programme eine feste Serverfunktion und agieren nur in Ausnahmesituationen als Client (etwa, wenn ein WWW-Server mit einem Fernwartungsprogramm vom Administrator gewartet wird).

Serverseitige Scripte

Wir werden in diesem Buch diejenigen Scripte in den Mittelpunkt stellen, die innerhalb einer HTML-Seite notiert oder referenziert und in dem Browser des Anwenders (dem Clientprogramm im Rahmen einer WWW-Datenübertragung) ausgeführt werden (also die clientseitigen Scripte). Dies soll nicht etwa bedeuten, dass Scripte, welche das Serverprogramm steuern (serverseitige Scripte), unwichtig oder in der

Leistungsfähigkeit beschränkt sind. Im Gegenteil – viele Aktionen im Rahmen eines Client-Server-Prozesses können oder werden sogar explizit vom Server aus durchgeführt oder gesteuert, oft sogar viel besser als über Aktionen auf der Clientseite – etwa im Rahmen einer auf dem HTTP-Protokoll (Hyper Text Transport Protocol) aufsetzenden Versendung von serverseitig generierten Daten an den Client über das Common Gateway Interface (CGI) oder über serverseitige Javascripte. Auch Techniken wie LiveWire (eine Technologie des Netscape-Webservers), ASP (Active Server Pages – eine Technologie für Microsoft-Webserver) oder Java-Servlets (serverseitige Java-Applets, die auf dem Server durch die dortige virtuelle Javamaschine ausgeführt werden) bieten unschätzbare Qualifikationen, welche sich allesamt auf der Serverseite abspielen.

Die CGI-Technik und serverseitige Scripte sind sehr interessant und leistungsfähig. Sie unterliegen jedoch diversen Einschränkungen, die ihren objektiven Nutzen für viele Anwender erheblich reduzieren. Erstes Problem: Der Webserver, auf dem sie laufen sollen, muss über einen Interpreter für die Sprache verfügen, mit der das serverseitige Script erstellt wurde (was natürlich auch auf Clientseite gilt – dort ist jedoch die Bereitstellung eines solchen Interpreters weniger ein Problem, da ihn, für eine Sprache wie JavaScript, jeder moderne Browser bereitstellt). Dies kann man zwar vielfach bei einer weit verbreiteten Sprache wie etwa Perl voraussetzen, jedoch bei anderen Sprachen ist das oft nicht gegeben. Für die gleiche Funktionalität muss unter Umständen mehr als ein Script geschrieben werden.

Daneben gibt es noch weitere Probleme. Viele Webseitenersteller werden dadurch eingeschränkt, dass zahlreiche Provider die Ausführung von serverseitigen Fremdscripten nicht gestatten. Zwar stellen sie oft eigene Scripte für den allgemeinen Gebrauch bereit, den Upload (und/oder das Ausführen) von selbst geschriebenen Scripten unterbinden sie jedoch meist. Für den Webprogrammierer, der seine Seiten bei einem solchen Provider platzieren möchte (insbesondere zählen dazu auch die großen Provider AOL, T-Online und CompuServe), ist eine Beschäftigung mit dem Erstellen der teilweise doch recht komplizierten serverseitigen Prozesse oft ein wenig frustierend – die Resultate können nicht in natura verwendet werden.

Die Einrichtung eines eigenen Webservers wie Sambar (ein frei verfügbarer Webserver für Windows) als Alternative ist zwar unproblematisch (und auch aus verschiedenen Gründen sehr zweckmäßig – wir werden deshalb im Praxisabschnitt intensiv darauf eingehen), die Bereitstellung einer permanenten Verbindung zum Internet (geeignete Hardware, eigene feste IP-Nummer, Standleitung, Einrichtung einer zuverlässigen Firewall etc.) ist dagegen sehr aufwendig und kostenintensiv. Der Webserver wird also meist nur im eigenen Intranet oder sogar nur zusammen mit dem Clientprogramm auf einem einzigen Rechner laufen.

Serverseitige Scripte werden deshalb für viele Leser kaum über ein Experimentierstadium hinaus kommen. Dieses kann aber sehr fruchtbar sein, wenn man allgemeine Vorgänge im Internet und rund um die Hintergründe von Webscripting verstehen und ausprobieren will. Wir werden uns deshalb in diesem Buch zumindest mit den wichtigsten Ansätzen von CGI in Verbindung mit der serverseitig betrachteten Scriptsprache Perl (Perl wird auch als lokal einzusetzende Sprache ein Thema sein) und SSI (Server Side Includes) beschäftigen. Im Praxisteil finden Sie die dazu notwendigen Angaben zur Installation und Konfiguration eines eigenen Webservers.

Clientseitige Scripte

Eine schon mehrfach angedeutete Lösung, mit der die Providerrestriktionen auf der Serverseite umgangen werden können, beinhaltet die Verlagerung der dort »verbotenen« Funktionalität zum zweiten Partner einer Client-Server-Internetaktion – dem Client. Erst dort werden die Funktionalitäten mittels Scripte oder anderer Techniken (etwa Java-Applets oder ActiveX-Controls) durchgeführt. Clientprogramme sind in der Regel viel weniger restriktiv, stellen zudem einen Interpreter für die wichtigsten clientseitigen Scripte bereit oder erlauben die Installation von solchen Interpretern bei Bedarf.

Hauptfunktion von clientseitigen Scriptsprachen ist eine Verlagerung solcher Funktionalität vom Server auf den Client, für die dort bereits alle notwendigen Informationen und Techniken bereitstehen. Etwa die Abfrage einer Browserversion bei dem Besucher einer Webseite, um diese dann optimal den Gegebenheiten anzupassen. Prinzipiell stellt ein Browser einem Script nahezu alle Befehle bereit, die ein Anwender des Browsers auch direkt über Befehle oder das Menü aufrufen kann. Aber auch die Elemente einer Webseite selbst lassen sich ansprechen, z.B. um bei der Eingabe in einem Formular bereits im Client eine Fehlerüberprüfung durchzuführen, dynamisch Grafiken in einer Webseite anzuzeigen oder über Stilinformationen Elemente einer Webseite wie Positionen von Bildern dynamisch zu verändern. Im Wesentlichen reduzieren sich Aufgaben von Scripten im Vergleich zu vollständigen Programmiersprachen wie Java auf die Beeinflussung von Objekten, die ihnen im Rahmen ihrer Laufzeitumgebung bereitgestellt werden. Dies scheint wenig zu sein, aber wir werden sehen, dass sich damit schon eine ganze Menge anfangen lässt.

Verwandte Befehle/Themen

Die Fähigkeiten von clientseitigen Scripten

serverseitige Scripte

Interpretation versus Compilierung

JavaScript bzw. JScript, VBScript sowie Perl

Drei Scriptsprachen, welche im Mittelpunkt von Webscripting stehen, und eine Scriptsprache, die hauptsächlich auf der Serverseite eingesetzt wird, aber auch auf der Clientseite nicht zu unterschätzende Möglichkeiten bereitstellt.

Anwendung

Scriptsprachen gibt es viele. Es existieren sowohl auf der Client- als auch auf der Serverseite die unterschiedlichsten Scriptsprachen. Viele davon lassen sich auf beiden Seiten einsetzen oder haben zumindest definierte Schnittstellen. Die von uns hier behandelten Sprachen zählen dazu. Wenn man sich jedoch die Clientseite im Web betrachtet, werden von den vielen Scriptsprachen im Wesentlichen zwei (genau genommen drei) Vertreter im WWW unterstützt. Das sind eben JavaScript bzw. JScript sowie VBScript. Perl hingegen wird nahezu von jeder wichtigeren Webserver-Software verstanden, aber auf der Clientseite findet man es seltener.

Scriptsprachen werden von ihrem Einsatzgebiet her meist zur Steuerung von Abläufen des benutzten Programms verwendet. Diese Programme müssen ihnen dazu einen passenden Scriptinterpreter und eine Schnittstelle bereitstellen, auf die die Scripte dann zugreifen können (siehe Seite 15).

JavaScript und Java

JavaScript ist eine an Java angelehnte, offene, plattformunabhängige Scriptsprache. Der im Namen vorkommende Begriff *Java* führt dazu, dass JavaScript oft mit Java verwechselt oder als Ersatz gesehen wird. Dies ist allerdings falsch. Java hat eine andere Zielrichtung, ist außerdem viel leistungsfähiger und damit komplexer als jede Scriptsprache[1]. (Damit ist auch gleich festgestellt, dass keine der anderen Scriptsprachen mit Java verwechselt werden sollte). Java ist eine weitgehend Betriebssystem- und Hardware-unabhängige, objektorientierte Programmiersprache, bzw. eine Entwicklungsplattform, deren Fokus auf dem Internet/Intranet und in dem Bereich der datenbasierenden »consumerelectronic« liegt. Daneben gilt Java als sehr netzwerksicher und dadurch geeigenet für Anwendungen, die in einer heterogenen Netzwerkumgebung ablaufen sollen. Gerade dort wird extreme Stabilität gefordert, und auch diese stellt Java über zahlreiche Mechanismen sicher. Mit Java lassen sich vollständige Programme entwickeln (im Gegensatz zu Scripts, die nur bereits fertige Programme steuern und nutzen), entweder in Form von eigenständigen Java-Applikationen oder Java-Applets. Diese beiden Programmformen sind nicht gleichzusetzen. Java-Applets sind kleine Java-Anwendungen, welche nur innerhalb eines Webclients – etwa eines Webbrowsers – und dort über die Verankerung in einer Webseite ausgeführt werden können. Über eine entsprechende Refe-

1. Wir werden auf Java als Beispiel jedoch öfters zurückgreifen, um Details von JavaScript/JScript, aber auch VBScript (dort ziehen wir zusätzlich Visual Basic heran) zu verdeutlichen.

renz innerhalb einer HTML-Seite mit einem[2] speziellen Tag – in der Regel dem `<APPLET>`-Tag oder seit HTML 4.0 dem `<OBJECT>`-Tag – erfolgt die Einbettung in die Webseite. Ein solches Java-Applet wird bewusst gegenüber einer eigenständigen Java-Applikation in seinen Fähigkeiten beschnitten (es läuft in einem Sicherheitssystem, das Sandkasten genannt wird). Ein Applet, das etwa über einen als unsicher eingestuften Pfad (etwa ein offenes Netzwerk) in einen Browser geladen wird, hat in der Regel aus Sicherheitsgründen eingeschränkte Zugriffsmöglichkeiten auf Systemressourcen. Die genaue Art der Einschränkungen ist im Browser konfigurierbar (leider im Internet Explorer ab der Version 5 soweit zu reduzieren, dass auch mit Java Missbrauch denkbar wird). Stand-alone Java-Applikationen sind dagegen eigenständig lauffähige Programme, die im Gegensatz zu den Applets keinen Container wie einen Browser mehr benötigen.

Entwickelt wurde Java von Sun Microsystems (`http://java.sun.com`). Java-Quellcode ist dem Quellcode der Sprachen C/C++ sehr ähnlich. Er wird durch den Java-Compiler in ein plattformunabhängiges Bytecode-Format übersetzt, das dann auf der Zielmaschine durch die so genannte Java Virtual Machine (JVM) interpretiert wird. Die JVM kann man sich als einen virtuellen Computer vorstellen, welcher nur im Speicher eines Rechners oder Customergeräts zur Laufzeit resident vorhanden ist. Die JVM ist das Herz von Java und muss auf jedem Rechner oder auch Customergerät vorhanden sein, welcher/welches Java-Anwendungen ausführen möchte. Die virtuelle Maschine stellt eine Abstraktionsschicht zwischen dem kompilierten Bytecode und der zugrunde liegenden Hardwareplattform und dem Betriebssystem dar und realisiert die Umsetzung des Bytecodes in ausführbare Prozessorbefehle. Die Java Virtual Machine kennt die Spezifika der jeweiligen Hardware, auf der sie läuft, und kann so auf die Eigenheiten eines bestimmten Prozessortyps und der restlichen Hardware Rücksicht nehmen. Die offizielle Definition von Sun Microsystems für Java lautet folgendermaßen:

Java: eine einfache, objektorientierte, dezentrale, interpretierte, stabil laufende, sichere, architekturneutrale, portierbare und dynamische Sprache, die Hochgeschwindigkeits-Anwendungen und Multithreading unterstützt.

Wenn wir uns nun dagegen JavaScript oder auch andere Webscriptsprachen ansehen, werden die Unterschiede zu Java schnell deutlich. Entwickelt wurde JavaScript zwar ebenso von Sun (dem Erfinder von Java), aber im Wesentlichen in einer Kooperation mit Netscape (`http://www.netscape.com`) sowie einigen weiteren Partnern. Als Netscape den Navigator 2.0 auf den Markt brachte, erschien gleichzeitig eine neue Scriptsprache zur Steuerung dieses Programms aus einer Webseite heraus. Diese neue Scriptsprache hieß zuerst Mocha und wurde etwas später in LiveScript umbenannt. Noch etwas später wurde daraus JavaScript. JavaScript ist wie alle

2. Der(!) Tag. Es ist ein beliebter Streitpunkt, ob es der oder das Tag heißt. Wir behandeln den Tag als ganzen Kerl ;-) - also *der*.

Scriptsprachen eine Programmiersprache von relativ einfacher Struktur, deren Ausführung einem Interpreter obliegt. Javascripte werden – wie auch andere Webscripte – einem solchen Interpreter im Web bei clientseitigen Scripten dadurch bereitgestellt, indem man die Scriptelemente (die Scriptbefehle) in den HTML-Code verankert. Dazu gibt es hauptsächlich eine eigene HTML-Anweisung – den <SCRIPT>-Tag. Webscript-Anweisungen sind damit eine reine Erweiterung des HTML-Codes und nur als eingebundener Bestandteil eines HTML-Gerüsts zu verwenden. Sie werden vom Browser interpretiert, der diese Scriptsprache verstehen, d.h. einen Interpreter bereitstellen muss. Solche Browser fungieren demnach nicht nur als HTML-Interpreter, sondern auch als Scriptinterpreter.

JavaScript ist seit seiner Entstehung 1995 durch mehrere Versionszyklen gegangen. Derzeit gibt es JavaScript in der Version 1.4, aber diese ist noch nicht als Standard im Web akzeptiert (insbesondere nicht von Microsoft mit seinem Internet Explorer). Wir werden uns auf die Version 1.3 konzentrieren, die derzeit den Status quo repräsentiert. Insbesondere ist bei den verschiedenen Versionen von JavaScript wichtig, von welchem Browsern sie verstanden werden. Dabei muss beachtet werden, dass für nahezu alle Sprachzyklen weder der eine noch der andere Browser den offfiziellen Standard vollständig unterstützt! Es gibt immer bestimmte Konstellationen, die Probleme bereiten können und viele Tests sind leider deshalb unumgänglich.

JScript

Bei JScript handelt es sich um einen Microsoft-Ableger (`http://www.microsoft.com`) von JavaScript, welcher hauptsächlich der Unterstützung von Javascripten im Internet Explorer dient. Dort gibt es keinen direkten JavaScript-Interpreter! Damit umgeht Microsoft Zahlungen von Lizenzgebühren an Sun/Netscape, welche bei der direkten Implementation von JavaScript in den Internet Explorer fällig wären. JScript besitzt im Wesentlichen die gleiche Struktur wie JavaScript und versteht die gleiche Syntax. Deshalb kann in der Regel von der JavaScript-Syntax direkt auf JScript-Syntax geschlossen werden (und umgekehrt). Allerdings ist der Befehlssatz der beiden Sprachen in einigen Details nicht vollständig deckungsgleich. Insbesondere bietet JScript viele Erweiterungen, welche nur im Internet Explorer oder verwandten Microsoft-Techniken unterstützt werden. Man kann zwar Scripte direkt in JScript erstellen, aber meist wird JavaScript bevorzugt. Dabei gibt es das Problem, dass durch die nicht vorhandene direkte Implementation von JavaScript der Internet Explorer sämtliche Javascripte in einer Webseite in JScripte übersetzen muss. Erst diese werden dann ausgeführt. Dies funktioniert zwar halbwegs zuverlässig, aber Fehler sind nicht ganz auszuschließen. Prinzipiell hat JScript im Web nicht die Bedeutung wie JavaScript. Der Internet Explorer versteht JavaScript wie gesagt weitgehend, der Navigator von Netscape und viele andere Browser dagegen kein JScript. Für die direkte Programmierung in JScript spricht ledlich die Konstellation, dass man bewusst nur für den Internet Explorer programmieren und die speziellen Features nutzen möchte, die JScript auf Grund seiner Windows- und Internet Explorer-Optimierung bietet.

VBScript

VBScript wurde von Microsoft aus Visual Basic entwickelt und ist weitgehend auf das Windows-Betriebssystem mit INTEL-basierenden Prozessoren und den Internet Explorer als Clientprogramm beschränkt (ohne Zusatzmodule streiken der Netscape Navigator und damit kompatible Browser bei VBScript). Gegenüber Visual Basic wurde VBScript erheblich vereinfacht, gilt aber durch seine Optimierung in Hinblick auf die WINTEL-Plattform dort als leistungsfähiger als JavaScript (wie auch JScript bei dieser Zielplattform). Diese Leistungsfähigkeit hat nach Ansicht vieler Experten allerdings auch einen Haken. Wärend JavaScript organisch gewachsen ist und sich über Jahre hinweg in der Praxis als sicher und ungefährlich für den Anwender bewährt hat, wurde VBScript als eine sehr plattformnahe Scriptsprache in relativ schneller Zeit in den Microsoftlabors entwickelt. Als Resultat ergeben sich Trickmöglichkeiten für Webprogrammierer, aber auch Missbrauchsmöglichkeiten und Sicherheitslücken (gerade in Verbindung mit den äußerst umstrittenen ActiveX-Controls).

JavaScript und VBScript sind sich im Leistungsumfang und der Zielrichtung recht ähnlich, haben aber dennoch einige gravierende Unterschiede wie beispielsweise die konkrete Syntax. Von der Scriptsprache JavaScript werden insbesondere ActiveX-Controls nicht bzw. kaum unterstützt, was von Webprogrammiern und Anwendern – je nach Standpunkt – als ein gravierender Mangel oder als Vorteil gesehen wird. JScript (bzw. dessen über den JavaScript-Standard hinausgehende Möglichkeiten) und VBScript kranken hauptsächlich an ihrer Plattformabhängigkeit.

Perl

Perl (*Practical Extraction and Report Language*) ist eine zwar lokal einsetzbare Scriptsprache, bezieht seine hauptsächliche Bedeutung aber über die Verbindung mit CGI-Scripten. Es wird also meist als serverseitige Scriptsprache genutzt. Stark beeinflusst ist Perl von C/C++ und stellt wie viele Scriptsprachen sowohl Objekte als auch nicht-objektorientierte Elemente bereit.

Der Einstieg in Perl ist einfacher als in den meisten anderen Programmiersprachen. Viele im Prinzip hochkomplizierten Dinge laufen bei Perl (auf Wunsch oder bei Nichtbeachtung) weitgehend im Hintergrund. Dass Perl dennoch für Einsteiger nicht so attraktiv wie andere Sprachen erscheint, liegt an verschiedenen Faktoren.

Perl ist beispielsweise keine Sprache mit großen grafischen Möglichkeiten, sondern hat Stärken in Bereichen, die Einsteigern erst einmal verschlossen bleiben (etwa Serverprogrammierung, viele Operatoren und sehr komfortables Datei- und Stringhandling). Ein vielleicht noch schwerwiegenderes Problem ist die Laufzeitumgebung von Perl. Während jeder moderne Browser JavaScript unterstützt, benötigt man für Perl einen zusätzlichen Interpreter. Entweder über den Zugang zu einem Webserver (mit allen notwendigen Rechten) oder einem lokalen Perl-Interpreter. Dieser muss in der Regel erst aus dem Internet besorgt werden und ist nicht ganz so einfach zu bedienen (Befehlszeileniveau).

Verwandte Befehle/Themen

HTML

Stilvereinbarungen

Alle speziellen Scriptthemen zu den angesprochenen Scriptsprachen

Die Fähigkeiten von clientseitigen Scripten

Was leisten clientseitige Scripte und was nicht?

Anwendung

Wenn wir uns in diesem Buch schwerpunktmäßig auf clientseitige Scripts konzentrieren, sollte klar sein, was diese zu leisten vermögen, wo deren Einsatzgebiete und die Grenzen von clientseitigen Scripten liegen (für die Erklärung von clientseitigen versus serverseitigen Scripten und die Beschränkungen bei letzteren siehe Seite 15).

So elegant die Verlagerung von Funktionalität auf den Client das Problem der Serverrestriktionen löst – es lassen sich nicht sämtliche Funktionalitäten vom Server auf den Client verschieben. Das liegt einmal an der relativen Einfachheit von Scripten, zum anderen in der Natur der Sache. Wenn man alle Funktionalität beim Client lösen könnte, würde ja keine Server-Client-Logik benötigt werden. Insbesondere lassen sich mittels Clientscripten in der Regel keine Aufgaben lösen, die auf dem Server Aktionen wie Schreiben oder Lesen von Dateien notwendig machen. So etwas ist immer dann notwendig, wenn mehrere Clients auf einen Server zugreifen und dies im Rahmen einer Webseite protokolliert werden soll. Als ein konkretes Beispiel kann man sich einen Zähler vorstellen, der überwacht, wie oft eine Webseite auf einem Server aufgerufen wird (also ein Zugriffszähler). Jeder einzelne aufrufende Client kann selbstverständlich keine Informationen darüber besitzen, welche Clients vorher oder parallel eine Seite geladen haben. Solche Informationen müssen zwingend auf dem Server ausgeführt werden (es sei denn, die Webseite wird bei jedem Aufruf dynamisch neu geschrieben und stellt darüber dem nächsten Client Informationen bereit). Resümierend kann man festhalten, dass mit der ausschließlichen Verwendung von clientseitigen Scripten die Möglichkeiten von Datenbankabfragen oder Datenbank-Updates direkt per clientseitigen Scripten, oder auch Gästebüchern oder Zugriffszähler (die müssen wie gesagt sinnvollerweise als Datei auf dem Server-Rechner geschrieben werden) entfallen. Bei Gästebüchern oder Zugriffszählern beispielsweise wird man so gut wie immer auf serverseitige Aktivitäten zurückgreifen müssen.

Dennoch bieten sich für clientseitige Scripte eine Vielzahl von Anwendungsgebieten. Ein paar wichtige sollen nachfolgend beschrieben werden:

- Die allgemeine Abfrage und Beeinflussung des Clientprogramms. Etwa die Abfrage des Browsers bzw. der Browserversion, das Öffnen eines zusätzlichen Browserfensters. Die dynamische Steuerung des Ladens von Webseiten zählt ebenso dazu. Ferner der Zugriff auf die History des Clientprogramms.
- Die Abfrage und Beeinflussung von beliebigen Elementen innerhalb einer Webseite, etwa die Kontrolle von Formulareingaben oder die dynamische Steuerung von Style-Sheets, oder auch der Zugriff auf Frames, Arrayelemente, Bilder und auf Java-Applets oder ActiveX-Controls.
- Die dynamische Erzeugung von Webseiten durch Scripte.
- Der Zugriff auf den Clientrechner im Rahmen der vom Clientprogramm gesetzten Rahmenbedingungen, z.B. das Lesen und Schreiben von Cookies oder das Abfragen des Systemdatums.
- Allgemeine Berechnungen und Auswertungen direkt im Clientprogramm.
- Ein äußerst wichtiger Punkt ist die Interaktion zwischen Elementen einer Webseite und dem Anwender, sowie das Verhalten einer Webseite beim Laden bzw. wieder Entfernen aus dem Speicher. Darauf kann der Ersteller einer Webseite mittels Scripten reagieren.

Verwandte Befehle/Themen

Serverseitige Scripte

Erweiternde Techniken auf der Clientseite wie Java-Applets, ActiveX-Controls etc.

Interpretation versus Compilierung

Scripte und Webscripting

Interpretation versus Compilierung

Zwei unterschiedliche Konzepte zur Übersetzung von Quellcode in lauffähigen Maschinencode.

Anwendung

Bei der Übersetzung von Quellcode (also Klartext) in lauffähigen Maschinencode gibt es zwei unterschiedliche Verfahren:

- Compilierung
- Interpretation

Beide Varianten haben ihre Vor- und Nachteile. Interpretation hat sich dabei als ideale Lösung für unterschiedliche Plattformen, wie sie im Web vorkommen, bewährt, Compilierung, wenn direkt für eine Plattform entwickelt wird und es auf die Performance ankommt.

Wenn ein Programm oder ein Script in Klartext oder einer höheren Programmiersprache erstellt wird, muss es für den Prozessor übersetzt werden, auf dem es laufen soll (in Maschinencode). Eigentlich stellen sich immer nur die Fragen wann und wo? Entweder beim Entwickler, der dann das bereits übersetzte Programm/Script verteilt. Oder beim Anwender, der das noch nicht übersetzte Programm/Script als Quelltext erhält. Erst dort erfolgt die dynamische Übersetzung zur Laufzeit durch ein entsprechendes Programm, welches den Quelltext interpretiert. Der erste Fall heisst Compilierung, der zweite[3] Interpretation.

Wie an mehreren Stellen festgehalten, werden Scripte in der Regel durch einen Interpreter ausgeführt, beim Webscripting auf der Clientseite auf jeden Fall. Aber was bedeutet das und warum nutzt man diese Technik eigentlich? Wir wollen die Frage in Bezug auf das Internet betrachten (das kann allerdings allgemein verstanden werden). Das Internet ist extrem heterogen, d.h. uneinheitlich. In unserem Zusammenhang bedeutet dies, dass sich im Internet die unterschiedlichsten Plattformen finden. Sowohl auf der Hardwareseite (Großrechner neben Heimcomputern, APPLE-Computer neben PCs, x86-Prozessoren neben Alpha-Prozessoren) als auch auf Seiten der Betriebssysteme (von DOS über Windows 3.x/95/98/NT zu MAC-OS, von Linux hin zu Großrechner-Betriebssystemen). Auch die Kommunikationswege sind uneinheitlich. Diese Heterogenität erzwingt gemeinsame Nenner zur Verständigung. Auf der Seite der Datenübertragung kümmern sich Protokolle wie TCP/IP darum. Die sich daraus ergebenden Dienstprotokolle wie HTTP oder FTP gewährleisten die plattformneutralen Anwendungsumgebungen. Aber auch auf Seiten der konkreten Anwendung ist vielfach ein gemeinsamer Nenner sinnvoll.

3. Was bei den vielen Vorbemerkungen trivial ist

Wenn man ein vollständig in Maschinencode für einen bestimmten Prozessor übersetztes Programm (kompiliert) unter einer anderen Plattform laufen lassen möchte, wird dies in der Regel nicht funktionieren (kein ActiveX-Control wird in einer Linux-Umgebung laufen). Im Internet und besonders im Web reduziert man deshalb für solche Situationen Anweisungen auf neutrale Befehle, die in einem gemeinsamen Zeichensatz (ASCII oder neuerdings oft UNICODE) dargestellt werden und erst auf der jeweiligen Zielplattform (also beim Client) in konkrete Prozessorbefehle übersetzt (interpretiert) werden. Das Programm zur Übersetzung der Anweisungen in plattformspezifischen Code läuft auf der jeweiligen Plattform und kennt die konkreten Prozessorbefehle.

Sprachen wie HTML oder JavaScript sind exzellente Beispiele für eine solche Konstellation. Sowohl HTML als auch JavaScript bestehen aus Klartext-Anweisungen, die auf jeder Rechnerplattform verstanden werden. Über einen Interpreter – den Browser – werden die Anweisungen in die jeweiligen Prozessorbefehle übersetzt und ausgeführt. Aber auch noch mächtigere Programmiersprachen wie Java (welche in Form der oben beschriebenen Applets für das Internet respektive das WWW Anwendungen bereitstellt) nutzen das Interpreter-Prinzip über die virtuelle Maschine, die auf jedem Clientrechner installiert sein muss und als Java-Interpreter fungiert. Ein Java-Applet besteht bereits aus vorübersetztem Zwischencode, dem so genannten Bytecode, der aus dem ursprünglichen Java-Quellcode (Klartext) erstellt wurde. Dieser ist sogar schon binär – der erste Schritt in Richtung konkrete Prozessorbefehle –, aber immer noch architekturunabhängig und nicht vollständig und vor allem noch kein lauffähiges Programm. Erst durch die Interpretation des Bytecodes durch die virtuelle Maschine, welche durch den Browser aufgerufen wird, sofern ein Applet in einer Webseite vorhanden ist, wird daraus eine konkrete Anwendung. Dann erst werden die Prozessor-spezifischen Anweisungen hinzugebunden. Die Hersteller von Java sagen deshalb, dass Java gleichzeitig interpretiert und compiliert. Soetwas findet man kaum in der EDV-Welt.

Interpretation hat neben der Plattformneutralität noch weitere Vorteile gegenüber dem Compiler-Prinzip. Die Menge der zu übertragenden Daten ist kleiner, da die gesamte Funktionalität nicht übertragen werden muss (ein Teil ist ja schon beim Anwender in Form des Interpreters und hinzuzubindender Plattformanweisungen). Außerdem ist es erheblich leichter, Änderungen durchzuführen, und die gesamte Wartung ist unkomplizierter. Der aufwendige Schritt der jeweils erneuten Compilierung unterbleibt.

Interpretation bedeutet jedoch gegenüber Compilierung nicht nur Vorteile. Im Vergleich zu einer vollständig in Prozessorbefehle übersetzten Anwendung gibt es einige Nachteile (sonst würden die meisten mächtigen Programmiersprachen nicht Compiliertechniken verwenden – vor allem, wenn Programme nur auf einer Plattform laufen sollen):

- Die Laufzeit von interpretierten Anwendungen wird herabgesetzt, da jeder Befehl erst übersetzt werden muss. So wird eine Anwendung langsamer, wenn sich der Prozessor mit der Ausführung der Anweisungen und den zusätzlichen Übersetzungsschritten beschäftigen muss. Laufzeitkritische Aktionen werden deshalb so gut wie immer mit komplilierten (zumindest teilweise – Stichwort Java-Applets) Anwendungen durchgeführt.
- Ein weiterer Nachteil ist es unter gewissen Umständen, dass Befehle und Anweisungen in einem Klartext-Script oder -Programm recht leicht durch einen Anwender zu lesen sind (wenn er sich mit der verwendeten Sprache auskennt). Da Interpretercode einfach eine Klartextdatei ist, ist dieser Quellcode kaum zu schützen. Nicht jeder Programmierer möchte, dass seine ausgefeilten Befehlsstrukturen so leicht zu analysieren sind.
- Ein großes Problem beim Interpreterkonzept ist das schnelle Veralten der Interpreter. Wenn eine Interpretersprache einen neuen Befehl hinzugefügt bekommt, können die bis dahin entwickelten Interpreter diesen Befehl nicht ausführen, da sie ihn noch nicht kennen. Solche unbekannten Befehle lösen dann im Interpreter meist eine Fehlermeldung aus (oft bei Scripten), bei Dokumentenbeschreibungssprachen wie HTML werden sie jedoch ignoriert. Dieses Prinzip der Fehlertoleranz bei HTML bietet die Möglichkeit, die Programme zur Auswertung von HTML-Dokumenten zu veranlassen, soweit es irgend möglich ist. Auch syntaktisch unkorrekte Dokumente können dann teilweise ausgewertet werden. Soweit Browser korrekte Anweisungen vorfinden, werden diese Anweisungen ausgeführt und angezeigt (darunter fällt bei HTML jede Klartextangabe außerhalb der spitzen Klammern, welche einen HTML-Befehl kennzeichnen). Falsche oder unvollständige Anweisungen werden ganz einfach ignoriert. Das Prinzip der Fehlertoleranz ist unumgängliche Voraussetzung dafür, dass immer neue HTML-Anweisungen oder neue Technologien im Internet eingeführt werden können und dennoch die älteren Browser beim Laden solcher Webseiten nicht »abschmieren«. Was sie nicht kennen, wird einfach ignoriert. Der Rest wird dargestellt. Eine Abwärtskompatibilität der HTML-Dokumente ist also immer sichergestellt, auch wenn signifikante Informationen beim Anzeigen verloren gehen können. Leider lässt sich dieses geniale Konzept nicht so einfach auf Scripte übertragen. Scripte werden nicht linear von oben nach unten abgearbeitet, denn vielfache Abhängigkeiten (Variablen, Funktionen, Objekte etc.) lassen dies einfach nicht zu.
- Ein weiteres großes Problem ist in Hinsicht auf Gestaltung von Webseiten, dass die Interpretation immer einen erheblichen Spielraum lässt, wie eine Anweisung zu verstehen ist. Gerade das Hilfsmittel Browser mit all seinen Problemen führt zu massiven Konsequenzen für den Webprogrammierer. Diesen Interpretationsspielraum werden Sie bei den unterschiedlichsten Anweisungen in HTML finden, aber leider auch bei Scriptbefehlen und in anderen Techniken (etwa Style-Sheets). Zwar haben sich die Hersteller von verschiedenen

Browsern bei vielen Anweisungen weitgehend geeinigt, es gibt jedoch immer noch zahlreiche Befehle, die von verschiedenen Browsern/Interpretern ganz unterschiedlich ausgelegt werden. Gerade bei neuen Befehlen dauert es lange, bis sich die verschiedenen Browserhersteller geeinigt haben.

Verwandte Befehle/Themen

Allgemeine Webscripting-Grundlagen

Die Interpreter- bzw. Clientprogramme

Die Fähigkeiten von clientseitigen Scripten

Serverseitige Scripte

Scripte und Webscripting

Grundlegende Begriffe der Script-Syntax

Jede Programmiersprache und natürlich auch jede Scriptsprache besitzt eine übergeordnete Grundstruktur, welche die Syntax der Sprache bildet. Eine Art Organisation im Großen. Wir wollen nachfolgend Elemente dieser Grundstruktur sehr allgemein unter besagtem Aspekt behandeln. Dabei werden wir uns einige Begriffe in Hinblick auf die Script-Syntax ansehen, die zum Verständnis von Webscripten (und vieler weiterer moderner Programmiersprachen) grundlegend sind. Auch HTML, welches die Basis für Scripte bildet, lässt sich in solche Strukturen – teilweise zumindest – aufschlüsseln. Wir wollen dabei die folgenden Begriffe klären:

- Daten und Datentypen
- Klassen
- Objekten
- Variablen
- Methoden
- Funktionen
- Prozeduren
- Zuweisungen
- Ereignisse und Event-Handler
- Ablaufsteuerung
- Schlüsselworte und Token im Allgemeinen

und einige mehr. Dabei soll dieser Abschnitt einen grundsätzlichen Überblick bieten, ohne intensiv auf die Spezifika einer einzelnen Sprache einzugehen. Da wir Webscripting mit mehreren Sprachen behandeln wollen, werden wir so allgemein wie möglich formulieren. Wir verzichten an vielen Stellen auf detaillierte Syntaxerklärungen und geben nur Beispiele aus unseren Referenzsprachen an (oder verzichten ganz auf konkrete Sprachspezifika). Die genauen Syntaxerläuterungen werden im Wesentlichen in den konkreten Kapiteln zu den einzelnen Sprachen folgen.

Anweisungen

Anweisungen sind sprachspezifische Befehle bzw. Befehlsfolgen, welche zur Grundsyntax der jeweiligen Script- bzw. Programmiersprache zählen.

Anwendung

Anweisungen werden in einem Script/Programm der Reihe nach oder aufgrund eines bestimmten Effekts (etwa dem Klick auf ein Element in einer Webseite) ausgeführt. Vielfach dienen Anweisungen der Ablaufsteuerung eines Scripts/Programms.

Jede Scriptsprache (oder Programmiersprache) kennt zahlreiche Arten von Anweisungen. Natürlich unterscheiden sich diese Arten in den verschiedenen Syntaxvarianten. Nahezu jede Sprache kennt jedoch die folgenden Anweisungsarten:

Anweisungart	Beschreibung
Blockanweisungen	Ein Zusammenfassen von größeren Quellcodeabschnitten zu Blockstrukturen. Dies erfolgt in JavaScript beispielsweise immer mittels geschweifter Klammern, andere Sprachen verwenden die Schlüsselworte `BEGIN` und `END`. Bei VBScript gibt es keine direkten Kennzeichner für Blockanweisungen. Eine Blockanweisung ist hier durch die den Block umgebende Anweisung wie z. B. einen Schleifenrumpf definiert.
Deklarationen	Die Einführung eines primitiven Datentyps, eines Datenfeldes, einer Methode, einer Funktion oder eines beliebigen Objekts.
Ausdrucksanweisungen	Ausdrucksanweisungen bzw. Ausdrücke bewirken eine Wertveränderung oder -ausgabe, sind also das Ergebnis der Verbindung von Operanden und Operatoren (siehe Seite 228) über die syntaktischen Regeln einer Scriptsprache. Sie werden für die Durchführung von Operationen (Manipulationen) an Variablen oder Werten verwendet. Es gibt verschiedene Typen von Ausdrücken. Beispielsweise Ausdrücke, die einen Wert entweder direkt oder durch Berechnung ausdrücken. Ein anderer Typ – der Kontrollfluss-Ausdruck – legt den Ablauf von Programmausführungen fest. Spezialfälle wie arithmetische Konstanten kann man in diesem Zusammenhang als eine leere Operation interpretieren. Ausdrücke können Konstanten, Variablen, Schlüsselworte, Operatoren und andere Ausdrücke beinhalten. Alle Ausdrucksanweisungen müssen in JavaScript beispielsweise mit einem Semikolon beendet werden und werden immer vollständig durchgeführt, bevor die nächste Anweisung ausgeführt wird. Dabei unterscheidet man etwa Zuweisungsanweisungen, die rechts von einem Zuweisungsoperator (etwa dem Gleichheitszeichen) einen Wert stehen haben, der dem linken Ausdruck zugewiesen wird.

Anweisungart	Beschreibung
	Auswahlanweisungen dagegen suchen einen von mehreren möglichen Kontrollflüssen aus und dienen der Ablaufsteuerung von Scripten/Programmen. Es gibt in nahezu allen Scriptsprachen die nachfolgenden zwei Arten von Auswahlanweisungen: • `if`-Auswahlanweisung • `if-else`-Auswahlanweisung HTML kennt als Dokumentenbeschreibungssprache keine Ausdrucksanweisungen direkt. Allerdings sind Wertzuweisungen bei Parametern möglich.
Iterationsanweisungen	Iterationsanweisungen sind Angaben, unter welchen Voraussetzungen und wie oft nachfolgende Anweisungen ausgeführt werden. Sie dienen also explizit der Ablaufsteuerung von Scripten/Programmen. Es gibt in fast allen Scriptsprachen drei Arten von Iterationsanweisungen: • `while`-Iterationsanweisung • `do`-Iterationsanweisung, welche auch gelegentlich als `until` oder `do-until`-Variante verwendet wird • `for`-Iterationsanweisung HTML kennt als Dokumentenbeschreibungssprache keine Iterationsanweisungen.
Sprunganweisungen	Sprunganweisungen geben die Ablaufsteuerung eines Scripts an eine aufrufende Stelle zurück. Sie dienen der Ablaufsteuerung von Scripten. Gegenüber vollständigen Programmiersprachen sind die Sprunganweisungen in den meisten Scriptsprachen sehr eingeschränkt. Die `return`-Anweisung zur Rückgabe eines Werts und Rückgabe des Script-Kontrollflusses kennen jedoch fast alle Scriptsprachen. Auch die Anweisung `break` ist weit verbreitet. HTML kennt als Dokumentenbeschreibsprache keine Sprunganweisungen.
Container	Unter HTML findet man bei vielen Anweisungen einen Beginn-Tag und einen Ende-Tag. Beide zusammen bilden einen Container, welcher die vollständige Anweisung bildet und irgendwelche Inhalte vollständig umschließt. Auch in anderen Sprachen bilden viele Anweisungsstrukturen einen Container.

Warnungen

- Beachten Sie bitte immer die Ausnahmen bei HTML als Dokumentenbeschreibungssprache.

Beispiele

Eine Block-Anweisung in JavaScript:

```
{
...
}
```

Eine Block-Anweisung in VBScript:

```
Sub meineProzedur
Anweisungsblock
End Sub
```

Eine Deklaration:

```
int meineZahl;
```

Zuordnung-Ausdrucksanweisungen:

```
dieAntwort = 42
```

Zuweisungsausdruck-Ausdrucksanweisungen:

```
byte wert = new byte;
```

Eine Auswahlanweisung:

```
if (test < 4)
{
...
}
```

Ein Container in HTML:

```
<CENTER>
...
</CENTER>
```

Eine arithmetische Konstante:

```
42
```

Ein multiplikativer Ausdruck:

```
2*21
```

Ein additiver Ausdruck:

```
21 + 21
```

Ein Zuweisungs-Ausdruck:

```
x=42
```

Casting

Die Konvertierung von Datentypen oder Objekten in andere Datentypen oder Objekte.

Anwendung

Unter Casting versteht man die Umwandlung von einem Datentyp in einen anderen oder die Umwandlung von einem Objekt in ein anderes.

Jede Programmiersprache stellt bestimmte Datentypen (siehe Seite 37) bereit. Wenn nun einer Variablen ein bestimmter Datentyp zugeordnet ist, kann es unter Umständen notwendig sein, den Datentyp nachträglich zu verändern. Etwa wenn man den numerischen Wert einer Variablen mit einer Funktion ausgeben will, die als Parameter Text erwartet. In einem solchen Fall muss aus der numerischen Variablen der Wert extrahiert und einer Variablen vom passenden Typ zugeordnet werden. Oder wenn Variablen miteinander verknüpft werden sollen, die unterschiedliche Datentypen haben. Damit das Ergebnis einen eindeutigen Datentyp hat, muss einer der beiden Operanden konvertiert werden. Dies kann mittels passender Funktionen/Methoden erfolgen, aber auch durch direkte Typumwandlung.

Prinzipiell unterscheidet man in der Programmierung zwei unterschiedliche Arten von Konvertierungen:

- Ad-hoc-Konvertierungen
- Explizite Konvertierungen

Explizite Konvertierungen werden nur von sehr leistungsfähigen Programmiersprachen unterstützt, etwa von Java. Bei expliziten Konvertierungen löst der Programmierer mittels einer dafür von der Programmiersprache bereitgestellten Syntax (die meisten Sprachen, die so etwas beherrschen, realisieren dies mit einem Casting-Operator oder einer geeigeneten Methode/Funktion/Anweisung) selbst eine Umwandlung in einen anderen Datentyp oder ein anderes Objekt aus. Die von uns verwendeten Scriptsprachen unterstützen explizites Konvertieren nicht.

Bei Ad-hoc-Typkonvertierungen werden bei der Bewertung von Ausdrücken (etwa den Interpreter bei Scripten) notwendige Typkonvertierungen automatisch durchgeführt. Etwa wenn eine Variable eines Datentyps einer Variablen eines anderen Datentyps zugewiesen wird, eine entsprechende Verknüpfung von verschiedenen Datentypen die Veränderung eines der Datentypen erzwingt oder in einer Funktion ein nicht passender Datentyp eingesetzt wird.

Warnungen

- Bei solchen Konvertierungen muss beachtet werden, dass insbesondere eine automatische Typkonvertierung nicht ungefährlich ist. Wenn der ursprüngliche Datentyp einen größeren oder einen umfangreicheren Wertebereich zur

Verfügung stellt als der Zieldatentyp, können Informationen verloren gehen. Was geschieht etwa mit dem Nachkommateil, wenn ein Datentyp mit Nachkommastellen automatisch in einen Datentyp konvertiert wird, der nur Ganzzahlen aufnehmen kann? Oder mit führenden Nullen bei einer als String gespeicherten Telefonnummer, wenn daraus eine Zahl wird?

Je nach Strenge einer Sprache geschieht eine automatische Konvertierung deshalb nur innerhalb sehr enger Grenzen. Java ist beispielsweise eine extrem strenge Sprache, wo eine automatische Konvertierung nur dann stattfindet, wenn der entstehende Datentyp vom darzustellenden Wertebereich größer oder zumindest gleich wie der zu konvertierende Datentyp ist und keine Informationen verloren gehen können.

Bei Scriptsprachen wird das Verfahren meist etwas lockerer gehandhabt. Wenn die übrige Syntax darauf schließen lässt, dass die Konvertierung sinnvoll ist, wird sie meist durchgeführt. Dennoch – es können unter Umständen Informationen verloren gehen.

- HTML kennt keine Datentypen und deshalb kein Casting.

Beispiele

Eine numerische Variable wird von einer Funktion ausgegeben, die einen String erwartet. Der Datentyp wird gecastet (JavaScript-Syntax):

```
var a = 42;
alert(a);
```

Das nachfolgende etwas umfangreichere (und zugegeben recht getrickste) Beispiel zeigt Probleme mit Informationsverlust bzw. Informationsveränderung, die bei automatischem Casting auftreten können (JavaScript-Syntax).

```
<SCRIPT LANGUAGE="JavaScript">
var Telefon = "0123456789";
alert(Telefon);
var TelefonNum1=0 + Telefon;
alert(TelefonNum1);
var TelefonNum2=1 * Telefon;
alert(TelefonNum2);
</SCRIPT>
```

Der Variablen `Telefon` wird ein `String` zugewiesen (eine Telefonnummer mit führender Null), der danach ausgegeben wird.

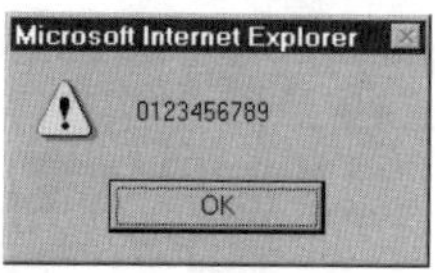

Der Orginalwert

Der Variablen `TelefonNum1` wird durch die Zuweisung `0 + Telefon` der Datentyp `String` zugewiesen. Zwar wird die `0` als numerisch interpretiert, jedoch die Verknüpfung mit dem String über den +-Operator castet den ersten Ausdruck zu einem String (numerischer Ausdruck + `String` ergibt `String`). Insgesamt kommt ein `String` heraus, wo plötzlich zwei führende Nullen auftreten.

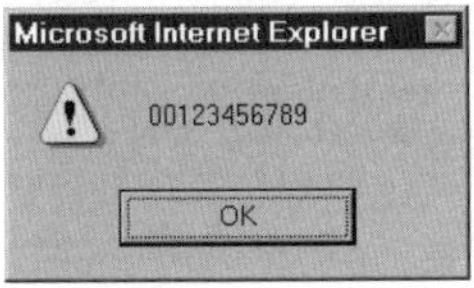

Zwei führende Nullen

Die dritte Variante erzwingt durch den Multiplikationsoperator *, dass die Variable `Telefon` zu einem numerischen Datentyp gecastet wird. Zumindest sofern kein syntaktischer Widerspruch entsteht – etwa, weil in dem String Buchstaben stehen – erzwingt die Multiplikation von einer Zahl mit einem als Zahl interpretierbaren String einen numerischen Datentyp. Insgesamt kommt ein numerischer Datentyp heraus, bei dem die führende Null verschwindet. Insbesondere lässt sich die gesamte Anzahl der führenden Nullen nicht mehr reproduzieren[4] (etwa zur Rekonstruktion, ob es sich um eine internationale Telefonnummer, eine Nummer für ein Ferngespräch oder eine Ortstelefonnummer handelt). Dies ist ein eindeutiger Informationsverlust.

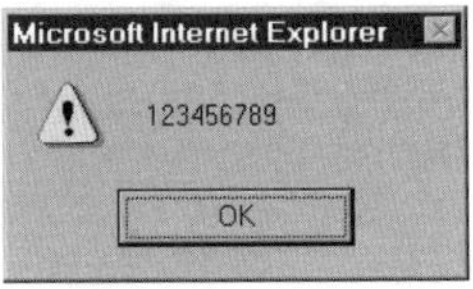

Keine führenden Nullen

Verwandte Befehle/Themen

Datentypen

Variablen

4. Die Länge der Nummer sei außer Acht gelassen.

Datentypen

Die Angabe des Typs eines einfachen Objekts bzw. einer Variablen.

Anwendung

Ein Datentyp ist die Angabe, wie ein einfaches Objekt (zum Beispiel eine Variable) im Rahmen einer Computersprache im Hauptspeicher des Computers dargestellt wird. Im Wesentlichen ist dies die Angabe, wie viel Bit für ein einfaches Objekt reserviert werden. Eine solche Angabe enthält normalerweise ebenfalls Hinweise darüber, welche Operationen bezüglich des einfachen Objekts erlaubt sind, was bei einer Verknüpfung mit anderen Objekten passieren soll und so weiter. Bei einfachen Objekten redet man von primitiven Datentypen, was bedeutet, dass sie in das Sprachsystem fest integriert sind und sich damit erheblich von »normalen« Objekten unterscheiden.

Wenn man in einer mächtigen Programmiersprache wie – um ein Beispiel zu nennen – Java eine Variable deklariert, gibt man neben dem Namen bereits über zusätzliche Schlüsselworte in der Deklaration seinen Datentyp an. Dies nennt man **strong typing**. In den meisten Scriptsprachen werden Datentypen nicht explizit bei der Deklaration einer Variablen durch ein Schlüsselwort eingeführt, sondern implizit durch die Wertzuweisung einer Variablen festgelegt. Bei einer erneuten Zuweisung mit einem Wert, der einen anderen Datentyp bedeutet, verändert sich bei einigen Script-/Programmiersprachen der Datentyp der Variablen. Die Datentypen werden also intern verwaltet. Dies nennt man **loose typing**, d.h. lose typisiert.

Jedoch wird in beiden Fällen – sowohl bei der expliziten als auch der impliziten Festlegung – im Wesentlichen die Anzahl der Bits angegeben, welche im Speicher für die Variable reserviert werden und welche Bitkombination konkret welchem Zeichen oder welcher Zahl entspricht.

Spielen wir zur Verdeutlichung ein kleines Beispiel durch (losgelöst von einer konkreten Programmiersprache): Ein Datentyp, der ein Byte (8 Bit) groß ist, kann genau 2^8 = 256 verschiedene Werte (dies entspricht dann entweder direkt einer Zahl oder dem Kodierungswert eines Zeichens) darstellen. Diese können beispielsweise dann so vereinbart werden, dass für Zahlen bei 0 angefangen wird und der größte darstellbare Wert 255 ist. Eine andere Variante fängt mit der kleinsten darstellbaren Zahl -128 an und lässt als Obergrenze 127 zu (wie in Java bei Datentyp `byte`). Auch jeder andere Start- und Endwert mit einem 256-Intervall wäre denkbar, ist aber nicht üblich. In jedem Fall wird die Anzahl der darstellbaren Zeichen durch die Länge des Datentyps beschränkt. Wenn größere Zahlen oder Kodierungen darzustellen sind, muss ein Datentyp gewählt werden, der diese auch im Speicher darstellen kann. Wenn dies während der Laufzeit eines Programms/Scripts dynamisch erfolgt, nennt man dies Casting (siehe Seite 34).

Ein Datentyp beinhaltet über die Anzahl der Bit hinaus oft noch weitere Festlegungen (Meta-Informationen). Unter Java sind sämtliche primitiven Datentypen plattformunabhängig, das bedeutet, sie sind sowohl bezüglich ihrer Länge als auch bezüglich ihrer erlaubten Arithmetik auf jeder Java unterstützenden Plattform eindeutig festgelegt und verhalten sich überall gleich. Des Weiteren haben so definierte Variablen unter Java (andere Programmiersprachen verhalten sich da anders) immer einen wohldefinierten Default-Anfangswert (Ausnahme: der Einsatz als lokale Variablen). Java besitzt acht primitive Datentypen (vier Ganzzahltypen zur Darstellung von verschieden großen Zahlbereichen, einen logischen Datentyp, zwei Gleitzahltypen zur Darstellung von verschieden großen Zahlbereichen und einen Zeichentyp zur Darstellung eines Zeichens des Unicode-Zeichensatzes). Die meisten Scriptsprachen stellen weniger Datentypen zur Verfügung. So hat JavaScript beispielsweise nur vier Datentypen. Das explizite Verhalten der Datentypen erfolgt in Scriptsprachen meist für den Anwender verdeckt und die Plattform kümmert sich selbst um sinnvolle Arithmetik, Typkonvertierung usw. Ein weit von der konkreten Welt der Bits und Bytes entferntes Verhalten finden Sie aber nicht nur bei Scriptsprachen, sondern auch beispielsweise bei Visual Basic.

Warnungen

- Beachten Sie die Ausführung zur Typkonvertierung und die damit verbundene Problematik (siehe Seite 34 unter Casting).

Beispiele

Eine Variablendeklaration unter JavaScript ohne Festlegung des Datentyps:

```
var meineVariable;
```

Eine Variablendeklaration unter JavaScript mit Festlegung des Datentyps über die Wertzuweisung:

```
var meineVariable=42;
```

Eine Methodendeklaration mit einem booleschen Rückgabewert unter Java:

```
boolean jaodernein();
```

Eine Variable vom Typ `byte` unter Java:

```
byte test;
```

Verwandte Befehle/Themen

Casting

Variablen

Ereignisse und Event-Handler

Das Auftreten einer bestimmten Situation, auf die eine Reaktion erfolgen kann.

Anwendung

Wärend des Ablaufs eines Programms/Scripts treten immer wieder spezifizierbare Situationen auf, auf die gezielt eine Reaktion erfolgen kann. Diese werden Ereignisse oder englisch Events genannt. Sogenannte Event-Handler erlauben die gezielte Reaktion auf solche Ereignisse.

Wenn ein komplexeres Programm/Script (besonders in einer grafischen Umgebung) abläuft, wird es nur selten so programmiert sein, dass sämtliche Schritte vordefiniert ohne Interaktion mit der Umgebung ablaufen können. Insbesondere der Anwender greift bei umfangreicheren Programmen in den Ablauf ein, etwa wenn er ein Fenster vergrößert, eine Schaltfläche drückt oder eine Eingabe mit der Datenfreigabetaste bestätigt. Im Fall von Webscripting ist auch das Laden einer Seite bzw. das darauf folgende Laden einer neuen Seite eine spezifizierbare Situation. Ein solche Situation sorgt für das Eintreten eines Events, eines Ereignisses, das im System beobachtet und worauf reagiert werden kann.

Speziell auf eine Webseite in einem Browser bezogen kann man unter einem Ereignis alles verstehen, was während der Lebenszeit einer Webseite in einem Browser auftreten kann. Das kann wie gesagt das Laden in den Browser, das Entfernen aus dem Browser oder das Laden einer neuen Seite sein. Aber auch andere Ereignisse wie Tastatureingaben durch den Anwender, Bewegungen des Mauszeigers oder Klicks mit den Maustasten sind auswertbare Ereignisse, die zum Aufruf eines Scripts genutzt werden können. Daneben gibt es automatische Vorgänge, die von einer Zeitspanne oder einem Zeitpunkt abhängen oder aufgrund von gewissen anderen Bedingungen ausgelöst werden.

In der althergebrachten Programmierung stellte man spezielle Funktionen oder Prozeduren bereit, die etwa in einer bestimmten Situation auf einen Tastendruck durch den Anwender gewartet haben. Beispielsweise so (Turbo Pascal-Syntax):

```
REPEAT UNTIL KEYPRESSED
```

In vielen der moderen, objektorientierten Programmiersprachen wird dagegen ein spezieller Mechanismus bereitgestellt, der auf solche Ereignisse reagiert und gegebenenfalls eine Funktion oder eine Objektmethode auslöst. Dieser Mechanismus wird Event-Handler (Ereignisbehandler) genannt. Dort werden Ereignisse als spezielle Objekte gesehen, auf die zugegriffen werden kann. Konkret für den Fall von Webscripting können Ereignisse an verschiedenen Stellen in HTML-Dokumenten auftreten, etwa in Formularen und bei einzelnen Elementen wie Hyperlinks oder Grafiken. Die wichtigsten drei Wege, wie eine Script-Funktion unter HTML aufgerufen wird, sind wahrscheinlich folgende:

- Beim Start der HTML-Datei
- Bei einem Klick auf eine Referenz oder eine Schaltfläche
- Beim Überstreichen mit dem Mauszeiger

In der Regel ist ein universeller Event-Handler für Ereignisse in einer Webseite nur ein Block von Script-Anweisungen, welcher direkt in einen HTML-Tag geschrieben wird. Die Grundsyntax sieht immer gleich aus:

```
<[HTML-Tag] [ATTRIBUTE] [onEvent-Handler]="Script-Anweisungen">
```

Dabei ist `[HTML-Tag]` ein beliebiger HTML-Tag, welcher die Reaktion auf ein Ereignis unterstützt (das unterscheidet sich in verschiedenen Browsern je nach zugrunde liegendem Objektmodell – siehe Seite 350 und Seite 348 – und Ereignismodell – siehe Seite 391). `[ATTRIBUTE]` sind die normalen HTML-Attribute, welche den HTML-Tag bezüglich seiner üblichen HTML-Auswirkungen spezifizieren. `[onEvent-Handler]` ist der konkrete Name des Ereignisses, auf welches reagiert werden soll, und `"Script-Anweisungen"` sind die tatsächlichen Script-Anweisungen, welche bei Auftreten des spezifizierten Ereignisses ausgeführt werden sollen.

Der Aufruf einer Script-Funktion beim Ereignis »Start der HTML-Datei« erfolgt beispielsweise mit einer Erweiterung des `<BODY>`-Tag über das Attribut `onload`.

Syntax:

```
<BODY onload = "[Funktionsname]">
```

Damit erfolgt der Aufruf der als Wert des Attributs angegebenen Script-Funktion beim Start der HTML-Datei. Der Funktionsname der Script-Funktion muss in Anführungszeichen gesetzt werden und enthält alle notwendigen Angaben zum korrekten Ablauf dieser Funktion. Insbesondere müssen dort natürlich alle eventuell notwendigen Parameter enthalten sein.

Das Parallelereignis zum Laden einer Seite ist die Situation, wenn eine Seite wieder aus dem Speicher entfernt wird. Etwa wenn eine neue Seite geladen wird. Dafür gibt es das Ereignis `onUnload`, das identisch in den `<BODY>`-Tag integriert wird. Sie können auch beide Ereignisse in dem `<BODY>`-Tag angeben, um sowohl beim Start einer Seite als auch bei deren Verlassen eine bestimmte Aktion auszulösen.

Warnungen

- Die Ereignisbehandlung weicht in den konkurrierenden Browsern erheblich ab. Dies liegt unter anderem daran, dass es verschiedene Ereignismodelle von den Herstellern der Scriptsprachen und der Browser gibt, HTML teils vollkommen verschieden ausgelegt wird und es nie sicher ist, auf welches der Ereignismodelle sich der Browser bezieht. Bei Ereignismodellen handelt es sich um abstrakte Objektmodelle, die festlegen, wie auf welche Ereignisse zu reagieren ist, was passiert, wenn ein Ereignis nicht gleich ausgeführt werden kann und so fort. Die Unterschiede zwischen dem Microsoft-Ereignismodell und dem von Netscape sind beispielsweise ziemlich groß. Netscape weicht in seinem Modell sehr stark von dem W3C-Entwurf ab (das W3C-Konsortium ist unter anderem verantwortlich für die Standardisierung von HTML – `http://www.w3.org`), während Microsoft die Event-Handler weitgehend so interpretiert, wie vom W3-Konsortium vorgesehen (wegen weiterer Informationen siehe Seite 348).

Beispiele

Event-Handler unter HTML, mit denen ein Script beim Auftreten des spezifizierten Ereignisses gestartet werden kann:

```
onMouseOver
onLoad
onClick
```

Aufruf einer JavaScript-Funktion bei Auftreten eines Ereignisses:

```
onClick="meineFunktion()"
```

Der Aufruf einer JavaScript-Funktion beim Laden einer Webseite:

```
<BODY onload="unsere_funktion()">
... [alle übrigen HTML-Anweisungen] ...
</BODY>
```

Eine vollständige Webseite mit zwei JavaScript-Funktionen, die jeweils beim Laden und Verlassen der Seite aufgerufen werden. Die Zeile mit dem `<BODY>`-Tag ruft beim Laden der Seite die eine Funktion auf, beim Verlassen wird die zweite Funktion aufgerufen. Dabei wird ein Mitteilungsfenster angezeigt. Dies bewirkt die Funktion `alert()`, welche JavaScript als Standardfunktion zur Verfügung stellt und die wir innerhalb der beiden Funktionen aufrufen:

```
<HTML>
<HEAD>
<SCRIPT LANGUAGE="JavaScript">
<!--
function wk()
{
 alert("Herzlich Willkommen");
}
function bye()
{
 alert("Bis bald");
}
//-->
</SCRIPT>
```

```
</HEAD>
<BODY onLoad="wk()" onUnload="bye()">
Test
</BODY>
</HTML>
```

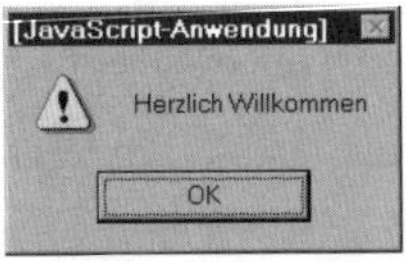

Das beim Laden der Seite ausgelöste Ereignis ruft das eine Script auf.

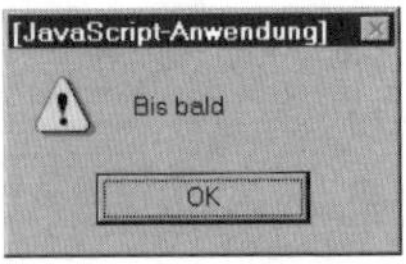

Das beim Verlassen der Seite ausgelöste Ereignis ruft das zweite Script auf.

Die VBScript-Variante vom letzten Beispiel:

```
<HTML>
<HEAD>
<script language="VBScript">
<!--
  Sub wk
      MsgBox "Herzlich Willkommen"
  End Sub
  Sub bye
      MsgBox "Bis bald"
  End Sub
-->
</script>
</HEAD>
<BODY onLoad="wk" onUnload="bye">
Test
</BODY>
</HTML>
```

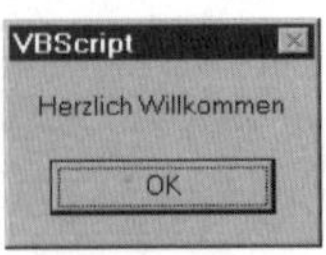

Das beim Laden der Seite ausgelöste Ereignis ruft das VBScript auf.

Funktionen und Prozeduren

Benannte Zusammenfassungen von Befehlen.

Anwendung

Funktionen und Prozeduren bedeuten die Zusammenfassung von einem oder mehreren Befehlen zu einem Block, der mit einem Bezeichner (siehe Seite 54) benannt wird und Übergabeparameter empfangen und verarbeiten kann.

Immer wieder stellt sich in Scripten/Programmen heraus, dass bestimmte Befehlsfolgen öfter benötigt werden oder nicht gleich beim Laden eines Scripts ausgeführt werden sollen. Um sie nicht jedesmal neu schreiben zu müssen bzw. gegenüber der direkten Abarbeitung beim Laden zu schützen, wird der Befehlsfolge ein Name gegeben, der bei Bedarf statt der expliziten Befehlsfolge aufgerufen werden kann. Die vollständige Befehlsfolge muss nur einmal notiert werden. In der Regel werden dazu Funktionen oder ihre nahen Verwandten, Prozeduren, definiert.

Sowohl Funktionen als auch Prozeduren gibt es in streng objektorientierten Sprachen nicht (dort stellen Methoden das Analogon dar). Sie sind zentrale Elemente der prozedualen Programmierung. In den meisten Scriptsprachen (etwa den hier behandelten Sprachen JavaScript, VBScript oder Perl) werden Funktionen und/oder Prozeduren neben Objekten bereitgestellt und sorgen für den hybriden (d.h. sowohl in Ansätzen objektorientierten als auch prozeduralen) Charakter der Sprachen. Dies erleichtert insbesondere Einsteigern und nicht mit der objektorienten Denkweise vertrauten Programmierern am Anfang die Arbeit, macht aber größere Strukturen schlecht durchschaubar und kompliziert insbesondere die Wartung von umfangreichen Projekten.

Die Definition von Funktionen erfolgt in der Regel, indem ein dafür in der Sprache vorgesehenes Schlüsselwort die Definition einleitet, dann der Bezeichner der Funktion folgt (evtl. davor noch der Datentyp des Rückgabewerts) und abschließend ein Klammernpaar, in dem Parameter an die Funktion weitergegeben werden können.

Die Definition von Prozeduren erfolgt fast analog. Zuerst ein dafür in der Sprache vorgesehenes Schlüsselwort, dann der Bezeichner der Prozedur und eventuell nachgestellte Parameter für die Prozedur. Bei einigen Sprachen werden die Klammern zum Einschluss der Parameter bei Prozeduren nicht angegeben.

Die Unterschiede zwischen Funktionen und Prozeduren sind recht gering. Es gibt eigentlich nur einen zentralen Unterschied – Funktionen liefern von der Theorie her immer einen Rückgabewert (Ausnahme – explizit als Funktionen ohne Rückgabewert definiert – vielfach mit dem Schlüsselwort `void`), während Prozeduren nie einen Rückgabewert zurückgeben. Von der Logik her bedeutet dies, dass bei Funktionen das Ergebnis einer Operation von Bedeutung sein sollte, während die Operation einer Prozedur Selbstzweck ist.

Warnungen

- Viele Sprachen fordern bei Funktionen die explizite Auswertung des Rückgabewerts, sonst wird ein Fehler gemeldet. Manche Scriptsprachen behandeln dies nicht so restriktiv. Genau genommen verwischen die meisten Scriptsprachen die Unterschiede zwischen Funktionen und Prozeduren. Eine Funktion muss nicht unbedingt einen Rückgabewert liefern oder zumindest als »ohne Rückgabewert« definiert werden. Außerdem muss ein zurückgegebener Wert auch vielfach nicht ausgewertet werden. Er wird bei Nichtverwendung einfach verschwinden.

  Diese lockere Verhaltensweise mit den unterschiedlichen Techniken erleichtert Einsteigern und nichtprofessionellen Programmierern den Umgang damit. Der Preis ist jedoch, dass sich leicht ein unsauberer Programmierstil einschleicht, der bei Problemen und Fehlern ziemliche Schwierigkeiten machen kann.

Beispiele

Einige objektunabhängige Standardfunktionen von JavaScript:

Funktion	Beschreibung
`parseInt(Zeichenkette)`	Wandelt eine übergebene Zeichenkette in eine Ganzzahl um und gibt diese als Ergebnis zurück.
`isNaN()`	Prüft den übergeben Wert, ob er ein erlaubter numerischer Wert ist (Rückgabe `true`) oder nicht (`false`).
`Number()`	Konvertiert den Inhalt eines als Parameter übergebenen Objekts in eine Zahl und gibt die Zahl zurück. Wenn sich das übergebene Objekt nicht umwandeln läßt, wird `NaN` (Not a Number) zurückgegeben.
`String()`	Konvertiert den Inhalt eines als Parameter übergebenen Objekts in eine Zeichenkette und gibt diese zurück.
`escape(Zeichenkette)`	Wandelt alle Zeichen der übergebenen Zeichenkette in ihre ASCII-Zahlenwerte um und setzt vor jeden Wert das Trennzeichen »`%`«. Abschließend wird die so erzeugte Zeichenkette zurückgegeben. Es handelt sich um den Hexadezimalwert des Zeichens in der ASCII-Zeichentabelle.
`unescape(Zeichenkette)`	Wandelt alle Zeichen der übergebenen Zeichenkette in normale ASCII-Zeichen um und gibt die so erzeugte Zeichenkette zurück. Die Zeichenkette muss für jedes umzuwandelnde Zeichen ein Prozentzeichen (`%`) und den Hexadezimalwert des Zeichens in der ASCII-Zeichentabelle enthalten.

Ein selbstdefiniertes Funktionspaar in JavaScript (die zweite Funktion ruft die erste Funktion auf):

```
<SCRIPT LANGUAGE="JavaScript">
<!-- Beginn JavaScript
function zeigeInterneLinks()
```

```
{
open("anker5.htm","ILINK");
open("ZInfo1.htm","ZINFOS");
}
function lade()
{
zeigeInterneLinks();
}
// -- End of JavaScript code ------------- -->
</SCRIPT>
```

Die Anwendung einer VBScript-Standardprozedur:

```
MsgBox "Kriiitischer Fehler!"
```

Verwandte Befehle/Themen

Methoden

Klassen

Die Zusammenfassung von Beschreibungen zur Erstellung von Objekten.

Anwendung

Im Rahmen der objektorientierten Programmierung werden ähnliche Objekte zusammengefasst, um eine leichtere Klassifizierung von diesen Objekten zu ermöglichen. Die Eigenschaften der Objekte werden in übergeordneten Gruppierungen – den Klassen – als eine Gruppe zusammenhängender Informationen und Methoden gesammelt und für eine spätere Erzeugung von realen Objekten verwendet.

Viele Scriptsprachen sind in Ansätzen (so gut wie nie streng) objektorientiert. Das heißt, mit Scripten werden Objekte (siehe Seite 51) abgefragt und manipuliert sowie teilweise auch selbst definiert. Darüber hinaus gibt es jedoch viele Elemente, welche in streng objektorientierten Sprachen verboten sind.

Zur Erzeugung von Objekten dienen allgemein Klassen, welche als die Bauvorschriften von Objekten verstanden werden können. Objektorientierte Sprachen stellen in Klassen zur konkreten Erzeugung von Objekten besondere Methoden bereit (so genannte Constructor-Methoden oder – deutsche Aussprache – Konstruktoren). Diese sind vom Namen immer identisch zu den Klassennamen, haben jedoch in den meisten Sprachen – bei Methoden in vielen Sprachen zwingend – abschließend ein Klammerpaar, das sie als Methoden ausweist. Eine Klasse kann in so genannten polymorphen Sprachen mehr als eine Constructor-Methode bereitstellen (JavaScript kann das beispielsweise, wie das `Date`-Objekt schnell zeigt). Diese unterscheiden sich dann ausschließlich über den Datentyp (siehe Seite 37) und/oder die

Anzahl der Parameter, welche gegebenenfalls innerhalb der Klammern notiert werden. Da der Name ja zwingend identisch mit dem Klassennamen ist, kann das interpretierende System nur darüber die verschiedenen Konstruktoren unterscheiden. Die Erzeugung eines konkreten Objekts aus einer Klasse kann sich je nach Sprache und/oder Situation unterscheiden. Oft wird jedoch dazu eine Constructor-Methode in Verbindung mit dem Schlüsselwort `new` verwendet, was folgende Syntax bewirkt:

```
[Klassenname] [Objektname] = new [Klassenname]([optionale Parameter])
```

In vielen Scriptsprachen wird der einleitende Klassenname weggelassen. Klassen werden also in vielen Scriptsprachen zwar von grundlegender Bedeutung sein, jedoch werden in der Syntax bei der Erzeugung von Objekten meist nur deren Konstruktoren auftauchen. Entweder für den Fall, dass man selbstdefinierte Objekte benötigt oder eine Instanz einer Klasse erstellen möchte, die einem Scriptprogrammierer von der Plattform zur Verfügung gestellt wird. Die explizite Erstellung von Klassen übersteigt überwiegend die Leistungsfähigkeit von Scriptsprachen. Statt dessen erstellt man auf der Ebene von Scriptsprachen meist einfach Konstruktoren als besondere Methoden (also erzeugt man indirekt eine Klasse) und wendet diese dann an, ohne mit dem Begriff Klasse überhaupt in Berührung zu kommen. Wir behandeln den Begriff Klasse dennoch, weil er das Vorhandensein und die Verwendung von Objekten und Konstruktoren schlüssiger macht.

Dass man auch konsequent von einer Klassenstruktur aus Programmierung betreiben kann, beweisen Sprachen wie Java. Eine streng objektorientiere Sprache wie Java ist streng hierachisch aus Klassen aufgebaut, die allesamt Ableitungen einer einzigen obersten Klasse – der Klasse `Object` – sind. Dort läuft die gesamte Programmierlogik aus der expliziten Sicht von Klassen ab.

Klassen (und damit auch die daraus erzeugten Objekte) stehen über einen Mechanismus in Verbindung, der in der objektorientierten Philosophie **Vererbung** genannt wird. Gemeinsame Erscheinungsbilder werden möglichst in einer maximal allgemeinen Ebene zusammengefasst. Erst wenn Unterscheidungen möglich beziehungsweise notwendig sind (Eigenschaften oder Funktionalitäten, welche nicht für alle Mitglieder einer Klasse gelten können), werden Untergruppierungen – untergeordnete Klassen – gebildet. Jede untergeordnete Klasse bekommt sämtliche (nichtgeheimen) Eigenschaften der übergeordneten Klasse vererbt und sollte diese sinnvollerweise mindestens um eine neue Eigenschaft erweitern (sonst ist sie ja identisch). Eine solche Erweiterung kann etwa daraus bestehen, dass Attribute hinzugefügt oder neue Methoden spezifiziert werden. Eine übergeordnete Klasse wird **Superklasse**, eine untergeordnete Klasse **Subklasse** genannt. Wenn eine untergeordnete Klasse nur von genau einer Superklasse erben kann, wird dies **Einfachvererbung** (wie in Java) genannt, wenn sie von mehreren Superklassen erben kann, **Mehrfachvererbung** (wie beispielsweise in C/C++).

Die ineinander geschachtelten Klassen bilden einen so genannten Klassenbaum. Dieser kann in den meisten Sprachen beliebig tief werden. Eben so tief, wie es notwendig ist, um eine Problem detailliert zu beschreiben. Abgeleitete Klassen übernehmen die Eigenschaften und Methoden aller übergeordneter Klassen über eine formale Verknüpfung zwischen den Klassen. Damit werden aus der jeweiligen Klasse erzeugte Objekte jeweils auch genau diese Eigenschaften und Methoden haben. Die Auswahl von Elementen in einer Klassenhierarchie erfolgt über einen Nachrichtenselektor (etwa den Methodennamen einer Botschaft). Ist der Empfänger der Botschaft in der aktuellen Klasse nicht vorhanden, so wird die gewünschte Methode/Variable in der nächsthöheren Superklasse gesucht. Ist das Ziel dort nicht vorhanden, erfolgt die Suche in der nächsthöheren Klasse, bis bei Einfachvererbung die oberste Stufe des Klassenbaums erreicht oder bei Mehrfachvererbung der Klassenbaum in alle Vererbungsrichtungen durchsucht ist. Die Ausführung einer Methode oder der Zugriff auf eine Variable erfolgt in der ersten Klasse, in der sie gefunden wird (von der aktuellen Klasse in der Hierarchie aufwärts gesehen). Gibt es im Klassenbaum keine Methode/Variable eines angegebenen Namens, so kommt es zu einer Fehlermeldung.

Warnungen

- Bei verschiedenen Konstruktoren in einer Klasse genügt es definitiv nicht zur Unterscheidung, wenn sich die Parameter nur im Namen unterscheiden. Deshalb werden in einer Klasse nur verschiedene Konstruktoren vorkommen, die sich mindestens im Datentyp des/der Parameter und/oder der Anzahl unterscheiden.

Beispiele

Da die meisten Scriptsprachen bezüglich der Erstellung/Verwendung von Klassen unterdimensioniert sind, weichen wir für die beispielhafte Erstellung einer Klasse auf Java-Syntax aus. Dabei werden wir jedoch nicht weiter auf die Java-Hintergründe eingehen. Die Definition einer Klasse mit zwei (nicht initialisierten) Variablen:

```
class MeineKlasse
{
static int meineVar;
String str;
}
```

Die Erzeugung eines Objekts unter Java mit der obigen Klasse unter Verwendung der (implizit vorhandenen) Contructor-Methode. Dort stehen dann die beiden Variablen zur Verfügung:

```
MeineKlasse meinObjekt = new MeineKlasse()
```

Eine Klasse, die unter JavaScript verschiedene Konstruktoren bereitstellt ist `Date`. Nachfolgend werden verschiedene Constructor-Methoden zur Erzeugung von Objekten angegeben:

```
var datum1 = new Date();
var datum2 = new Date(00, 6, 1);
var datum3 = new Date(99, 12, 31, 5, 12, 0);
var datum4 = new Date("June 1, 2000 10:10:00");
```

Verwandte Befehle/Themen

Objekte

Methoden

Eigenschaften

Methoden

Methoden realisieren die Funktionalität von Objekten, ihre Implementierung erfolgt in Klassen.

Anwendung

Im Rahmen der objektorientierten Programmierung werden Objekte (siehe Seite 51) als Zusammenschluss von zwei Bestandteilen gesehen, den so genannten Objektdaten – das sind die Attribute beziehungsweise Eigenschaften (siehe Seite 50) – und den Methoden. Attribute unterscheiden Objekte voneinander, während Objektmethoden die objektorientierte Ausdrucksweise für die Elemente der Anweisungenebene (Funktionen und Prozeduren siehe Seite 43) darstellen. Das heißt, Methoden sind die programmtechnische Umsetzung der Objektfunktionalitäten. Sie sind also programmiertechnisch gesehen irgendwelche Algorithmen, mit denen Objekte miteinander kommunizieren und/oder ihre Objektdaten manipulieren können. Während man mit mächtigen Programmiersprachen wie Java oder C/C++ selbst Methoden definieren kann, werden in Scriptsprachen meist Methoden angewandt, die über vorgefertigte Objekte bereitgestellt werden, und Funktionen sowie Prozeduren erstellt (wobei das nicht ganz korrekt ist, aber Scriptsprachen trennen Methoden von Funktionen und Prozeduren nicht so strikt, so dass eine genauere Spezifizierung notwendig wäre). Der Aufruf einer Methode im Quellcode erfolgt in den meisten Scriptsprachen in der DOT-Notation, bei welcher zuerst der Name des Objekts genannt wird, der die Methode bereitstellt. Nach dem Namen folgt ein Punkt und dann der Name der Methode.

Warnungen

- Zu einem Methodenaufruf gehören immer die Klammern direkt nach dem Methodennamen und – falls notwendig – darin enthalten die Parameter.

Beispiele

Zugriff auf verschiedene Methoden des `window`-Objekts unter JavaScript:

Methode (vollständige DOT-Notation)	Beschreibung
`window.close()`	Schließt das aktive Fenster.
`window.open("irgendeinedatei.htm", "Fenster1")`	Öffnet die spezifizierte Datei in dem benannten Frame.
`window.back()`	Entspricht weitgehend einem Klick auf die `Zurück`-Schaltfläche im Browser.

Zugriff auf verschiedene Methoden des `document`-Objekts unter JavaScript:

Methode (vollständige DOT-Notation)	Beschreibung
`document.captureEvents()`	Überwacht Anwenderereignisse innerhalb des Dokumentfensters. Ereignisse außerhalb (beispielsweise Titelleiste, Menüleisten) werden nicht überwacht (wird nur von Netscape verstanden).
`document.close()`	Schließen eines Dokuments. Man verwendet diese Methode normalerweise in Verbindung mit `document.open()` und `document.write()` bzw. `document.writeln()`.
`document.getSelection()`	Ermittelt, welchen Text ein Anwender im Dokument selektiert hat.
`document.open()`	Öffnet ein Dokument zum Schreiben. Man verwendet diese Methode normalerweise in Verbindung mit `document.write()` bzw. `document.writeln()`.
`document.write()` und `document.writeln()`	Schreiben von HTML-formatiertem Text und von JavaScript verwalteten Variableninhalten in das Dokumentfenster. Der Unterschied zwischen `write()` und `writeln()` ist ein am Ende eingefügtes Zeilenumbruchzeichen bei `writeln()`.

Verwandte Befehle/Themen

Klassen

Objekte

Funktionen und Prozeduren

Eigenschaften

Eigenschaften

Die Attribute von Objekten.

Anwendung

Im Rahmen der objektorientierten Programmierung werden Objekte (siehe Seite 51) als Zusammenschluss von zwei Bestandteilen gesehen, den so genannten Eigenschaften bzw. Objektdaten oder Attributen und den Objektmethoden (siehe Seite 48). Eigenschaften unterscheiden Objekte voneinander. Dies ist am sinnvollsten genau in diesem naiven Sinn zu verstehen.

Objekte stellen nach außen die Eigenschaften dar, welche sie kennzeichnen und/ oder die von einem Anwender der Objekte verändert/abgefragt werden dürfen. Der Zugriff auf die Eigenschaft eines Objekts im Quellcode erfolgt in den meisten Scriptsprachen in der DOT-Notation, bei welcher zuerst der Name des Objekts genannt wird, der die Eigenschaft bereitstellt. Nach dem Namen folgt ein Punkt und dann der Name der Eigenschaft.

Beispiele

Zugriff auf verschiedene Eigenschaften des `document`-Objekts unter JavaScript:

Eigenschaft (vollständige DOT-Notation)	**Beschreibung**
`document.alinkColor`	Die Farbe für bereits besuchte Verweisziele, wie sie bei der Zusatzangabe `alink` im `<BODY>`-Tag oder vom Anwender in seinen Browser-Einstellungen festgelegt wurde.
`document.applets`	Zugriff auf Java-Applets in einer HTML-Datei. Die Eigenschaft ist ein Objektfeld und bietet wiederum selbst Eigenschaften, auf die über die DOT-Notation (von `applets` aus gesehen) zugegriffen werden kann – etwa die Anzahl der Java-Applets in einer Webseite.
`document.bgColor`	Angabe der Hintergrundfarbe der HTML-Datei, wie sie bei der Zusatzangabe `bgcolor` im `<BODY>`-Tag oder vom Anwender in seinen Browser-Einstellungen festgelegt wurde.
`document.cookie`	Die Verwaltung von Cookies des Anwenders.
`document.fgColor`	Die Textvordergrundfarbe der HTML-Datei, wie sie bei der Zusatzangabe `text` im `<BODY>`-Tag oder vom Anwender in seinen Browser-Einstellungen festgelegt wurde.
`document.lastModified`	Datum und Uhrzeit der letzten Änderung der Datei im internationalen Format nach GMT (Greenwich-Zeit).
`document.linkColor`	Angabe der Farbe für noch nicht besuchte Verweise, wie sie bei der Zusatzangabe `link` im `<BODY>`-Tag oder vom Anwender in seinen Browser-Einstellungen festgelegt wurde.

Eigenschaft (vollständige DOT-Notation)	Beschreibung
`document.location`	Der vollständige URL der HTML-Datei.
`document.title`	Zugriff auf den Titel der HTML-Datei, wie er im `<TITLE>`-Tag unter HTML angegeben ist.
`document.vlinkColor`	Die Farbe von Verweisen, die bereits besucht wurden. Die Eigenschaft entspricht der Zusatzangabe `vlink` im `<BODY>`-Tag oder vom Anwender in seinen Browser-Einstellungen festgelegten Eigenschaften.

Verwandte Befehle/Themen

Klassen

Objekte

Methoden

Objekte

Aus Klassen erzeugte reale Instanzen.

Anwendung

In der objektorientierten Programmierung bilden zusammengehörende Anweisungen und Daten zusammengehörende, abgeschlossene und eigenständige Einheiten – die Objekte oder Instanzen, welche aus Klassen (siehe Seite 45) erzeugt werden.

Viele Scriptsprachen sind in Ansätzen objektorientiert. Dies soll bedeuten, dass über Scripte Objekte verwendet werden können. Die Definition von eigenen Objekten erfolgt nicht so oft, ist aber dennoch bei den meisten Scriptsprachen möglich und für einige komplexere Situationen unumgänglich. Die meisten Scriptsprachen sind jedoch nicht streng objektorientiert, sondern Zwitter, die häufig neben dem objektorientierten Ansatz prozedurale Elemente bereitstellen. Damit ist die in der streng objektorientierten Programmierung zwingende Trennung von Datenebene und Anweisungenebene aufgehoben.

Unter einem Objekt stellt man sich ein Softwaremodell vor, das ein Ding aus der realen Welt mit all seinen Eigenschaften und Verhaltensweise beschreiben soll. Etwa das Objekt Drucker, Bildschirm oder Tastatur. Aber auch Teile der Software selbst können ein Objekt sein. Der Browser beispielsweise oder ein Teil davon – etwa ein Frame. Oder nur ein Teil eines Dokuments – eine Überschrift in einer Webseite, ein Absatz, eine Grafik, usw. Ebenso Elemente einer grafischen Benutzeroberfläche wie Schaltflächen oder Eingabefelder. Eigentlich ist in dem objektorientierten Denkansatz alles als Objekt zu verstehen, was sich eigenständig erfassen und ansprechen lässt.

Streng objektorientierte Programmierung (OOP) geht damit andere an die EDV-technische Umsetzung eines Problems heran, als es in der althergebrachten, prozeduralen Programmierung üblich ist. Dort erfolgt die Umsetzung eines Problems in einem Programm durch eine Folge von Anweisungen, welche in einer vorher festgelegten Reihenfolge auszuführen sind (lineare Programmierung). Einzelne zusammengehörende Anweisungen werden dabei maximal in kleineren Einheiten von Befehlsschritten zusammengefasst, die Funktionen oder Prozeduren genannt werden. Daten und Anweisungen werden in der linearen Denkweise meist getrennt geführt, was die Folge hat, dass Änderungen in der Datenebene Auswirkungen auf die unterschiedlichsten Programmsegmente haben.

Objektorientierte Programmierung lässt sich darüber definieren, dass zusammengehörende Anweisungen und Daten eine zusammengehörende, abgeschlossene und eigenständige Einheit bilden – Objekte! Objekte bestehen also im Allgemeinen aus zwei Bestandteilen, den Objektdaten – die Attribute beziehungsweise Eigenschaften (siehe Seite 50) – und den Objektmethoden (siehe Seite 48). Objektdaten sind die Dinge, durch welche sich ein Objekt von einem anderen unterscheidet. Etwa die Beschriftung bei einer Schaltfläche, wenn diese als Objekt betrachtet wird. Objektmethoden sind irgendwelche Algorithmen, mittels denen die – im Prinzip abgeschlossenen und eigenständigen – Objekte miteinander kommunizieren und/oder ihre Objektdaten manipulieren können. Etwa eine Methode, mit der dynamisch eine Schaltfläche aktiviert und wieder deaktiviert werden kann.

In streng objektorientierten Sprachen wie Java gibt es keinerlei Elemente außerhalb von Objekten. Weder globale Variablen (siehe Seite 64) noch Funktionen oder Prozeduren (siehe Seite 43). Die meisten Scriptsprachen und andere hybride Sprachen wie C/C++ stellen hingegen neben den OO-Elementen solche zusätzlichen Elemente bereit.

Damit Objekte aktiv werden können, tauschen sie so genannte Botschaften aus, welche die Kommunikation von Objekten regeln. Das sendende Objekt schickt dem Zielobjekt eine Aufforderung, eine bestimmte Aktion auszuführen. Das Zielobjekt reagiert entsprechend. Die genaue formale Schreibweise folgt in der Regel dem Schema »Empfänger Methodenname Argument«. Punkt und Klammer trennen dabei meist die drei Bestandteile der Botschaft (die so genannte Punkt- oder DOT-Notation) in der Form:

```
Empfänger.Methodenname(Argument)
```

Nach außen ist ein Objekt nur durch seine Schnittstellen zu den Methoden definiert, es ist gekapselt, versteckt seine innere Struktur vollständig vor anderen Objekten und erst recht vor objektfreien Elementen wie globalen Variablen, Funktionen oder Prozeduren (Information Hiding).

Dieses Verfahren bietet einige Vorteile:

- Der Anwender eines Objekts muss überhaupt nichts über seinen inneren Aufbau wissen. Er kann sich einfach auf die Anwendung konzentrieren.
- Ein Objekt kann intern vollständig verändert werden. So lange es sich nur nach außen unverändert zeigt, wird das veränderte Objekt problemlos in einem System funktionieren, wo es in seiner alten Form funktioniert hat.

Die von uns behandelten Scriptsprachen stellen jeweils eine Vielzahl von vorgefertigten Objekten bereit und erlauben oberdrein die Erstellung von eigenen Objekten. Dabei wird in der Regel eine von einer Klasse bereitgestellte Constructor-Methode in Verbindung mit dem Schlüsselwort `new` verwendet.

Warnungen

- Hybride Programmiersprachen wie C/C++ oder auch Scriptsprachen erleichtern durch die Bereitstellung beider Welten – prozedural und objektorientiert – im ersten Moment die Umsetzung eines realen Problems in Programmschritte. Es werden jedoch nicht nur – wie es auf den ersten Blick erscheint – die Vorteile von zwei Konzepten vereinigt, sondern genauso deren Nachteile. Die Erleichterung durch die Bereitstellung beider Wege erweist sich vielfach als Bumerang, denn statt eine sorgfältige Konzeption zu erzwingen (was bei streng objektorientierten Sprachen unabdingbar ist), lassen sich so schwer wartbare Programmkonstruktionen aufbauen. Man sollte sich deshalb auch bei so offenen Konzepten zu einer sorgfältigen Konzeption zwingen.

Beispiele

Erzeugen von JavaScript-Objekten mit vorgefertigten Klassen bzw. deren Constructor-Methoden (siehe Seite 45):

```
var meinDatum = new date();
var meinBild = new Image();
var datum = new Date(99, 12, 31, 5, 12, 0);
var nocheinDatum = new Date("June 1, 2000 10:10:00");
```

Der Verwendung von vorgefertigten Objekten mit der DOT-Notation unter JavaScript:

`window.close()`Schließt das aktive Fenster.

`document.bgColor` Zugriff auf die Hintergrundfarbe der HTML-Datei.

Verwandte Befehle/Themen

Klassen

Methoden

Eigenschaften

Token

Ein Token bezeichnet ein Zeichen oder Merkmal, das im Rahmen einer Sprache als Sinnzusammenhang verwendet wird.

Anwendung

Unter einem Token ist am besten ein Sinnzusammenhang zu verstehen, der aus im Quelltext vorkommenden Zeichen gebildet wird, wenn der Quelltext in ausführbare Befehle übersetzt werden soll.

Wenn Quelltext in ausführbare Befehle übersetzt werden soll, muss zunächst geklärt werden, welche einzelnen Zeichen und Symbole oder Zeichen- und Symbolgruppen im Code welche Bedeutung haben. Wenn der Quellcode vom interpretierenden System analysiert wird, wird er von dem System dabei in einzelne kleine Bestandteile (Token) zerlegt. Ein Token ist dabei entweder ein bestimmtes einzelnes Zeichen/Symbol oder meistens ein aus mehreren Zeichen zusammengesetzer Begriff. Das interpretierende System versteht ein gültiges Zeichen oder die Sammlung von Zeichen. Erkennt das System das spezifische Zeichen oder die Ansammlung von Zeichen, wird daraus ein Sinnzusammenhang, dem eine bestimmte Aktion durch das System folgt. Sonst bleibt das spezifische Zeichen oder die Ansammlung von Zeichen einfach nur die Summe der Buchstaben oder Zeichen. Die Sprachelemente werden von vielen Systemen bei der Zerlegung in Token bereits auf ihre Richtigkeit geprüft.

Es gibt in den meisten Programmier-/Scriptsprachen folgende Arten von Token:

Bezeichner	Ein Bezeichner oder Identifier ist ein gültiger Name (eine Zeichenkette) für Objekte, Variablen, Konstanten, Bezeichnungsfelder, Methoden, Funktionen, Prozeduren etc. Meist bestehen Bezeichner aus alphanumerischen Zeichen und müssen noch einigen sprachspezifischen Regeln (erlaubte Länge, Festlegung des Typs des ersten Zeichens etc.) genügen. Bezeichner dürfen in der Regel nicht mit Schlüsselworten einer Sprache oder sonstigen Token mit besonderer Bedeutung identisch sein.
Schlüsselworte	Schlüsselworte sind alle Worte, die ein essentieller Teil einer Sprachdefinition sind.
Literale	Mit einem Literal können Variablen und Konstanten bestimmte Werte zugewiesen werden. Dies können sämtliche in der Sprachdefinition erlaubten Arten von Werten sein (etwa numerische Werte, boolesche Werte, Buchstaben, Zeichenketten). Die Literale werden nach ihrem Typ unterschieden, die auch fast immer in Programmiersprachen vorkommen. **Ganzzahlliterale** Ganzzahlliterale sind Werte, die von ihrem Datentyp her ganze Zahlen darstellen können.

Gleitpunktliterale

Gleitpunktliterale sind Werte, die von ihrem Datentyp her Kommazahlen darstellen können. Entgegen der landläufigen Notierung in Deutschland trennt der Dezimalpunkt Vor- und Nachkommateil der Gleitzahl.

Zeichenliterale

Zeichenliterale werden durch ein einzelnes zwischen hochgestellten und einfachen Anführungszeichen stehendes Zeichen ausgedrückt. Als einzelne Zeichen gelten alle druckbaren Zeichen mit Ausnahme einiger Sonderzeichen – etwa in vielen Sprachen des Bindestrichs (`-`) und des Backslash (`\`). In den meisten Sprachen werden Zeichenliterale als Klartextzeichen (in ASCII- oder Unicode-Format) gespeichert, lassen sich aber auch im Escape-Format darstellen. Die Escape-Zeichenliterale beginnen meist mit dem Backslash-Zeichen. Diesem folgt meist eines der Zeichen (`b,t,n,f,r,",' \`). Daneben gibt es vielfach die oktale Darstellung über eine Serie von Oktalziffern (3-stellig) oder (bei Unicode-Kodierung) eine Unicode-Darstellung – ein `u` gefolgt von einer vierstelligen Serie von Hexadezimalziffern. Die Darstellung über Escape-Sequenzen dient auch dazu, nicht druckbare Zeichen wie Tabulator oder Zeilenvorschub in einem Zeichenliteral darstellen zu können.

Zeichenkettenliterale

Zeichenkettenliterale sind aus mehreren Zeichenliteralen zusammengesetzte Ketten (Strings). Bei Zeichenkettenliteralen werden null oder mehr Zeichen in Anführungszeichen dargestellt. Die eingeschlossenen Zeichen können auch Steuerzeichen wie Tabulatoren, Zeilenvorschübe oder bei geeigeneter Kodierung nichtdruckbare Unicode-Zeichen oder druckbare Unicode-Spezialzeichen, Escape- oder Oktal-Sequenzen sein.

Bei den meisten Sprachen ist die Addition von Zeichenketten definiert. Meist kann mit dem Verknüpfungsoperator (+) eine neue Zeichenkette aus mehreren kleinen Zeichenketten zusammengesetzt werden. Wenn ein Wert, der keine Zeichenkette ist, mit einer Zeichenkette verbunden wird, so wird er vor dem Verbinden normalerweise automatisch zu einer Zeichenkette konvertiert (siehe Seite 34 zum Thema Casting).

Boolesche Literale

Boolesche Literale (Wahrheitswerte) kommen in einigen Sprachen wie Java oder JavaScript nur als die Literale `true` und `false` vor. Es gibt dort keinen Nullwert und kein numerisches Äquivalent. Andere Sprachen bieten dagegen das numerische Äquivalent `Null` oder `Ungleich-Null` (dazu zählt VBScript).

Trennzeichen

Ein Trennzeichen ist eines jener Sprachsymbole, die dazu benutzt werden, Trennungen und Zusammenfassungen von Code anzuzeigen.

Operatoren

Operatoren sind Zeichen oder Zeichenkombinationen, die eine auszuführende Operation mit einer oder mehreren Variablen oder Konstanten angibt. In der Regel werden Operatoren in mehrere Kategorien eingeteilt. Da sich hier Sprachen erheblich unterscheiden, sollten Sie beachten, dass nicht jede Sprache sämtliche dieser Operatoren unterstützt und gelegentlich die konkrete Syntax etwas davon abweichen kann:

Arithmetische Operatoren

Arithmetische Operatoren benutzen zwei Operanden. Dies sind entweder ganzzahlige Werte oder Fließkommazahlen. Es gibt in der Regel folgende arithmetischen Operatoren:

+ Additions-Operator

- Subtraktions-nOperator

* Multiplikations-O erator

/ Divisions-Operator

Bei einigen Sprachen steht noch der Modulo-Operator zur Verfügung. Er gibt den Rest einer Division zurück:

% Modulo-Operator

Einstellige arithmetische Operatoren sind Spezialfälle der gerade genannten arithmetischen Operatoren. Sie verwenden nur einen Operanden, der dem Operator nachgestellt wird. Es gibt in der Regel zwei:

- Einstellige arithmetische Negierung

+ Umkehr der arithmetischen Negierung

Die einstellige Negierung ergibt die arithmetische Vorzeichenumdrehung ihres nachfolgenden numerischen Operanden. Der einstellige Operator + ist meist nur aus Symmetriegründen vorhanden.

Zuweisungsoperatoren

Zuweisungsoperatoren weisen das Ergebnis einer auf der rechten Seite stehenden Operation (damit ist auch eine Konstante gemeint) der linken Seite des Ausdrucks zu. In nahezu allen Sprachen gibt es den direkten Zuweisungsoperator (=). Daneben gibt es bei vielen Sprachen noch die arithmetischen Zuweisungsoperatoren. Es handelt sich nur um die verkürzte Schreibweise einer arithmetischen Zuweisung. Wie auch die arithmetischen Operatoren können sie sowohl mit ganzen Zahlen als auch mit Fließkommazahlen verwendet werden. Es gibt folgende arithmetische Zuweisungsoperatoren:

+= Additions-Zuweisungsoperator

-= Subtraktions-Zuweisungsoperator

*= Multiplikations-Zuweisungsoperator

/= Divisions-Zuweisungsoperator

%= Modulo-Zuweisungsoperator

Inkrement-/Dekrement-Operatoren

Inkrement-/Dekrement-Operatoren werden zum Auf- und Abwerten eines einzelnen Werts verwendet. Inkrement- und Dekrement-Operatoren sind einstellige Operatoren und werden nur in Verbindung mit einem ganzzahligen oder einem Fließkommaoperanden benutzt.

Der Inkrement-Operator (++) erhöht den Wert des Operanden um 1. Die Reihenfolge von Operand und Operator ist relevant. Wenn der Operator vor dem Operanden steht, erfolgt die Erhöhung des Wertes, bevor der Wert dem Operanden zugewiesen wird. Wenn er hinter dem Operanden steht, erfolgt die Erhöhung, nachdem der Wert bereits zugewiesen wurde.

Der Dekrementoperator (--) erniedrigt den Wert des Operanden um 1. Die Reihenfolge von Operand und Operator ist auch hier relevant. Wenn der Operator vor dem Operanden steht, erfolgt die Erniedrigung des Wertes, bevor der Wert dem Operanden zugewiesen wird. Wenn er hinter dem Operanden steht, erfolgt die Erniedrigung, nachdem der Wert bereits zugewiesen wurde.

Bitweise Operatoren

Viele mächtige Programmiersprachen stellen Operatoren zur Verfügung, die auf Ebene der Bits arbeiten. Beispielsweise bitweise arithmetische Operatoren, welche direkt Bitwerte verändern. Oder bitweise Verschiebungsoperatoren, welche die Bits in der binären Darstellung eines Zeichens verschieben. Die Bits des ersten Operanden werden um die Anzahl an Positionen verschoben, die im zweiten Operanden angegeben wird. Im Fall der Verschiebung nach links ist es immer eine Null, mit der die rechte Seite aufgefüllt wird. Dieser Vorgang entspricht dem Multiplizieren mit 2 hoch der Zahl, die durch den zweiten Operanden definiert wird. Der normale Verschiebungsoperator nach rechts vervielfacht das Vorzeichenbit. Dieser Vorgang entspricht der Division durch 2 hoch der Zahl, die durch den zweiten Operanden definiert wird. Die Verschiebung nach rechts mit Füllnullen vervielfacht eine Null von der linken Seite.

Auch Scriptsprachen stellen gelegentlich diese Operatoren zur Verfügung:

& Bitweiser AND-Operator

| Bitweiser OR-Operator

^ Bitweiser XOR-Operator

~ Bitweiser Komplement-Operator

<< Bitweise Verschiebung nach links

>> Bitweise Verschiebung nach rechts

>>> Bitweise Verschiebung nach rechts mit Füllnullen

Der bitweise Komplement-Operator unterscheidet sich massiv von den anderen genannten bitweisen Operatoren, denn Komplementieren ist eine einstellige bitweise Operation mit nachgestelltem Operanden (im Gegensatz zu den anderen Operationen, welche zweistellig sind). Wenn ein Byte komplementiert wird, werden alle seine Bits invertiert.

Seltener findet man bei Scriptsprachen bitweise Zuweisungsoperatoren und bitweise Vergleichsoperatoren, zumal sie wie alle Bitoperationen in Scripten nicht sonderlich oft eingesetzt werden. Sie seien der Vollständigkeit halber angegeben.

Bitweise Zuweisungsoperatoren führen wie normale Zuweisungsoperatoren Zuweisungen mit – jetzt bitweise zu verstehenden – Operationen durch. Bitweise Zuweisungsoperatoren verwenden einen Wert, führen eine entsprechende bitweise Operation mit dem zweiten Operanden durch und legen das Ergebnis als Inhalt des ersten Operanden ab.

Bitweise Vergleichsoperatoren vergleichen binär zwei Operanden.

`&=` Bitweise AND-Zuweisung

`|=` Bitweise OR-Zuweisung

`^=` Bitweise XOR-Zuweisung

`<<=` Bitweise Verschiebungszuweisung nach links

`>>=` Bitweise Verschiebungszuweisung nach rechts

`>>>=` Bitweise Verschiebungszuweisung nach rechts mit Füllnullen

Vergleichsoperatoren

Vergleichsoperatoren verwenden zwei Operanden und vergleichen diese. Fast immer gibt es die nachfolgenden Vergleichsoperatoren:

`==`Gleichheitsoperator (manchmal auch nur `=`)

`!=` Ungleichheitsoperator

`<` Kleiner-als-Operator

`>` Größer-als-Operator

`<=` Kleiner-als-oder-gleich-Operator

`>=` Größer-als-oder-gleich-Operator

Logische Vergleichsoperatoren

Die logischen Vergleichsoperatoren werden nur auf boolesche Operanden angewandt und erzeugen auch nur boolesche Ergebnisse. Die meisten Sprachen kennen folgende logische Vergleichsoperatoren:

`&&` Logischer AND-Operator

`||` Logischer OR-Operator

`!` Logischer NOT-Operator

Der konditionale Operator

Unter dem konditionalen bzw. `if-then-else`-Operator versteht man die Kombination der beiden Zeichen Fragezeichen und Doppelpunkt (`?:`). Der Doppeloperator arbeitet mit drei Operanden. Die Operation benötigt einen booleschen Ausdruck vor dem Fragezeichen. Wenn er `wahr` liefert, wird der Wert vor dem Doppelpunkt zurückgegeben, ansonsten der Wert hinter dem Doppelpunkt. JavaScript kennt beispielsweise diesen Operator.

Operanden

Die Elemente, mit denen Operatoren Aktionen durchführen. Etwa die Zahlen, welche mittels des Plus-Operators miteinander verbunden werden.

Kommentare	Ein Kommentar (rein technisch betrachtet kein Token, aber vom logischen Gesichtspunkt dazu passend) dient erst einmal zur übersichtlichen Gestaltung des Quellcodes. Ein interpretierendes System ignoriert Kommentare. Kommentare bekommen zudem bei der Verbindung von mehreren Techniken innerhalb eines Dokuments (etwa HTML und Scripts innerhalb einer Webseite) eine zusätzliche Funktion – sie verstecken die jeweils nicht aktuelle Technik vor dem gerade aktuellen Interpreter.
Leerräume	Ein Leerraum (Leerzeichen, Tabulator und Zeilenvorschub) ist – wie der Kommentar – rein technisch gesehen kein Token, aber logisch werden sie dazugezählt. Ein Leerraum ist ein Zeichen, das an jedem Ort zwischen allen Token mit Funktion platziert werden kann. Eine beliebige Anzahl kann hintereinander notiert werden. Leerräume haben keinerlei andere Bedeutung, als den Quellcode übersichtlich zu gestalten. Die meisten Sprachen kennen die folgenden Zeichen als Leerraum: • [Space] • [Tab] • [Zeilenende] • [Seitenvorschub]

Warnungen

- Zwei Token gelten in einigen Sprachen nur dann als identisch, wenn ihre Code-Darstellung exakt übereinstimmt – sowohl dieselbe Länge als auch vollkommende Übereinstimmung jedes Zeichens bezüglich des Code-Wertes haben. Dies ist auch der Grund, warum in diesen Sprachen unbedingt zwischen Groß- und Kleinschreibung zu unterscheiden ist. Bei anderen Sprachen ist dies egal.
- Sämtliche Schlüsselworte haben in Programmier-/Scriptsprachen eine spezifische Bedeutung und können also nicht als Bezeichner für Variablen, Konstanten, Funktionen usw. benutzt werden.
- Der Vergleichsoperator == wird oft mit dem Zuweisungsoperator = verwechselt. Teilweise verwenden auch Programmiersprachen das einfache Gleichheitszeichen sowohl als Zuweisungsoperator (etwa VBScript) als auch als Vergleichsoperator, was Anwendern bei einem Wechsel zu einer restriktiveren Programmiersprache viele Probleme bereiten kann.
- Bei Gleitkommazahlen trennt in nahezu allen Programmiersprachen der Dezimalpunkt Vor- und Nachkommateil der Gleitzahl, nicht das Komma.

Beispiele

Bezeichner:

```
meineZahl
```

Schlüsselwort (JavaScript)

```
var
```

Zeichenkettenliteral:

```
"Hello World"
```

Anwendungen von arithmetischen Operatoren:

```
ergebnis = a + b;
ergebnis = ergebnis / 42;
ergebnis = 11 % 5;
```

Konkrete Auswirkungen von arithmetischen Operatoren:

Berechnung	**Ergebnis**
3 + 5	8
5 - 2	3
11 * 11	121
20 / 5	4
10 % 2	0
10 % 3	1
4 % 7	4
15 % 4	3

Einige Beispiele, was Zuweisungsoperatoren in der ausgeschriebenen Form bedeuten:

Zuweisungsoperator	**Ausgeschriebene Form**
x += 5	x = x + 5
x -= 5	x = x - 5
x *= 5	x = x * 5
x /= 5	x = x / 5
x %= 5	x = x % 5

Einige Beispiele, was Inkrement-/Dekrement-Operatoren in der ausgeschriebenen Form bedeuten:

Zuweisungsoperator	**Ausgeschriebene Form**
x++	x = x + 1
x--	x = x - 1

Ein Beispiel mit einem Vergleichsoperator und dem konditionalen Operator:

```
(a<5?"Ja":"Nein")
```

URL

Uniform Resource Locator

Anwendung

URL ist die Abkürzung von *Uniform Resource Locator*, was übersetzt ins Deutsche ungefähr *vereinheitlichtes Adressierungsschema* bedeutet. Es handelt sich um eine weltweit eindeutige Pfadangabe zu einem beliebigen Objekt im Internet, aber auch eine lokal sinnvolle Definition. Gelegentlich wird als Synonym dafür auch *Universal Resource Identifier* – URI[5] – verwendet.

Um den Datenfluss im Internet (oder einem beliebigen Netzwerk) zu ermöglichen, muss ein eindeutiges Adresskonzept vorhanden sein. Im Internet ist es ein Konzept, das sowohl den einzelnen Rechnern als auch den Software-Bestandteilen (Webseiten, Bilder, Programme) eindeutige Adressen zuweist. Dazu gibt es eine numerische Adresse, die allen Routern (Server, welche die Weiterleitung der Daten im Internet regeln) zur Verfügung steht: die vier Byte lange IP-Nummer. Da in einem Byte 256 verschiedene Zeichen binär dargestellt werden können (2^8 = 256), lässt sich in jedem der vier Byte eine Zahl zwischen 0 und 255 verschlüsseln. Gewöhnlich werden die IP-Nummern im Dezimalsystem dargestellt und jedes Byte wird mit einem Punkt abgetrennt. Daraus folgt die Struktur jeder IP-Nummer. Eine fiktive IP-Nummer eines Host könnte also so aussehen:

```
123.42.111.222
```

Da die IP-Nummern zwar hervorragend zur kompakten und eindeutigen Adressierung im Internet geeigenet, jedoch schlecht zu merken und für normale Internetanwender schwer verständlich sind, ist den meisten Zahlencodes zusätzlich ein weltweit eindeutiger Name zugeordnet – der DNS-Name. Dieses Namenssystem ist (wie auch das IP-Konzept) hierarchisch aufgebaut. Die logisch zusammengehörenden Bereiche werden Domain genannt, woraus sich der Name für dieses Namenssystem ableiten lässt:

Domain Name System, kurz *DNS*.

Wie bei den IP-Nummern werden die einzelnen Bestandteile eines DNS-Namens durch Punkte getrennt. Der hinterste Teil eines solchen Aliasnamens stellt die gröbste logische beziehungsweise inhaltliche Einteilung dar (der so genannte Top Level Domain), etwa eine Nation; der vorderste Teil bezeichnet direkt den einzelnen Server. Der unter Umständen zweiteilige Mittelteil ist die genauere Beschreibung der Organisation. Außerhalb der USA werden die Top-Level-Domain-Namen als Abkürzungen für die Ländernamen genommen. Die Ländercodes für den Top

5. Obwohl das streng genommen die interpretationsunabhängige Verknüpfung einer Objektadresse mit seinem Namensraum ist.

Level Domain sind in der ISO-3166-Norm festgelegt. Etwa `de` für Deutschland oder `uk` für Großbritannien. Für die USA ist der Top Level Domain `us` reserviert, obwohl dort ein anderes Konzept bevorzugt wird. Der Top Level Domain des DNS-Namens wird für Rechner, die in den USA registriert sind, nach einem eigenen Regelwerk angegeben. In der Regel erfolgt kein direkter Hinweis auf die Nation. Es werden (bis auf Spezialfälle) in den USA sechs Top-Level-Domain-Ausprägungen verwendet (und nur dort – daher ist die Nation implizit klar). In der folgenden Tabelle sind sie alphabetisch aufgelistet:

Top Level	Abkürzung für	Bedeutung
`com`	commercial	Von kommerziellen Unternehmen betriebene Rechner
`edu`	educational	Ausbildungsinstitutionen (Universitäten, Schulen ...)
`gov`	governement	Regierungsbehörden
`mil`	military	Militärische Computer
`org`	organization	Rechner von nicht kommerziellen Organisationen
`net`	network	Organisationen, die ein eigenes Netzwerk betreiben

Mit diesen beiden Konzepten (IP und/oder DNS) sind Computer im Internet eindeutig adressiert. Innerhalb des Internet-Systems sollen aber wie angedeutet ebenfalls alle Daten und Programme in Form von unverwechselbaren Adressen verfügbar sein – weltweit eindeutig. Deshalb werden also noch neben der Rechneradresse zusätzlich einige andere Angaben notwendig.

Der Name dieser weltweit eindeutigen Internetadressen für konkrete Adressanfragen an Dokumente (im weitesten Sinn) im Internet lautet URL und steht für *Uniform Resource Locator* – das vereinheitlichte Adressierungsschema für beliebige Objekte im Internet. Mit dem URL-Konzept lässt sich jeder Dienst im Internet (WWW, FTP, Gopher usw.) weltweit eindeutig beschreiben, aber auch jeder Rechner selbst oder direkt jede Datei, einfach jedes Objekt im Internet. Der Begriff Objekt steht in diesem Zusammenhang für so ziemlich alles, was im Netz zu finden ist. Die exakte Schreibweise für einen URL ist je nach Dienstprotokoll leicht unterschiedlich, sieht aber in der Regel folgendermaßen aus:

```
Dienstprotokoll://host.domain:port/ pfad/datei.
```

- Unter `Dienstprotokoll` sind beispielsweise `http`, `ftp`, `gopher`, `news` oder `mailto` zu verstehen. Danach folgen fast immer der Doppelpunkt und zwei Schrägstriche (Ausnahme ist etwa `mailto` oder `news`). Das Protokoll legt implizit den Typ des Servers fest und sorgt bei Standardeinstellung (siehe unten bei `port`) dafür, dass bei mehreren Servern auf einem Rechner oder Rechnerverband der richtige Server kontaktiert wird (siehe Seite 15).
- Mit `host.domain` wird ein Computer im Internet adressiert. Dabei kann entweder die IP-Nummer oder der DNS-Name angegeben werden.

- Da auf einem Internetrechner unter einem Rechnernamen eine ganze Reihe von verschiedenen Diensten parallel betrieben werden, müssen dann dort mehrere Server laufen (üblich ist z.B. ein FTP-Server und ein HTTP-Server). Um auf einem ausgewählten Rechner den gewünschten Dienst zu erreichen, benötigt man zu dem Namen eine zweite Information, den so genannten Port. Die Ports werden durch numerische Werte zwischen 0 und 1023 adressiert, und in der Regel hat jeder Internetdienst einen Defaultwert, der immer dann verwendet wird, wenn man keinen Port angibt. In der Regel braucht deshalb der Port nicht explizit angegeben zu werden. Der Port für einen HTTP-Server ist immer 80, ein FTP-Server hat immer den Port 21, Gopher benutzt den Port 70. Es ist allerdings möglich, die Ports für bestimmte Zwecke zu manipulieren, d.h. es ist optional möglich, in dem URL mit »`:port`« festzulegen, auf welchem Kanal dieser Rechner angesprochen werden soll.
- Das konkrete Objekt wird wie üblich über einen Verzeichnispfad und den Dateinamen angesprochen.

Die unterschiedlichen Protokolltypen bedeuten folgendes:

Protokoll	Beschreibung
`http://`	Adressierung von Webseiten im WWW. Der WWW-Browser zeigt die Datei direkt am Bildschirm an. Fehlt bei einem URL diese Angabe, ergänzen sie die meisten Browser automatisch.
`file://`	Adressierung einer beliebigen Datei. Wenn es eine HTML-Datei ist, wird sie am Bildschirm angezeigt. Wenn es ein anderer Dateityp ist, geschieht das, was in den Optionen des Browsers für diesen Fall eingestellt ist. Es kann etwa ein Programm gestartet werden, das diesen Dateityp verarbeitet, oder die Datei kann einfach auf den lokalen Rechner gespeichert werden.
`ftp://`	Adressierung von Dateien auf FTP-Servern. Eine Datei kann damit auf den lokalen Rechner geladen werden. Ein Upload wird von dem Protokoll ebenso unterstützt.
`telnet://`	Adressierung von Telnet-Servern zum Fernsteuern des fremden Rechners. Anzeigen am Bildschirm erfolgen in der Regel im reinen Textmodus.
`gopher://`	Adressierung von Gopher-Servern.
`news:`	Adressierung von Newsgroups im Usenet. Der WWW-Browser startet in der Regel seinen zugeordneten News-Client.
`mailto:`	Adressierung von persönlichen E-Mail-Adressen. Die meisten WWW-Browser starten den zugeordneten Mail-Client.

Ein URL kann wie angedeutet lokal eingesetzt werden. Sowohl als absoluter URL – dann beginnt der URL mit dem Protokoll `file` als auch als relativer URL. Bei relativen URL-Angaben beginnt die Angabe erst jenseits der Protokoll- und Rechner-Angabe. Ansonsten werden die unter UNIX üblichen Angaben für Verzeichnisebenen (`..` für eine Verzeichnisebene höher und Slash als Trennzeichen) verwendet.

Warnungen

- Bei einem URL wird zur Trennung von Ebenen der Slash (`/`) verwendet und nicht der Backslash (`\`) wie bei DOS-basierenden Systemen. Dies betrifft bei vielen Browsern auch die lokale Arbeit auf einem PC (wenn man den Browser als Dateimanager verwendet)!

Beispiele

Einige gültige Aliasnamen nach dem DNS-Konzept:

```
www.webscripting.de
www.rjs.de
www.sun.com
```

Ein vollständiger URL mit absoluter Pfadangabe auf einem lokalen Rechner (Laufwerk `C:` im Verzeichnis `Unterv`):

```
file://localhost/c:/Unterv/datei.htm
```

Ein relativer URL (zwei Ebenen höher und dann im Verzeichnis `Unterv`):

```
../../Unterv/datei.htm
```

Ein WWW-URL:

```
http://www.gmx.de
```

Download eines Programms per FTP:

```
ftp://www.rjs.de/_rjskryp.exe
```

Variablen

Benannte Stellen im Hauptspeicher.

Anwendung

Variablen bezeichnen Stellen im Hauptspeicher, in denen irgendwelche Werte temporär gespeichert werden können. Dazu haben sie einen Namen (einen Bezeichner – siehe Seite 54) und einen spezifischen Datentyp (siehe Seite 37).

Bei Variablen unterscheidet man konzeptionell vier Arten:

- Instanzvariablen
- Klassenvariablen
- Lokale Variablen
- Globale Variablen

Die Bezeichner der Variablen müssen den üblichen Regeln für Token (siehe Seite 54) folgen. Der Datentyp ergibt sich je nach Sprache durch explizite Deklaration oder implizit durch Wertzuweisung.

Klassen- und Instanzvariablen

Klassenvariablen spielen im Webscripting nur insofern eine Rolle, als der Programmierer sie verwenden kann. Bewusstes Erstellen solcher Variablen unterstützen die meisten Scriptsprachen nicht, was sich bereits aus der Art der Deklaration ergibt. Sie werden innerhalb einer Klasse (siehe Seite 45) definiert und stehen in allen Instanzen der Klasse (den konkreten Objekten) zur Verfügung. Instanzvariablen beziehungsweise Objektvariablen sind Klassenvariablen recht ähnlich. Sie werden zum Definieren von Attributen oder eines Zustands eines bestimmten Objekts benutzt. Im Gegensatz zu Klassenvariablen kann man mit vielen Scriptsprachen Instanzvariablen selbst erzeugen. Angesprochen werden beide über die Punktnotation. Dabei steht bei Bedarf auf der linken Seite des Punkts das Objekt, zu der die Variable gehört, und auf der rechten Seite der Name der Variablen. Mit Klassenvariablen kommt man bei Webscriptsprachen so gut wie nie direkt in Berührung. Im Unterschied zu Instanzvariablen stehen Klassenvariablen in der Klasse selbst vollständig zur Verfügung. Zwar werden die Variablen samt ihrer in der Klasse zugewiesenen Werte wie Instanzvariablen auf sämtliche Instanzen der jeweiligen Klasse vererbt. Wenn jedoch in einer Instanz der Wert der Variablen geändert wird, ist er damit auch innerhalb jeder weiteren Instanz der Klasse verändert (sie fungieren in der streng objektorientierten Programmierung als eine Art globale Variable – zumindest zwischen Instanzen derselben Klasse). Dies ist ein wesentlicher Unterschied zu Instanzvariablen, welche in einem Objekt beliebig verändert werden können, ohne dass verwandte Objekte das mitbekommen (sie sind also Objekt-lokal).

Lokale Variablen

Lokale Variablen werden innerhalb von Methoden-, Funktions- oder Prozedurdefinitionen deklariert und können auch nur dort benutzt werden. Dazu gibt es den Fall der schleifenlokalen Variablen, die nur im Rahmen einer Schleife definiert sind. Lokale Variablen existieren nur so lange im Speicher, wie die Methode, Funktion, Prozedur oder der Block existiert.

Globale Variablen

Globale Variablen kommen in streng objektorientierten Sprachen nicht vor, sondern gehören ausschließlich zu der prozeduralen Programmiertechnik. Da allerdings die meisten Scriptsprachen hybrid sind, verfügen sie neben Objekten über globale Variablen. Diese Variablen werden außerhalb von Funktionen/Prozeduren/Methoden/Objekten deklariert und stehen für alle Programmteile zur Verfügung. Sie können damit zum Datenaustausch zwischen Funktionen/Prozeduren genutzt werden (nicht zwischen Objekten – diese sind gekapselt).

Warnungen

- In vielen Sprachen müssen Variablen vor ihrer ersten Verwendung mit einem Vorgabewert belegt werden. Dies nennt man Initialisierung. Damit wird zudem für den Fall, wo nicht explizt bei der Deklaration über einen Schlüsselwert der Datentyp festgelegt wird, der Datentyp der Variablen fixiert. Für den Fall, dass der Datentyp bereits festliegt, kann eine syntaktische Überprüfung stattfinden, ob ein sinnvoller Wert zugewiesen wurde (siehe Seite 37 unter Datentypen). Viele Scriptsprachen und Einsteigerprogrammiersprachen wie Visual Basic verzichten auf diesen lästigen, aber äußerst sinnvollen Mechanismus. Dort bekommen Variablen automatisch bei der ersten Einführung einen Default-Nullwert zugewiesen. Zwar sehr bequem, aber oft Quelle unverständlichen Verhaltens von Scripten/Programmen. Variablen wechseln ihren Typ (siehe Seite 34 unter Casting) oder werden aus Versehen neu eingeführt (etwa, wenn man bei einigen Sprachen Groß- und Kleinschreibung nicht beachtet). Gerade bei größeren Scripten/Programmen sollte man unbedingt selbst jeder Variablen einen Anfangswert zuweisen.

Beispiele

Deklaration einer Variablen in JavaScript ohne Wertzuweisung:

```
var meineVariable;
```

Deklaration einer Variablen in JavaScript mit Wertzuweisung und damit Datentypfestlegung:

```
var meineVariable=42;
```

Deklaration einer Variablen in JavaScript mit Wertzuweisung und damit Datentypfestlegung (diesmal als String!!):

```
var meineVariable="42";
```

Verwandte Befehle/Themen

Casting

Datentypen

Mime-Typen

Ein Internet-Standard zur Spezifizierung von Dateitypen.

Anwendung

MIME ist die Abkürzung für *Multipurpose Internet Mail Extensions* und steht für einen Internet-Standard zur Spezifizierung von Dateitypen bei der Kommunikation zwischen WWW-Servern und Browsern. Sowohl der WWW-Server als auch der Browser hat jeweils Zugriff auf eine indivduell in seinem Konfigurationsbereich abgelegte Liste mit ihm bekannten Dateitypen. Bei der Übertragung vom Server zum Browser wird über das HTTP-Protokoll der MIME-Typ mit übertragen. Aufgrund seiner Liste mit MIME-Typen kann der Browser eine Datei eines bekannten Typs korrekt behandeln. Werden unbekannte Dateitypen geladen, kann das Programm nicht direkt damit umgehen, sondern muss die Datei speichern oder über zusätzliche Informationsquellen (etwa einen Benutzerdialog) die Behandlungsweise herausfinden.

Die Verwendung von MIME-Typen umgeht zugleich das Problem, dass unter Windows (und natürlich auch anderen Plattformen) viele Dateierweiterungen von mehreren Programmen bearbeitet werden können (etwa `.doc`, was alternativ von Word oder Wordpad behandelt werden kann, oder `.bmp`, was zahlreichen Grafikprogrammen zugeordnet sein kann). MIME-Typen geben eindeutig das zu verwendende Programm an. MIME-Typen werden nach folgendem Schema angegeben:

```
Hauptkategorie/Unterkategorie
```

Hauptkategorien sind etwa `text`, `image` oder `audio`. Unterkategorien von `text` sind beispielsweise `plain` (eine reine Textdatei) oder `html` (eine HTML-Datei). Unterkategorien von `image` sind beispielsweise `gif` oder `jpeg`.

Beispiele

Mime-Type	Dateinamen-erweiterung/en	Beschreibung
Application/acad (NCSA)	dwg	AutoCAD-Dateien
Application/dxf (CERN)	dxf	AutoCAD-Dateien
Application/mif	mif	Maker Interchange Format (Adobe FrameMaker)
Application/msexcel	xls xla	MS-Excel-Dateien
Application/mshelp	hlp chm	MS-Windows-Hilfe-Dateien
Application/mspowerpoint	ppt ppz pps pot	MS-Powerpoint-Dateien
Application/msword	doc dot	MS-Word-Dateien
Application/octet-stream	com exe bin dll class	Ausführbare Dateien bzw. Programmcode-Dateien
Application/pdf	pdf	PDF-Dateien (Adobe Acrobat Exchange/Reader)
Application/postscript	ai eps ps	PostScript-Dateien (Adobe)
Application/rtf	rtf	RTF-Dateien (Microsoft)
Application/x-bcpio	cpio	CPIO-Datei (Posix)
Application/x-cpio	bcpio	CPIO-Datei alt binär (Unix)

Mime-Type	Dateinamen-erweiterung/en	Beschreibung
Application/x-csh	csh	C Shell Script (Unix)
Application/x-hdf	hdf	NCSA HDF Data File
Application/x-latex	latex	LaTeX-Quelldatei (Unix)
Application/x-mif	mif Maker	Interchange Format (Adobe FrameMaker Unix)
Application/x-sh	sh	Bourne Shell Script (Unix)
Application/x-sv4cpio	sv4cpio	CPIO-Datei (SVR4)
Application/x-sv4crc	sv4crc	CPIO-Datei (SVR4 mit CRC)
Application/x-tar	tar	tar-Archivdatei (Unix)
Application/x-ustar	ustar	tar-Archivdatei (Posix)
Application/x-www-form-urlencoded		HTML-Formulardaten an CGI
audio/basic	au snd	AU- und SND-Sound-Dateien
audio/x-aiff	aif aiff aifc	AIFF-Sound-Dateien
audio/x-dspeeh	dus cht	Sprachdateien
audio/x-midi	midi mid	MIDI-Dateien
audio/x-pn-realaudio	ram ra	RealAudio-Dateien
audio/x-pn-realaudio-plugin	rpm	RealAudio-Plug-In-Dateien
image/cmu-raster	ras	CMU-Raster
image/gif	gif	GIF-Grafik
image/ief	ief	Image Exchange Format
image/jpeg	jpeg jpg jpe	JPEG-Grafik
image/tiff	tiff tif	TIFF-Grafik
image/x-freehand	fh4 fh5 fhc	Freehand-Grafik
image/x-portable-anymap	pnm	PBM-Anymap-Datei
image/x-portable-bitmap	pbm	PBM-Bitmap-Datei
image/x-portable-graymap	pgm	PBM-Graymap-Datei
image/x-portable-pixmap	ppm	PBM-Pixmap-Datei
image/x-rgb	rgb	RBG-Grafik
text/css	css	CSS-Style-Sheet-Datei
text/html	html htm	HTML-Datei
text/javascript	js	JavaScript-Datei
text/plain	txt c cc g h hh m f90	reine Text-Datei
text/richtext	rtx	MIME Richtext

Mime-Type	Dateinamen-erweiterung/en	Beschreibung
text/tab-separated-values	tsv	Datentextdatei mit Tabulatoren als Feldtrenner
text/x-setext	etx	Struct.erw. Text
text/x-sgml	sgm sgml	SGML-Datei
video/mpeg	mpeg mpg mpe	MPEG Video
video/quicktime	qt mov	Quicktime-Video
video/x-msvideo	avi	Microsoft-AVI-Video
video/x-sgi-movie	movie	Microsoft-SGI-Video
x-world/x-vrml	wrl	VRML-Dateien

Script- und Stilverankerungen sowie weitere HTML-Grundlagen

Webscripting lässt sich nicht ohne HTML-Grundlagen betreiben. Jedes clientseitige Script im Web verankert sich in einem HTML-Gerüst. Genauso werden Style-Sheets über HTML-Gerüste verankert und beeinflussen wiederum selbst HTML-Elemente. In diesem Kapitel sollen deshalb die wichtigsten Grundzüge von HTML besprochen werden. Das heißt neben den Grundstrukturen von HTML werden Sie die wichtigsten HTML-Anweisungen hier finden. Dabei wird im Rahmen unseres Webscripting-Schwerpunktes kein Wert auf eine vollständige Behandlung jeder HTML-Spezialität gelegt. Dafür gibt es spezialisierte HTML-Literatur. Wir wollen im Wesentlichen diejenigen Aspekte von HTML beleuchten, welche für Webscripting unter Windows unumgänglich sind und auch die Verbindung zu Style-Sheets und anderen multimedialen Objekten darlegen. Gleichwohl finden Sie am Ende des Kapitels in jeweils einem eigenen Abschnitt eine knappe Auflistung sämtlicher aktueller HTML-Befehle und -Attribute.

HTML ist die Abkürzung für *HyperText Markup Language* und eine Dokumentbeschreibungssprache, mit der die logischen Strukturen eines Dokuments beschrieben werden. Das World Wide Web besteht in seiner Grundstruktur aus HTML. Webseiten sind in erster Linie HTML-Dokumente. HTML-Dateien bestehen immer aus reinem Text, d.h. Klartext ohne irgendwelche Formatierungen. Zeichen, welche jenseits der ersten 128 Zeichen des ASCII-Zeichensatzes vorkommen (das gilt auch für das seit HTML 4.0 verwendete Unicode-Format), können über eine Folge von Sonderzeichen maskiert werden. Damit sind HTML-Dokumente plattformunabhängig, was ein unabdingbares Kriterium für den Erfolg dieser Beschreibungssprache im Internet ist. HTML wird – wie auch Scripte – von einem Browser interpretiert. Erst damit bekommt eine Seite eine über reinen Text hinausgehende Bedeutung.

HTML ist viel einfacher als Programmiersprachen und auch Scriptsprachen. Es gibt beispielsweise keinerlei Kontrollstrukturen in Form von Bedingungen, Sprüngen oder Schleifen. Es gibt auch keine Befehle im Sinne von Befehlswörtern, die eine Aktion auslösen. Allerdings beinhaltet HTML 4.0 dahingehend Erweiterungen und hat einige neue Schlüsselwörter integriert, die Voraussetzung für das Ausführen von Funktionen sind bzw. genau genommen den Aufruf von Scripten erlauben.

HTML ähnelt ein wenig der einfachen Batch-Programmierung unter DOS. Die Steueranweisungen werden in Form einer Stapeldatei in Klartext erstellt. Sprünge und Schleifen – im Source – kommen nicht vor, dafür sind Layout-Möglichkeiten sehr ausgeprägt, zum Beispiel Textformatierung, Hintergrundgestaltung, Aufzählungslisten, Tabellen und Grafikeinbindung. Schauen wir uns nun die Kernelemente von HTML an.

Tags

Fachausdruck für die in spitzen Klammern eingeschlossenen HTML-Befehle.

Anwendung

Sämtliche HTML-Anweisungen bestehen aus Steueranweisungen und jede dieser HTML-Anweisung besteht aus einem[6] Tag oder setzt sich aus Tags zusammen. Also bildet entweder ein Tag alleine bereits eine Steueranweisung, oder aber zwei Tags zusammen bilden einen Container (siehe Seite 75), der wiederum die Steueranweisung bildet.

Ein Tag beginnt immer mit einer geöffneten spitzen Klammer (englisch *bracket*):

```
<
```

und endet mit der geschlossenen spitzen Klammer:

```
>
```

Im Inneren der beiden Klammern befindet sich der konkrete Befehl. Ein Tag sieht von der Struktur her immer so aus:

```
<[Anweisung]>
```

Ein einzelner Tag erstreckt sich normalerweise über eine Zeile, kann aber – insbesondere wenn Parameter dabei sind – durchaus auch über mehrere Textzeilen verteilt werden (Trennung allerdings niemals innerhalb eines Bezeichners – für Bezeichner siehe Seite 54). Bei vielen Tags gibt es Parameter, denn zahlreiche Befehle sind erst dann sinnvoll einzusetzen, wenn sie genauer spezifiziert werden. Bei manchen, z.B. ein Zeilenumbruch ist immer durch die Anweisung `<BR>` bereits vollständig beschrieben, sind weitere Spezifikationen nicht nötig. Freilich sind nicht alle Anweisungen so eindeutig. So gibt es z.B. eine Steueranweisung für die Rahmenbedingungen der Schrift (die Anweisung `<FONT>`). Dabei muss genauer angegeben werden, ob die Schriftgröße, die Schriftart oder die Schriftfarbe festgelegt werden soll und wie die einzelnen Charakteristika genau aussehen. Die genauere Spezifikation erfolgt durch Parameter, die bei Bedarf den einleitenden Tag – bei mehreren Parametern durch Leerzeichen abgetrennt – erweitern. Dabei gibt es zwei Formen von Parametern:

- Parameter mit einer Wertzuweisung
- Parameter, die bereits einen Wert repräsentieren

6. Nochmals der Hinweis: Wir verwenden im Buch konsequent die Notation *der Tag*.

Parameter mit einer Wertzuweisung bekommen über einen Zuweisungsoperator – das Gleichheitszeichen (=) (siehe Seite 55) – den entsprechenden Wert zugeordnet. Dies kann ein Text oder eine Zahl sein oder auch eine beliebige andere Form haben. Ein Tag mit einem Parameter mit einer Wertzuweisung sieht schematisch so aus:

```
<[Anweisung] [Parameter] = [Wert]>
```

Parameter, die bereits einen Wert repräsentieren, brauchen bloß durch ein Leerzeichen abgetrennt in den Einleitungs-Tag geschrieben werden. Sie fungieren immer als eine Art Schalter. Wenn sie angegeben werden, wird eine Eigenschaft aktiviert, fehlen sie, ist die jeweilige Eigenschaft deaktiviert. Ein Tag mit einem Parameter, der bereits einen Wert repräsentiert, sieht schematisch so aus:

```
<[Anweisung] [Parameter]>
```

Bei einem Container (siehe Seite 32 und 75) wird immer nur der einleitende Tag durch Parameter erweitert. Beim beendenden Tag wird *niemals* ein Parameter angegeben! Viele Befehle lassen sich über mehr als einen Parameter spezifizieren. Diese werden dann einfach durch ein Leerzeichen getrennt aufgelistet. Dabei spielt die Reihenfolge der Parameter in der Regel keine Rolle! Die meisten Parameter sind unabhängig von der Notation weiterer Parameter, aber das gilt nicht in jedem Fall.

Tags lassen sich auch hintereinander in einer Textzeile notieren, aber das sollte aus Gründen der Lesbarkeit nicht übertrieben werden. Sinnvoll ist dies vor allem bei Zeichenformatierungen im Fließtext oder Containern, die relativ wenig Inhalt umschließen.

Warnungen

- Eine Anweisung kann unter HTML sowohl klein als auch groß geschrieben werden. Sogar Mischen von Groß- und Kleinbuchstaben ist erlaubt. Es gibt keine unterschiedliche Auswirkung. Einige HTML-Programmierer tendieren jedoch dazu, das gesamte Befehlswort innerhalb der spitzen Klammern immer groß zu schreiben. Andere – wie auch viele HTML-Tools, etwa MS-Frontpage oder der Netscape Composer – schreiben die Anweisungen klein. Beides dient aber ausschließlich der Übersichtlichkeit. Wie auch immer – man sollte konsequent bleiben und nur einen Stil beibehalten[7]. Beachten Sie ansonsten unbedingt, dass Scriptsprachen wie JavaScript – um die es in dem Buch ja hauptsächlich geht – Groß- und Kleinschreibung streng unterscheiden können. Gerade bei der Einbindung von Scripten in HTML muss man sich immer genau vergegenwärtigen, ob der Sourcecode zu HTML oder dem Script gehört.

7. Wir werden bewusst in dem Buch nicht konsequent bleiben. Damit soll deutlich gemacht werden, dass unter HTML Groß- und Kleinschreibung wirklich irrelevant ist.

Dies ist beispielsweise bei den Event-Handlern (siehe Seite 39) gerade für Einsteiger nicht immer offensichtlich – obwohl diese ein Script starten, gehören sie zu HTML und können demnach bezüglich Groß- und Kleinschreibung beliebig notiert werden.

- Wenn eine Anweisung innerhalb der Klammern falsch geschrieben wird oder der HTML-Interpreter die Anweisung aus anderen Gründen nicht kennt, wird er die Anweisung ignorieren. Das nennt man das Prinzip der Fehlertoleranz. Nur so können neue Anweisungen im WWW eingeführt werden, ohne dass in der Anfangsphase die meisten alten Browser beim Laden der Seite abstürzen. Allerdings hat diese Fehlertoleranz zugleich gefährliche Konsequenzen. Da eine Fehlermeldung durch den Interpreter unterbleibt und der Rest der Seite aufgebaut wird, kann man oft den Fehler nicht so einfach lokalisieren. Außerdem wirken sich Fehler unter Umständen erst in den nachfolgenden Zeilen der Webseite aus (etwa, wenn der Beginn eines Containers nicht richtig geschrieben wurde und die enthaltenen Steueranweisungen nur innerhalb des Containers Sinn machen – beispielsweise Zeilenangaben innerhalb einer Tabellenstruktur, wo die Tabellenstruktur nicht korrekt notiert wurde).
- Ein von Anfängern gern gemachter Fehler[8] ist die falsche Verwendung der Brackets (der spitzen Klammern zum Kennzeichnen eines HTML-Befehls). Entweder wird die einleitende Klammer vergessen. In diesem Fall erkennt der Browser nicht den Beginn des Befehls und wird die nachfolgende Anweisung als anzuzeigenden Text interpretieren. Oder die schließende Klammer wird vergessen. In diesem Fall wird auch der Text nach der eigentlichen Anweisung als Parameter zu dem Befehl hinzugenommen. Das Resultat kann unterschiedlich aussehen, aber in jedem Fall wird das eigentlich nach der Anweisung darzustellende Element nicht angezeigt – es ist Bestandteil der Anweisung, die durchgeführt werden soll. Der Fehler kann sich über mehrere Zeilen im Quelltext erstrecken. Doppelte Brackets werden ebenfalls gerne genommen :-). Vertauschen von Klammern, also so etwas wie > `[Anweisung]` <, kommt genauso oft vor.
- Ein weiterer Fehler ist, wenn Brackets als Teil eines Textes (etwa einer Formel) verwendet werden. Dies muss unbedingt vermieden werden. Brackets – wie auch andere Sonderzeichen – müssen maskiert, d.h. mit einer besonderen Kodierung, angegeben werden.

Beispiele

Einige Beispiele für Tags (Groß- und Kleinschreibung bewusst gemischt – auch innerhalb eines Befehlswortes):

8. Oder auch Flüchtigkeitsfehler von Profis ;-)

Tag	HTML-Anweisung für:
<strong>	fett
<ITALIC>	kursiv
 	Zeilenvorschub
<cEnter>	zentrieren

Ein Tag mit Parametererweiterung, wobei dem Parameter ein Wert zugewiesen wird (Festlegung der Schriftfarbe des nachfolgenden Textes auf Rot):

```
<FONT color=red>
```

Ein Tag mit Parametererweiterung, wobei der Parameter ohne Wertzuweisung als Schalter fungiert. Diese Anweisung setzt einen Rahmen um eine Tabelle, die über den Tag selbst eingeleitet wird:

```
<TABLE border>
```

Ein Beispiel mit mehr als einem Parameter (durch Leerzeichen getrennt aufgelistet):

```
<BODY bgcolor=white text=green vlink=yellow>
```

Das nachfolgende Beispiel bewirkt das analoge Resultat (Parameterreihenfolge spielt keine Rolle):

```
<BODY vlink=yellow text=green bgcolor=white >
```

Mehrere Tags in einer Zeile:

```
<CENTER>Zentriere<B>DAS</B> da.</CENTER>
```

Verwandte Befehle/Themen

HTML-Container

Grundlegende Begriffe der Script-Syntax – Token

Container

Ein öffnender und ein schließender Tag.

Anwendung

Steueranweisungen in HTML können entweder aus einem einzelnen Tag bestehen oder auch aus einem öffnenden und einem schließenden Tag. Ein Container bedeutet unter HTML eine Steueranweisung, die aus einem öffnenden und einem schließenden Tag besteht. Diese bilden dann einen Container, der andere Steueranweisungen einschließen kann.

In HTML unterscheidet man zwei Formen von Tags:

- Den einleitenden Tag
- Den beendenden Tag

Einige Anweisungen in HTML bestehen nur aus dem einleitenden Tag und benötigen kein Ende-Tag, da ihre Wirkung nur an einer Stelle erfolgt und anschließend keine weiteren Steueranweisungen betroffen sind. Etwa ein Zeilenumbruch über die Anweisung `<BR>`. Andere Anweisungen wiederum wirken so lange fort, bis sie ausgeschaltet werden. Etwa Textformatierungen wie `kursiv` oder `fett` (`<I>` und `<B>`). Diese benötigen beide Ende-Tags. Der einleitende Tag eröffnet eine HTML-Steueranweisung, während der beendende Tag sie wieder ausschaltet. Während der einleitende Tag wie gesagt alleine auftauchen kann, kann der Ende-Tag nie ohne – unbedingt vorher notierten – einleitenden Tag vorkommen. Beide Formen eines Tags sehen fast identisch aus, außer einem Zeichen, mit dem der beendende Tag zusätzlich beginnt – dem Slash (Schrägstrich) /.

Die beiden Tag-Varianten bilden immer einen Container. Dies bedeutet, die im einleitenden Tag angegebene HTML-Anweisung (etwa eine Formatierung) wirkt sich auf sämtliche Dinge (Objekte) aus, die sich im Inneren des Containers befinden. Dies wird in vielen Fällen ein Text sein, es kann sich aber auch um Grafik oder andere Multimedia-Objekte handeln.

Container können verschachtelt werden, d.h. zwischen einem einleitenden und einem abschließenden Tag können beliebige – sinnvolle – andere Steueranweisungen stehen (auch weitere Container). Dies ist sogar zwingend, da insbesondere die vollständige HTML-Seite einen einleitenden und einen abschließenden Tag benötigt und alle weiteren Steueranweisungen darin verschachtelt werden müssen.

Warnungen

- HTML stammt ursprünglich von SGML (Structured Generalized Markup Language) ab. Diese Sprache ist sehr restriktiv und fordert im Prinzip, dass Tags paarweise vorkommen. Die Praxis, dass der Ende-Tag unterbleibt, wenn er vom logischen Aspekt her nicht notwendig ist, ist im Prinzip nicht korrekt. Mächtigere Dokumentensprachen wie XML lassen unkorrekten Arbeiten nicht mehr zu. Aber auch in HTML kann ein solches Element, wo der Ende-Tag eigentlich unnütz oder gar verboten ist, ohne Probleme mit einem fiktiven Ende-Tag ausgestattet werden – etwa ein Konstrukt der Form `<BR></BR>` für einen Zeilenumbruch. Der Ende-Tag wird keinen Fehler erzeugen. Er wird, selbst wenn es ihn in HTML nicht gibt, durch das Prinzip der Fehlertoleranz einfach ignoriert. Es geht sogar noch weiter – es kann Situationen geben, wo der Ende-Tag zwar zwingend ist, er aber in der Praxis ohne negative Auswirkung weggelassen werden kann Etwa, wenn ein nachfolgender Start-Tag eine widersprüchliche Anweisung auslöst – Schriftfarbe war Rot und wird ohne Ende-Tag für Rot auf Blau gesetzt. Es hat sich deshalb eine unkorrekte Arbeitsweise bezüglich der Verwendung des beendenden Tag eingebürgert, wenn man in der konkreten Situation darauf verzichten kann. Dabei ist jedoch äußerste Vorsicht geboten. Browser verhalten sich dort inkonsistent. Mal wird die neue Anweisung die vorherige Anweisung explizit ausschalten, mal auch nur überdecken. Letzteres bedeutet, sobald die zweite Anweisung beendet wird, wird die erste Anweisung wieder aktiv. Wie gesagt – der gleiche HTML-Quelltext löst in verschiedenen Browsern und sogar in verschiedenen Versionen des gleichen Browsers dahingehend sehr unterschiedliche Reaktionen aus. Wenn man sich nicht sicher ist, sollte man immer einen Ende-Tag setzen. Die durchgängige Verwendung eines Ende-Tag (auch wenn es ihn im offiziellen Sprachstandard nicht gibt) ist für Browser niemals ein Problem.

- Bei der Verschachtelung von Tags sollte aber die Reihenfolge der Auflösung eingehalten werden! Das bedeutet, wenn ein Container weitere Container enthält, sollten diese wieder von innen nach außen beendet werden – in umgekehrter Reihenfolge der Einleitungs-Tags. Es wird tatsächlich meist so sein, dass auch eine nicht korrekt aufgelöste Verschachtelung keine negativen Auswirkungen hat, aber das kann nicht für jeden Fall garantiert werden. Außerdem dient eine Verschachtelung wie die folgende nicht der Übersichtlichkeit:
  `<[Anweisung 1]> [Teil A] <[Anweisung 2]>.[Teil B] </[Anweisung 1]> [Teil C] </[Anweisung 2]>`
  In `Teil A` gilt nur die `Anweisung 1`, in `Teil B Anweisung 1` und `Anweisung 2` und in `Teil C` nur noch `Anweisung 2`.
  Eine solche Verschachtelung kann zu ganz massiven Fehlern führen. Beispielsweise, wenn Sie Kopfbereich und Körper einer Webseite so ineinander verschachteln. Sicherer ist eine sauber aufgelöste Verschachtelung, auch wenn unter Umständen mehr Befehle eingegeben werden müssen.
- Bei einem Container wird für den Fall von zusätzlichen Parametern immer nur der einleitende Tag durch Parameter erweitert. Beim beendenden Tag wird niemals ein Parameter angegeben.

Beispiele

In dem Container wird der Text kursiv dargestellt, außerhalb normal (der Container befindet sich vollständig in einer Zeile):

```
Die Antwort auf alle Fragen lautet<I> 42 </I>!
```

In dem Container wird der Text fett dargestellt, außerhalb normal (der Container befindet sich vollständig in einer Zeile):

```
Zu dem einleitenden Tag <B> gehört der beendende </B> Tag.
```

Die Zentrierung von einer Grafik (der Container ist über mehrere Zeilen verteilt):

```
<CENTER>
     <IMG SCR="MeinBild.GIF">
<CENTER>
```

Verwandte Befehle/Themen

HTML-Tags

Grundlegende Begriffe der Script-Syntax – Token

HTML-Versionen

Die unterschiedlichen Varianten von HTML.

Anwendung

Nahezu jede Programmiersprache verändert sich über ihren Werdegang und stellt dann mehrere Versionen bereit. Oft existieren diese über gewisse Zeitspannen hinweg parallel. HTML gibt es derzeit in der Version 4.0, die abwärtskompatibel zu allen Vorgängerversionen ist – soweit HTML überhaupt kompatibel zu sich selbst ist[9]. Umgekehrt gilt aber, dass es von entscheidender Bedeutung ist, welche HTML-Version von dem interpretierenden Browser unterstützt wird und welche Befehle – gerade in Hinsicht auf Scripte – in welcher HTML-Version unterstützt werden.

Hinter der Normung der Sprache HTML stand und steht auch heute noch das World Wide Web-Consortium (W3C – ursprünglich W3O – O für Organisation – genannt) mit Sitz in Genf (`http://www.w3.org`). HTML liegt zwar derzeit in der Version 4.0 vor, es gab aber mehr als nur vier HTML-Vorgängerversionen.

Die Version 1.0

HTML wurde im Mai 1991 in der Version 1.0 erstmals der Öffentlichkeit präsentiert. Dieser erste HTML-Standard war sehr einfach und basierte auf SGML (Structured Generalized Markup Language). Wesentlich an HTML waren ein damit verknüpftes neues Protokoll für das Internet – HTTP (HyperText Transport Protocol) – und die Möglichkeit, HyperText-Systeme im Internet aufzubauen, die neben einfachem Text und Grafiken insbesondere Hyperlinks, also Verweise auf andere

9. Als Seitenhieb auf die verschiedenen Interpretationen durch die Browserhersteller zu verstehen ;-)

Dokumente, enthalten konnten. Darüber hinaus war eine Gestaltung von einfachen Strukturelementen wie Überschriften, Aufzählungen oder Kapitel vorgesehen. Für uns von besonderem Interesse ist jedoch, dass in HTML 1.0 noch keine Einbindung von Scripten vorgesehen war.

Die Version 2.0

Durch den legendären Browser Mosaic – den ersten WWW-Browser mit grafischer Oberfläche – wuchs schnell die Popularität des WWW. Dieser Browser hatte diverse eigene Spezialitäten in Form von HTML-Erweiterungen implementiert, die über den einfachen HTML-1.0-Standard hinausgingen. Deshalb musste auf Druck der Mosaic-Anwender der HTML-Standard erweitert werden. Im September 1995 wurde ein um einige dieser Elemente erweiterter, neuer HTML-Standard geschaffen, die Version 2.0.

Ab dieser Version konnten insbesondere erstmals Scripte in HTML eingebunden werden (wenngleich noch nicht vollständig vereinheitlicht)!

Durch die lange Zeitspanne zwischen der Version 1.0 und 2.0 hatten sich derweil verschiedene browserspezifische Dialekte gebildet. Die Browser einzelner Hersteller verstanden Befehle, welche nicht zu dem vom W3C verabschiedeten Standard zählten. Da jeder Hersteller seine eigenen Befehle dem Standard hinzufügte, waren diese von Browsern der Konkurrenz meist nicht zu verstehen. Unter dem in dieser Zeit entstandenen Wildwuchs an Befehlen krankt das WWW heute noch.

Die Versionen 3.0 und 3.2

Die nach kurzer Zeit postulierte Version 3.0 versuchte, die wichtigsten dieser mittlerweile in zahlreichen Browservarianten vorhandenen, jedoch nichtstandardisierten Anweisungen zu übernehmen und zu vereinheitlichen. Mit geringem Erfolg, denn bezüglich der Version 3.0 ist es innerhalb aller Beteiligten nie zu einer Einigung gekommen. Von einem 3.0-Standard kann man deshalb nicht sprechen. Erst anlässlich der fünften WWW-Konferenz vom 6. bis 8. Mai 1996 in Paris präsentierte das W3C eine Version, die zum aktuellen Sprachstandard von HTML wurde. Durch das Scheitern der Version 3.0 trug dieser Standard die seltsame Versionnummer 3.2. Der 3.2-Sprachstandard beinhaltet unter anderem die Unterstützung von Tabellen, unterschiedlichen Schriftgrößen und Schriftfarben, das Höher- und Tieferstellen von Zeichen, Textfluss um Grafiken herum, verweissensitive Grafiken ohne Serverkommunikation und vor allem die einheitliche Einbindung von Java-Applets und Scripten.

Einige andere sehr verbreitete Elemente wie die von Netscape entwickelte Frame-Technologie – die Aufteilung des Anzeigebereichs vom Browser in unabhängig Einzelsegmente – waren jedoch offiziell nicht integriert. HTML 3.2 wurde sogar gegenüber HTML 3.0 um einige weitere Befehle reduziert, um dem 3.0-Wildwuchs an Elementen mit gleichen oder sehr ähnlichen Funktionen entgegenzuwirken.

Die Version 4.0

Im Juli 1997 erschien ein erster öffentlicher Entwurf für die nächste HTML-Version 4.0, welche heute aktuell ist. HTML 4.0 bietet gegenüber den Vorgängerversionen bessere Möglichkeiten plattformunabhängiger Aktionen. Darunter sind beispielsweise verschiedene Auflösungen, Farbzuweisungen, flexible Eingabemöglichkeiten – etwa das Manövrieren per Tastendruck –, flexible Ausgabemöglichkeiten sowie Spracheingaben und akustische Informationen zu verstehen. Ziele sind der bessere Webzugriff für körperlich Behinderte sowie die bessere Integration von unterschiedlich gearteten Geräten in HTML. Die so genannte Internationalisierung (engl.: internationalization) ist eine weitere Neuerung von HTML 4.0. Ein neues Tabellenkonzept mit einer Reihe von neuen Elementen und Erweiterungen von Tabellen ist ebenfalls in HTML 4.0 enthalten. Das Konzept dient hauptsächlich der Übersichtlichkeit. Dies gilt auch für die Erweiterungen bei Formularen. Überdies soll eine weitere Anpassung an den SAA-Standard erreicht werden. Die Übereinstimmung mit dem SAA-Standard (grob gesagt – das übliche Windows-Feeling und der übliche Windows-Look) war bis dahin nicht allzu weit gediehen. Zum universellen Einbinden von allgemeinen Objekten (etwa Bilder, Videos, Tondateien, aber auch ActiveX-Controls oder Java-Applets) in Webseiten gibt es ab HTML 4.0 einen einzigen HTML-Befehl – den `<OBJECT>`-Tag. Und auch Frames sind endlich durch das offizielle Konzept abgesegnet.

Eine fest einkalkulierte Ergänzung von HTML 4.0 (entgegen der in vielen Quellen geäußerten Ansicht definitiv kein Bestandteil von HTML) ist der Einsatz von Style-Sheets, einer Technik, mit der eine bessere Trennung von Struktur und Layout erreicht werden soll. Damit werden zum einen bei Bedarf umfangreiche Layoutdefinitionen aus dem eigentlichen Informationsbereich ausgelagert, zum anderen bekommt der Webdesigner eine vollständigere Kontrolle über die Position der Elemente in der Webseite[10]. Die pixelgenaue Positionierung von beliebigen Elementen über Koordinaten sind damit möglich (zumindest unter idealen Plattformvoraussetzungen). Die Ausgabe einer Webseite – auf Drucker, aber auch andere Ziele – ist insgesamt wesentlich flexibler geworden.

In Bezug auf so genannte dynamische Webseiten hat sich auch viel getan. HTML 4.0 ist erheblich von den Scriptsprachen wie JavaScript beeinflusst und hat einige neue Schlüsselwörter integriert, die Voraussetzung für das Ausführen von Scripten sind. Einige bisher nur in Scriptsprachen vorkommende Event-Handler (siehe Seite 39 unter Ereignisse und Event-Handler) sind jetzt direkter Bestandteil von HTML. Dazu zählen `onLoad`, `onMouseOver`, `onClick` usw. Insgesamt ist die Script-Verwendung – unabhängig von der konkret verwendenden Sprache – unter HTML 4.0 erheblich erweitert worden.

---

10. Sofern der Browser mitspielt, was leider so gut wie nie vorausgesetzt werden kann. Auch bei Style-Sheets divergiert die Unterstützung der beiden wichtigsten Browser so weit wie irgend möglich. Der übliche Krieg zwischen Microsoft und Netscape wird auch auf dem Style-Sheets-Schlachtfeld mit unerbittlicher Härte geführt ;-(.

Die Kennzeichnung einer HTML-Version

Falls man explizit in einer Webseite eine HTML-Version kennzeichnen möchte, kann dies über die <DOCTYPE>-Anweisung erfolgen. Diese spezielle Form von Kommentar sieht etwa so aus:

```
<!DOCTYPE HTML PUBLIC "-//W3C//DTD HTML 4.0 Transitional//EN">
```

Dabei handelt es sich um einen Verweis auf die jeweilige DTD-Datei des Dokuments. DTD steht dabei für *Document Type Definition*, was übersetzt Dokumententyp-Definition bedeutet. Darin werden alle Besonderheiten, welche ein Dokument bezüglich der Struktur und des Erscheinungsbildes haben darf, beschrieben.

Warnungen

- Die <DOCTYPE>-Angabe ist in den meisten Fällen unter HTML ziemlich überflüssig oder gar kontraproduktiv. Entweder ignoriert sie ein Browser, dann hat sie einfach keinen Effekt, außer die Übertragungszeit einer Webseite – zugegeben geringfügig – zu erhöhen, oder es kommt sogar zu Konflikten, wenn am Anfang eine HTML-Version festgelegt wird und dann in der Webseite Befehle verwendet werden, die von dieser Version nicht unterstützt werden (insbesondere sind die zahlreichen »Browser-HTML-Extrawürste« dann ein Problem). Viele Anwender sind sich bei einer großen Zahl von Anweisungen nicht über die HTML-Version im Klaren (oder machen sich einfach keine Gedanken darum), in der ein HTML-Befehl eingeführt oder wieder entfernt wurde. Nur für ausgewählte Situationen – etwa wenn für spezielle HTML-Versionen optimierte Webseiten zur Verfügung stehen – macht das explizite Setzen der Sprachversion einer Webseite über die <DOCTYPE>-Angabe Sinn. Besser gelöst ist die Situation sogar, wenn die gewünschte Sprachversion nur dokumentiert wird (etwa mit einem <META>-Tag im Header – siehe Seite 86 – oder über einen reinen HTML-Kommentar – siehe Seite 84) und die HTML-Befehle bewusst entsprechend ihrer Sprachversion ausgewählt werden.
- Verschiedene Versionen einer Programmier-/Script-/Dokumentenbeschreibungssprache bewirken immer wieder, dass das eine oder andere Element verändert oder gar vollständig durch ein neues Element ersetzt wird. So gab es auch in HTML in jeder neuen Version neben vollständig neuen Elementen und Erweiterungen bestehender Anweisungen einige Sprachbestandteile, die als überholt (*deprecated*) erklärt wurden. Die Verwendung solcher Sprachelemente ist jedoch keinesfalls verboten. Es soll nur bedeuten, dass es statt dessen ein neueres Sprachelement gibt, dessen Verwendung in den Rahmen des jeweiligen offiziellen Sprachstandards gehört. Die veralteten Sprachelemente werden jedoch von neuen Browsern weiter verstanden, denn diese sind abwärtskompatibel. Es ist ein Anachronismus des Interpreterprinzips, aber die Verwendung eines als veraltet erklärten Elements wird so gut wie nie ein Fehler sein. Dagegen wird die Verwendung eines neuen Sprachelements in den ersten Monaten nach Verabschiedung einer Sprache bei der überwiegenden Anzahl der Anwen-

der eine Fehlersituation auslösen. Zuerst dauert es eine gewisse Zeit, bis ein neuer Sprachstandard in die Browser integriert ist und diese dann freigegeben werden. Dann dauert es mehrere Monate, bis endlich genügend Anwender diese neuen Browser verwenden. Wenn dann die Situation vorliegt, dass die Sprachelemente einer neuen Version halbwegs zuverlässig im Internet interpretiert werden, wird die Sprachversion abgelöst, und das Spiel beginnt von vorne. Wenn man sozusagen zwischen den Zeilen liest und – entgegen den Absichten der offiziellen HTML-Verantwortlichen – deprecated als »ausgereift und fast überall verstanden« interpretiert, erzwingt diese Denkweise für eine maximale Treffsicherheit statt des neuen Elements gerade das als deprecated gekennzeichnete Element zu verwenden. Am sichersten sind jedoch die Elemente, die weder als deprecated gekennzeichnet noch zu neu sind.
Ein weiteres Problem von HTML ist, dass es zu all diesen offiziellen Normen immer noch zusätzlich gewisse browserspezifische Sprachelemente gab (und gibt), die bei einer Verwendung auf einer Webseite zu Problemen bei anderen Browsern führen können.

Beispiele

Die Festlegung verschiedener Sprachversionen von HTLM über die `DOCTYPE`-Anweisung:

`DOCTYPE`-**Befehl**	**Zugehöriger Standard**
`<!DOCTYPE HTML PUBLIC "-//IETF//DTD HTML Level 1//EN">`	HTML 1.0
`<!DOCTYPE HTML PUBLIC "-//IETF//DTD HTML//EN">`	HTML 2.0
`<!DOCTYPE HTML PUBLIC "-//IETF//DTD HTML 3.0//EN">`	HTML 3.0
`<!DOCTYPE HTML PUBLIC "-//W3C//DTD HTML 3.2//EN">`	HTML 3.2
`<!DOCTYPE HTML PUBLIC "-//W3C//DTD HTML 4.0 Transitional//EN">`	HTML 4.0

Verwandte Befehle/Themen

Clientprogramme

Interpretation versus Compilierung

Das Grundgerüst einer Webseite

Der Grundaufbau einer Webseite mit seinen wichtigsten HTML-Grundbefehlen.

Anwendung

Jede Webseite besitzt einen vorgegebenen Grundaufbau – ein Grundgerüst aus HTML-Containern (Container siehe Seite 75). Wir werden uns diese in Kürze ansehen, jedoch vorab ein paar einleitende Hinweise.

HTML-auswertende Programme verhalten sich äußerst fehlertolerant. Jede Seite mit Klartext kann im Anzeigebereich eines Browsers dargestellt werden. Durch das Prinzip der Fehlertoleranz ist es nicht notwendig, dass irgendeine Struktur in einer HTML-Seite eingehalten oder auch nur irgendein HTML-Befehl verwendet wird. Zumindest, wenn nur reiner Text dargestellt werden soll. Es gibt nur eine einzige Regel, die aus einem einfachen Klartext ein vollständiges HTML-Dokument macht: die Endung muss HTM oder HTML lauten. Allein die Dateiendung macht bereits aus einer Klartext-Datei eine Webseite. Und selbst diese Minimalbedingung ist nicht zwingend – jeder Browser kann auch Textdateien ohne diese Endung als Webseite darstellen. Die Fehlertoleranz des Browsers wird bei dieser Vorgehensweise so genutzt, dass fehlende Grundgerüstanweisungen einfach von ihm »hinzugedacht« werden. Ohne irgendwelche HTML-Anweisungen wird die Datei innerhalb des Browsers einfach im Rahmen seiner Voreinstellungen (Schriftgröße, -farbe, -typ oder Hintergrundfarbe etc.) dargestellt. Das Weglassen des Grundgerüsts wird jedoch immer dann an Grenzen stoßen, wo komplexere Dinge wie Frames, Tabellen, Style-Sheets oder vor allem Scripte in eine Webseite eingebunden werden sollen. Spätestens dann muss ein explizites Grundgerüst erstellt werden, aber grundsätzlich sollte selbst eine einfache Webseite ein solches Grundgerüst besitzen.

Eine HTML-Seite beginnt immer mit der Anweisung

```
<HTML>
```

und endet mit

```
</HTML>.
```

Dies ist der äußerste Container einer HTML-Seite.

Im Inneren gibt es zwei Bereiche:

- Einen im Anzeigebereich des Browsers unsichtbaren Bereich – der Header (Kopf) einer Webseite.
- Einen im Anzeigebereich des Browsers sichtbaren Bereich, d.h. die für den Anwender sichtbare Webseite – der Body (Körper) einer Webseite

In dem der einleitenden HTML-Anweisung direkt folgenden Header werden allgemeine Hintergrundinformationen über die Seite zusammengefasst. Der Header wird immer als erster Teil einer Webseite geladen. Dieser Teil einer Seite ist beispielsweise besonders wichtig, damit eine Seite überhaupt jemals auf Grund einer Nachforschung in einer Suchmaschine besucht wird und/oder der Inhalt der Seite vor einer Stippvisite richtig bewertet werden kann. Auch für die Einbindung von Style-Sheets (Stilvereinbarungen) und vor allem Scripten ist der Header von zentraler Bedeutung. Ein Header wird mit der Anweisung

```
<HEAD>
```

begonnen und mit

```
</HEAD>
```

wieder geschlossen (für detaillierte Informationen über die im Header möglichen HTML-Anweisungen siehe Seite 86).

Der nach dem Header notierte Body enthält sämtliche Informationen, die der WWW-Browser einem Anwender auf dem Bildschirm anzeigen soll. Er beginnt mit der Anweisung

```
<BODY>
```

und endet mit

```
</BODY>
```

(für detaillierte Informationen über den Body siehe Seite 92).

Das einfache Grundgerüst einer normalen HTML-Datei sieht immer so aus:

```
<HTML>
  <HEAD>
  </HEAD>
  <BODY>
  </BODY>
</HTML>
```

Für die Vervollständigung des Grundgerüsts äußerst wichtig sind Kommentare. Ein Kommentar ist ein Bestandteil eines Quelltextes, der von dem ausführenden Programm (Interpreter-Fall) oder dem übersetzenden Programm (Compiler-Fall) ignoriert wird. Kommentare sorgen für eine bessere Lesbarkeit des Quelltextes und sind zudem eine Möglichkeit, um Hintergrundinformationen in den Quelltext einzufügen. Außerdem lassen sich über Kommentare bestimmte Teile eines Programms oder Dokuments ausblenden. Entweder zeitweise, um den ausgeblendeten Teil irgendwann wieder durch Entfernen der Kommentarzeichen zu reaktiveren, oder permanent! Dies ist dann ein wichtiger Schlüssel zur Verwendung von Scriptsprachen in HTML-Seiten. Mit HTML-Kommentaren versteckt man Scripte vor nichtscriptfähigen Browsern.

Ein Kommentar kann in der Regel an jeder Stelle innerhalb eines Quelltextes stehen (natürlich auch innerhalb einer HTML-Seite). Dies bedeutet, Kommentare haben keinerlei Auswirkung auf die konkrete Abarbeitung eines Quelltextes. Ein Kommentar in einer HTML-Seite wird beispielshalber innerhalb des Darstellungsbereichs eines Browsers nicht angezeigt.

Da Kommentare von Browsern ignoriert und nicht auf dem Bildschirm angezeigt werden, dürfen sie sogar vor dem Beginn des Grundgerüsts stehen. Ein Kommentar in HTML beginnt mit einem Ausrufezeichen nach dem öffnenden Bracket und zwei Strichen am Anfang:

```
<!--
```

und wird mit zwei Strichen am Ende des Tags geschlossen:

```
-->.
```

Jeder in diesem Container[11] stehende Text wird vom interpretierenden Browser als Kommentar betrachtet. Ein Kommentar kann über beliebig viele Zeilen gehen.

Ein besonderer Kommentar und für das Grundgerüst zur Vervollständigung unter gewissen Umständen von Bedeutung ist die <DOCTYPE>-Anweisung (siehe auch Seite 81). Diese spezielle Form von Kommentar sieht etwa so aus:

```
<!DOCTYPE HTML PUBLIC "-//W3C//DTD HTML 4.0 Transitional//EN">
```

Dabei handelt es sich um einen Verweis auf die jeweilige DTD-Datei des Dokuments (*Document Type Definition* – Dokumententyp-Definition).

Warnungen

- Ein oft gemachter Leichtsinnsfehler kann fatale Auswirkungen haben – beachten Sie bitte unbedingt, dass sich Start- und Ende-Tags von Kopfbereich und Körper der Webseite vollständig innerhalb des umgebenden HTML-Containers befinden und auf keinen Fall falsch verschachtelt werden dürfen. Der Kopfbereich muss unbedingt geschlossen werden, bevor der Körper der Webseite geöffnet wird. Außerdem sollten auf keinen Fall zwischen den Anweisungen </HEAD> und <BODY> irgendwelche weiteren Befehle stehen (außer Kommentaren, Script-Containern und gegebenenfalls Style-Sheet-Verknüpfungen – siehe dazu Seite 171). Solche Anweisungen gehören entweder zum Header oder zum Body-Bereich und nicht in das »Niemandsland«.
- Der Netscape Navigator reagiert beim Einschluss von Scripten in HTML-Kommentare in manchen Versionen recht eigen. Dort muss das Ende-Zeichen des HTML-Kommentars zwingend vor dem Script-Interpreter mit Script-Kommentarzeichen versteckt werden. Das sieht dann unter Umständen so aus:

  ```
  //-->
  ```

  Andere Browser und auch einige Versionen des Navigator verhalten sich da intelligenter. Dort versteht der Scriptinterpreter den HTML-Kommentar und gibt automatisch die Kontrolle an den HTML-Interpreter zurück, ohne den für ihn unsinnigen HTML-Befehl als Script ausführen zu wollen.

11. Hier in anderem Sinn verwendet als bei Containern aus zwei Tags.

Beispiele

Ein HTML-Kommentar:

```
<!-- Dies ist ein Kommentar -->
```

Ein Grundgerüst mit DOCTYPE-Anweisung, einigen Kommentaren und einer der wichtigsten Header-Informationen – dem Titel der Webseite:

```
<!DOCTYPE HTML PUBLIC "-//W3C//DTD HTML 4.0 Transitional//EN">
<!-- RJS - Homepage -->
<!-- Copyright RJS -->
<HTML>
 <HEAD>
  <TITLE>
    Die Homepage von RJS
  </TITLE>
 </HEAD>
 <BODY>
 </BODY>
</HTML>
```

Verwandte Befehle/Themen

Der Header einer Webseite

Der BODY einer Webseite

Der Header einer Webseite

Der Kopfbereich einer Webseite.

Anwendung

Jede HTML-Seite hat die Möglichkeit, in dem Grundgerüst (siehe Seite 82) einer Webseite einen Kopfbereich zu definieren, in dem nicht in dem Anzeigebereich darzustellende Hintergrundinformationen einer Webseite untergebracht werden können.

Der Header einer Webseite ist der Bereich, in dem Informationen notiert werden können, die nicht im Anzeigebereich des Browsers angezeigt werden sollen. Zwischen den Tags `<HEAD>` und `</HEAD>` werden diese zusätzlichen Informationen untergebracht. Viele Anwender vernachlässigen diesen Bereich, da er etwas komplizierter ist und seine Auswirkungen nicht so offensichtlich sind wie die Anweisungen im Body-Bereich, die sich sofort optisch äußern. Zudem behindern viele HTML-Tools die ordentliche Erstellung und Pflege dieses Bereichs einer Webseite. Böswillige Zeitgenossen geben als Gründe an, dass entweder die Hersteller von solchen Tools ihre Zielgruppe als nicht intelligent genug für derartige Hintergrundinformationen einstufen oder sie nicht wollen, dass ihre Eigenwerbung (meist alles, was die Tools automatisch in die Hintergrundinformationen schreiben[12]) entdeckt und beseitigt wird. Wie dem auch sei – der Headerbereich ist zwar unscheinbar, indes wahrscheinlich dennoch wichtiger als der sichtbare Bereich. Schauen wir uns die wichtigsten dort anzutreffenden HTML-Tags an.

Der Titel einer Webseite

Eine der wichtigsten Angaben im Kopfteil ist der Titel. Der Titel wird in die Zeichenketten

```
<TITLE>
```

und

```
</TITLE>
```

eingeschlossen.

Der in dem Container eingeschlossene Text erscheint beim Browser in der Titelzeile, wenn die Webseite angezeigt wird. Dies ist aber nicht einmal die wichtigste Eigenschaft. Noch bedeutender ist, dass die Titelzeile bei Lesezeichen im Browser und beim Anzeigen der bereits besuchten Dateien (Historie) verwendet wird. Der brisanteste Zweck der Titelzeile beruht freilich auf der Funktion der Suchmaschinen im Internet. Die Titelzeile ist eine der zentralen Informationen, die Suchmaschinen zum Bewerten und Einsortieren von Webseiten verwenden. Nur über eine gut ausgewählte Titelzeile kann sichergestellt werden, dass später Anwender einer Suchmaschine bereits bei der Abfrage eine vernünftige Aussage über die Seiten präsentiert bekommen.

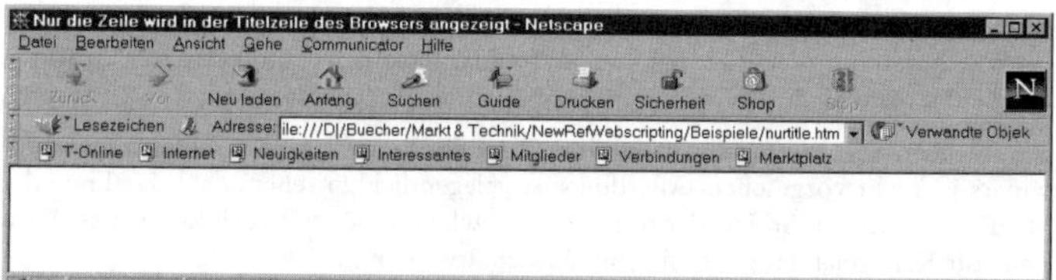

Nur in der Titelzeile des Browsers wird etwas angezeigt.

Innerhalb des Kopfbereichs einer Webseite können überdies weitere Informationen untergebracht werden. Zum Beispiel Hintergrundinformationen über das Dokument wie den Autor, das Erstellungsdatum oder den verwendeten Zeichensatz

12. Vielleicht noch gnädigerweise die Titelzeile ;-).

(Metadaten). Sie werden dem Leser einer Seite normalerweise verborgen bleiben[13], stehen aber auswertenden Programmen wie Suchmaschinen oder anderen Dokumentationstools zur Verfügung. Daneben gibt es Aktionen wie eine Weiterleitung einer Seite, die über Metainformationen ausgelöst werden.

Es gibt diverse Elemente, die innerhalb des Kopfbereichs einer Webseite auftauchen können. Wir betrachten die wichtigsten davon; für eine vollständige Angabe sei auf spezielle HTML-Literatur verwiesen.

Style-Sheets und Scripte

Über den `<STYLE>`-Tag werden normalerweise Style-Sheets in eine Webseite eingebettet. Wir werden auf diese Style-Sheets noch später genauer eingehen. Ebenso auf den `<SCRIPT>`-Tag zur Einbindung von Scripten in Webseiten. Dieses ist für unser Thema von ganz entscheidender Bedeutung. Diese beiden Elemente bilden Container und werden meist in den Header eingebunden. Sie lassen sich jedoch auch in den Body-Bereich einer Webseite einbinden. Mehr zu der Einbindung von Scripten finden Sie auf Seite 98ff. Deren weitere Behandlung ist in nahezu allen folgenden Kapiteln enthalten. Zu der Verwendung von Style-Sheets finden Sie umfangreiche Abhandlungen auf Seite 171ff und 461ff.

Das META-Element

Etwas genauer wollen wir das `<META>`-Element analysieren. Dieser Tag kann auf verschiedenste Art und Weise verwendet werden. Eine Funktionalität von dem `<META>`-Tag ist die Bereitstellung von Hintergrundinformationen über die Webseite, beispielsweise Angaben über den Autor und Copyright, den verwendeten Zeichensatz oder das Entstehungsdatum. Viele Hersteller von HTML-Tools benutzen[14] den Tag, um Informationen über das verwendete Tool im Header zu platzieren.

Aber auch darüber hinaus kann der `<META>`-Tag eingesetzt werden. Seine Funktion besitzt in einigen Bereichen sogar Überschneidungen mit den Funktionen von Scripten – er kann zur Weiterleitung von Webseiten (also dem automatischen Aufrufen von Seiten nach einer gewissen Zeitspanne) verwendet werden.

Es gibt beim `<META>`-Tag nur einen Start-Tag; ein Ende-Tag zum Bilden eines Containers ist nicht vorgesehen. Allerdings ist gelegentlich zu sehen, dass das Ende der Meatinformationen im Header mit einem einzelnen `</META>`-Tag dokumentiert wird (rein zur Kennzeichnung – ohne eine Ausschaltwirkung).

---

13. Wenn sich ein Anwender den Quelltext einer Webseite ansieht, werden diese Metadaten natürlich angezeigt.
14. Böswillige Zeitgenossen sagen auch "missbrauchen", denn viele Anwender von HTML-Tools wissen gar nicht, dass ihre Webseite damit ohne ihre Einwilligung als Werbefläche für die Hersteller der Tools dient. Dieser "Missbrauch" erfolgt über den Wert `GENERATOR` für das Attribut `name`.

Als Attribute des <META>-Tag stehen folgende Angaben zur Verfügung:

Attribut	Beschreibung
%i18n	Mit %i18n werden zwei Attribute abgekürzt, die im Rahmen der Internationalisierung nach der Norm *i18n* verwendet werden. Im Zusammenhang mit dem Attribut content können die Angaben lang und dir verwendet werden. Das lang-Attribut (Abkürzung für Language – Sprache) kann die Sprache des Werts von dem content-Attribut spezifizieren. Das dir-Attribut spezifiziert bei Bedarf eine Textfließrichtung (ltr für *leftright* – links nach rechts – oder rtl für *rightleft* – rechts nach links).
http-equiv	Simulation von HTTP-Headerinformationen. Dieses Attribut kann als Ersatz für das name-Attribut verwendet werden. HTTP-Server verwenden diese Attribute.
name	Der Name der Metainformation. Dieses Attribut identifiziert einen Eigenschaftsnamen. Es gibt keine verbindliche Liste von erlaubten oder verbotenen Werten für dieses Attribut, sprich es ist frei zu wählen. Es gibt allerdings einige Werte, die allgemein verwendet werden. Sie finden einige Exempel unter **Beispiele**.
content	Die mit dem Attribut name assoziierte Information, die dieses Attribut genauer spezifiziert. Es gibt keine verbindliche Liste von erlaubten oder verbotenen Werten für dieses Attribut, d.h. auch dieses Attribut ist frei zu wählen.
scheme	Selektiert die Art des Inhalts.

Die Werte für ein Attribut werden mit einem Gleichheitszeichen zugewiesen und in Hochkommata notiert. Innerhalb eines HEAD-Bereichs können beliebig viele META-Elemente verwendet werden. Hauptsächlich finden Sie das META-Element in Verbindung mit den Attributen name und content. Über name wird eine Eigenschaft angegeben – etwa der Autor oder eine Beschreibung der Webseite –, über content der Wert dieser damit benannten Variablen. Diese beiden Informationen bilden zusammen ein Wertepaar, das nur in Verbindung Sinn macht.

Das META-Element und der HTTP-Header

Eine spezielle Form von Metadaten sind HTTP-Headerinformationen. Sie können in Zusammenhang mit dem http-equiv-Attribut für diverse Zwecke verwendet werden. Wenn Dokumente über das Hypertext Transfer Protocol (*HTTP*) empfangen werden, können damit die unterschiedlichsten Aktionen ausgelöst oder beeinflusst werden. Teilweise sogar recht kritische, auf die wir nicht näher eingehen. Daneben gibt es aber natürlich auch unkritische und nützliche Verwendungsmöglichkeiten, von denen wir einige behandeln wollen. Die konkreten Beispiele finden Sie in dem Abschnitt Beispiele am Ende des Abschnitts.

Wichtig und ungefährlich dagegen ist beispielsweise das Setzen eines Ablaufdatums für ein HTML-Dokument. Damit können Sie sicherstellen, dass ein Webbrowser bei Überschreitung des Datums nicht weiter die alte Version des Dokuments lädt (etwa aus dem Cache oder von einem Proxy) und auch Suchmaschinen die »Haltbarkeit« der Webseite berücksichtigen. Der Wert `Expires` muss für das Attribut `http-equiv` gesetzt werden. Etwas umständlich ist das Datumsformat. Es sollte in einem gültigen HTTP-DATE-Headerformat beziehungsweise der ISO8601-Datumsnorm gesetzt werden. Die doch recht komplizierte Schreibweise finden Sie in dem Dokument [RFC2068], Abschnitt 3.3 (`http://www.w3c.org`).

Über das Attribut `http-equiv` kann auch die Zeichenkodierung eines HTML-Dokuments festgelegt werden. Der Wert von `http-equiv` wird als `"Content-Type"` gesetzt und `content` als `"text/html; charset=[Norm]"`.

Eine der Technik des Webscripting sehr verwandte Technik ist die Umleitung eines Besuchers auf eine andere Webseite über das `http-equiv`-Attribut. Wenn die Adresse einer Webseite eingegeben wird und sich dort eine solche Umleitung befindet, wird automatisch nach einer gewissen Zeitspanne auf eine andere Webseite weitergeleitet. Das `http-equiv`-Attribut wird dazu auf den Wert `refresh` für das Attribut gesetzt und `content` bekommt als Wert einen Doppeleintrag – zuerst die Wartezeit (in Sekunden) und anschließend – per Semikolon abgetrennt – das Ziel der Umleitung in Form eines URL.

Das BASE-Element

Alle HTML-Dokumente besitzen einen Basispfad. Dies bedeutet, diese Pfadangabe wird bei sämtlichen relativen Verweisen auf andere HTML-Dokumente als Grundlage benutzt. Normalerweise ist der Basispfad das Verzeichnis, indem sich die aktuelle Datei befindet. Deshalb ist es im Allgemeinen nicht erforderlich, diesen Basis-URL anzugeben. In Sonderfällen kann man über den `<BASE>`-Tag den Basispfad über einen URL explizit angeben. Der URL wird als Wert des Attributs `href` angegeben. Ein weiteres (optionales) Attribut – `target` – erlaubt bei Frames die Angabe, in welchem Frame eine Webseite geladen werden soll.

Warnungen

- Beachten Sie bei dem `<TITLE>`-Tag die englische Schreibweise für die Anweisung. Die Ähnlichkeit mit dem deutschen Wort *Titel* führt leicht zu Fehlern.
- Einige wenige – vor allem ältere – Browser unterstützen die Weiterleitung von Seiten über den `<META>`-Tag nicht. Deshalb sollte auf jeden Fall auf einer solchen Seite zusätzlich die explizte Verzweigung per Hyperlink vorgesehen sein.

Beispiele

Die Angabe des Autors einer Webseite über den `<META>`-Tag mit den Attributen `name` und `content`:

```
<META name="Author" content="Fred Feuerstein">
```

In Verbindung mit dem lang-Attribut kann die Nationalität des Autors deklariert werden (das lang-Attribut lässt sich auch mit anderen Informationen verbinden). Beispiel für einen französischen Autor:

```
<META name="Author" lang="fr" content="Jean d'Arc">
```

Die Beschreibung für eine Webseite über den <META>-Tag mit den Attributen name und content. Das wird die Information sein, die ein Anwender als Beschreibung einer Seite sieht, wenn er diese Seite als Ergebnis einer Suchabfrage in einer Suchmaschine angezeigt bekommt. Dazu wird als Wert von name der englische Begriff für Beschreibung (description) gesetzt und für content die konkrete Beschreibung:

```
<META Name="description" Content="Hier finden Sie die Lottozahlen von nächster Wo-
che">
```

Eine weitere Metainformation im Rahmen des Headers sind spezifische Schlüsselworte einer Webseite. Diese sind Schlagworte, nach denen eine Webseite bei einer Suchabfrage in einer Suchmaschine gefunden werden sollen. Als Wert von name wird der englische Begriff für Schlüsselwort (keywords) gesetzt, content wird wieder mit den konkreten Worten gesetzt. Bei mehreren Worten erfolgt die Trennung durch Kommata:

```
<META Name="keywords" Content="Schulung, Beratung, Publikation">
```

Die Angabe von Copyright-Informationen über das META-Element:

```
<META name="copyright" content="RJS">
```

Das Erstellungsdatum einer Webseite:

```
<META name="date" content="2000-04-06T08:49:37+00:00">
```

Festsetzung des »Haltbarkeitsdatums« einer Webseite, um sicherstellen, dass ein Webbrowser bei Überschreitung des Datums nicht weiter die alte Version des Dokuments lädt (etwa aus dem Cache oder von einem Proxy):

```
<META http-equiv="Expires" content="Tue, 3 Aug 2000 12:00:00 GMT">
```

Die Angabe des in der Webseite verwendeten Zeichensatzes – hier die ISO-Norm 8859-1, wie sie in Westeuropa üblich ist – über das Attribut http-equiv: (Achtung, die Angabe wird nicht von allen Browsern unterstützt):

```
<META http-equiv="Content-Type" content="text/html; charset=iso-8859-1">
```

Die Weiterleitung auf eine neue Seite nach einer Zeitspanne von vier Sekunden: Wenn Sie als Zeitspanne eine 0 angeben, wird die Ressource unmittelbar nachgeladen.

```
<META http-equiv="refresh" content="4;URL=http://www.rjs.de/index.htm">
```

Die Weiterleitung auf eine neue Seite ohne Zeitverzögerung (dies bedeutet, die Anzeige der aktuellen Seite wird vollständig unterdrückt):

```
<META http-equiv="refresh" content="0;URL=Neu.htm">
```

Die Angabe eines expliziten Basispfads über den <BASE>-Tag:

```
<BASE href="http://www.webscripting.de/">
```

Verwandte Befehle/Themen

Das Grundgerüst einer Webseite

Der BODY einer Webseite

Script-Einbindung

Style-Sheet-Einbindung

Der BODY einer Webseite

<BODY> – Der sichtbare Bereich einer Webseite.

Anwendung

Jede HTML-Seite kann in dem Grundgerüst (siehe Seite 82) in zwei Bereiche unterteilt werden – einen Kopfbereich mit nicht in dem Anzeigebereich darzustellenden Hintergrundinformationen und den Bereich einer Webseite, in dem als Hauptsache sämtliche sichtbaren Informationen untergebracht werden.

Der Body einer Webseite ist der Bereich einer Webseite, in dem Informationen untergebracht werden, die im Anzeigebereich des Browsers angezeigt werden. Zwischen den Tags <BODY> und </BODY> werden diese Informationen untergebracht. Innerhalb dieses von dem Start- und Ende-Tag gebildeten Containers sind sämtliche Daten einzufügen, die im Anzeigebereich eines Browsers sichtbar sein sollen. Darüber hinaus können sich im Body-Bereich auch solche Informationen befinden, die vom HTML-Interpreter als Kommentare betrachtet werden. Beispielsweise Scripte oder Style-Sheets. Üblicherweise befinden die sich jedoch im Header.

Der <BODY>-Tag besitzt eine ganze Reihe von Parametern, die ihn bei Bedarf erweitern (in beliebiger Reihenfolge und Kombination). Darüber werden im Wesentlichen globale Farbangaben eines Dokuments bestimmt. Im Detail sind das:

- die Hintergrundfarbe (`bgcolor=[farbe]`)
- die Farbe des gewöhnlichen Textes (`text=[farbe]`)
- die Farbe eines Hyperlinks (`link=[farbe]`)

- die Angabe, welche Farbe ein aktiver Hyperlink zum Zeitpunkt des Anklickens haben soll (`alink=[farbe]`)
- die Angabe, welche Farbe ein bereits besuchter Hyperlink haben soll (`vlink=[farbe]`)

Daneben gibt es noch die Angabe eines möglichen Hintergrundbildes. Sämtliche Parameter können beliebig angeordnet und auch beliebig verwendet oder weggelassen werden. Die Angabe eines Attributs mit seiner Wertzuweisung kann in Hochkommata eingeschlossen werden (ist also nie ein Fehler), aber in der Regel werden die Hochkommata nicht benötigt.

Allen Farbangaben ist gemein, dass sie als Wert den einzelnen Attributen zugewiesen werden und auf zwei Arten angegeben werden können:

- Angabe des RGB-Werts (RGB = Rot/Grün/Blau-Wert) einer Farbe in Hexadezimalform
- Angabe eines ausdrücklichen Farbnamens

Beide Varianten können innerhalb des Tag gemischt werden.

Bei der Angabe der RGB-Werte in Hexadezimalform müssen die Farben aus den drei Grundfarben Rot, Grün und Blau über ihre jeweiligen Anteile zusammengestellt werden. Dabei ist jede hexadezimale Farbdefinition sechsstellig und hat das Schema:

```
#XXXXXX
```

Hinter dem Gatter # folgen zwei Stellen für den Rotwert, die Stellen drei und vier für den Grünwert und die letzten beiden Stellen für den Anteil von Blau. Die Angabe der RGB-Werte in Hexadezimalform hat den Vorteil, Browser-unabhängig zu sein, und es stehen im Prinzip 16,7 Millionen Farben zur Verfügung.

Der Nachteil bei der hexadezimalen Farbangabe ist – neben der notwendigen Vertrautheit mit dem hexadezimalen Zahlensystem – die Kenntnis über die Zusammenstellung der einzelnen Farben an Hand der jeweiligen Rot-, Grün- und Blauanteile. Außerdem ist eine hexadezimale Farbangabe meist überdimensioniert. Viele Plattformen sind auf maximal 256 oder gar nur 16 Farben eingestellt, womit ein Abstufen von Millionen Farbnuancen keinen praktischen Wert hat (die Farben werden – im Idealfall – vom Browser der besten darstellbaren Farbe zugeordnet). Zudem sind so viele Farbnuancen bei einer Bildschirmdarstellung meist überflüssig. Deshalb gibt es unter HTML zusätzlich die Möglichkeit der direkten Eingabe von standardisierten Farbnamen, die weitgehend den normalen englischen Farbbezeichnungen entsprechen. Bei den Beispielen finden Sie eine Liste sowohl der wichtigsten Farbnamen als auch von den wichtigsten hexadezimalen Angaben.

Der Nachteil der direkten Farbangabe ist zum einen, dass es natürlich nicht für 16,7 Millionen Farbnuancen einen Namen gibt. Es gibt zwar weit mehr als die nachfolgend bei den Beispielen angegebenen 16 Farbnamen, aber die meisten der

Farbnamen sind nicht standardisiert. Es ist oft nicht eindeutig, wie Mischfarben – also aus den drei Grundfarben zusammengemischte Farben – genau auszusehen haben. Eine Farbangabe kann[15] auf verschiedenen Browsern ganz unterschiedlich ausschauen. Die Interpretation einer Reihe von Farbangaben ist ausdrücklich Browser-abhängig. Dies kann aber auch von Vorteil sein, denn unter Umständen werden Farbangaben über Farbnamen noch annähernd richtig dargestellt, während hexadezimal exakt festgelegte Farbangaben die Plattform vollkommen überfordern.

Eine mögliche weitere Erweiterung des `<BODY>`-Tag ist das Einbinden von Hintergrundbildern. Diese werden gekachelt über den gesamten Bildschirmhintergrund gelegt und überdecken unter Umständen die Hintergrundfarbe. Beide Angaben machen dennoch parallel Sinn. Bei transparenten Bildern scheint die Hintergrundfarbe durch. Außerdem haben viele Surfer die Anzeige von Grafiken deaktiviert; dann kommt die alternative Farbdarstellung des Hintergrundes zum Tragen.

Standardmäßig werden bei Hintergrundbildern – wie bei allen Bildern im WWW – zwei Bildformate unterstützt:

- GIF
- JPEG (DOS-Erweiterung JPG)

Bei beiden Grafikformaten handelt es sich um hochkomprimierte Pixelformate. Das GIF-Format kann 256 Farben darstellen, JPEG 16,7 Millionen. Dafür werden GIF-Dateien nicht zeilenweise, sondern schichtweise aufgebaut. Das führt dazu, dass der Besucher einer Webseite bereits recht schnell ein Bild sieht. Allerdings in niedriger Qualität. Mit jedem ankommenden Datenpaket wird Schicht für Schicht das Bild in der Qualität verbessert. Weitere Besonderheiten des GIF-Formates sind die Möglichkeiten, ein GIF-Bild transparent erscheinen zu lassen und es mit Animationen (animierte GIFs) zu versehen. Das JPEG-Format eigenet sich besonders für Grafiken mit sehr großer Farbtiefe (etwa Fotos). Animationen lassen sich mit diesem Format nicht darstellen.

Andere Formate sind in der letzten Zeit zwar teilweise auch geeignet, aber die meisten Browser können sie nicht oder nur mit einem Zusatzmodul anzeigen.

Die konkrete Einbindung von Hintergrundbildern erfolgt als weitere Ergänzung des `<BODY>`-Tag über das Attribut `background`, dem in Anführungszeichen der URL einer Bilddatei zugewiesen wird. Dieser hat dann folgende Struktur:

```
<BODY background="[URL]">
```

Der URL der Bilddatei kann sowohl relativ als auch absolut sein – wie jede Referenz im Netz. Die absolute Pfadangabe erfolgt einfach über die Angabe von Protokoll, DNS-Name oder IP-Nummer des Host, eventuelle Verzeichnisse und dann dem Dateinamen. Der relative Pfad an Hand der Verzeichinslogik ab dem Verzeich-

15. – was leider nicht selten geschieht –

nis der Webseite. Eine absolute Referenzierung ist immer dann sinnvoll, wenn auf einen fremden Rechner zugegriffen werden soll. Wenn sich eine zu referenzierende Datei auf demselben Rechner wie die aufrufende Seite befindet, ist die relative Variante meist besser. Insbesondere, wenn sich eine Grafikdatei im selben Verzeichnis wie die HTML-Datei befindet. Dann kann der URL ausschließlich aus dem Namen der Datei bestehen.

Wenn ein Hintergrundbild eingebunden und sämtliche globale Farbangaben gesetzt werden, sieht das schematisch so aus (Reihenfolge irrelevant):

```
<BODY background="[URL]" bgcolor=[farbe] text=[farbe] link=[farbe] vlink=[farbe]
alink=[farbe]>
```

Warnungen

- Weder bei der Angabe eines direkten Farbnamens noch bei der hexadezimalen Farbangabe hat der Ersteller einer Webseite die vollständige Kontrolle, wie genau die Plattform des Anwenders die Farbe tatsächlich darstellt. Bei Standardfarben ist das Problem mittlerweile zu vernachlässigen. Wenn allerdings ein Browser-spezifischer Farbname[16] beziehungsweise eine exotische hexadezimale Farbnuance angegeben wird, kann das Resultat auf den unzähligen Plattformen im Internet nicht vorhergesagt werden.
- Bitte beachten Sie, dass zur Trennung von Ebenen im URL auf Grund der UNIX-Vergangenheit des Internets der Slash (/) verwendet wird und nicht der Backslash (\) wie bei DOS-basierenden Systemen. Dies betrifft bei vielen Browsern auch die lokale Arbeit auf einem PC (wenn man den Browser als Dateimanager verwendet)!

Beispiele

Hier folgt eine Liste von hexadezimalen Farbangaben, welche den 16 Standardfarben entspricht, die auch bei einer Einstellung des Bildschirms auf nur 16 Farben korrekt angezeigt werden sollten. Sämtliche Farbangaben können sowohl bei globalen als auch lokalen Angaben unter HTML verwendet werden:

Farbe	Rotwert	Grünwert	Blauwert
Blau	00	00	FF
Dunkeltürkis	00	80	80
Gelb	FF	FF	00
Grau	80	80	80
Grün	00	80	00
Hellblau	00	FF	FF

16. Etwa ein Farbname, der nur im Internet Explorer 8.12345 verstanden wird und der Version 8.12344 vollkommen unbekannt war - bitte die Versionen nicht zu ernst nehmen :-)

Farbe	Rotwert	Grünwert	Blauwert
Hellgrün	00	FF	00
Lila	80	00	80
Marineblau	00	00	80
Olivgrün	80	80	00
Pink	FF	00	FF
Rostbraun	80	00	00
Rot	FF	00	00
Schwarz	00	00	00
Silber	C0	C0	C0
Weiß	FF	FF	FF

Eine Liste von expliziten Farbnamen (die gleichen Farben wie bei der obigen hexadezimalen Farbangabe), welche von den wichtigsten neueren Browsern korrekt interpretiert werden. Sämtliche Farbangaben können sowohl bei globalen als auch lokalen Angaben unter HTML verwendet werden:

Farbangabe	Farbe
aqua	Hellblau
black	Schwarz
blue	Blau
fuchsia	Lilaton
gray	Grau
green	Grün
lime	Hellgrün
maroon	Rostbraun
navy	Marineblau
olive	Olivgrün
purple	Lila
red	Rot
silver	Silber
teal	Dunkeltürkis
white	Weiß
yellow	Gelb

Beispiel für die Hintergrundfarbe Silber über eine hexadezimale RGB-Angabe:

```
<BODY bgcolor=#C0C0C0>
```

Analoges Beispiel für die Hintergrundfarbe Silber über einen expliziten Farbnamen:

```
<BODY bgcolor=silver>
```

Beispiel für die Angabe der globalen Textfarbe Schwarz über eine direkte Farbangabe:

```
<BODY text=black>
```

Kombination der Angabe der Hintergrundfarbe (hexadezimal) mit der Textfarbe (expliziter Farbname):

```
<BODY bgcolor=#FFFF00 text=blue>
```

Ein vollständiger `<BODY>`-Tag mit allen Farbangaben (Hintergrundfarbe Schwarz, Textfarbe Gelb, Linkfarbe Rot, angeklickter Link Gelb und besuchter Link Cyan) über direkte Farbangaben:

```
<BODY bgcolor=black text=yellow link=red alink=yellow vlink=cyan>
```

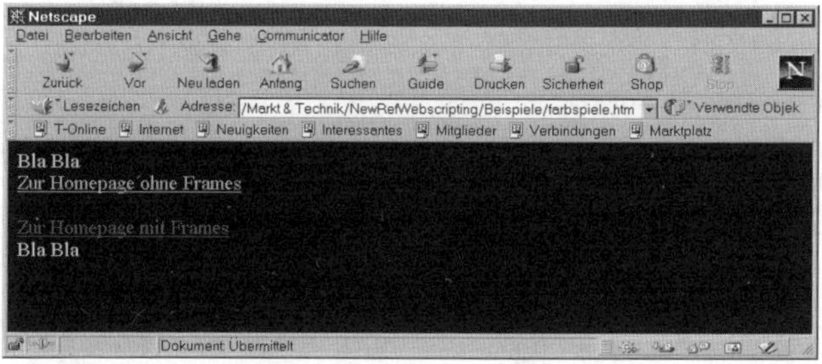

Die Auswirkungen der Farbfestlegungen in dem Beispiel.

Die Einbindung eines Hintergrundbildes im GIF-Format (`Ente.GIF`), welches sich auf einem Rechner im Internet (`www.rjs.de`) im Verzeichnis `Bilder` befindet:

```
<BODY background="HTTP://WWW.RJS.DE/Bilder/Ente.GIF">
```

Beispiel für die Einbindung der gleichen Hintergrundgrafik, wenn sich die Bilddatei im gleichen Verzeichnis wie die HTML-Datei befindet:

```
<BODY background="Ente.GIF">
```

Gemeinsame Angabe von Hintergrundbild (dessen Angabe steht bewusst mitten zwischen den Farbangaben) und globalen Farbangaben (hexadezimal und Farbnamen gemischt):

```
<BODY vlink=cyan bgcolor=#123456 text=yellow link=#EFACD0 background="Ente.GIF"
alink=yellow>
```

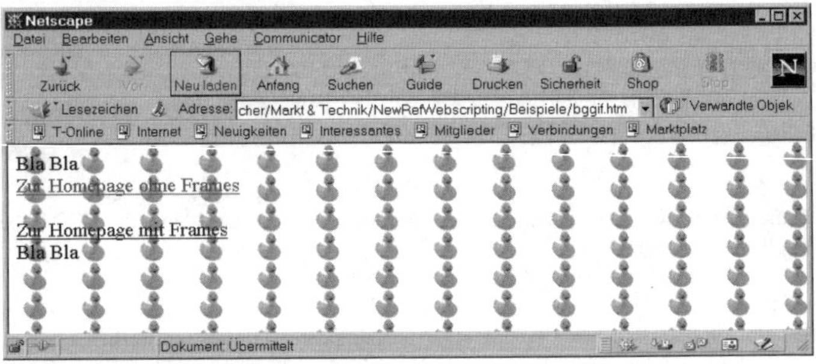

Ein Hintergrundbild gekachelt.

Relative Referenzierungen einer Grafikdatei, welche sich in einem anderen Verzeichnis auf dem gleichen Rechner befinden (der Verweis erfolgt immer aus Sicht der Datei, in welcher die Referenz steht). Die Hintergrundgrafik befindet sich im Verzeichnis `BILDER`:

```
<BODY background="Bilder/Ente.GIF">
```

Relative Referenzierungen einer Hintergrundgrafik, welche sich auf dem gleichen Rechner, relativ gesehen, fünf Verzeichnisebenen höher im Verzeichnisbaum befindet:

```
<BODY background="../../../../../Ente.GIF ">
```

Relative Referenzierungen einer Hintergrundgrafik, welche sich auf demselben Rechner, relativ gesehen, zwei Verzeichnisebenen höher im Verzeichnisbaum und dort dann im Verzeichnis `Bilder` befindet:

```
<BODY background="../../Bilder/Ente.GIF">
```

Verwandte Befehle/Themen

Das Grundgerüst einer Webseite

Der Header einer Webseite

Grundlegende Text- und Layoutgestaltung unter HTML

Die wichtigsten HTML-Grundbefehle zur Text- und Layoutgestaltung, welche nicht einzeln behandelt werden.

Anwendung

Wir fassen hier die wichtigsten HTML-Grundbefehle zur Text- und Layoutgestaltung zusammen, die nicht in einem eigenen Abschnitt behandelt werden, jedoch als Grundlage für Webscripting von Bedeutung sind. Im Einzelnen sollen folgende HTML-Techniken hier behandelt werden:

- Textformatierungen
- Farben
- Zeilenumbrüche
- Absätze
- Überschriften
- Trennlinien
- Listen
- Sonderzeichen unter HTML
- Einbindung von Grafiken

Wir werden die einzelnen HTML-Techniken gerafft angeben. Für ausführlichere Darstellung soll auf spezielle HTML-Literatur verwiesen werden.

Sonderzeichen unter HTML

Der heterogene Standard der Rechner und Betriebssysteme im Internet macht es notwendig, international genormte Zeichensätze zum Austausch von Zeichen zu vereinbaren. Bereits längere Zeit steht dafür im europäischen Sprachraum die ISO-8859-1-Norm zur Verfügung (oder alternativ ISO-Latin-1 genannt). Ein Zeichen dort ist ein Byte groß und kann dementsprechend 256 (= 2 ^ 8) verschiedene Zeichen darstellen. Die ersten 128 (Nummerierung startet mit 0) sind identisch mit dem klassischen ASCII-Zeichensatz. Die zweite Hälfte der Zeichen weicht dagegen davon ab und besteht aus etlichen Sonderzeichen und Buchstaben für verschiedene – insbesondere europäische – Sprachen. Daneben setzt sich bei vielen Techniken im Internet mittlerweile die Unicode-Norm durch (ISO/IEC:10646-Norm), welche sich im Wesentlichen darin von der ISO-8859-1-Norm unterscheidet, dass ein darin kodiertes Zeichen zwei Byte groß ist. Damit können dann 65.536 Zeichen kodiert werden. Unicode ist im unteren Byte mit dem bisherigen Code identisch; freilich lassen sich durch die große Anzahl von Kodierungsmöglickeiten darin auch beispielsweise viele im Französischen verwendete Wörter oder griechische Zeichen darstellen. Gerade Letzteres ist für wissenschaftliche Abhandlungen von erheblicher Bedeutung. Diese durch Unicode vorangetriebene Internationalisierung ist unabhängig davon, ob das jeweilige Betriebssystem diese Zeichen unterstützt oder nicht.

Damit HTML-Dateien problemlos zwischen verschiedenen Rechnerwelten ausgetauscht werden können, setzten bis inklusive HTML 3.2 die Zeichen der Sprache HTML auf dieser überall verstandenen ISO-Norm 8859-1 auf. Alle in früheren HTML-Versionen erstellten Dokumente (davon exsitieren auch heute noch genug) verwenden diese Norm. In HTML 4.0 wurde auf Unicode (den auch beispielsweise Java zur Basis hat) umgestellt, um die so genannte Internationalisierung nach dem ISO/IEC:10646-Standard bzw. I18N voranzutreiben. Für den Anwender hat dies wenig Konsequenzen, wenn er sich auf die normalen Buchstaben des Alphabets und die Ziffern von 0 bis 9 beschränkt. Weder muss bei der Eingabe viel beachtet werden, noch wird ein besonderer Editor oder sonst ein Unicode-Programm zu Erstellung von Quellcode benötigt. Die normalen Buchstaben des Alphabets und die Ziffern von 0 bis 9 werden wie gewohnt über die Tastatur eingegeben und es genügt immer noch ein gewöhnlicher ASCII-Editor (die Konvertierung erfolgt automatisch im Interpreter, wenn kein Unicode vorliegt). Es gibt nur die neuen Möglichkeiten, auf die erweiternden Sonderzeichen zuzugreifen. An diese weiteren Zeichen der erweiterten ISO/IEC:10646-Norm plus die Zeichen aus der zweiten Hälfte der bisherigen ISO-8859-1-Tabelle (dazu gehören die deutschen Umlaute oder Zeichen wie < >) kommt man nur über eine kodierte Darstellung. Dies nennt man Maskieren.

Die Darstellung von Sonderzeichen und landesspezifischen Zeichen erfolgt über so genannte Entities (eine Folge von Zahlen oder Zeichen, die einem Steuerzeichenpaar – dem &# – folgen und von einem Semikolon abgeschlossen werden). Bei einer numerischen Darstellung entspricht die Zahlenfolge dem Wert des Zeichens in der entsprechenden Norm.

Nachfolgend finden Sie eine Liste der zweiten Hälfte der ISO-5589-1-Norm (die Zeichen bis &#127 sind identisch mit dem klassischen ASCII-Code), welche auch in der neuen ISO/IEC:10646-Norm so gültig ist (abwärtskompatibel).

Zeichen	ENTITY-Abkürzung
–	€
–	
,	‚
ƒ	ƒ
”	„
…	…
†	†
‡	‡
ˆ	ˆ
‰	‰
Š	Š
‹	‹
Œ	Œ
–	
–	Ž
–	
–	

Zeichen	ENTITY-Abkürzung
'	‘
'	’
”	“
”	”
•	•
-	–
-	—
~	˜
™	™
Š	š
>	›
Œ	œ
_	
Z	ž
Ÿ	Ÿ
(erzwungenes Leerzeichen)	
i	¡
¢	¢
£	£
¤	¤
¥	¥
¦	¦
§	§
¨	¨
©	©
ª	ª
«	«
¬	¬
-	
®	®
¯	¯
°	°
±	±
^{2}	²
^{3}	³
'	´
η	µ

Zeichen	ENTITY-Abkürzung
¶	¶
·	·
¸	¸
¹	¹
º	º
»	»
¼	¼
½	½
¾	¾
¿	¿
À	À
Á	Á
Â	Â
Ã	Ã
Ä	Ä
Å	Å
Æ	Æ
Ç	Ç
È	È
É	É
Ê	Ê
Ë	Ë
Ì	Ì
Í	Í
Î	Î
Ï	Ï
Ð	Ð
Ñ	Ñ
Ò	Ò
Ó	Ó
Ô	Ô
Õ	Õ
Ö	Ö
×	×
Ø	Ø
Ù	Ù
Ú	Ú

Zeichen	ENTITY-Abkürzung
Û	Û
Ü	Ü
Ý	Ý
Þ	Þ
ß	ß
à	à
á	á
â	â
ã	ã
ä	ä
å	å
æ	æ
ç	ç
è	è
é	é
ê	ê
ë	ë
ì	ì
í	í
î	î
ï	ï
ð	ð
ñ	ñ
ò	ò
ó	ó
ô	ô
õ	õ
ö	ö
÷	÷
ø	ø
ù	ù
ú	ú
û	û
ü	ü
ý	ý
þ	þ
ÿ	ÿ

Die wichtigsten der besser lesbaren Abkürzungen für Sonderzeichen über sprechende Buchstabenkombinationen:

Zeichen	ENTITY
ä	`ä`
Ä	`Ä`
ö	`ö`
Ö	`Ö`
ü	`ü`
Ü	`Ü`
ß	`ß`
<	`<`
>	`>`
&	`&`
"	`"`

Für mehr Informationen zum Unicode und den anderen Kodierungsnormen sei auf entsprechende Spezifikationen auf den W3C-Seiten (`http://www.w3.org`) verwiesen.

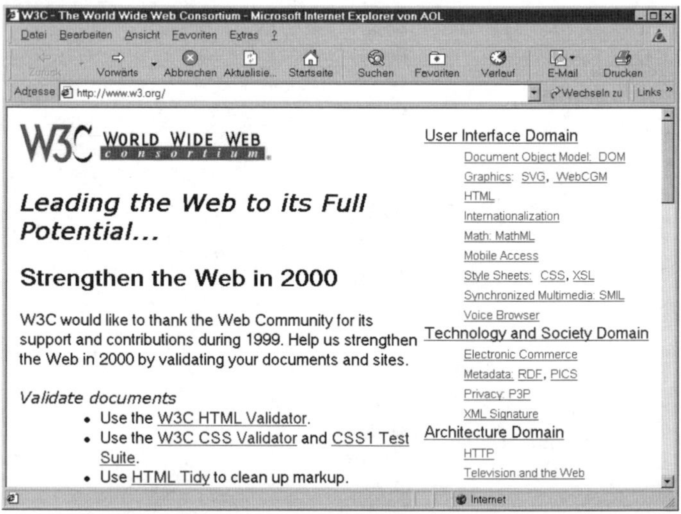

Alles rund um HTML und weitere Internetstandards.

Neben den numerischen Kombinationen gibt es zusätzlich besser lesbare Abkürzungen für die wichtigsten der zu maskierenden Zeichen. Diese Möglichkeit wurde erstmals in HTML 3.2 eingeführt, aber erst in HTML 4.0 endgültig integriert. Der Abkürzung muss ein `&` voran- und ein Semikolon nachgestellt werden. Dazwischen stehen Abkürzungen, die das maskierte Zeichen beschreiben. »`lt`« steht beispielsweise für »*less than*« (kleiner als) oder »`gt`« für »*greater than*« (größer als). Deutsche Umlaute sind ebenso recht gut herleitbar. Einfach das Grundzeichen, gefolgt von der Zeichenkette `uml`, und für Ü ergibt das `Ü`.

Text- und Absatzformatierung

HTML bietet eine beträchtliche Anzahl von Steueranweisungen zur Text- und Absatzformatierung. Gestaltungsmittel für Texte und Absätze gibt es in HTML unter anderem für Überschriften, Absatzdefinitionen und Zeilenumbrüche, Zitate, Adressen, Hinweisabsätze und Quellcode, Trennlinien oder Textauszeichnung/Texthervorhebung. Auch Farben sind selbstverständliches Gestaltungsmittel. Sämtliche Formatierungen erfolgen über Container, denn jede Formatierung muss nach der Aktivierung (bis auf wenige Ausnahmen in einigen Browserversionen) explizit wieder ausgeschaltet werden.

Textattribute

Schauen wir uns zuerst die Möglichkeiten der Textgestaltung über explizite Textattribute an. Diese gehören zu den ältesten HTML-Steueranweisungen[17] und dienen meist dazu, einen Textbereich optisch hervorzuheben. Textattribute beeinflussen die Schrift in Hinblick auf Größe, Farbe, Art oder Stil. Prinzipiell unterscheidet man in HTML zwischen logischen und physischen Befehlen zur Hervorhebung von Text. Bei logischen Befehlen obligt dem Browser die Entscheidung, wie eine Gestaltung vorzunehmen ist. Das kann auf verschiedenen Browsern unterschiedlich gelöst werden. Logische Anweisungen ermöglichen alten, nichtgrafischen Browsern die unterschiedliche Darstellung von Textpassagen. Bei physischen Befehlen entscheidet der Autor der Webseite, wie Text gestaltet werden soll (etwa fett oder kursiv). Ein so definierter Text sollte in den meisten Browsern so aussehen, wie es sich der Autor gedacht hat, aber auch da können Browser-spezifische Unterschiede zum Tragen kommen. Insbesondere gilt, dass die älteren physischen Textattribute von fast allen Browsern korrekt interpretiert werden. Die neueren Befehle jedoch (beispielsweise `durchstreichen` oder `hoch-` und `tiefstellen`) werden teilweise nicht verstanden.

17. Alt bedeutet nicht überholt. Das Gegenteil ist richtig: Sie sind äußerst wichtig, da sie von jedem Browser verstanden werden, unabdingbare Grundlage einer Dokumentenbeschreibung (sonst wären diese Elemente nicht von Anfang an dabei) und dennoch eine einfache Möglichkeit zur Gliederung von Webseiten sind.

Um Text hervorzuheben, wird er einfach in den entsprechenden Container eingeschlossen. Das sieht schematisch so aus:

```
<[Anweisung]>[Text]</[Anweisung]>
```

Textattribute können ineinander verschachtelt werden, mitten im Fließtext stehen, und auch logische mit physischen Textattributen gemischt werden können.

Nachfolgend eine Tabelle mit den wichtigsten logischen Textbefehlen:

Tag	Beschreibung
<BLOCKQUOTE>	Hervorhebung für Zitate (meist kursiv)
<CITE>	Hervorhebung für Zitate (meist kursiv)
<CODE>	Darstellung von Quellcode
<DFN>	Hervorgehobene Definitionen
<EM>	Allgemeine Hervorhebung (meist kursiv)
<KBD>	Hervorgehobene Darstellung von Benutzereingaben
<SAMP>	Beispiele
<STRONG>	Allgemeine kräftige Hervorhebung (meist fett)
<TT>	Darstellung von dicktengleicher Schrift
<VAR>	Darstellung von Variablennamen

Nachfolgend eine Tabelle mit den wichtigsten physischen Textauszeichnungen:

Tag	Beschreibung
<B>	Fette Darstellung
<BIG>	Größere Schrift (relativ im Vergleich zur Standardeinstellung der Schriftgröße zu sehen)
<I>	Kursive Darstellung
<ITALIC>	Kursive Darstellung·(Alternative zu <I>)
<S>	Durchgestrichen
<SMALL>	Kleinere Schrift (relativ im Vergleich zur Standardeinstellung der Schriftgröße zu sehen)
<STRIKE>	Durchgestrichen
<SUB>	Tiefgestellte Schrift
<SUP>	Hochgestellte Schrift
<U>	Unterstreichen

Der <FONT>-Tag

Einer der wichtigsten Tags zu Gestaltung von Text ist der <FONT>-Container, der nur mit erweiternden Attributen Sinn macht. Damit lassen sich die Schriftgröße, der Schrifttyp und die Schriftfarbe für jedes einzelne Zeichen in einem Text gestalten. Der Tag bekommt für jede der drei Formatierungsmöglichkeiten ein Attribut. Die drei Attribute können einzeln oder zusammen in beliebiger Kombination und Reihenfolge verwendet werden.

Die Steueranweisung

```
<FONT size=[Größe]>
```

legt die Schriftgröße fest. Die Angabe »Größe« kann einen Wert zwischen 1 und 7 annehmen. Die Werte sind dabei keine absoluten Angaben, sondern relativ zu der Schriftgröße zu verstehen, die der Anwender im Browser eingestellt hat. Die tatsächliche Größe im Browser des Anwenders ist explizit Browser-abhängig. Die normale Größeneinstellung ist 3. Wenn in einem Browser eine bestimmte Schriftgröße als Standardschriftgröße eingestellt ist, entspricht der Wert 3 dieser Standardgröße. Die Werte größer als 3 (4 bis 7) bedeuten dann entsprechend größere Schriften, die Werte 1 und 2 entsprechend kleinere Schriften. Es ist auch möglich, eine Textgröße relativ zu verändern. Das funkioniert mit den Angaben `+(Zahl)` beziehungsweise `-(Zahl)`.

Die Steueranweisung

```
<FONT color=[Farbe]>
```

legt die Schriftfarbe fest. Als Farbe lassen sich die gleich Farbangaben machen wie bei den globalen Farbfestlegungen im `<BODY>`-Tag (siehe Seite 92).

Die Steueranweisung

```
<FONT face=[Schriftart]>
```

legt die Schriftart fest. Dabei lassen sich die üblichen Schriftarten angeben, die verwendet werden sollen, sofern die Plattform eines Besuchers dies unterstützt. Nachfolgend ist eine Auflistung mit den wichtigsten Schriftarten zu finden:

```
<FONT face="Algerian">
<FONT face="Arial">
<FONT face="Courier">
<FONT face="Courier New">
<FONT face="Desdemona">
<FONT face="MS Sans Serif">
<FONT face="MS Serif">
<FONT face="Symbol">
<FONT face="System">
<FONT face="Tahoma">
<FONT face="Webdings">
<FONT face="Wingdings">
```

Bei den Namen der Schriftarten sollte beachtet werden, dass deren Schreibweise nicht vollständig mit den bekannten Schreibweisen übereinstimmt.

Absätze und Zeilenumbrüche

Unter HTML werden Zeilenumbrüche standardmäßig an die Größe des Browserfensters angepasst. Ein in einem Editor eingegebener Zeilenumbruch wird hingegen ignoriert. Dieses geniale Verhalten erlaubt die übersichtliche Eingabe von Text im Editor, ohne dass man sich Gedanken darum machen muss, ob und wie der Text bei einem Besucher aussieht. Damit sind Browser in der Lage, darzustellenden Text immer an die zugrunde liegende Plattform optimal anzupassen. Sofern ein manueller Zeilenumbruch oder ein Absatz notwendig ist, muss dies explizit mit einem Tag definiert werden. Dazu werden die folgenden Befehle verwendet:

Tag	Wirkung
`<P>`	neuer Absatz
`</P>`	Absatzende
` `	Zeilenumbruch
`<DIV>`	Allgemein zusammen zu behandelnder Bereich
`</DIV>`	Ende des Bereichs

Zeilenumbrüche erzeugen nur eine neue Zeile, Absatzschaltungen werden meist dafür verwendet, die Formatierung von Absätzen zu trennen. Die Tags können wie üblich in einer eigenen Zeile, am Ende einer Zeile oder mitten im Fließtext stehen (sogar mitten in einem Wort). Wenn der automatische Zeilenumbruch durch den Browser bei Überschreitung des Anzeigebereichs durch eine Zeile verhindert werden soll, kann man den betreffenden Text in `<NOBR>` und `</NOBR>` einschließen. Innerhalb dieses Bereichs erfolgt kein automatischer Zeilenumbruch. Der Anwender bekommt – falls die Zeile über den Anzeigebereich des Browsers hinausgeht – die von der Windowstechnik bekannte Scroll-Leiste zu sehen und kann dann mit der horizontalen Scroll-Leiste die überlangen Textzeilen anzeigen. Aber auch innerhalb dieses Bereichs kann wieder ein individueller Umbruch festgelegt werden. Der Tag `<BR>` erzwingt dort einen Zeilenumbruch.

Der Absatz-Tag kann mittels Attributen für den jeweiligen Absatz eine Ausrichtung festlegen. Das Attribut

```
align=[Ausrichtung]
```

wird mit einem Leerzeichen getrennt an `<P` angefügt. Es gilt folgende Syntax:

```
<P align=[Ausrichtung]>
```

Als Ausrichtung sind die Angaben `left`, `right` und `center` erlaubt. Sie stehen für die üblichen Ausrichtungen *linksbündig*, *rechtsbündig* und *zentriert*. Einige Browser verstehen `justify` für *Blocksatz*. Standardmäßig wird ein Absatz linksbündig ausgerichtet.

Die Ausrichtung in Absätzen kann für den Fall von Zentrierung über einen eigenen Container erfolgen – mit dem <CENTER>-Tag. Dieser ist vollkommen unabhängig von Absätzen und kann beliebige Inhalte zentrieren. Seit dem HTML-3.2-Standard gibt es zudem den <DIV>-Tag, um beliebige Elemente auszurichten. Mit dem Attribut `align` und den Wertzuweisungen wie beim Absatz-Tag wird die Ausrichtung festgelegt.

Überschriften

Überschriftencontainer sind ein weiteres wichtiges Stilmittel für eine saubere Gliederung von Texten in HTML. Es gibt in HTML sechs verschiedene Typen von Überschriften:

Tag	Beschreibung
<H1>	Überschrift 1. Ordnung (grösste Überschrift)
<H2>	Überschrift 2. Ordnung
<H3>	Überschrift 3. Ordnung
<H4>	Überschrift 4. Ordnung
<H5>	Überschrift 5. Ordnung
<H6>	Überschrift 6. Ordnung (kleinste Überschrift)

Der Text zwischen Einleitungs- und Abschluss-Tag wird als Überschrift der entsprechenden Ordnung dargestellt. Überschriften sind wie Schriftgrößen immer relative Angaben, die von den Einstellungen der Schriftgrößen des Browsers abhängen. Überschriften werden standardmäßig linksbündig ausgerichtet. Die Überschriften können ebenfalls ausgerichtet werden. Mit dem Attribut `align` und den Wertzuweisungen wie beim Absatz-Tag wird die Ausrichtung festgelegt. Jede Überschrift ist ein eigener Absatz; das bedeutet, dass vor und nach Überschriften keine zusätzlichen Absatz- bzw. Zeilenschaltungen nötig sind.

Trennlinien

Ein weiteres Hilfsmittel zur optischen Abgrenzung von Textbereichen oder einfach zur Auflockerung des Layouts sind Trennlinien. Trennlinien werden mit dem <HR>-Tag (kein Abschluss-Tag) in ein Dokument eingefügt und erzeugen immer eine neue Zeile.

Trennlinien gehen normalerweise über die gesamte Breite des Anzeigefensters eines Browsers. Man kann allerdings eine Trennlinie so definieren, dass sie nur einen Teil der Anzeigebreite des Fensters einnimmt. Durch die Erweiterung des <HR>-Tag um die Angabe

```
width=[Breite]
```

wird die Trennlinie nur so breit in Pixel wie angegeben. Sofern der Wert bei width in Prozent angegeben wird, beträgt die Breite der Trennlinie diesen Prozentsatz von der Breite des Anzeigefensters. Ferner kann die Dicke der Linie verändert werden. Durch die zusätzliche Erweiterung des <HR>-Tag um die Angabe

```
size=[Liniendicke]
```

kann die Dicke der Trennlinie beeinflusst werden. Diese Angabe ist immer als relativ zu sehen. Die Voreinstellung beträgt 2. Mit dem Wert 1 erzwingen Sie also eine dünnere Trennlinie, mit Werten größer als 2 dickere Trennlinien. Das kann im Prinzip beliebig dick werden, ist jedoch selten sinnvoll. In Verbindung mit einer verkürzten Trennlinie ist auch eine Ausrichtung über dem Attribut align und den Wertzuweisungen wie beim Absatz-Tag (bis auf Blocksatz) sinnvoll – ansonsten geht ja da die Trennlinie stets über die gesamte Breite des Anzeigefensters.

Listen

Listen sind ein Gestaltungsmittel für Aufzählungen oder die Darstellung einer Reihe alternativer Möglichkeiten. Eine Liste besteht aus einem äußeren Container, der die Begrenzung der Auszählung definiert. Darin enthalten ist eine beliebige Anzahl von Containern, welche jeweils einen Listenpunkt determinieren. HTML unterscheidet die nummerierte Liste und die Bullet-Liste. Ein Bullet ist ein nichtnumerisches Zeichen (etwa ein Punkt, ein Pfeil, ein Quadrat oder ein Stern) zur Bezeichnung eines Aufzählungspunktes. Bei der nummerierten Liste werden in der Regel Zahlenangaben einem Listenpunkt vorangestellt. Die Nummerierung der Listeneinträge erfolgt automatisch. Beide Listentypen werden mit unterschiedlichen Tags definiert.

Tag	Beschreibung
<UL>	Eine Bullet-Liste
<OL>	Eine nummerierte Liste
<LI>	Ein Listeneintrag in einer Liste

Ein Listeneintrag kann über mehrere Zeilen gehen. Dabei ist es egal, ob der Zeilenumbruch durch die Fenstergröße oder einen erzwungenen Zeilenumbruch innerhalb des Listeneintrags-Containers erzeugt wurde. Ein neuer Listenpunkt beginnt explizit erst beim nächsten <LI>.

Eine nummerierte Liste bietet einige Gestaltungsmöglichkeiten, die von neueren Browsern verstanden werden. Als Standardeinstellung erfolgt eine Nummerierung mit normalen Ziffern. Zudem lassen sich vier weitere Typen von nummerierten Listen angeben – zwei alphabetisch und zwei römisch nummerierte Listen. Die Festlegung erfolgt über das type-Attribut. In einer nummerierten Liste kann man zudem einen Startwert setzen. Dazu wird das start-Attribut verwendet.

Anweisung	Beschreibung
`<OL type=i>`	Nummerierung mit kleinen römischen Zahlen (i, ii, iii,...)
`<OL type=I>`	Nummerierung mit großen römischen Zahlen (I, II, III,...)
`<OL type=a>`	Nummerierung mit kleinen Buchstaben (a, b, c,...)
`<OL type=A>`	Nummerierung mit großen Buchstaben (A, B, C,...)
`<OL START=[Wert]>`	Festlegung eines StartWerts in einer nummerierten Liste

Grafiken einbinden

Wie bei globalen Angaben des <BODY>-Tag (siehe Seite 92) kann man selbstverständlich an jeder Stelle in einer Webseite Grafiken referenzieren. Es gelten die gleichen Aussagen bezüglich der Grafikformate (in der Regel GIF und JPEG) und die Referenz ist mit jeder gültigen Form von URL (siehe Seite 61) möglich. Der konkrete Tag in der HTML-Datei wird an der Stelle, an der die Grafik platziert werden soll, eingefügt. Es handelt sich um den <IMG>-Tag, der ohne Abschluss-Tag notiert wird. Die Syntax ist folgende:

```
<IMG src="[URL der Grafik]">
```

Der URL der Grafikdatei ist in Anführungszeichen zu notieren.

Selbstverständlich sollte es sein, dass bei wichtigen Grafiken (Links, Navigationselementen usw.) immer ein alternativer Text angegeben wird, der dann angezeigt wird, wenn die Grafik nicht zu sehen ist. Da das Internet häufig unter Stau leidet, haben viele Surfer die Funktion zum automatischen Laden von Grafiken deaktiviert. Statt der Grafik selbst wird dann ein Platzhalter für die Grafik angezeigt. Dies sollte bei der Erstellung der Webseiten berücksichtigt werden. Über einen weiteren Parameter des <IMG>-Tag – den Parameter alt – kann in Anführungszeichen eingeschlossen ein Alternativtext angeboten werden. Grafikfähige Browser erkennen diesen alt-Parameter und zeigen statt des Textes die Grafik; alle anderen werden den enthaltenen Text anzeigen. Sogar ziemlich alte Browser, die zwar nicht grafikfähig sein können, den Tag aber dennoch kennen, weil er bereits in den Anfangsversionen von HTML dabei war. Der Parameter alt hat aber noch eine weitere Wirkung: wenn die Grafik dargestellt wird und der Browser nicht zu alt ist, wird beim Bewegen des Mauszeigers auf die Grafik der dort notierte Text in Form einer Quickinfo (analog Word bei den Symbolleisten beispielsweise) angezeigt. Gerade wenn man eine Navigation ausschließlich über Bildleisten aufbaut, sollte solch ein automatischer Hilfetext unbedingt dabei sein.

Eine Grafik kann bei einigen Browsern mit einem Rahmen versehen werden. Ein weiterer Parameter innerhalb der Grafikreferenz dient zur Festlegung eines Rahmens in Pixel – der Parameter border. Diese Angabe kann man ebenfalls dafür nutzen, explizit einen Rahmen zu unterdrücken (border=0). Zum Beispiel beim alternativen Verwenden von Grafiken anstelle von Verweistexten. Dort wird sonst defaultmäßig ein Rahmen um die Grafik gezeichnet, um die Verweistätigkeit der Grafik zu signalisieren.

Natürlich lassen sich auch explizite Größen für Grafiken angeben. Wenn Grafiken ohne Angabe der Größe in ein HTML-Dokument eingebunden werden, werden diese genauso groß dargestellt, wie sie tatsächlich sind. Dies ist natürlich immer relativ zu den Bedingungen, wie z.B. den Browsereinstellungen und der Bildschirmauflösung, zu sehen. Dennoch werden die in einem Grafikprogramm angezeigten Größenwerte (in Pixel) unverändert in die HTML-Datei übernommen und genau so im Browser angezeigt.

Es gibt nun mehrere Gründe, warum man die Darstellung einer Grafik nicht diesem Automatismus des Browsers überlassen sollte. Erstens wird die Anzeige einer Grafik beschleunigt, wenn dem Browser Angaben über die Größe der Grafik zur Verfügung stehen. Das muss nicht unbedingt die tatsächliche Größe der Grafik sein, alleine die Angabe von Breite und/oder Höhe beschleunigt den Aufbau der Grafik. Ein weiterer wichtiger Grund ist, dass die Grafik in Relation zum übrigen Inhalt des Browser-Fensters verkleinert oder vergrößert angezeigt werden soll. Nicht zuletzt kann man mit gleichzeitiger Angabe von Breite und Höhe Verzerrungen bewirken, um spezielle Effekte zu erzielen. Die Angaben zur Größe erfolgen über Erweiterungen des <IMG>-Tag über `height=[Wert]` für die Höhe der Grafik in Pixeln und `width=[Wert]` für die Breite. Die allgemeine Syntax sieht so aus:

```
<IMG src=[URL der Grafik] width=[Wert] height=[Wert]>
```

Grafiken lassen sich in HTML selbstverständlich ausrichten, genau wie Absätze oder Überschriften. Die allgemein zu verwendenden <CENTER>- und <DIV>-Tags funktionieren natürlich auch bei der Ausrichtung von Grafiken. Daneben steht für Grafiken die `align`-Erweiterung des Referenzierungs-Tag zur Verfügung. Syntax:

```
<IMG src=[URL der Grafik] align=[Ausrichtung]>
```

Für weitere Möglichkeiten beim Einsatz mit Grafiken (etwa Abstände zwischen Grafiken und der Umgebung definieren, Beschriftung von Grafiken) sei auf weiterführende HTML-Literatur verwiesen.

Warnungen

- Wenn in einem HTML-Quelltext Sonderzeichen wie `ü, ä, ö` usw. nichtmaskiert angegeben und in einem Referenzbrowser dennoch korrekt angezeigt werden, ist damit noch lange nicht gesagt, dass andere Browser diese auch korrekt annoncieren. Gerade von älteren Browsern und vor allem Browsern, die nicht in der Landessprache des Autors einer Webseite konfiguriert sind, werden nichtmaskierte Sonderzeichen oft nicht angezeigt. Obwohl sich Microsoft-Produkte wie Frontpage Express darauf verlassen, hilft eine mögliche Einstellung der Webseite auf einen bestimmten Zeichensatz über den META-Bereich der Webseite (siehe Seite 86) mit dem Tag

  ```
  <META http-equiv="Content-Type" content="text/html; charset=iso-8859-1">
  ```

nur begrenzt. Diese Anweisung ist nicht zuverlässig (weshalb andere Tools wie der Netscape Composer sich nicht darauf verlassen). Um sauberes Maskieren kommt man nicht herum, wenn man professionell arbeiten will. Gute (!) HTML-Tools nehmen die mühselige Arbeit jedoch ab.

- Der <FONT>-Tag ist nicht ungefährlich, in dem Sinn, dass der Ersteller einer Webseite sich viel Mühe mit der Gestaltung über diesen Tag macht, bei einem Besucher die Seite aber nach »Kraut & Rüben« aussieht. Gerade so genannte WYSIWYG-Tools (What you see ist what you get) suggerieren unbedarften Erstellern von Webseiten, sie hätten eine absolute Kontrolle über das Layout. Das ist definitv nicht der Fall. Weder die absolute Schriftgröße noch die Farbe oder gar der Schrifttyp lassen sich erzwingen. Solche Anweisungen sind immer nur als absolut unverbindliche Empfehlung an den Browser zu verstehen; er solle – falls es der Plattform, dem Programm und dem Anwender nichts ausmacht –, freundlicherweise den Vorschlägen folgen. Insbesondere die Angabe des Schrifttyps ist »für die Katz«, wenn auf der Plattform des Anwenders diese Schriftart nicht installiert ist. Genauso wenn in dem Browser eingestellt ist, dass immer fest vorgegebene Schriften zu verwenden sind.
  Leider verwenden viele HTML-Editoren trotz der Probleme den <FONT>-Tag so exzessiv, als ob die Hersteller für jede Notation im Quelltext Geld bekämen. Obwohl beispielsweise ein einzelner <FONT>-Container für einen kompletten Text ausreichen würde, wird vielfach für jeden Absatz oder gar jede Zelle in einer Tabelle ein eigener <FONT>-Container notiert (auch wenn immer wieder das Gleiche drinsteht). Betrachten Sie einfach mal den HTML-Quelltext, den beispielsweise Frontpage Express erzeugt. Die Hälfte des – immer kostenpflichtig zu übertragenden – Quelltextes besteht aus – in der Regel vollkommen überflüssigen – <FONT>-Tags.
- Mit dem <NOBR>-Container und <BR> lassen sich Zeilenlängen und Umbrüche unabhängig von der Größe des Browser-Anzeigefensters definieren. Damit bekommt man erst einmal mehr Kontrolle über das Textlayout. Allerdings hat man dann selbst mehr Arbeit und vor allem läuft seitliches Scrollen den allgemeinen Gestaltungsregeln für Webseiten zuwider.
- Bei einer Liste kann die Steueranweisung <LI> zur Festlegung eines einzelnen Listenpunktes im Prinzip ohne den Abschluss-Tag stehen. Für eine strenge SGML-Konformität und um eventuell dennoch mögliche Fehler bei Browsern auszuschließen, ist am Ende des Listeneintrags ein abschließendes Tag </LI> trotz Mehraufwand sinnvoll.
- Unter HTML stehen für Listen standardmäßig nicht so viele Bullets zur Verfügung wie in der gewohnten Textverarbeitung. Insbesondere muss beachtet werden, dass die konkrete Darstellung einer Bullet-Liste Browser-abhängig ist.

Beispiele

Einige Beispiele für die Darstellung von Sonderzeichen über Entities (sowohl numerisch als auch mit Buchstabenkombinationen):

Entity	Beschreibung
å	Das kleine »a« mit einem kleinen Kreis darüber: å (wird beispielsweise in Norwegen verwendet)
å	Das gleiche Zeichen in der hexadezimalen Darstellung
И	Die kyrillische Ausführung des Buchstabens »I"
水	Das chinesische Zeichen für Wasser in der hexadezimalen Darstellung
é	Das kleine »e« mit Akzent: é
&	Darstellung des &-Zeichens
<	Darstellung des <-Zeichens
>	Darstellung des >-Zeichens
"	Darstellung des "-Zeichens

Ein Fließtext mit deutschen Umlauten (Orginaltext: *Schön kühler Äppler und Handkäs*) maskiert:

```
Sch&ouml;n k&uuml;hler &Auml;ppler und Handk&auml;s
```

Eine verschachtelte Textformatierung:

```
<I><STRONG>Dieser Text wird unter anderem fett <u>und</u> kursiv dargestellt</
STRONG></I>
```

Verschiedene Textattribute und Überschriften zusammen in einem vollständigen HTML-Beispiel:

```
<HTML>
<BODY>
<H1>Textformatierungen</H1>
Nachfolgend einige Textformatierungen
<H4 align=center>Jetzt geht es lohos!</H4>
<Strong>Echt stark</Strong><BR>
normal<BR>
<EM>Hervorragend</EM><BR>
Wie schon Cicero sagte: <CITE>To be or not to be</Cite>
<BR><CODE>Code der Quelle</Code><BR>
<samp>Viele, viele Beispiele</samp><BR>
<DFN>My Definition</DFN><BR>
<I>kursiv</I>, <B>fett</B>, <U>unterstrichen</U>
<SUB>tiefgestellte Schrift - HTML 3.2</SUB>DAS IST NORMAL
<BR><SUP>hochgestellte Schrift - HTML 3.2</SUP>
DAS IST NORMAL
<SMALL>kleinere Schrift - HTML 3.2</SMALL>DAS IST NORMAL
```

```
<BR><BIG>größere Schrift - HTML 3.2</BIG><BR>
<STRIKE>durchgestrichen - HTML 3.2</STRIKE>
</BODY>
</HTML>
```

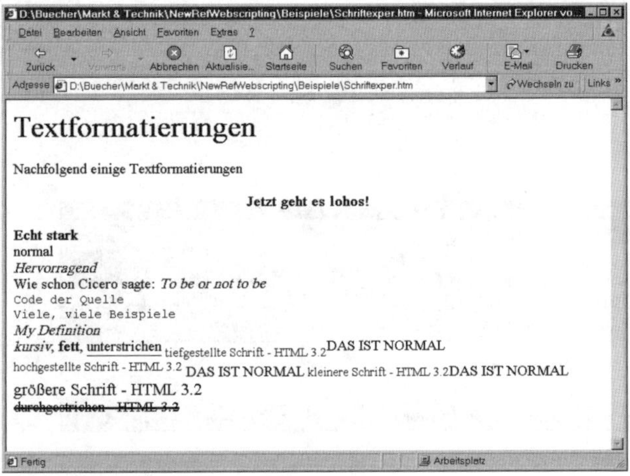

Verschiedene Textgestaltungen.

Ein Beispiel mit verschiedenen Textgrößen:

```
<FONT SIZE=7>David</FONT>
<FONT SIZE=2>Das ist mein Kleiner</FONT>
<FONT SIZE=4>Das mein Großer</FONT>
<FONT SIZE=1>Goliath</FONT>
```

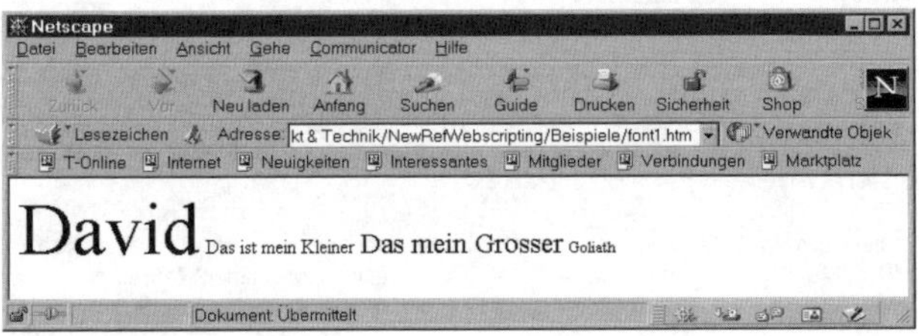

Verschiedene Schriftgrößen.

Beispiel für verschiedene Schriftarten und Farben:

```
<HTML>
<BODY>
<FONT face="Arial">Ene</font>
<FONT color="#00FFFF" face="Courier">mene</font>
<FONT face="Modern">Muh</font>
<FONT color="#FF0000">und</font>
<FONT face="Tahoma">aus</font>
<FONT color="#FFFF00" face="Algerian">bist</font>
<FONT face="Desdemona">Du</font>.
</BODY>
</HTML>
```

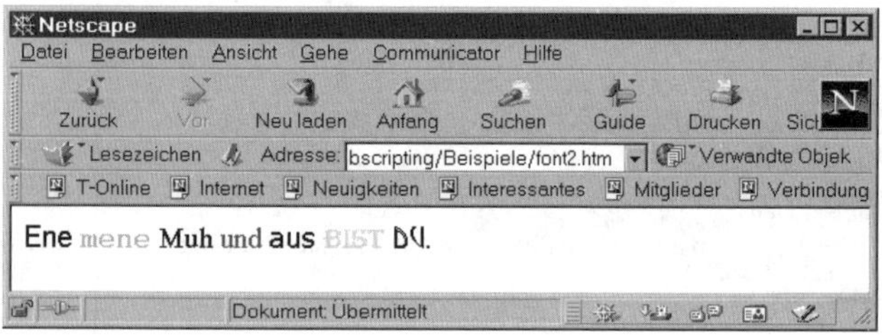

Verschiedene Schriftfarben und -typen.

Beispiel für die rechtsbündige Ausrichtung von einem Absatz:

```
<P align=right>
 ...
</P>
```

Zwei Absätze, die einmal über den <NOBR>-Tag eine Zeile vollständig vor dem automatischen Umbruch durch den Browser bewahren, das andere Mal nur den expliziten Umbruch per
-Tag zulassen:

```
<HTML>
<BODY>
<NOBR>Zwischen dem Einführungs- und dem Abschluss-Tag erfolgt kein Zeilenumbruch.
Der vollständige Text wird in eine Zeile geschrieben und <B>nicht</B> am Rand des
Anzeigefensters vom Browser umbrochen.</NOBR>
<BR>
<NOBR>Zwischen dem Einführungs- und dem Abschluss-Tag erfolgt normalerweise kein
Zeilenumbruch. An dieser Stelle<BR> erfolgt jedoch ein erzwungener Zeilenum-
bruch.</NOBR>
</BODY>
</HTML>
```

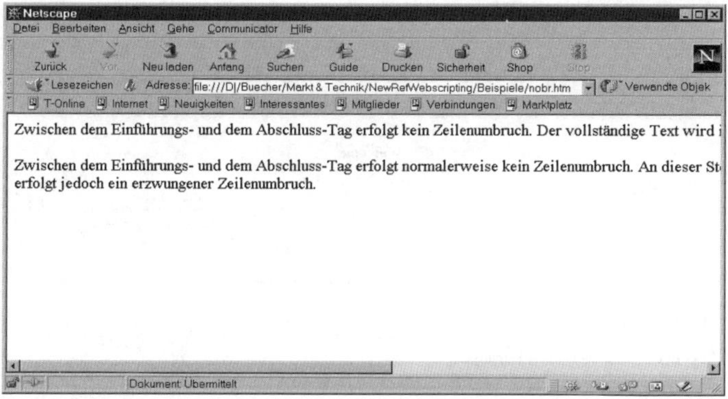

Die Kontrolle über den Zeilenumbruch ist dem Browser entzogen.

Verschiedene Trennlinien (mit Ausrichtung, Verkürzung prozentual und Längenangabe in Pixeln sowie Angabe der Dicke):

```
<HTML>
<BODY>
<HR>
<CENTER>Welcome</CENTER>
<HR>
Hier steht was
<HR WIDTH=95%>
<HR WIDTH=65%>
<HR WIDTH=15%>
Hier steht was
<HR WIDTH=75%>
<HR WIDTH=55%>
Hier noch was
<HR WIDTH=200>
Hier noch was gaaaaaaaanz Wichtiges
<HR SIZE=5>
<HR SIZE=17>
<HR WIDTH=15% ALIGN=right>
Hier steht was
<HR WIDTH=75%>
<HR WIDTH=55% ALIGN=right>
Und hier ist finito
</BODY>
</HTML>
```

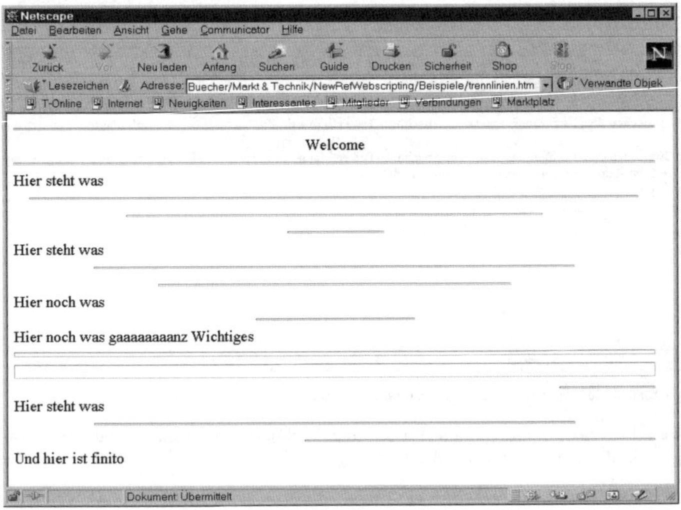

Verschiedene Formen von Trennlinien.

Beispiel für einen Verweis auf eine Grafik innerhalb des gleichen Verzeichnisses mit Höhenangabe und Notation eines Alternativtextes:

```
<HTML>
<BODY>
<CENTER>
<IMG src="ente.gif"
  height=100
  alt="Hier sollten Sie eine Ente sehen!">
</CENTER>
</BODY>
</HTML>
```

Eine Grafik mit Rahmen von 15 Pixeln und Höhenangabe:

```
<HTML>
<BODY>
<IMG SRC="bild2.jpg" height=500 BORDER=15>
</BODY>
</HTML>
```

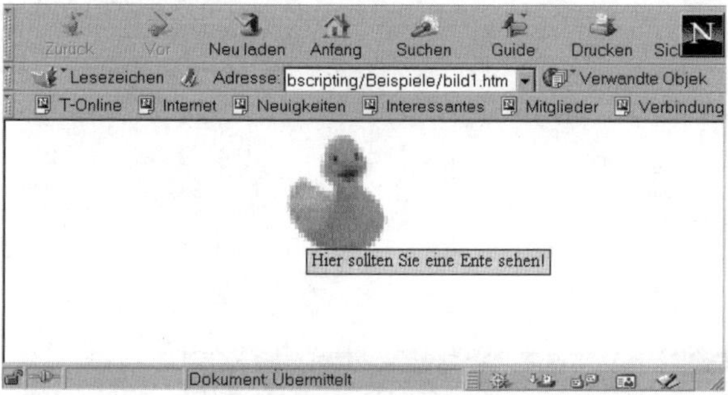

Die Quickinfo wird beim Überstreichen des Bildes mit dem Mauszeiger angezeigt.

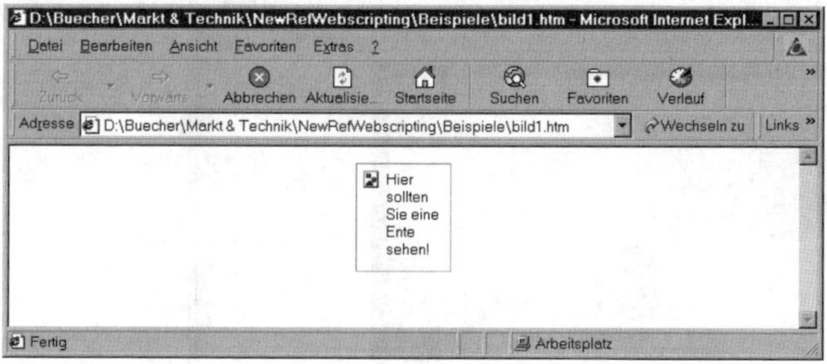

Statt der Grafik ist bei deaktivierten Grafiken nur der Alternativtext zu sehen.

Beispiel mit einer Angabe von Höhe und Breite zur Verzerrung:

```
<HTML>
<BODY>
<IMG SRC="ente.gif" height=50 width=500>
</BODY>
</HTML>
```

In dem nachfolgenden Beispiel sind sowohl eine Bullet-Liste als auch eine numerische Liste (Standardausprägung) zu finden:

```
<HTML>
<BODY>
<H2 align=center>Allgemeine &Uuml;bersicht</H2>
<UL>
<LI>Hund</LI>
```

```
<LI>Katze</LI>
<LI>Maus</LI>
<LI>Schwein</LI>
</UL>
<H4 align=center>Was kann das sein?</H4>
<OL>
<LI>Liste von Tieren</LI>
<LI>Bewohner eines Bauernhofs</LI>
<LI>Montagsmaler</LI>
</OL>
</BODY>
</HTML>
```

Bild mit Rahmen.

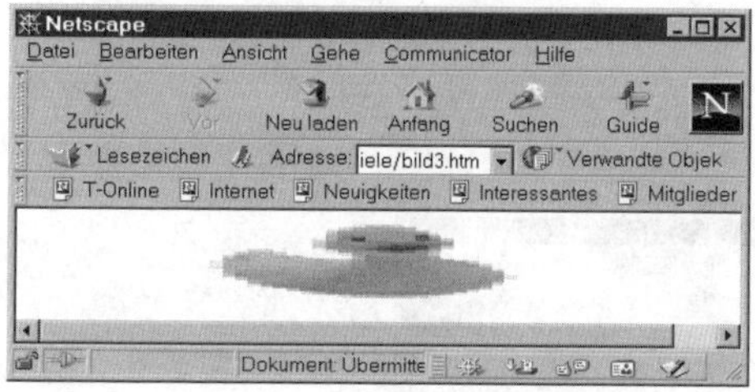

Breitente.

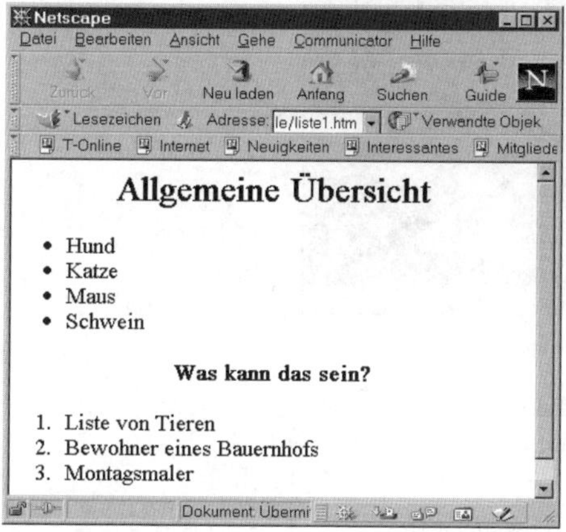

Beide Listentypen.

Noch ein Beispiel mit Listen. Diesesmal handelt es sich um zwei numerische Listen: eine mit kleinen römischen Zahlen, eine mit großen Buchstaben. Beide haben einen expliziten Startwert:

```
<HTML>
<BODY BGCOLOR=red TEXT=white>
<OL TYPE=i Start=42>
<LI>Cicero</LI>
<LI>C&auml;sar</LI>
<LI>Nero</LI>
</OL>
<OL TYPE=A start=4>
<LI>Hier wird ein d vorangestellt </LI>
```

```
<LI>Hier wird ein e vorangestellt </LI>
<LI>Hier wird ein f vorangestellt </LI>
</OL>
</BODY>
</HTML>
```

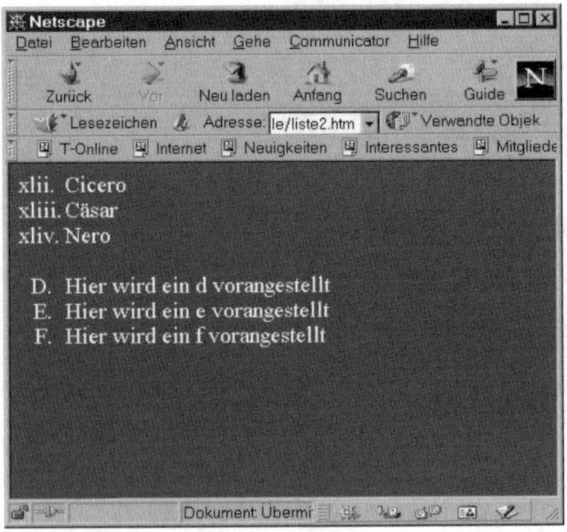

Zwei numerische Listentypen mit Startwerten.

Verwandte Befehle/Themen

Grundlegende Begriffe der Script-Syntax – Token

Style-Sheets & CSS

Allgemeine Gestaltungs- und Programmierregeln

Tabellen

Die Aufteilung eines Teils des Anzeigebereichs eines Browsers in Zeilen und Spalten.

Anwendung

Tabellen erlauben es, innerhalb einer Webseite eine optische und logische Struktur über mehrere Zeilen und vor allem Spalten aufbauen. Überdies ist die Platzierung von Elementen an einer bestimmten Position in der Webseite (zumindest relativ zu der Umgebung) leicht zu lösen.

Bei Tabellen unterscheidet man einen äußeren Tabellen-Container mit optionalen tabellenweiten Definitionen und darin eingeschlossene Container, die die Zeilen bzw. die einzelnen Zellen (und darüber Spalten) definieren. Es gibt folgende Tags in einer Tabelle:

Tag	Beschreibung
<TABLE>	Äußeres Grundgerüst einer Tabelle
<TR>	Eine Tabellenzeile, welche im Inneren des <TABLE>-Containers zu notieren ist
<TH>..	Eine Kopfzelle, welche im Inneren des <TR>-Containers zu notieren ist
<TD>..	Eine Datenzelle, welche im Inneren des <TR>-Containers zu notieren ist

Kopfzellen und Datenzellen sind so gut wie identisch. Der einzige Unterschied zwischen ihnen besteht darin, dass in den Kopfzellen der Text hervorgehoben (zum Beispiel in den meisten Browsern fett und zentriert) dargestellt wird. Sie sind sinnvollerweise als Überschrift einer Spalte zu verwenden.

Der Inhalt einer Zelle wird jeweils hinter dem Einleitungs-Tag der Zelle notiert und vom Beendigungs-Tag beendet. Dabei kann jede Form von Inhalt in einer Zelle notiert werden, der auch in einer normalen Webseite auftauchen kann. Text, Verweise, aber auch Grafiken oder ein anderes Objekt. Es muss nur gegebenenfalls eine Referenz direkt in der Zelle notiert werden, in der das Objekt erscheinen soll. Dabei sind in der Referenz sämtliche sonst auch erlaubten Zusatzangaben (etwa für die Größe) gestattet, sofern sie Sinn machen.

Die schematische Containerstruktur einer Tabelle mit einer Kopf- und einer Datenzelle (drei Spalten für das Exempel) sieht also so aus:

```
<TABLE>
    <TR>
        <TH>...</TH>
        <TH>...</TH>
        <TH>...</TH>
    </TR>
    <TR>
        <TD>...</TD>
        <TD>...</TD>
        <TD>...</TD>
    </TR>
</TABLE>
```

Rahmen und Gitternetzlinien

Wenn eine Tabelle sichtbare Rahmen und Gitternetzlinien enthalten soll, muss das Attribut `border` (ohne Wertzuweisung) im Einleitungs-Tag der Tabelle gesetzt werden. Es gilt also folgende Syntax:

```
<TABLE border>
```

Zusätzlich lässt sich die Dicke des äußeren Rahmens bestimmen, wenn man dem Attribut `border` einen Wert (Angabe in Pixeln) zuweist. Syntax:

```
<TABLE border =[Zahl]>
```

Die Dicke der Gitternetzlinien in Pixeln lässt sich ebenfalls beeinflussen. Dazu dient die Erweiterung `cellspacing`. Syntax:

```
<TABLE cellspacing=[Zahl]>
```

Ebenso ist die Angabe eines Mindestabstandes zwischen Zellenrand und Zelleninhalt möglich. Dazu dient die Erweiterung `cellpadding`. Syntax:

```
<TABLE cellpadding=[Zahl]>
```

Höhen- und Breitenangaben

Die Höhe und die Breite von Tabellen ergeben sich normalerweise automatisch aufgrund des Inhalts und/oder der Breite des Anzeigefensters. Man kann aber die Tabellenhöhe und -breite über eine zusätzliche Erweiterung des `<TABLE>`-Tags steuern. Dazu dienen die üblichen Parameter `width` (Angabe der Breite) und `height` (Angabe der Höhe) mit einer Wertzuweisung. Dabei unterscheidet man zwischen der prozentualen und der absoluten Angabe. Mit einer prozentualen Angabe wird definiert, wie viel Prozent des Anzeigefensters eine Tabelle maximal einnehmen darf. Ansonsten ist es eine Pixelangabe. Die Angaben zur Höhe und Breite können wie gewöhnlich sowohl einzeln als auch zusammen in beliebiger Reihenfolge verwendet werden. Mischen von Prozentangaben und absoluten Angaben ist erlaubt.

Farbangaben

Innerhalb von Tabellen können Farbangaben gemacht werden (mit den üblichen RGB-Werten oder den standardisierten Farbnamen – siehe Seite 93). Dabei muss man zwischen tabellenweiten Farbangaben, die bereits im `<TABLE>`-Tag als Erweiterung definiert werden, und zellbezogenen Farbangaben unterscheiden. Die tabellenweiten Angaben gelten in der kompletten Tabelle, es sei denn, auf Zellenebene wird etwas anderes definiert.

Anweisung	Beschreibung
`<TABLE bgcolor= "[Farbe]">`	Angabe einer tabellenweiten Hintergrundfarbe.
`<TABLE bordercolor = "[Farbe]">`	Tabellenweite Rahmen- und Gitternetzfarbe.
`<TABLE bordercolordark = "[Farbe]" bordercolorlight = "[Farbe]">`	Bei einigen neueren Browsern kann über die zwei Angaben zur Gitternetz- und Rahmenfarbe ein Schatteneffekt erzielt werden. Je nach Browser erzeugt eine Wertzuweisung einen farbigen Schatten oder nur einen schwarz-weißen Schatten (dann geht es auch über reine Attribute ohne Wertzuweisung). Die Parameter machen nur in Kombination Sinn. Um einen vernünftigen Schatteneffekt zu sehen, sollte die Dicke des Tabellenrahmens groß genug gewählt werden.

Die bisherigen Angaben zur Gestaltung der Tabelle galten immer tabellenweit. Es gibt zusätzlich noch eine Vielzahl von Gestaltungsmitteln, die entweder nur für die betreffende Zelle gelten oder Auswirkungen auf eine vollständige Zeile oder Spalte haben. Gerade der letzte Fall tritt auch dann oft ein, wenn eine Definition nur in einer Zelle gemacht wird. Beispielsweise wird eine Höhenangabe für eine einzelne Zelle die ganze Zeile beeinflussen, in der sie enthalten ist. Diese zellenbezogenen Angaben werden aber nur gültig, wenn sie nicht im Widerspruch zu den globalen Angaben stehen.

Zellenausrichtungen

Im Einleitungs-Tag einer Zelle (sowohl Kopfzelle als auch Datenzelle) können Angaben zur Ausrichtung des Inhalts der jeweiligen Zelle gemacht werden. Diese Angaben betreffen dann nur diese eine Zelle. Sie haben wie alle inneren Angaben eine höhere Priorität als die Angaben der äußeren Struktur, sofern sie nicht im Widerspruch dazu stehen. Realisiert wird diese individuelle Ausrichtung von Zellen mit der üblichen Angabe `align=[Ausrichtung]`. Für Ausrichtung können Sie wie üblich `left`, `center` und `right` sowie mit Einschränkungen `justify` für Blocksatz verwenden.

Der Inhalt von Zellen lässt sich ebenso vertikal ausrichten. Dazu die Angabe `valign=[Ausrichtung]`. Für die Ausrichtung gibt es drei Ausprägungen:

Ausrichtung	Beschreibung
`valign=top`	Richtet Zellen nach oben aus
`valign=middle`	Richtet Zellen mittig aus (Standardausrichtung)
`valign=bottom`	Richtet Zellen nach unten aus

Zellenhöhen und -breiten

Eine Höhenangabe einer Zelle definiert die Höhe der ganzen Zeile, die Breitenangabe einer Zelle die Breite der ganzen Spalte. Dazu dienen die üblichen Parameter `width` (Angabe der Breite) und `height` (Angabe der Höhe) mit einer Wertzuweisung (als Erweiterung des Zellen-Tag). Es ist deshalb nur in einer Zelle der jeweiligen Zeile/Spalte eine solche Angabe nötig (und sinnvoll!). Insbesondere sollte man widersprüchliche Angaben innerhalb einer Zeile/Spalte vermeiden. Für Höhe und Breite von Zellen lassen sich sowohl prozentuale als auch absolute Angaben machen. Auch Mischen von absoluten und prozentualen Angaben ist erlaubt. Dies ist identisch zu den tabellenweiten Angaben.

Zellenbezogene Farbangaben

Durch die Farbangaben innerhalb des `<TABLE>`-Tag ist die Hintergrundfarbe tabellenweit definiert. Sie können allerdings innerhalb einer Zelle eine andere Farbe definieren. Dies erfolgt mit der gleichen Angabe `bgcolor`, hier jedoch als Erweiterung des Zellen-Tag.

Für weitere Möglichkeiten der Tabellengestaltung (beispielsweise Tabellenüberschriften/Tabellenunterschriften, Texte rechts oder links neben Tabellen anzeigen, Zellen verbinden, Gruppierung von Zeilen usw.) sei auf spezielle HTML-Literatur verwiesen.

Warnungen

- Bei einer Zellenspezifikation kann die Steueranweisung `<TH>` bzw. `<TD>` zur Festlegung einer einzelnen Zelle im Prinzip ohne den Abschluss-Tag stehen. Für eine strenge SGML-Konformität und um eventuell dennoch mögliche Fehler bei Browsern auszuschließen, ist am Ende des Listeneintrags ein abschließendes Tag trotz Mehraufwand sinnvoll.

Beispiele

Eine einfache Tabelle mit zwei Zeilen (eine Kopf- und eine Datenzeile) und fünf Spalten:

```
<HTML>
<BODY BGCOLOR=red TEXT=white>
<TABLE>
<TR>
<TH>Montag</TH>
<TH>Dienstag</TH>
<TH>Mittwoch</TH>
<TH>Donnerstag</TH>
<TH>Freitag</TH>
</TR>
<TR>
<TD>Ausschlafen</TD>
<TD>Moppedfahren</TD>
<TD>Schwimmbad</TD>
<TD>Erholen</TD>
<TD>Sonnen</TD>
</TR>
</TABLE>
</BODY>
</HTML>
```

Eine Tabelle mit Rand und Gitternetzlinien, einem eingebundenen Bild und horizontaler Zellenausrichtung:

```
<HTML>
<BODY BGCOLOR=red TEXT=white>
<TABLE border>
<TR>
<TH align=left>Montag</TH>
<TH>Dienstag</TH>
```

```
<TH align=center>Mittwoch</TH>
<TH>Donnerstag</TH>
<TH align=right>Freitag</TH>
</TR>
<TR>
<TD>Ausschlafen</TD>
<TD><IMG SRC="bild1.jpg" HEIGHT=300></TD>
<TD>Schwimmbad</TD>
<TD>Erholen</TD>
<TD>Sonnen</TD>
</TR>
</TABLE>
</BODY>
</HTML>
```

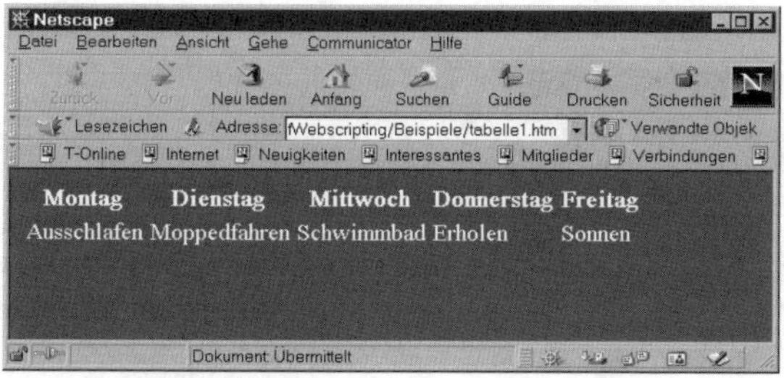

Einfache Tabelle ohne Rand und Gitternetz.

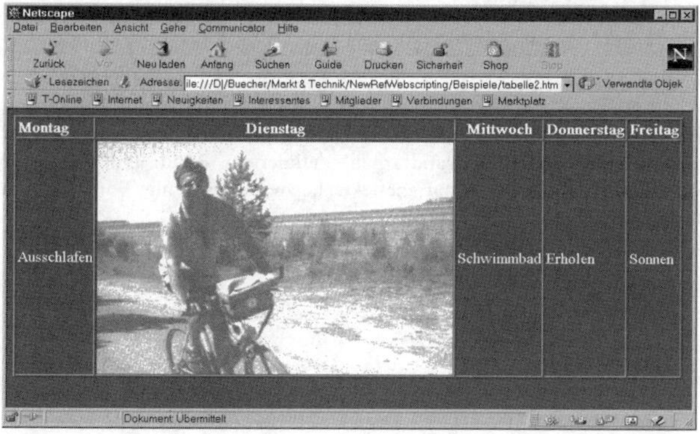

Eine Tabelle mit Rand und Gitternetz, einem eingebundenen Bild und Zellenausrichtung.

Eine Tabelle mit explizit definierter Dicke von Gitternetzlinien und Außenrahmen:

```
<HTML>
<BODY>
<TABLE border=15 cellspacing=8>
<TR>
<TH>M&auml;nner</TH>
<TH>Frauen</TH>
</TR>
<TR>
<TD>Nach links</TD>
<TD>Nach rechts</TD>
</TR>
</TABLE>
</BODY>
</HTML>
```

Eine Tabelle mit explizit definierter Dicke von Gitternetzlinien und Außenrahmen.

Beispiel einer Tabelle mit definierter globaler Hintergrundfarbe (Rot), zwei jeweils indivduell festgelegten Zellhintergrundfarben, definiertem Rand und Gitternetz sowie einem farbig definierten Schatteneffekt. Letzterer wird nur vom Internet Explorer farbig angezeigt:

```
<HTML>
<BODY bgcolor=cyan>
<TABLE border=15 cellspacing=8 bordercolordark="blue" bordercolorlight="white"
bgcolor=red>
<TR>
<TH>M&auml;nner</TH>
<TH>Frauen</TH>
</TR>
```

```
<TR>
<TD bgcolor=yellow>Nach links</TD>
<TD bgcolor=gray>Nach rechts</TD>
</TR>
</TABLE>
</BODY>
</HTML>
```

Der Navigator zeigt den Schatten nur schwarz-weiß an.

Der Internet Explorer zeigt den Schatten farbig an.

Verwandte Befehle/Themen

Grundlegende Text- und Layoutgestaltung unter HTML

Frames

Style-Sheets & CSS

Allgemeine Gestaltungs- und Programmierregeln

Objektmodelle

Frames

Die Aufteilung des Anzeigebereichs eines Browsers in einzelne Segmente, die unabhängig voneinander mit Inhalt gefüllt und beeinflusst werden können.

Anwendung

Mittels Frames kann der Anzeigebereich eines Browsers zerlegt werden. Jedes der Segmente kann vollkommen unabhängig von den anderen Segmenten eine Datei anzeigen. Wenn gewünscht, lassen sich Fensterelemente wie Bildlaufleisten in jedem Segment definieren, welche dann eine von den anderen Segmenten losgelöste Bedienung ermöglichen.

Die Frame-Technologie ist seit der Version 4.0 offiziell in HTML 4.0 aufgenommen und gehört zu den wichtigen, jedoch bei Designern sehr umstrittenen Technologien. Eine oft anzutreffende Aufteilung von Frame-Strukturen besteht aus einem kleineren Frame, der eine Indexdatei oder eine Inhaltsangabe mit lokalen Verweisen enthält, und einem größeren Frame-Bereich, welcher die eigentlichen Informationen anzeigt.

Die Frame-Technologie besteht wie Listen und Tabellen aus zwei Ebenen, die über ineinander geschachtelte Container realisiert werden. Allerdings gibt es bei der Frame-Technologie erhebliche Unterschiede zu Tabellen, Listen oder sonstwelchen Elementen, die innerhalb des `<BODY>`-Tag einer Webseite integriert werden. Statt einer gewöhnlichen Webseite mit Header und Body (siehe Seite 86 und 92) benötigt eine Frame-Struktur eine Webseite, die zwar einen Header beinhalten kann, aber keinen Body-Bereich besitzt (und nicht haben darf). Statt dessen erfolgt die Aufteilung des Browser-Anzeigefensters über eine spezielle HTML-Datei, welche die erste Ebene eines Projekts mit Frames bildet und zur Anzeige einer Frame-Struktur in den Browser geladen werden muss. Statt des `<BODY>`-Tag steht in der als Indexdatei zu verstehenden Webseite die Anweisung `<FRAMESET>`. Diese Indexdatei enthält nur Informationen über Namen, Größe und Position der einzelnen im Anzeigefenster enthaltenen Frames. Insbesondere ist der eigentliche Inhalt der Frames nicht in der Indexdatei notiert, sondern nur eine Referenz auf die anzuzeigende Datei (dies ist in der Regel eine HTML-Datei, kann aber auch jede andere Datei sein, die der Browser anzeigen kann, etwa eine Grafik ohne Verankerung in einer Webseite) in Form eines URL (zu URL siehe Seite 61). Es ist auch möglich, dass eine Datei in mehreren Frames mehrfach verwendet wird.

Bei der Definition der Indexdatei müssen genaue Angaben darüber gemacht werden, wie das Anzeigefenster aufgeteilt werden soll. Es müssen je nach Konzept entweder Reihen oder Spalten (Anzahl und Größe) oder auch beides definiert werden. Die Definition der Reihen und Spalten erfolgt als Erweiterung des `<FRAMESET>`-Tag. Über den Parameter `rows= "[Angabe in Prozent]"` wird die Anzahl von Reihen und deren anfänglicher[18], prozentualer Anteil an der Fenstergröße festgelegt. Die Höhenangaben der einzelnen Zeilen werden durch Kommata getrennt und bestimmen die Zahl der Frames in einer Zeile. Analog werden die Spalten im einleitenden <FRAMESET>-Tag festgelegt, falls man eine Aufteilung nach Spalten wünscht. Dazu dient der Parameter `cols= "[Angabe in Prozent]"`. Die Prozentangaben hinter dem Gleichheitszeichen müssen in Anführungszeichen stehen und definieren Verhältnisse der einzelnen Frames zueinander – nicht einen Faktor von der Größe des Gesamtanzeigefensters des Browsers. Insbesondere müssen die Summen der Prozentangaben **nicht** 100% ergeben! Die Angabe `cols="50%,50%"` definiert bei identischer Gesamtgröße des Browser-Anzeigefensters die gleiche Fenstergröße der Frames wie `cols="5%,5%"`.

Anstelle von Prozentangaben für die Größe von Frames können auch exakte Zahlenwerte benutzt werden, mit denen die tatsächlichen Größen der Frames in Pixeln definiert werden. Diese scheinbar absoluten Größenangaben werden allerdings durch die Größe des Browser-Anzeigefensters wieder relativiert. Der Browser lässt sich in seiner Größe nicht von »innen nach außen« über Frames anpassen. Es ist umgekehrt – Frames werden wieder im angegebenen Verhältnis an das Anzeigefenster des Browsers angepasst. Sinn machen solche absoluten Angaben eigentlich nur in Verbindung mit Jokerzeichen, die den variabel zu behandelnden Raum spezifizieren. Der Stern, wie er auch sonst oft als Jokerzeichen üblich ist, wird als so ein Jokerzeichen benutzt. So bewirkt zum Beispiel `cols="300,*,200"` eine erste fest definierte Spalte von 300 Pixel und eine dritte fest definierte Spalte von 200 Pixeln. Die mittlere Spalte nimmt den Raum ein, den ihr das Anzeigefenster des Browsers übrig lässt.

Ganz wichtig ist die Tatsache, dass ein <FRAMESET>-Container entweder Zeilen oder Spalten determiniert. Beides in einem <FRAMESET>-Container anzugeben ist unmöglich. Für den Fall, dass die Webseite in Zeilen und Spalten aufgeteilt werden soll, müssen mehrere (mindestens zwei) <FRAMESET>-Container ineinander verschachtelt werden. Und zwar immer abwechselnd Reihen und Spalten (gleich mehr dazu).

Über den <FRAMESET>-Tag und seine Parameter wird ein äußeres Gerüst für eine Frame-Struktur aufgebaut. Innerhalb dieses äußeren Containers wird mit dem Tag <FRAME> und den Parametern `src= "[URL]"` und `name="[Name]"` das eigentliche Frame spezifiziert. Über die `scr`-Angabe wird ein Link zum Inhalt des jeweiligen Frames gesetzt, `name` definiert einen internen Namen des Frames, über den es in Verweisen – und in Scripten – angesprochen werden kann. Beide Angaben müssen in Anführungszeichen stehen.

Ein Frame muss nicht von vornherein mit Inhalt versorgt werden. Es kann leer bleiben, bis er benötigt wird. Verzichtet man auf die Angabe eines Inhalts über den <FRAME>-Tag, wird der Raum vom Browser neutral ausgefüllt oder die Verzeich-

18. »Anfänglich« deshalb, weil durch den Mauszeiger auf dem Rand zwischen zwei Frames eine Veränderung der Größenaufteilung der Frames möglich ist – sofern keine extra Parameter diese verhindern.

nisstruktur des Rechners angezeigt (je nach Browser). Dies ist aber in der Regel unsinnig, und es werden konkret Dateien in den Frames angezeigt. Dabei spielt die Reihenfolge der Notation mit dem src-Parameter eine Rolle! Die erste Angabe wird im ersten Frame, die zweite Datei im zweiten Frame und so fort angezeigt.

Da Frames zu den Technologien im WWW zählen, die nicht alle Browser unterstützen, sollte unbedingt eine Alternative vorhanden sein. Dafür gibt es die Anweisung <NOFRAMES>, welche in der Indexdatei nach dem <FRAMESET>-Container zu notieren ist. Wenn ein Browser keine Frames darstellen kann, wird er nach dem Prinzip der Fehlertoleranz den vollständigen <FRAMESET>-Bereich ignorieren. Er wird in der Regel auch die Anweisung <NOFRAMES> nicht kennen und diese ignorieren, was aber so gewollt ist. Diese Anweisung ist nur für Frame-fähige Browser gedacht. Ein Frame-fähiger Browser kennt die <NOFRAMES>-Anweisung und wird den vollständigen Container ignorieren. Nicht auf Grund des Prinzips der Fehlertoleranz, sondern weil er programmiert ist, diesen Container nicht anzuzeigen.

Ein nicht-Frame-fähiger Browser fängt hinter <NOFRAMES> mit dem Anzeigen der nachfolgenden Anweisungen und dem dort stehenden Klartext an. In dem <NOFRAMES>-Bereich können Sie eine vollständige HTML-Datei aufbauen. Auch mit dem <BODY>-Tag, wenn Sie wollen (etwa zum Festlegen von globalen Farben und Hintergrund). Schematisch sieht also ein Grundgerüst einer Frame-Struktur mit einer Spaltenaufteilung so aus:

```
<FRAMESET rows="...">
      <FRAME src= "[URL]" name="[Bezeichner]" >
      ... weitere Frames
</FRAMESET>
<NOFRAMES>
      Alternative HTML-Anweisungen
</NOFRAMES>
```

Die Aufteilung in Zeilen erfolgt entsprechend mit cols. Natürlich lassen sich mehr als zwei Spalten oder Zeilen angeben. Beispiel für sieben Reihen:

```
<FRAMESET rows="1%,2%,3%,4%,5%,6%,15%">
```

Verschachtelung von Frames

Wie wir gerade etwas weiter oben festgehalten haben, kann ein <FRAMESET>-Container immer nur Zeilen oder Spalten determinieren, niemals beides zusammen in einem Container. Die <FRAMESET>-Container müssen ineinander verschachtelt werden. Zur Erstellung einer Verschachtelung muss innerhalb eines <FRAMESET>-Containers ein weiterer <FRAMESET>-Container definiert werden. Und zwar dort, wo ohne die Verschachtelung ein normaler <FRAME>-Container definiert würde. Die Verschachtelung erfolgt hierarchisch. Dabei ist offensichtlich, dass nur eine wechselweise Verschachtelung von Reihen und Spalten Sinn hat. Schematisch sieht eine verschachtelte Frame-Struktur so aus:

```
<FRAMESET cols="...">
      <FRAME src= "[URL]" name="[Bezeichner]">
      <FRAMESET rows="...">
            <FRAME src= "[URL]" name="[Bezeichner]">
            <FRAME src= "[URL]" name="[Bezeichner]">
            ...
      </FRAMESET>
      <FRAME src= "[URL]" name="[Bezeichner]">
      ...
</FRAMESET>
<NOFRAMES>
      ...Alternativer Text
</NOFRAMES>
```

Eigenschaften von Frames

Jeder Frame hat bestimmte Eigenschaften, die teilweise unabhängig von den anderen Frames des Framesets verändert werden können. Etwa Bildlaufleisten, die anzeigt werden, wenn ein Inhalt nicht vollständig in einem Frame angezeigt werden kann. Diese Automatik lässt sich abschalten. Über den Parameter `scrolling` im `<FRAME>`-Tag kann mit den Wertzuweisungen `yes`, `no` oder `auto` festgelegt werden, ob Bildlaufleisten erzwungen (sogar wenn es von der Größe des anzuzeigenden Inhalts nicht notwendig wäre), auf jeden Fall unterdrückt werden oder die Standardeinstellungen gelten (Bildlaufleisten wenn nötig, sonst nicht).

Falls die Größenveränderung eines Frames (mittels der Maus durch den Anwender) unterbunden werden soll, steht der Parameter `noresize` zur Verfügung (`<FRAME>`-Tag zu notieren). Der Parameter bedarf keiner weiteren Wertzuweisung und beeinflusst weitere Frames in derselben Reihe beziehungsweise Spalte, die dann an der Schnittstelle zu diesem Frame genauso wenig bewegt werden können. An der Verbindung von zwei Frames ohne den Parameter sind aber immer noch Verschiebungen der Frame-Größe möglich.

Frames werden standardmäßig mit sichtbaren Rändern zwischen den einzelnen Frames angezeigt. Mit dem Parameter `frameborder=0` im `<FRAMESET>`-Tag kann man diese Anzeige unterdrücken.

Verweise zu anderen Frames

Verweise zu anderen Frames (aus einem Frame heraus oder von einer anderen Webseite) erfolgen über die Angabe `name=[Bezeichner]`, welche im Frame gesetzt wird. In einem Verweis wird mit `target=[Bezeichner]` dieser Bezeichner angegeben. Wenn folgende Konstellation bei einem `<FRAME>`-Tag vorliegt:

```
<FRAME src= "[URL]" name="links" >,
```

müsste ein Verweis, der in diesem Frame eine Datei anzeigen soll, so aussehen:

```
<A href="[URL]" target="links">[Verweistext]</a>
```

Der Bezeichner eines Frames ist relativ frei. Es gelten nur die üblichen Regeln für HTML-Anweisungen bzw. Bezeichner (keine Leerzeichen, so gut wie keine Sonderzeichen – außer dem Unterstrich _ etc. – siehe Seite 54). Gewisse Namen für Frames sind jedoch verboten, da diese reservierten Fensternamen bei Verweisen eine spezielle Bedeutung haben.

Reserviert	Bedeutung
`_self`	Der referenzierte URL wird im gleichen Frame dargestellt wie die Seite mit dem Verweis (Standardsituation).
`_parent`	Der referenzierte URL wird im übergeordneten Frame des aufrufenden Frames angezeigt. Falls es kein übergeordnetes Fenster gibt, wird das Verweisziel in einem neuen Fenster angezeigt (ohne Frame-Struktur, sofern nicht wieder eine Frame-Indexseite referenziert wird).
`_blank`	Der referenzierte URL wird in einem neuen Browser-Fenster angezeigt. Dieses neue Browser-Fenster hat defaultmäßig keine Frame-Struktur.
`_top`	Der referenzierte URL wird im vollen Fenster des Browsers angezeigt. Die Frame-Struktur verschwindet.

Warnungen

- Beachten Sie bei der Referenzierung von Frames immer die reservierten Namen `_self`, `_parent`, `_blank` und `_top`. Diese dürfen zwar auf keinen Fall für selbstdefinierte Bezeichener vergeben werden. Die Target-Angabe `_top` sollte jedoch immer dann bei einem Verweis gemacht werden, wenn ein Link zu Seiten erfolgt, die nicht zu dem eigenen Projekt gehören. Ansonsten erscheinen bei einem Besucher unter Umständen auch die Folgeseiten von anderen Projekten in der von Ihnen definierten Frame-Struktur.
- Da Frames zu den Technologien im WWW zählen, die nicht alle Browser unterstützen, sollten Sie unbedingt über die Anweisung `<NOFRAMES>` eine Alternative dazu bieten.
- Das Jokerzeichen kann nicht nur in Zusammenhang mit absoluten Größenangaben der restlichen Frames verwendet werden. Ebenso im Zusammenhang mit prozentualen Angaben kann man das Jokerzeichen für automatisch anzupassende Frame-Größen einsetzen. Dort ist aber Vorsicht geboten, da sich dann bei Größenveränderungen des Browsers die Relativbeziehungen von Prozentangaben durch das Jokerzeichen verändern. Die Verwendung von Jokerzeichen bei mehr wie einem Frame in einer Ebene macht selten Sinn, ist aber nicht verboten.
- Die Verschachtelung von Frames ist theoretisch nur durch Plattformbeschränkungen begrenzt, macht aber jenseits von drei Ebenen selten Sinn. Beachten Sie, dass überdies nur eine wechselweise Verschachtelung von Reihen und Spalten sinnvoll ist.

Beispiele

Eine verschachtelte Frame-Struktur mit zwei Reihen, in der die zweite Reihe in zwei Spalten aufgeteilt ist. Die Ränder der Frames werden unterdrückt.:

```
<HTML>
  <frameset rows="26%,64%" frameborder="0">
      <frame src="kopf.htm" name="oben">
         <frameset cols="20%,80%" frameborder="0">
                   <frame src="link.htm" name="links">
                   <frame src="titel.htm" name="rechts">
      </frameset>
  </frameset>
<noframes>
Diese Seite verwendet Frames
</noframes>
</HTML>
```

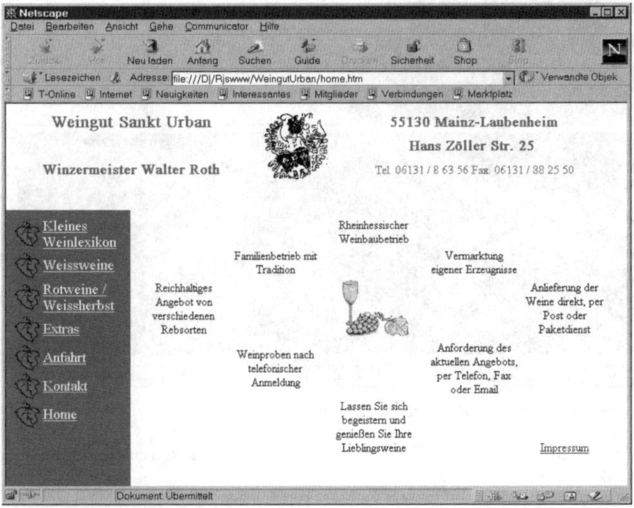

Drei optisch kaum zu erkennende Frames.

Eine Frame-Struktur mit zwei Reihen, die durch eine Trennlinie getrennt werden. Die Prozentangaben definieren nur ein Verhältnis der Frames zueinander. In dem oberen Frame erscheint die Grafik mit Namen `bild3.jpg`, im unteren Frame (Name `unten`) die Grafik mit Namen `bild4.jpg`. Die Bilder werden direkt (ohne Webseite) referenziert.

```
<HTML>
<FRAMESET rows="3%,4%">
      <FRAME src= "bild3.jpg" name="oben" >
      <FRAME src= "bild4.jpg" name="unten" >
</FRAMESET>
<NOFRAMES>
Alternativer Text
</NOFRAMES>
</HTML>
```

Eine zeilenweise Aufteilung des Anzeigebereichs vom Browser.

Eine Frame-Struktur, wo sich die jeweiligen Inhalte der linken Spalte nicht über Scrollbalken verschieben lassen:

```
<HTML>
<FRAMESET rows="3%,4%">
      <FRAMESET cols="1%,1%">
            <FRAME src= "framebild2.htm" name="linksoben"
            scrolling=no>
            <FRAME src= "framebild3.htm" name="rechtsoben">
      </FRAMESET>
```

```
        <FRAMESET cols="2%,1%">
            <FRAME src= "framebild4.htm" name="linksunten" scrolling=no>
            <FRAME src= "framebild5.htm"
            name="rechtsunten">
        </FRAMESET>
</FRAMESET>
<NOFRAMES>
Alternativer Text
</NOFRAMES>
</HTML>
```

Deutlich ist sichtbar, dass die linken Bilder noch nicht ganz angezeigt werden und keine Scrollbalken auftauchen.

Es können sowohl im Projekt selbst vergebene Namen als auch reservierte Fensternamen adressiert werden. Sofern der Framename in einem fremden Projekt bekannt ist, kann natürlich ebenso dieser notiert werden.

Die gezielte Angabe eines Frames über seinen spezifizierten Namen in einem Verweis – die angegebene Datei wird in diesem Frame angezeigt:

```
<A href="rechts.htm" target="obenlinks">Klick mich</a>
```

Verwandte Befehle/Themen

Grundlegende Text- und Layoutgestaltung unter HTML

Tabellen

Style-Sheets & CSS

Allgemeine Gestaltungs- und Programmierregeln

Das `window`- und das `frame`-Objekt

Objektmodelle

Verweise

Anklickbare Querverweise in einer Webseite.

Anwendung

Ein Verweis oder Hyperlink stellt einem Besucher einer Webseite eine sensitive Information bereit (Text oder Grafik), auf die er mit der Maus klicken kann und woraufhin eine neue Information (etwa eine neue Webseite) in demselben oder einem anderen Browserfenster sichtbar wird.

Verweise bzw. Hyperlinks (anklickbarer Querverweis) gehören zu den wichtigsten Elementen von HTML. Ein Verweis wird als Text (meist unterstrichen und/oder farbig hervorgehoben) oder als anderes HTML-Element (etwa eine Grafik) in einer Webseite platziert.

Man unterscheidet zwischen absoluten und relativen Verweisen. Ein absoluter Verweis wird immer einen vollständigen URL beinhalten, ein relativer Verweis den Regeln für relative Angaben auf dem Dateisystem folgen (siehe für URL – sowohl absolut als auch relativ – Seite 61). Des Weiteren sind Verweise innerhalb einer Webseite möglich.

Die grundsätzliche Struktur eines Verweise sieht wie folgt aus:

```
<A href="[URL]">[anzuzeigender Verweistext]</A>
```

Zwischen HTML-Dateien auf dem gleichen Rechner lassen sich ziemlich einfach Verweise setzen. Man muss sich bei der Referenzierung nur die Art der Pfadbeziehung zwischen der Quell- und der Zieldatei klarmachen. Bei einem relativen Verweis auf eine andere Datei in einem anderen Verzeichnis auf dem gleichen Rechner erfolgt der Verweis immer aus Sicht der Datei, in welcher der Verweis steht. Dies ist z.B. analog einer relativen Verzeichnisadressierung unter DOS. Der Vorteil von relativen Pfadnamen ist, dass man ganze Verzeichnisstrukturen verschieben oder auf einem anderen Rechner ablegen kann, ohne dass dadurch die Verweisstruktur zwischen den betroffenen HTML-Dateien verloren geht. Bei einem Upload eines über mehrere Verzeichnisse gehenden Projekts muss man sich keine Gedanken um die absoluten Positionen der verzweigten Dateien machen.

Der absolute Verweis unterscheidet sich nur insofern von einem relativen Verweis, als der vollständige URL angegeben wird. Eine vollständige lokale, absolute Verweisstruktur sieht also immer so aus:

```
<A href="[Protokoll][Rechnername][absoluter Pfadname mit Datei]">[Verweistext]</A>
```

Das Protokoll spezifiziert, ob es sich um einen Verweis im Rahmen des WWW, FTP, NEWS, dem E-Mail-Bereich oder einem anderen Dienst handelt (siehe Seite 61). Die damit einhergehende Verschmelzung der einzelnen Dienste macht eine Bedienung aus einer Webseiten-Schaltzentrale äußerst komfortabel. Für das WWW ist das Protokoll `http` Standard.

Verweise können darüber hinaus – so lange sinnvoll – sowohl zu Stellen innerhalb einer Webseite (mit seitenlokalen Verweisen und so genannten Ankern) als auch zu bestimmten Stellen in anderen Seiten führen, welche sich sowohl auf dem gleichen Rechner (im gleichen oder einem anderen Verzeichnis) oder auf einem beliebigen anderen Server befinden können.

Lokale Verweise innerhalb einer Seite (oder auch in einer anderen Webseite) können jede beliebige Stelle referenzieren, wenn dort ein Anker gesetzt ist. Dies ist ein eindeutiger Punkt in der Webseite, der als Zielpunkt des Verweises markiert wurde. Die Definition eines solchen Verweisziels sieht schematisch so aus:

```
<A name="[Bezeichner]">...</A>
```

Es handelt sich also um einen Container, dessen einziger Zweck die Angabe eines potentiellen Sprungziels ist. Der im Container enthaltene Inhalt hat keine Bedeutung. Deshalb kann der Container auch leer bleiben. Die Bezeichner (siehe Seite 54) selbst sollten nicht zu lang sein und dürfen keine Leerzeichen enthalten. Desgleichen sind deutsche Umlaute und die meisten Sonderzeichen verboten. Der Name des Ankers muss in Anführungszeichen stehen.

Wenn nun ein Anker gesetzt wurde, kann er in einem Verweis als Sprungziel angegeben werden. Um einen solchen Verweis auf einen Anker zu setzen, wird an der Stelle, wo der Verweis möglich sein soll, folgende Syntax notiert:

```
<A href="#[Bezeichner]">[anzuzeigender Text]</A>
```

Soll ein Anker in einer anderen Webseite referenziert werden, muss nur der URL vor dem per Gatterzaun abgetrennten Bezeichner verwendet werden:

```
<A href="[URL]#[Bezeichner]">[anzuzeigender Text]</A>
```

Ganz wichtig ist neben dem Verweis auf eine andere Webseite der Verweis, bei dem beim Anklicken der dem Browser zugeordnete E-Mail-Client mit bereits vorbelegter E-Mailadresse startet. Dies erfolgt mittels des Protokolls `mailto` in der folgenden Form:

```
<A href="mailto:[Email-Adresse]">[anzuzeigender Text]</A>
```

Bei Verweisen kann zwischen `<A href=...>` und `</A>` anstelle eines Verweistextes eine Grafik referenziert werden (mit `<IMG src="[URL der Grafik]">`). In diesem Fall stellt die Grafik selbst den anklickbaren Verweis dar. Meist wird vom Browser zur Verweiskennzeichnung ein Rahmen um die Grafik gezeichnet, allerdings kann der Rahmen auch mit `<IMG src="[URL der Grafik]" border=0>`) unterdrückt werden.

Verweise können auch dazu genutzt werden, CGI-Scripte direkt als Verweis in eine HTML-Seite zu notieren.

Warnungen

- Bei Verweisen werden Anker jenseits der eigenen Webseite nicht sonderlich häufig referenziert. Das kann mehrere Gründe haben. Zum einen ist nicht unbedingt die Struktur der Zieldatei beim Verweis auf fremde Webseiten bekannt. Oder man möchte einen Anwender über den Weg von oben nach unten indirekt zwingen, gewisse Informationen der Zieldatei (Copyright, Werbung, Menü usw.) zur Kenntnis zu nehmen. Nicht zuletzt wird man von den Veränderungen auf der fremden Seite abhängig.
- In Verbindung mit Frames (siehe Seite 130) kann und sollte bei einem Verweis das Attribut `target` verwendet werden. In einem Verweis wird mit der Angabe `target=[Bezeichner]` der Bezeichner des Frames angegeben.

Beispiele

Ein Anker in einer Webseite:

```
<A name="Ankereins">Hier ist ein Anker</A>
```

Der Verweis zu dem eben angegebenen Anker innerhalb einer Seite:

```
<A href="#Ankereins">Dies ist ein lokaler Verweis zu dem Anker im obigen Bei-
spiel</A>
```

Beispiel für einen Verweis auf eine andere Datei innerhalb des gleichen Verzeichnisses:

```
<A href="datei.htm"> Dies ist ein lokaler Verweis zu einer Datei im gleichen Ver-
zeichnis ohne Referenz auf einen speziellen Anker </A>
```

Beispiel für einen Verweis auf eine andere Datei innerhalb des gleichen Verzeichnisses mit Anker:

```
<A href="datei.htm#Ankereins"> Dies ist ein lokaler Verweis zu einer Datei im
gleichen Verzeichnis mit Referenz auf einen speziellen Anker in der Zieldatei</A>
```

Verweis zu einer Datei in einem relativen Verzeichnis:

```
<A href="../meinVerzeichnis/datei.htm"> Dies ist ein lokaler Verweis zu einer Da-
tei in einem Verzeichnis, welches aus Sicht der Quelldatei relativ referenziert
werden soll - ohne Referenz auf einen speziellen Anker </A>
```

Verweis auf eine lokale, absolut adressierte Datei:

```
<A href="file://localhost/c:/meinUnterverzeichnis/datei.htm"> Dies ist ein Ver-
weis mit absoluter Pfadangabe auf einem lokalen PC</A>
```

Verweis auf einen Server im Internet – ohne konkrete Dateiangabe:

```
<A href="http://www.rjs.de">Besuchen Sie mal meine Homepage</A>
```

Verweis auf einen FTP-Server im Internet – ohne konkrete Dateiangabe:

```
<A href="ftp://ftp.microsoft.com">Zum Downloadbereich</A>
```

Ein Verweis, der bei Anklicken den dem Browser zugeordneten E-Mail-Client startet (mit vorbelegter E-Mailadresse):

```
<A href="mailto:bill.gates@microsoft.com">Mail me</A>
```

Verweis, bei dem die angegebene Datei in dem mit `links` benannten Frame geladen werden soll:

```
<A href="http://www.webscripting.de" target="links">Besuchen Sie mal meine Homepa-
ge</A>
```

Verwandte Befehle/Themen

Grundlegende Text- und Layoutgestaltung unter HTML

Der <META>-Tag

Weiterleitungen mit Scripten

Allgemeine Gestaltungs- und Programmierregeln

Einbindung von Applets, ActiveX-Controls, Plug-Ins und multimedialen Objekten

HTML-Verbindung zu Applets, ActiveX-Controls, Plug-Ins und multimedialen Objekten im Allgemeinen.

Anwendung

Über Referenzen können in Webseiten eine Vielzahl von Erweiterungelementen eingebunden werden. In einem logischen Zusammenhang sind dabei die hier folgenden Objekte zu sehen.

Plug-In-Einbindung

In Webseiten lassen sich Techniken einbinden, welche durch die Standardaustattung des Browsers nicht unbedingt unterstützt werden. Netscape stellt zum Hinzufügen neuer Funktionen zum Browser die Technik des Installierens von Plug-Ins bereit. Diese Installation kann auch über eine Webseite angestoßen werden. Der `<EMBED>`-Tag ist eine Netscape-Erweiterung von HTML 3.2 zur allgemeinen Einbindung von Multimediaelementen in eine Webseite. Damit können neben dem Aufruf von Plug-Ins auch lokale Programme zur Darstellung von Nicht-Webformaten (etwa Bilder mit der Erweiterung `.bmp`) aufgerufen werden. Die Verwendung sollte mit Vorsicht geschehen, da die Technik im Wesentlichen auf Netscape Browser ab der Version 4.x und neuere Varianten des Explorer beschränkt ist. Die allgemeine Syntax des Containers sieht so aus:

```
<EMBED type="[Plug-In]" pluginspace="[URL]"
code="Datei" object="[Zusatzangaben]"
codebase="[Verzeichnis der Datei]"
width="[Breite]" height="[Höhe]">
```

Über `type` wird das verwendete Plug-In angegeben. Diese Angabe kann das Plug-In über eine Version noch genauer spezifizieren (etwa »`application/x-java-applet;version=1.2`«).

Über die optionale Angabe `pluginspace` kann man einen Download-Ort in Form eines URL angegeben, wovon ein lokal nicht vorhandenes Plug-In bei Bedarf automatisch geladen werden kann (etwa: `"http://java.sum.com/products/plugin/1.1/plugin-install.html"`).

Die Angabe `code` spezifiziert die Datei und die beiden restlichen Attribute wie üblich Breite und Höhe eines Anzeigebereichs.

Der `<EMBED>`-Tag taugt in der einfachen Variante auch zur Einbindung von Videos und Musik in den üblichen Standardformaten. Syntax:

```
<EMBED src="[URL]" width=[Breite in Pixel] height=[Höhe in Pixel]
 controls=console>
```

Die Einbindung von Java-Applets

Java-Applets lassen sich auf verschiedene Weise in HTML-Seiten referenzieren. Die ursprüngliche Form über den <APP>-Tag (ursprüngliche Syntax des vollständig in Java programmierten HotJava-Browsers) soll dabei gar nicht mehr weiter verfolgt werden. Darüber hinaus gibt es drei Verfahren:

- mit dem <EMBED>-Tag
- mit dem <OBJECT>-Tag
- mit dem <APPLET>-Tag

Die ersten beiden Varianten wollen wir nur knapp behandeln und uns auf die dritte Version konzentrieren.

Der allgemeine <EMBED>-Tag zur Einbindung von beliebigen Multimediaelementen lässt sich auch bei Applets anwenden. Er wird in diesem Zusammenhang gelegentlich Java-Plug-In-Tag genannt, weil er genau genommen ein Plug-In zur Ausführung eines Applets angibt. Die Verwendung sollte mit Vorsicht geschehen, da die Technik wie etwas weiter oben schon erwähnt im Wesentlichen auf Netscape Browser ab der Version 4.x beschränkt ist. Java-Applets werden damit mit dem angegebenen Java-Plug-In gestartet. Das Problem dieser Form der Einbindung ist, dass das Applet nicht dargestellt werden kann, wenn das angegebene Plug-In nicht zur Verfügung steht und gerade keine Online-Verbindung besteht oder der Browser mit Plug-Ins dieser Form nicht zurechtkommt.

Der <OBJECT>-Tag ist der aktuelle Standard-Tag unter HTML 4.0 zum Einbinden von beliebigen Multimediaobjekten in eine Webseite und kann auch in Verbindung mit Applets verwendet werden. Die allgemeine Verwendung werden wir gleich behandeln. Hier nur der Zusammenhang mit Java-Applets. Die Syntax zum Referenzieren eines Applets sieht schematisch so aus:

```
<OBJECT classid="[ActiveX-ControlId des Java-Plug-In]"
 codebase="[URL Plug-In]" width="[Breite]" height="[Höhe]">
 <PARAM name="code" value="[Applet].class">
.<PARAM name="type" value="[Plug-In]">
 <PARAM name="codebase" value="[VerzeichnisclassFile]">
 ... alternativer Text...
</OBJECT>
```

Der Wert des classid-Attributs ist die weltweit eindeutige ActiveX-ID für das Java-Plug-In (immer classid="clsid:8AD9C840-044E-11D1-B3E9-00805F499D93"), welche zum Laden des Java-Plug-Ins in den Browser über den <OBJECT>-Tag verwendet werden muss.

Das codebase-Attribut wird dafür verwendet, das Java-Plug-In aus dem Netz zu laden, wenn es fehlt (etwa codebase="http://java.sun.com/products/plugin/1.1/jinstall-11-win32.cab#Version=1,1,0,0").

Der gleich benannte Parameter codebase (<param name="codebase" value="[VerzeichnisclassFile]">) gibt optional einen relativen URL der Applet-Klasse an.

Die Angabe <param name="JAVA_CODE"... ist eine Spezifizierung für den Fall, dass es Konflikte zwischen anderen Parametern der Form <param name="CODE"... gibt.

Der type-Parameter-Tag kann von Browsern zum Laden des Plug-Ins verwendet werden. In der Regel ist das wieder eine Angabe wie

```
<param name="type" value="application/x-java-applet;version=1.1">
```

oder

```
<param name="type" value="application/x-java-applet">
```

Gegen die Verwendung des <OBJECT>-Tag spricht neben der recht aufwendigen Syntax vor allem, dass viele Anwender ActiveX-bezogene Technik aus Sicherheitsgründen nicht akzeptieren.

Schauen wir uns nun die konkrete Referenzierung eines Java-Applet mittels der dritten Möglichkeit an – mit dem <APPLET>-Container, in dessen Inneren gegebenenfalls benötigte Parameter für das Applet übergeben werden. Die einfache Applet-Referenz (d.h. ohne irgendwelche Parameter) sieht so aus:

```
<APPLET code="[Klasse]" src=[URL] codebase=[URL]
width=[Wert] height=[Wert]></APPLET>
```

Dabei bezeichnet [Klasse] die Applet-Klasse, also das Applet selbst (immer eine Datei mit der Kennung .class).

Die optionale Angabe src gibt zusätzlich die Source-Datei (eine Datei mit der Kennung .java) eines Java-Applet an. Diese wird jedoch im Prinzip nicht benötigt, um ein Applet in eine Webseite einzubauen oder zu starten, sondern nur zur Dokumentation der Funktionalität und einer eventuellen Modifizierung des Applet.

Das optionale Attribut codebase bestimmt eine Suchpfadangabe für das Applet (relativ oder absolut).

Die beiden anderen Attribute sind wie üblich die Breite und die Höhe des Applet in Pixeln.

Zusätzlich lassen sich bei einem Applet noch Angaben über den Textfluss um das Applet herum machen. Der <APPLET>-Tag kann entsprechend um die folgenden optionalen Angaben erweitert werden:

- align gibt die Ausrichtung von einem folgenden Text an und kann unter anderem die Werte LEFT, RIGHT und MIDDLE annehmen.
- vspace definiert den vertikalen Abstand zwischen Applet und Text oberhalb und unterhalb des Applet.
- hspace definiert den horizontalen Abstand links und rechts vom Applet.

Innerhalb des <APPLET>-Containers können zwei Angaben stehen:

- Beliebiger Text
- Parameter

Beliebiger Text wird dazu verwendet, einem Anwender mit einem nicht Java-fähigen Browser (oder mit deaktiviertem Java) deutlich zu machen, dass an dieser Stelle ein Java-Applet steht. Java-unfähige Browser werden nach dem Prinzip der Fehlertoleranz den <APPLET>-Tag (ebenso natürlich den Abschluss-Tag) ignorieren und den nachstehenden Text als reinen ASCII-Text auf dem Bildschirm anzeigen. Java-fähige Browser (mit aktivierter Java-Option) sind so konzipiert, dass sie den Text innerhalb des Containers nicht anzeigen, sondern eben das Applet selbst.

Einige Applets benötigen Übergabeparameter um überhaupt laufen zu können und/oder die den Ablauf des Applets beeinflussen. Die Angabe von Parametern erfolgt innerhalb des <APPLET>-Containers über <PARAM>-Tags – gegebenenfalls mehrere hintereinander. In diesem Fall spezifiziert jeder Parameter-Tag einen anderen Applet-Parameter. Die Syntax lautet wie folgt:

```
<PARAM name=[name] value=[wert]>
```

Dabei bezeichnet `name` den Namen des Parameters, wie er auch intern im Java-Quellcode verwendet wird, und `value` den Wert des angegebenen Parameters.

Wichtig ist zu beachten, dass Java zwischen Groß- und Kleinschreibung unterscheidet und der Wert von `value` unter Umständen daraufhin richtig zugewiesen werden muss – das hängt von dem Java-Code ab.

Die allgemeine Einbindung von ActiveX-Controls und beliebigen multimedialen Objekten

Seit der Einführung von HTML 4.0 gibt es einen einzigen Tag, der sämtliche bisher vorkommenden Tags zur Einbindung von multimedialen Objekten ablösen soll – der bereits bei Applets angesprochene <OBJECT>-Tag, der in früheren HTML-Versionen ausschließlich zur Einbindung von ActiveX-Controls gedient hat. Damit werden in der Theorie sowohl der <APPLET>-Tag, der – sowieso browserspezifische – <EMBED>-Tag als auch andere Tags, wie der vom Internet Explorer verstandene <BGSOUND>-Tag zur Einbindung von Hintergrundmusik (Syntax: `BGSOUND src="[URL]" loop=[Anzahl der Wiederholungen]`), überflüssig. Die neue Philosophie möchte sämtliche Multimedia-Referenzen bündeln und alle, auf nur einen Mediatyp beschränkte, Tags eliminieren (darunter fällt sogar der <IMG>-Tag zur Anzeige von Bildern). Positiver Effekt – die Einführung eines neuen Mediaformats erzwingt keinen neuen Tag, sondern der <OBJECT>-Tag wird nur erweitert. Die Syntax zum Referenzieren eines beliebigen Multimediaobjekts ist einfach eine Verallgemeinerung des Spezialfalls für Applets und sieht schematisch so aus:

```
<OBJECT classid="[ActiveX-ControlId des PLug-In]"
 codebase="[URL Plug-In]" width="[Breite]" height="[Höhe]">
 <PARAM name="code" value="[Applet].class">
```

```
.<PARAM name="type" value="[Plug-In]">
 <PARAM name="codebase" value="[VerzeichnisclassFile]">
 ... alternativer Text...
</OBJECT>
```

Der Wert des classid-Attributs ist die weltweit eindeutige ActiveX-ID für das Plug-In (ein eindeutiger 128-Bit-Wert, um den sich der Ersteller eines Multimediaobjekts kümmern muss und der für die konkrete Objektimplementierung zuständig ist), welche zum Laden des Plug-Ins in den Browser über den <OBJECT>-Tag verwendet werden muss. Diese Klassen-ID muss ein Anwender aus der Dokumentation des Multimediaobjekts entnehmen.

Das codebase-Attribut wird wie beim Applet dafür verwendet, das Plug-In aus dem Netz zu laden, wenn es fehlt. Auch diese Information muss aus der Dokumentation des Multimediaobjekts entnommen werden.

Die jeweiligen <PARAM>-Werte spezifizieren den genauen Typ des Multimediaobjekts, eventuell die Version und möglicherweise eine Pfadangabe dorthin. Außerdem sind irgendwelche optionalen Übergabeparameter an das Multimediaobjekt möglich.

Schauen wir uns als konkretes Beispiel zur Einbindung von Multimediaobjekten die Syntax zur Referenz von ActiveX-Controls an:

```
<OBJECT classid = "[wert]" ID = "Name"
WIDTH=[Wert] HEIGHT=[Wert] [optionale Angaben]>
     [ActiveX-Control-Eigenschaften]
</OBJECT>
```

Unter den ActiveX-Eigenschaften sind wieder Tags der Art

```
<PARAM name="[Bezeichner]" value="[Wert]">
```

zu verstehen, wie sie schon bei Java-Applets vorkamen. Die beiden Größenangaben für die Breite und Höhe legen den Anzeigebereich des Control fest. Sie sollten beide gesetzt werden.

Warnungen

- Bei Übergabewerten an ein Java-Applet muss unter Umständen Groß- und Kleinschreibung beachtet werden.
- Der <EMBED>-Tag zur Einbindung von beliebigen Multimediaobjekten ist Netscape-spezifisch, während der <OBJECT>-Tag wegen seiner ActiveX-Verbindung bei vielen Anwendern nicht verwendet werden kann (in den Sicherheitseinstellungen sind sämtliche ActiveX-Aktionen deaktiviert).

Beispiele

Die Einbindung eines lokalen Videos als Plug-In mit dem <EMBED>-Tag und alternativer Darstellung, wenn es nicht installiert ist oder installiert werden kann:

```
<HTML>
<BODY>
<EMBED width="400" height="400" src="file:///D:/Album/VIDEO004.avi">
</EMBED>
<NOEMBED>
Für die Darstellung des Videos muss ein PlugIn installiert sein
</NOEMBED>
</BODY>
</HTML>
```

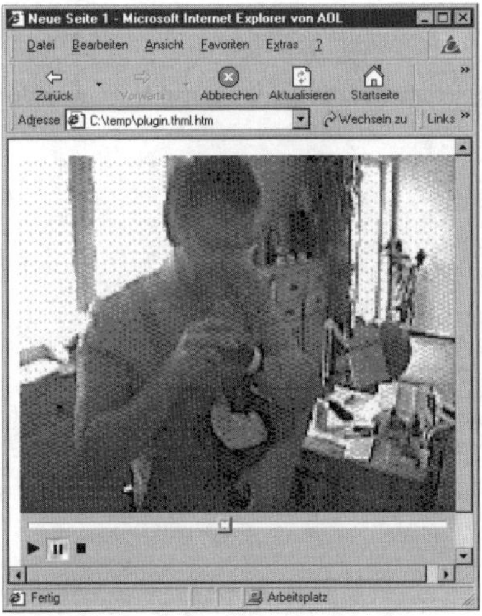

Die Wiedergabe eines Videos mittels eines Plug-Ins.

Die Einbindung eines Java-Applet mit dem <EMBED>-Tag:

```
<HTML>
<BODY>
<EMBED type="application/x-java-applet"
      code="MeinApplet.class"
       width="100" height="100">
```

```
</EMBED>
</BODY>
</HTML>
```

Die Einbindung eines Java-Applet mit dem `<OBJECT>`-Tag:

```
<HTML>
<BODY>
<OBJECT classid="clsid:8AD9C840-044E-11D1-B3E9-00805F499D93"
codebase="http://java.sun.com/products/plugin/1.1/jinstall-11-win32.cab#Ver-
sion=1,1,0,0"
width="200" height="100">
<PARAM name="type" value="application/x-java-applet">
<PARAM name="JAVA_CODE" value="MeinApplet.class">
</OBJECT>
</BODY>
</HTML>
```

Einbindung eines einfachen Java-Applet mit Angabe der Breite und Höhe über den `<APPLET>`-Tag:

```
<APPLET code="MeinApplet.Class"
width=150 height=75></APPLET>
```

Beispiel für die Einbindung eines ActiveX-Controls:

```
<OBJECT id=anbtn
  classid="clsid:0482B100-739C-11CF-A3A9-00A0C9034920"
  width=300 height=200 align=center hspace=0 vspace=0 >
  <PARAM NAME="start" value="0">
  <PARAM NAME="ende" value="7">
  <PARAM NAME="URL" value="http://www.abc.de/my.avi">
</OBJECT>
```

Verwandte Befehle/Themen

Java

Java-Applets

ActiveX-Controls

Automations-Objekte

Objekte

Objektmodelle

Scriptzugriffe auf Objekte

Allgemeine Gestaltungs- und Programmierregeln

Formulare unter HTML

Eine Möglichkeit der Interaktion zwischen dem Betrachter einer Webseite und dem Ersteller der Seite.

Anwendung

Interaktion zwischen dem Besucher einer Seite und demjenigen, der sie bereitstellt, ist heutzutage eine Selbstverständlichkeit. Im einfachsten Fall kann dies mittels einer E-Mail sein, wobei in der Webseite einfach an irgendeiner Stelle eine entsprechende Referenz der Form

```
<A HREF="mailto:[Email-Adresse]">[anzuzeigender Text]</A>
```

notiert sein sollte[19]. Dies ist jedoch in vielen Fällen nur eine Notlösung. Insbesondere wenn standardisierte Eingaben durch den Anwender zu übermitteln sind oder andere normierte Kommunikation eingehalten werden soll.

HTML stellt für den Kontakt zwischen dem Besucher einer Webseite und dem Besitzer derselben neben der gewöhnlichen E-Mail den viel umfangreicheren Weg über Formulare bereit. Damit lassen sich insbesondere standardisierte Kommunikationswege besser und komfortabler gewährleisten. Ein Formular in HTML kann aus Eingabefeldern, mehrzeiligen Textfeldern, Listen und Aufzählungen, Schaltflächen und beschreibendem Text bestehen.

Ein Formular hat gegenüber einer konventionellen E-Mail dabei einige entscheidende Vorteile. So können von einem Formular konfortabel gleichartige, datensatzorientierte Informationen erfasst werden, die sich beispielsweise über Scripte und Datenbankprogramme gut auswerten und speichern lassen. Aber auch für den Anwender ergeben sich Vorteile. Bei gut gemachten Formularen kann sich seine Eingabe oft auf ein paar Mausklicks und wenige Texteingaben reduzieren. HTML stellt Anweisungen zur Generierung von Eingabefeldern, mehrzeiligen Textfeldern, Listen und Aufzählungen, Schaltflächen und beschreibendem Text bereit.

Das große Problem bei Formularen unter reinem HTML ist jedoch, dass damit keinerlei Auswertung möglich ist. An dieser Stelle ist man auf serverseitige Techniken wie serverseitige Scripte/Programme (siehe Seite 15) und/oder CGI angewiesen (siehe Seite 444), oder aber auf clientseitige Scriptsprachen. Dies hängt massiv von der Zielsetzung des Formulars ab. Während Datenbankaktionen eher die Serverseite beanspruchen, kann das Abfangen von fehlerhaften Benutzereingaben bereits oft auf Clientseite realisiert werden. An dieser Stelle wollen wir die reinen HTML-Grundlagen für Formulare legen.

19. Eine reine Angabe der E-Mail-Adresse ohne dahinter liegenden Verweis ist mehr oder weniger eine Unverschämtheit, die sich mündige Besucher schwer bieten lassen.

Die optische Seite eines Formulars im Rahmen der Webseite (inklusive der Reaktionsmöglichkeiten auf Anwenderaktionen – etwa Selektion oder Deselektion) wird in reinem HTML erstellt. Bei Formularen gibt es einen äußeren Container und darin eingeschlossene Container und einzelne Steueranweisungen, welche die einzelnen Formularelemente definieren. Den äußeren Container verwirklicht der `<FORM>`-Tag, welcher in der Regel durch zwei bis drei weitere, durch ein Leerzeichen getrennte, Angaben ergänzt wird.

Die eine Angabe ist gewöhnlich eine Adresse, wo das Formular ausgewertet werden soll, wenn es fertig ausgefüllt und abgeschickt wurde. Wenn die Auswertung nicht lokal erfolgt, ist dies der URL eines Servers und dort das für CGI eingerichtete Verzeichnis samt dort platzierten CGI-Script. Zu dieser Spezifikation dient die Erweiterung `action=[URL]`. Der URL bei der Angabe `action` setzt sich wie üblich zusammen aus:

- dem Protokolltyp
- dem Namen des Rechners
- dem Pfadnamen zu dem CGI-Verzeichnis
- dem Namen des CGI-Scripts, auf das verwiesen wird

Die gesamte Angabe muss in Anführungszeichen eingeschlossen werden.

Die zweite Standardangabe ist eine Methode, wie das Formular zur Auswertungsstelle gelangt und dort zu behandeln ist. Die Erweiterung `method=[Methode]` legt die Art der Übertragung bzw. Behandlung fest. Dabei werden gewöhnlicherweise zwei Werte verwendet:

- GET
- POST

Die beiden Angaben (sowohl `action` als auch `method`) sind als optional zu betrachten, denn der `<FORM>`-Tag kann ganz ohne Attribute verwendet werden. In der Webseite wird das Formular ohne Einschränkungen zu sehen sein und auch als reine Benutzeroberfläche einwandfrei funktionieren, wenn innerhalb des `<FORM>`-Containers korrekte Formular-Elemente notiert werden. Sinnvoll wird das Formular dann aber nicht mehr einzusetzen sein, denn die Übermittlung der eingegebenen Daten an einen Webserver oder sonst wohin ist damit nicht definiert. Ein `<FORM>`-Tag ohne weitere Angaben ist nur dann sinnvoll, wenn man erst einmal das Formular rein auf Clientseite aufbauen und optisch testen möchte und dann später die notwendigen Angaben ergänzt.

Wenn jedoch eine der beiden Angaben gemacht wird, ist für eine sinnvolle Funktion auch die andere Angabe zu setzen. Es ist sogar so, dass zusätzlich – gerade in Verbindung mit Scripten – ein weiteres sehr wichtiges Attribut gesetzt wird – `name`. Darüber kann man z.B. bei der Kombination von Scripten und Formularen auf das Formular und darüber auf die einzelnen Elemente in dem Formular zugreifen (bei sämtlichen Formularelementen kann das optionale Attribut gesetzt werden). Der schematische Aufbau eines äußeren (fast vollständigen – es gibt noch den Inhaltstyp, die Inhaltstypliste und die Zeichensatzliste – siehe dazu weiterführende HTML-Literatur) Formular-Containers sieht also so aus:

```
<FORM action="[URL]" method=[GET/POST] name=[Bezeichner]>
 ...[Formular-Elemente]
</FORM>
```

Die Verwendung von Formularen ist wie mehrfach bereits angedeutet nicht auf CGI mit Server-Kontakt beschränkt. So können auch die Eingabedaten eines Formulars (oder jegliche anderen Daten) an eine beliebige neue HTML-Seite weitergegeben werden, in der dann ein Script die übergebenen Daten verarbeitet. Dazu muss im <FORM>-Tag nur die Seite als URL angegeben werden.

Eine weitere Variante beim Abschicken des Formulars ergibt sich daraus, dass viele Provider keine serverseitigen Aktionen wie die Ausführung von CGI-Scripten durch Anwender erlauben. Deshalb bleibt für die Auswertung von Benutzereingaben nur die Übermittlung dieser Daten per E-Mail. Darunter ist dann aber nicht die gewöhnliche E-Mail gemeint, die an irgendeiner Stelle in der Webseite per Verweis notiert wird und wo der Anwender im E-Mail-Client sämtliche Angaben außer der E-Mail-Adresse ergänzen muss. Eine E-Mail kann leicht mit einem Formular so gekoppelt werden, dass sie im Wesentlichen aus den Eingabewerten des Anwenders besteht. Dies ist dann identisch zu den anderen Übermittlungssituationen – nur werden die vom Anwender eingegebenen Daten per E-Mail an ein Postfach und nicht an einen Webserver verschickt.

Dies funktioniert so: Der Protokolltyp ist normalerweise bei Verweisen auf WWW-Servern `http://`. Jeder URL, der ein CGI-Script oder ein Programm auf dem Server starten soll, verwendet dieses Protokoll in der `action`-Angabe. Wenn ein Formular als E-Mail versendet werden soll, muss in dem <FORM>-Tag nur das Protokoll im `action`-Attribut auf `mailto:` geändert bzw. insgesamt ein Mail-URL notiert werden (bitte beachten, dass hinter dem Attribut auf `mailto` nur ein Doppelpunkt folgt und die beiden Slashes unterbleiben). Das `method`-Attribut sollte auf `POST` gesetzt werden. Dies sieht dann schematisch so aus:

```
<FORM action="mailto:[Email-Adresse]" method=POST>
```

Nahezu jedes (sinnvolle) Formular besitzt eine Schaltfläche zum Absenden des Formulars. Wenn nun die entsprechende Schaltfläche betätigt wird, findet normalerweise[20] die Übertragung an den Webserver statt. Bevor die Daten an den Server gesendet werden, werden sie zunächst vom Browser zu einer einzigen Zeichenkette verpackt. Die Eingaben durch den Anwender werden durch standardisierte Trennzeichen separiert einfach hintereinander notiert. Die Art und Weise der Datenüber-

20. Es kann wie bereits angedeutet stattdessen eine andere Aktion ausgelöst werden - beispielsweise ein Script auf dem lokalen Rechner starten. Dies werden wir an anderer Stelle verstärkt in den Mittelpunkt stellen.

tragung wird durch den Parameter method gesteuert. Dabei wird grundsätzlich zwischen den beiden Methoden GET und POST unterschieden. Der Unterschied zwischen den beiden Methoden besteht hauptsächlich darin, wie der WWW-Server das zurückgeschickte Formular speichert und verarbeitet.

Bei der GET-Methode wird das zurückgeschickte Formular in einer Standard-Umgebungsvariablen gespeichert, welche auf dem Server z.B. durch ein CGI-Programm ausgewertet werden kann. Anschließend verarbeitet das CGI-Programm den Inhalt weiter.

Die Methode POST hingegen veranlasst ein Programm, z.B. ein CGI-Programm, das Formular wie eine auf der Kommandozeilenebene erfolgte Benutzereingabe zu behandeln. Es gibt daher kein EndOfFile-Signal (EOF) und die Länge der übermittelten Daten muss vom Programm aus einer weiteren Standard-Umgebungsvariablen ausgelesen werden.

Wenn die Formulardaten nun den Server erreichen, erkennt dieser, dass es sich nicht um eine Webseitenanforderung handelt, sondern ein Programm zur Auswertung des Formulars gestartet werden soll. Sobald dies geschehen ist und das Programm die gewünschten Aktionen durchgeführt hat, wird die Antwort an den Browser zurückgesendet.

Ein Formular in einer Webseite kann aus Eingabefeldern, mehrzeiligen Textfeldern, Listen, Schaltflächen und beschreibendem Text bestehen. Ein Anwender lädt ein noch nicht gefülltes Formular (höchstens mit Vorgabewerten belegt) im Rahmen einer Webseite auf seinen Rechner und füllt das Formular innerhalb seines Browsers aus (eventuell sogar offline).

Anschließend muss das Formular abgeschickt und ausgewertet werden. Dies geschieht bei Server-orientierten Formularen, indem es zum Server zurückgeschickt und dort verarbeitet wird. Danach bekommt der Anwender des Formulars normalerweise das Resultat der Verarbeitung übermittelt (etwa eine Fehlermeldung und das Formular erneut zur Korrektur oder eine Bestätigung, dass das Formular erfolgreich verarbeitet wurde). Der »Eigentümer« des Formulars hingegen bekommt in der Regel das Resultat der Auswertung durch den Server zur Verfügung gestellt und kann dieses dann verwenden.

Die clientseitige Variante erlaubt bereits die weitgehende Kontrolle, Auswertung und Verarbeitung beim Client, und dieses Resultat wird dann entweder dem »Eigentümer« des Formulars – etwa per E-Mail – oder dem Webserver zur endgültigen Auswertung übermittelt. Ein Formular kann aber auch direkt beim Client über Scripte Aktionen auslösen, ohne irgendwelchen erneuten Kontakt mit dem Eigentümer der Webseite oder dem Webserver aufzubauen.

Widmen wir uns nun den in dem <FORM>-Container enthaltenen Elementen.

Freie Dateneingabe über Eingabefelder

Für die Eingabe von freien Texten gibt es bei Formularen sowohl einzeilige als auch mehrzeilige Eingabefelder. Diese stellen die unter fast jeder grafischen Oberfläche üblichen Funktionalitäten bereit:

- Einzeilige Eingabefelder dienen zur Eingabe von Zahlen und/oder wenigen Wörtern.
- Mehrzeilige Eingabefelder dienen zur Eingabe von längeren Texten.

Die Beschriftung der Eingabefelder erfolgt einfach durch die den Eingabefeldern vorangestellten Texte (reiner HTML-Klartext mit allen Formatierungsmöglichkeiten).

Einzeiligen Eingabefelder werden über den `<INPUT>`-Tag realisiert. Dieser hat unter anderem folgende Attribute:

- Einen formularweit eindeutigen Namen über `name="[Bezeichner]"`. Der Bezeichner für den Feldnamen darf wie üblich keine Leerzeichen und keine deutschen Umlaute enthalten und muss in Anführungszeichen gesetzt werden.
- Die (optionale) Angabe der maximal anzeigbaren Zeichen wird über das Attribut `size=[numerischer Wert]` gesetzt. Diese Angabe beschränkt in keiner Weise die Anzahl der Zeichen, die ein Anwender eingeben darf. Wenn mehr Zeichen als anzeigbar eingegeben werden, wird der Inhalt seitwärts gescrollt.
- Die (optionale) Angabe der maximal einzugebenden Zeichen wird über das Attribut `maxlength=[numerischer Wert]` gesetzt. Wenn diese Angabe die maximal anzeigbaren Zeichen überschreitet, wird bei Bedarf automatisch seitwärts gescrollt.

Die Syntax für eine vollständige Anweisung eines einzeiligen Eingabefelds sieht so aus:

```
<INPUT name="[Feldname]" size=[Wert] maxlength=[Wert]>
```

Die Angabe der maximal anzeigbaren Zeichen und der maximal einzugebenden Zeichen ist optional. Wenn diese Angaben nicht gemacht werden, bekommt das Eingabefeld eine voreingestellte Größe zugewiesen, und es kann eine beliebige Anzahl von Zeichen eingegeben werden (bis auf Plattformbeschränkungen). Wenn die Anzahl der eingegebenen Zeichen die maximal anzeigbaren Zeichen überschreitet, wird automatisch seitwärts gescrollt (die Größe eines Eingabefeldes verändert sich nach dem Laden nicht mehr).

Es gibt verschiedene Typen von einzeiligen Eingabefeldern. Ohne genauere Typspezifizierung kann ein Anwender in ein einzeiliges Eingabefeld Werte jedes Datentyps (zu Datentyp siehe Seite 37) eintragen. Meist ist es jedoch in vielen Fällen sinnvoll, den Typ der Eingabe genauer zu spezifizieren. HTML stellt dazu das optionale Attribut `type` bereit, welches den genauen Typ von Eingabefeld festlegt. Das Attribut kann folgende Ausprägungen annehmen:

Wert	Beschreibung
int	Nur die Eingabe von Ganzzahlen ist erlaubt.
float	Nur die Eingabe von Dezimalkommazahlen ist erlaubt.
date	Nur die Eingabe eines Kalenderdatums ist erlaubt.
url	Nur die Eingabe eines URL.
password	Die Feldeingaben erfolgen verdeckt. Bei der Dateneingabe erscheinen dann nur Sternchen im Eingabefeld.

Die meisten Browser ignorieren bedauerlicherweise bis auf die Ausprägung password diese Typangaben. Hier sind clientseitige Scripte die ideale Ergänzung von HTML. Das gilt auch für die selten beachteten optionalen Attribute min=[numerischer Wert] und max=[numerischer Wert], mit denen man eine untere und/oder obere Grenze für erlaubte Wert bei numerischen Eingaben festlegen kann.

Mehrzeilige Eingabefelder werden mit dem <TEXTAREA>-Container realisiert. Dieser hat folgende Attribute:

- Einen formularweit eindeutigen Namen über name="[Bezeichner]". Der Bezeichner für den Feldnamen darf wie üblich keine Leerzeichen und keine deutschen Umlaute enthalten und muss in Anführungszeichen gesetzt werden.
- Eine Größenangabe in Form von Zeilen (rows=[numerischer Wert]) und Spalten (cols=[numerischer Wert]) – zu verstehen als erlaubte Anzahl der eingebbaren Zeichen.

Die Größenangaben bei einem mehrzeiligen Listenfeld beschränken nur die sichtbaren Zeichen, nicht die Anzahl der Zeichen, welche eingegeben werden dürfen. Nur die Plattform (und natürlich der sinnvolle Umgang mit dem Eingabefeld) beschränkt die Anzahl sowohl der Zeilen als auch in einer Zeile eingebbaren Zeichen. Die Angabe der Zeilen und Spalten ist optional. Wenn diese Angaben nicht gemacht werden, bekommt das Eingabefeld eine voreingestellte Größe zugewiesen. Wenn die Anzahl der eingegebenen Zeichen die maximal anzeigbaren Zeichen überschreitet, wird entweder automatisch seitwärts oder horizontal gescrollt. Mehrzeilige Listenfelder werden von den meisten Browsern mit Bildlaufleisten angezeigt, die bei Überschreitung des Anzeigebereichs durch die Menge des Textes automatisch aktiviert, andernfalls deaktiviert werden. Einen automatischen Zeilenumbruch am Ende des sichtbaren Bereichs einer Zeile vollziehen nur wenige Browser. Dies muss in der Regel per Zeilenschaltung manuell durch den Anwender erfolgen.

Innerhalb des <TEXTAREA>-Containers kann ein Text als Vorbelegung definiert werden.

Auswahllisten

Auswahllisten in Formularen stellen die bekannten Selektionsmöglichkeiten für Anwender zur Verfügung. Eine Auswahlliste besteht aus einem äußeren <SELECT>-Container für die Listenstruktur und jeweils einen inneren Container für jeden Listeneintrag.

Der <SELECT>-Tag hat das Attribut name="[Bezeichner]", über das die Liste wie üblich einen formularweit eindeutigen Namen nach den üblichen Regeln bekommt. Der Container kann zusätzlich um das optionale Attribut size=[numerischer Wert] erweitert werden. Damit wird die Anzahl der anzuzeigenden Einträge der Liste festgelegt. Falls die Liste mehr Einträge enthält, als angezeigt werden sollen/können, stellen die meisten Browser die Liste scrollbar dar. Wenn die Angabe fehlt, wird ein einzeiliges Listenfeld angezeigt, das wie gewohnt beim Anklicken die vollständige Liste darstellt. Die Breite des Listenfelds ergibt sich automatisch aus der Länge der jeweiligen Listenpunkte. Die Syntax des vollständigen <SELECT>-Containers sieht also so aus:

```
<SELECT name="[Listenname]" size=[numerischer Wert]>
...[Listeneinträge]
</SELECT>
```

Mehrfachauswahl in einer Liste ist nicht selbstverständlich. Dies hängt von den Einstellungen des Browsers ab, ob es standardmäßig erlaubt oder verboten ist. Eine explizite Erlaubnis von Mehrfachauswahl erfolgt mit dem Attribut multiple im <SELECT>-Tag (ohne Wertzuweisung).

Ein Listeneintrag wird über einen <OPTION>-Container definiert. Die Syntax sieht also so aus:

```
<OPTION>
...[Listeneintrag]
</OPTION>
```

Eine Vorselektion eines Listeneintrags ist mit dem Attribut selected (ohne Wertzuweisung) möglich.

Schaltflächen

Schaltflächen sind in HTML Spezialfälle des einzeiligen Eingabefeldes, die genau wie diese mit dem <INPUT>-Tag definiert werden. Im Unterschied zu normalen einzeiligen Eingabefeldern bilden die Auswahlbuttons meist eine Gruppe und machen oft nur in einer Gruppe von zusammengehörenden Begriffen Sinn. Man unterscheidet bei Schaltflächen in HTML folgende Typen:

- Radiobutton, d.h. Optionsfelder, von denen immer genau eins selektiert ist
- Checkbutton, d.h. Kontrollfelder, die unabhängig voneinander selektiert werden können
- Befehlsschaltflächen

Optionsfelder werden mit dem Attribut type=radio in dem <INPUT>-Tag spezifiziert und bekommen einen formularweit eindeutigen Namen über name="[Bezeichner]". Da Optionsfelder ausschließlich in Gruppenform Sinn machen (mindesten zwei müssen zusammengehören, damit eine Option an- und ausgeschaltet werden kann), müssen sie einer Gruppe zugeordnet werden. Dabei gehen Optionsfelder (und Kontrollkästchen) einen anderen Weg als die meisten HTML-Strukturen, die einer Oberstruktur zugeordnet werden müssen. Meist werden diese dann von einem HTML-Container umschlossen (etwa Tabelleneinträge). Hier erfolgt die Zuordnung über das Attribut `name="[Bezeichner]"`. Dieses Attribut ordnet ein Element einer Gruppe zu. Es gibt explizit keinen umschließenden Container. Wenn abwechselnd Optionsfelder angeklickt werden, werden gleichzeitig alle anderen zu der Gruppe gehörigen Optionsfelder deselektiert.

Abschließend muss ein Optionsfeld noch beschriftet werden (hier sind auch deutsche Umlaute erlaubt), damit der Anwender sieht, was er auswählt. Die Beschriftung eines Optionsfeldes ist in keiner Weise an die internen Namen oder die Feldnamen gekoppelt und besteht aus gewöhnlichem HTML-Text. Damit sieht die Syntax so aus:

```
<INPUT type=radio name="[Bezeichner]"
value="[Bezeichner]">[Beschriftung]
```

Kontrollkästchen bestehen aus einem einzelnen Feld oder meist einer Gruppe von beschrifteten Schaltflächen, von denen ein Anwender unabhängig von anderen Schaltflächen (auch innerhalb einer Gruppe) eine oder mehrere Schaltflächen selektieren kann. Der einzige Syntaxunterschied zu Optionsfeldern ist, dass beim `type`-Attribut der Wert `checkbox` angegeben wird. Damit sieht die Syntax so aus:

```
<INPUT type=checkbox name="[Bezeichner]"
value="[Bezeichner]">[Beschriftung]
```

Sowohl Kontrollkästchen als auch Optionsfelder können über das optionale Attribut `checked` (ohne Wertzuweisung) für den `<INPUT>`-Tag vorselektiert werden.

Allgemeine Befehlsschaltflächen werden über den Wert `button` des `type`-Attributs realisiert. Das Attribut `value` bedeutet bei diesen Schaltflächen die Beschriftung des Buttons (in Anführungszeichen zu setzten). Dies unterscheidet Button in der Syntax von Optionsfeldern und Kontrollkästchen und ist dementsprechend nicht ganz ungefährlich. Das Attribut `name` hat die gleiche Bedeutung wie immer. Mit dieser Syntax kann dann eine beliebige Schaltfläche erzeugt werden. Diese kann insbesondere in Verbindung mit Event-Handlern hervorragend eingesetzt werden. Die Syntax sieht so aus:

```
<INPUT type=button name="[Bezeichner]"
value="[Beschriftung]">
```

Von Befehlsschaltflächen gibt es einen wichtigen Spezialfall: diejenigen Befehlsschaltflächen, mit denen ein Formular abgesendet oder zurückgesetzt werden kann. Die Angabe `type=submit` erzeugt eine Befehlsschaltfläche, die bei Selektion ein Formular entsprechend seiner Definition im `<FORM>`-Tag ausführen bzw. abschicken wird. Die Angabe `type=reset` setzt ein Formular zurück, d.h. die vom Anwender gemachten Eingaben werden gelöscht. Die genaue Syntax für die beiden Spezialbefehlsschaltflächen sieht wie folgt aus:

```
<INPUT type=submit name="[Bezeichner]"
value="[Beschriftung]">
<INPUT type=reset name="[Bezeichner]"
value="[Beschriftung]">
```

Ein weiterer sehr interessanter Spezialfall der Befehlsschaltflächen ist die Typausprägung `file`. Damit kann ein Standard-Dateiauswahlfenster des Betriebssystems geöffnet werden, welches die dort durch den Anwender ausgewählte Datei in das dort ebenfalls spezifizierte Eingabefeld übernimmt. Dies kann beispielsweise für die Angabe der Datei angewendet werden, die per Upload zu einem Server übertragen werden soll. Syntax:

```
<INPUT type=file size=[numerischer Wert]
name="[Bezeichner]">
```

Warnungen

- Wenn in Formularen der Rücksendeweg über E-Mail gewählt wird, muss in dem `<FORM>`-Tag nur das Protokoll im `action`-Attribut auf `mailto:` geändert werden. Dabei sollte aber unbedingt beachtet werden, dass hinter dem Attribut nur ein Doppelpunkt folgt und die beiden Slashes unterbleiben.
- Ein Listeneintrag kann im Prinzip über einen `<OPTION>`-Container als auch über einen einzelnen `<OPTION>`-Tag formuliert werden. Für eine strenge SGML-Konformität und um eventuell dennoch mögliche Fehler bei Browsern auszuschließen, ist am Ende des Listeneintrags ein abschließender Tag `</OPTION>` trotz Mehraufwand sinnvoll.
- In der Regel wird beim Laden einer Webseite mit einem Formular keines der Options- oder Kontrollfelder selektiert sein. Es kann die Situation auftreten, dass sogar in einer Gruppe von Optionsfeldern anfänglich keines davon selektiert ist. Über das optionale Attribut `checked` für den `<INPUT>`-Tag kann (und sollte bei Optionsfeldern) ein Feld vorselektiert werden.
- Befehlsschaltflächen unterscheiden sich bezüglich der Beschriftung erheblich von den über den gleichen `<INPUT>`-Tag realisierten Optionsfeldern und Kontrollkästchen. Bei Befehlsschaltflächen wird die Beschriftung über den Wert des Attributs `value` realisiert. Dieses Attribut gibt es auch bei Optionsfeldern und Kontrollkästchen, hat dort aber eine andere Bedeutung. Dort wird die Beschriftung einfach nach dem Tag notiert.
- Die Angabe `type=reset` in einem Formular setzt es nur zurück, d.h. die vom Anwender gemachten Eingaben werden gelöscht. Es hat keinerlei Auswirkungen wie das Verlassen einer Seite. Nicht einmal ein Neuladen der Webseite wird damit ausgelöst.
- Die Zuordnung eines Optionsfeldes oder eines Kontrollkästchens zu einer Gruppe erfolgt ausschließlich über den internen Namen. Es gibt explizit keinen umschließenden Container.

Beispiele

Ein Formularcontainer, der das Formular mit der GET-Methode an das CGI-Script meinScript.cgi im Verzeichnis cgi-bin auf dem Webserver www.abc.de schickt:

```
<FORM action="http://www.abc.de/cgi-bin/meinScript.cgi" method=GET>
...
</FORM>
```

Ein Formularcontainer, der das Formular per E-Mail abschickt:

```
<FORM action="mailto:arthurdent@gmx.de" method=POST>
...
</FORM>
```

Ein einzeiliges Eingabefeld mit 20 sichtbaren Zeichen und maximal 30 erlaubten Eingabezeichen:

```
Bitte geben Sie Ihren Vornamen ein:
<INPUT name="Vorname" size=20 maxlength=30>
```

Ein einzeiliges Eingabefeld mit theoretisch 30 sichtbaren Zeichen, aber nur maximal 10 erlaubten Eingabezeichen:

```
Bitte geben Sie Ihren Nachnamen ein:
<INPUT name="Nachname" size=30 maxlength=10>
```

Ein einzeiliges Passwort-Eingabefeld mit gleichen Angaben für die theoretisch sichtbaren und die maximal erlaubten Eingabezeichen:

```
Bitte geben Sie das Passwort ein:
<INPUT name="PW" size=8 maxlength=8 type=password>
```

Ein einzeiliges Eingabefeld ohne Angaben für die theoretisch sichtbaren und die maximal erlaubten Eingabezeichen oder sonst eine Spezifikation. Die Größe wird nach Defaultwerten gesetzt:

```
Bitte geben Sie was ein:
<INPUT>
```

Ein nicht vorbelegtes Eingabefeld mit 50 Zeichen Breite und 5 Zeilen:

```
Ihr Kommentar bitte:
<TEXTAREA name="Kommentar" cols=50 rows=5></TEXTAREA>
```

Ein vorbelegtes Eingabefeld mit 80 Zeichen Breite und 2 Zeilen:

```
Haben Sie eine Anregung?
<TEXTAREA name="Anregung" cols=80 rows=2>
Bitte ueberschreiben Sie das da!
</TEXTAREA>
```

Ein nicht vorbelegtes Eingabefeld mit Defaultgröße:

```
Noch was?
<TEXTAREA></TEXTAREA>
```

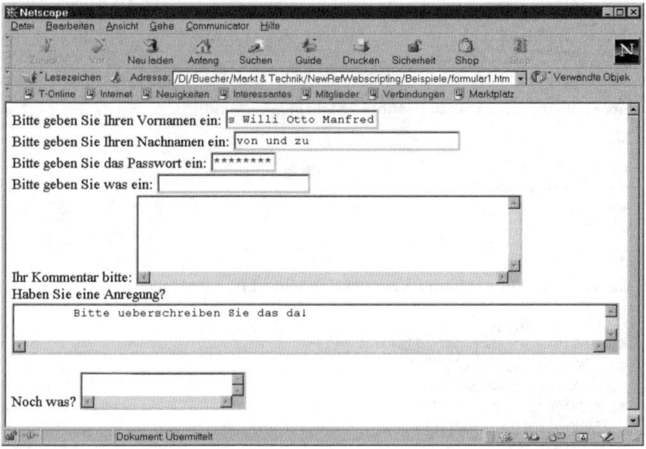

Ein- und mehrzeilige Eingabefelder (die obigen Beispiele).

Eine Auswahlliste ohne Angabe der Größe der Liste. Es entsteht ein einzeiliges Listenfeld:

```
Bitte wählen Sie Ihre bevorzugte Arbeitszeit aus:
<SELECT name="Tageszeit">
<OPTION>Tag</OPTION>
<OPTION>Nacht</OPTION>
</SELECT>
```

Eine Auswahlliste mit Angabe der Größe der Liste. Die Anzahl der Einträge ist kleiner wie die maximal anzeigbaren Einträge:

```
Bitte wählen Sie die Eissorte aus:
<SELECT name="Eis" size=5>
<OPTION>Erdbeere</OPTION>
<OPTION>Zitrone</OPTION>
<OPTION>Kirsch</OPTION>
</SELECT>
```

Eine Auswahlliste mit Angabe der Größe der Liste. Die Anzahl der Einträge ist größer als die maximal anzeigbaren Einträge:

```
Bitte wählen Sie ein Getränk:
<SELECT name="Drink" size=2>
<OPTION>Bier</OPTION>
<OPTION>Wein</OPTION>
<OPTION>Cola</OPTION>
</SELECT>
```

Eine Auswahlliste mit explizit erlaubter Mehrfachauswahl:

```
Geschlecht:
<SELECT name="Geschlecht" size=3 multiple>
<OPTION>Mann</OPTION>
<OPTION>Frau</OPTION>
<OPTION>Sonstiges</OPTION>
</SELECT>
```

Eine Auswahlliste mit expliziter Vorselektion eines Listeneintrags:

```
Familienstand:
<SELECT NAME="Famstand" SIZE=3>
<OPTION>Verheiratet</OPTION>
<OPTION selected>Ledig</OPTION>
<OPTION>Geschieden</OPTION>
<OPTION>Verwitwet</OPTION>
</SELECT>
```

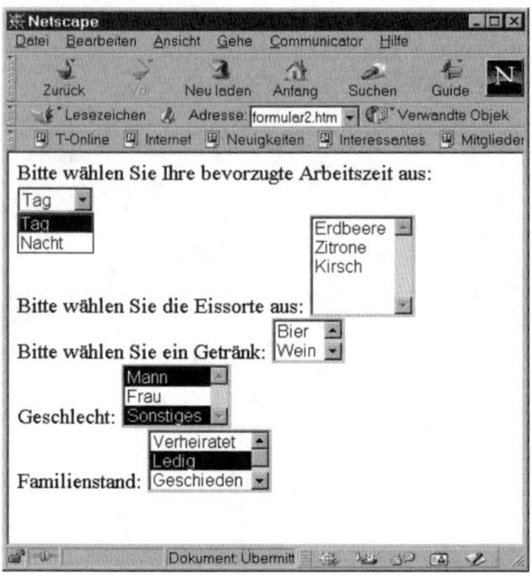

Die Listenfelder der obigen Beispiele.

Eine Befehlsschaltfläche in Verbindung mit einem Event-Handler und einer JavaScript-Funktion.

```
<INPUT type=button value ="Ende"
onClick='javascript:alert("Echt?")'>
```

Eine Befehlsschaltfläche zur Bereitstellung eines Eingabefeldes, welches über das Standard-Dateiauswahlfenster des Betriebssystems gefüllt werden kann:

```
<INPUT type=file size=60 name=uploadDatei>
```

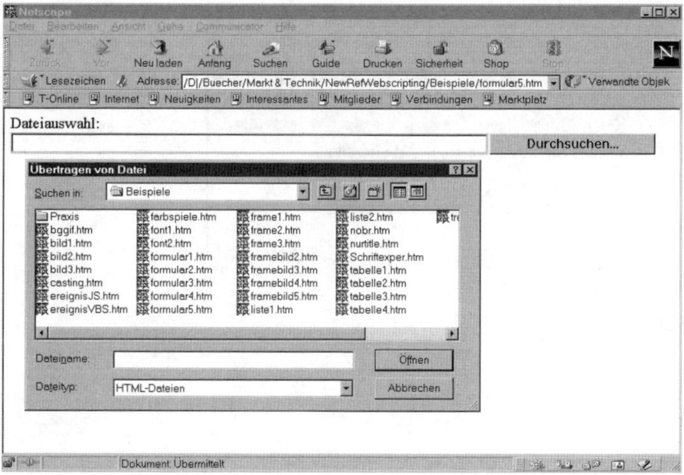

Eine Dateiauswahl per INPUT-Tag.

Eine Befehlsschaltfläche zum Abschicken eines Formulars:

```
<INPUT type=submit name="los"
value="Weg damit">
```

Eine Befehlsschaltfläche zum Zurücksetzen eines Formulars:

```
<INPUT type=reset name="leer"
value="Mach es wieder leer">
```

Eine Gruppe von drei zusammengehörigen Optionsfeldern (kein Optionsfeld ist vorselektiert):

```
Bitte wählen Sie Ihre bevorzugte Arbeitszeit aus:
 <INPUT type=radio name="Tageszeit"
value="amTag">Tag
 <INPUT type=radio name="Tageszeit"
value="innerNacht">Nacht
 <INPUT type=radio name="Tageszeit"
value="nie">Arbeite nie
```

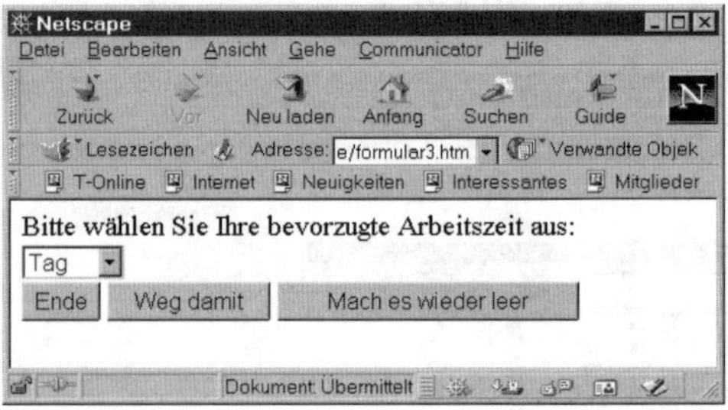

Button in einem Formular.

Eine Gruppe von drei zusammengehörigen Optionsfeldern, wobei das zweite Optionsfeld vorselektiert ist:

```
Bevorzugte Eissorte:
 <INPUT type=radio name="Eis"
value="a">Erdbeere
 <INPUT type=radio name="Eis"
value="b" checked>Zitrone
 <INPUT type=radio name="Eis"
value="c">Kirsch:
```

Eine Gruppe von Kontrollfeldern:

```
Hobbies:
 <INPUT type=checkbox name="Hobby"
value="z">Schlafen
 <INPUT type=checkbox name="Hobby"
value="y">Essen
 <INPUT type=checkbox name="Hobby"
value="x">Trinken
 <INPUT type=checkbox name="Hobby"
value="w">Faulenzen
```

Die Optionsfelder und Kontrollkästchen aus den Beispielen.

Verwandte Befehle/Themen

Grundlegende Text- und Layoutgestaltung unter HTML

Das `window`-, das `Form`- und das `forms`-Objekt

Objektmodelle

Scriptzugriffe auf Formulare

Allgemeine Gestaltungs- und Programmierregeln

Einbindung von Scripten

Die Verknüpfung von Scripten mit aus HTML aufgebauten Webseiten.

Anwendung

Im Prinzip ist es schon seit sehr frühen Phasen von HTML möglich, Scripte mit Webseiten zu verbinden. Aber erst seit HTML 3.2 werden Scripte in Webseiten standardisiert eingebunden, d.h. sie werden über genormte Anweisungen als Klartext in HTML-Seiten notiert oder dort referenziert, und zwar direkt in den umgebenden HTML-Code. Dazu verwendet man im Wesentlichen einen standardisierten HTML-Tag – `<SCRIPT>`. Dieser kann im Prinzip an jeder Stelle in der Webseite notiert werden. Meist wird er jedoch im Header der Seite zu finden sein. Alle scriptfähigen Browser verstehen die gleiche Vorgehensweise. Scripte dürfen nie außerhalb des äußersten HTML-Containers – dem vom <HTML>-Tag gebildeten Block – stehen.

Der Beginn eines Scripts wird durch die besagte eigene Steueranweisung realisiert, die noch Bestandteil des HTML-Codes ist. Sie besteht aus zwei Tags, die einen Container für die Scriptanweisungen bilden – dem <SCRIPT>-Tag. All das, was in dem Container steht, wird von Script-fähigen Browsern als Script verstanden.

Hinweis

Für den Fall von serverseitigen Scripten gibt es den Tag <SERVER>, der dann alternativ statt des <SCRIPT>-Tag verwendet wird. Wir wollen dies aber im Rahmen des Buchs nicht weiter verfolgen.

Über den Parameter LANGUAGE wird bestimmt, um welche Scriptsprache es sich handelt. Die Syntax <SCRIPT LANGUAGE="JavaScript"> informiert den Browser, dass innerhalb des Containers ein JavaScript folgt. In einigen Browserversionen kann sogar der ursprüngliche Name von JavaScript – LiveScript – stehen. Dies ist aber selten sinnvoll und wird nicht von allen Browsern unterstützt. Für den Internet Explorer kann man die Syntax <SCRIPT LANGUAGE="JScript"> für die hauseigene JavaScript-Variante verwenden, aber damit grenzt man die Netscape-Anwender aus. Die Angabe <SCRIPT LANGUAGE="VBScript"> legt VBScript als Sprache fest. Die konkrete Syntax für den Script-Container sieht dann schematisch so aus:

```
<SCRIPT LANGUAGE="[Sprache]">
  ...
</SCRIPT>
```

Zu der Angabe der Sprache kann man auch noch eine konkrete Version (zu den Versionen der Scriptsprachen siehe Seite 22) spezifizieren. Dies ist oft sinnvoll, um Fehler mit inkompatiblen Browsern vorzubeugen. Wenn einfach nur die Sprache wie oben spezifiziert wird, wird jeder Browser, der diese Sprache versteht, das Script abarbeiten. Sofern dann dort Befehle aus einer Sprachversion genutzt werden, die der Browser nicht kann, wird es zu Problemen kommen. Etwa die Kombination JavaScript-Befehle der Version 1.2 und Internet Explorer 3.0 oder JavaScript-Befehle der Version 1.3 und Netscape Navigator 4.05. Über die explizite Versionsangabe kann dies verhindert werden. Bei JavaScript werden die Versionen so angegeben:

```
<SCRIPT LANGUAGE="Javascript1.0">
<SCRIPT LANGUAGE="Javascript1.1">
<SCRIPT LANGUAGE="Javascript1.2">
<SCRIPT LANGUAGE="Javascript1.3">
<SCRIPT LANGUAGE="Javascript1.4">
```

Beachten Sie bitte unbedingt, dass die Versionsnummer ohne Leerzeichen angefügt werden muss!

Der <SCRIPT>-Tag kann wie besprochen an einer beliebigen Stelle innerhalb eines HTML-Dokuments platziert werden. Eine übliche Vorgehensweise ist, einen <SCRIPT>-Tag innerhalb des Headers eines Dokuments zu platzieren. Darin werden die Scriptanweisungen notiert. Meist werden Scripte aus Funktionen oder Prozeduren aufgebaut sein, die erst dann ausgeführt werden, wenn sie an anderer Stelle im HTML-Code aufgerufen werden. Grundsätzlich ist es aber möglich, Scriptanweisungen außerhalb von solchen umschließenden Strukturen zu notieren (aber auf jeden Fall innerhalb des Scriptcontainers). Dieser Code wird ausgeführt, wenn die Webseite geladen wird. Er kann damit auch nur genau einmal ausgeführt werden, denn er ist nicht über einen Bezeichner erreichbar. Anwendungen für eine solche Schreibweise sind hauptsächlich Initialisierungen oder dynamische Generierungen von nachfolgend in Bezug auf Scripte statischen Webseiten.

Wenn Code in umgebende Funktions- oder Prozedurblöcke eingeschlossen wird, sind diese dann für das ganze Dokument verfügbar und können bei Bedarf immer wieder aufgerufen werden.

Die Anzahl der Scriptcontainer in einer Webseite ist nicht beschränkt. Es lassen sich mehrere <SCRIPT>-Container im Header oder im <BODY>-Abschnitt eines Dokuments platzieren. Es gibt eigentlich nur wenige sinnvolle Anwendungen, warum nicht alle Scripte in einem Container an einer Stelle notiert werden. Wichtigster Grund ist die Verwendung von verschiedenen Scriptsprachen oder -versionen innerhalb einer Webseite.

Wenn ein Script im Header platziert wird, hat das einige Vorteile:

- Da eine Webseite von oben nach unten übertragen/aufgebaut wird, wird es bereits interpretiert, bevor der Textkörper des Dokuments vollständig über das Netz oder von einem Datenträger übertragen wurde. Wichtige JavaScript-Funktionen und Initialisierung-Code stehen also rechtzeitig bereit. Der Code wird so lange verfügbar sein, wie das Dokument existiert.
- Logisch gehören Scripte nicht zu den darstellbaren HTML-Elementen. Deshalb werden bei einer Platzierung im Header Layout und Hintergrundaktionen besser getrennt.
- Das Auffinden von Scripten wird erleichtert, wenn Code immer zentral in dem – meist kleineren – Header notiert wird.

Externe Notation von Javascripten

Neben der Notation von Scripten in den HTML-Quelltext selbst lassen sich Javascripts unter HTML 4.0 und seit JavaScript Version 1.1 in einer oder mehreren extra Datei(en) ablegen. Eine solche separate Datei enthält den JavaScript-Code und wird beim Laden einer HTML-Datei hinzugebunden, sofern dort eine Referenz darauf notiert wird. Sie erreichen dies mit dem Attribut `src`, welches den <SCRIPT>-Tag entsprechend erweitert. In Anführungszeichen wird hinter dem Attribut `src` der URL (zu URL siehe Seite 61) der separaten Datei angegeben. Dabei gelten beim Referenzieren von separaten JavaScript-Dateien die üblichen Regeln für URLs. Die separate JavaScript-Datei mit dem Quellcode muss wie HTML-Dateien auch eine reine ASCII-Datei sein und ausschließlich JavaScript-Code enthalten. Üblich ist die Dateierweiterung `.js`, aber das ist nicht zwingend. Die schematische Syntax sieht also so aus:

```
<SCRIPT language="JavaScript" src="[Name der separaten JavaScript-Datei]">
</SCRIPT>
```

Der <SCRIPT>-Container ist für den Fall einer Einbindung von externen Dateien jeweils leer. Dies ist aber klar, denn die sonst dort notierten JavaScript-Anweisungen befinden sich in der referenzierten Datei. Die externe Datei enthält die gewünschte(n) Funktion(en) in der Form

```
function Funktionsname([optionale Parameter])
{
      ... [irgendwelche Anweisungen] ...
}
```

Externe Scriptdateien sind zwar etwas mehr Verwaltungsaufwand, dennoch sinnvoll. Etwa wenn gleiche JavaScript-Funktionalität in verschiedenen HTML-Dateien verwendet werden soll. Man hat nur eine zentrale Stelle bei Wartungen und der Code ist nur einmal einzugeben. Außerdem wird die über das Netz zu übertragende Datenmenge reduziert (gegenüber dem Fall, wo sich gleicher Code in mehreren HTML-Dateien befindet) und unter Umständen nicht ganz so leicht zu analysieren sein (für mehr oder weniger geheim zu haltende Informationen).

Spezielle Microsoft-Notation von Scripten für Events in einer HTML-Steueranweisung

Microsoft stellt für den Internet Explorer ein Eventmodell bereit, das auf Ereignisse auf nahezu jedem Element in einer Webseite reagieren kann. Dazu wird der <SCRIPT>-Tag dann in Verbindung mit dem `for`- und dem `event`-Attribut eingesetzt. Die Syntax sieht dann so aus:

```
<SCRIPT for="[HTML-Steuerelement]" event="[Event-Handler]" language="[Scriptsprache]">
 ... irgendwelche Scriptanweisungen
</SCRIPT>
```

Diese Syntax wird vom Netscape Navigator nicht verstanden und bietet sich deshalb hauptsächlich in Verbindung mit VBScript an, wo man in der Regel ja sowieso auf den Internet Explorer beschränkt ist. Ansonsten sollte man die Ereignisbehandlungen von dem Navigator und dem Internet Explorer trennen (das spielen wir im Praxisteil durch).

Der Aufruf von Scriptanweisungen ohne den <SCRIPT>-Container

Scriptaufrufe lassen sich auch ohne den <SCRIPT>-Container realisieren. Dabei werden die Scriptanweisungen oder deren Aufruf direkt in die Steueranweisung hineingeschrieben. Das kann etwa in Verbindung mit einem Event-Handler geschehen oder einer Steueranweisung, die auf einen Klick reagieren kann (etwa ein Hyperlink). Letzteres muss so vorsichtig beschrieben werden, weil insbesondere Netscape-Browser diese Variante nur sehr eingeschränkt unterstützen. Grundsätzlich sieht der Aufruf eines Scripts in Verbindung mit einem Event-Handler syntaktisch so aus:

```
<[HTML-Steueranweisung mit allen notwendigen Attributen] [Event-Handler]='[Script-
sprache]:[Scriptanweisung]'>
```

Der Aufruf in Verbindung mit einem verweissensitiven Steuerelement sieht so aus:

```
<[verweissensitives Steuerelement] = "[Scriptsprache]:[Scriptanweisung]"> ...
<[Ende-Tag]>
```

Warnungen

- Nicht scriptfähige Browser haben mit dem in dem Script-Container notierten Code Probleme. Zwar wird der <SCRIPT>-Tag samt Abschluss-Tag auf Grund des Prinzips der Fehlertoleranz von diesen ignoriert. Da er jedoch nicht verstanden wird, werden die darin notierten Script-Befehle als HTML-Code interpretiert. In der Regel heisst dies, die Scriptanweisungen werden als Klartext verstanden, der einfach in den Anzeigebereich des Browsers geschrieben wird. So gut wie nie wünschenswert. Deshalb steht normalerweise als Vorsichtsmaßnahme bei einem Script-Container direkt nach dem einleitenden <SCRIPT>-Tag ein öffnendes HTML-Kommentarzeichen (<!--) – siehe Seite 82. Dieser HTML-Kommentarcontainer wird unmittelbar vor dem abschließenden Tag </SCRIPT> mit dem entsprechenden HTML-Kommentar-Endezeichen (-->) wieder geschlossen. Dadurch steht der gesamte Script-Code innerhalb eines HTML-Kommentars. Dies ist wie gesagt nicht zwingend, aber sicherer für den Fall, dass ein Browser die Seite lädt, der keine Scripte interpretieren kann.

  Der Netscape Navigator reagiert beim Einschluss von Scripten in HTML-Kommentare in manchen Versionen ziemlich unlogisch oder zumindest gewöhnungsbedürftig. Der innerhalb des <SCRIPT>-Containers aktive Script-Interpreter kann mit der Zeichenkombination für das Ende eines HTML-Kommentars nichts anfangen. Dort muss das Ende-Zeichen des HTML-Kommentars vor dem Script-Interpreter mit Script-Kommentarzeichen versteckt werden. Der Ende des HTML-Kommentars sieht dann so aus:

```
//-->
```

- Eine Veränderung bei der Verwendung von Scripten seit der HTML-Version 4.0 betrifft den Abschluss-Tag des <SCRIPT>-Containers bei JavaScript. Dort ist Vorsicht geboten. Genau genommen geht es um die Verwendung beliebiger HTML-Abschluss-Tags innerhalb von Javascripts. Über das document-Objekt kann mittels JavaScript eine HTML-Seite dynamisch neu geschrieben werden. Natürlich inklusive irgendwelcher Ende-Tags von beliebigen HTML-Containern. Ab der HTML-Version 4.0 kann es vorkommen, dass jeder »nackte« Ende-Tag (nicht nur der </SCRIPT>-Tag) im Script das Ende des Scripts festlegt. Deshalb soll für den Fall aus Sicherheitsgründen jeder HTML-Tag mit einem vorangestellten Backslash maskiert werden. Als Beispiel finden Sie auf den W3C-Seiten einen kurzen JavaScript-Befehl:

  ```
  <SCRIPT type="text/javascript">
  document.write ("/lt;EM>This will work<\/EM>")
  </SCRIPT>
  ```

  Ohne den maskierenden Backslash ('\') würde der Browser unter Umständen bereits den Ende-Tag von EM als den des gesamten Scripts interpretieren.
- Die Verwendung von externen Javascript-Dateien ist nicht ganz unproblematisch, wenn auf dem Server der Mime-Type text/javascript für Dateien mit der Endung der externen Datei (etwa .js) in der Konfiguration des Web-Servers nicht angegeben ist. In diesem Fall kann es zu Problemen kommen. Dann muss der JavaScript-Text immer direkt in eine HTML-Datei geschrieben werden.
- Die direkte Notation einer Scriptanweisung innerhalb einer HTML-Anweisung wird nicht bei allen Browsern verstanden.

Beispiele

Die Weiterleiung auf eine neue Seite nach einer Zeitspanne von ca. 4 Sekunden (Aufruf einer Funktion):

```
<SCRIPT LANGUAGE="JavaScript">
<!--
function winpop()
{
location.href='MainFrame.htm'
}
window.setTimeout('winpop()',4000);
//-->
</SCRIPT>
```

Die Verwendung einer separaten Datei mit JavaScript-Code. In der HTML-Datei wird über das Attribut src eine Referenz darauf notiert:

```
<SCRIPT language="JavaScript" src="meineFunktion.js" type="text/javascript">
</SCRIPT>
```

Die referenzierte externe Datei enthält eine oder mehrere Funktionen der Art:

```
function allesGute()
{
alert('Prost');
}
```

Die dort notierten Funktionen stehen in der gesamten HTML-Datei zur Verfügung.

Der Aufruf einer Standardfunktion von JavaScript direkt innerhalb einer HTML-Steueranweisung:

```
<INPUT type=button value ="Ende" onClick='javascript:alert("Ade")'>
```

Der Aufruf einer JavaScript-Funktion als Referenz eines Hyperlinks:

```
<a href="javascript:downloadBeispiele()">Download einer ZIP-Datei mit den Beispie-
len</a>
```

Die Einbindung eines VBScripts im Header, das dann während des Ladevorgangs der Webseite über den Event-Handler automatisch aufgerufen wird (die verwendete Funktion gibt das Datum und die Uhrzeit aus, die dann in einer Mitteilungsbox angezeigt werden):

```
<HTML>
<HEAD>
<SCRIPT LANGUAGE="VBScript">
<!--
      sub HastemaldieZeit()
      MsgBox "Aber bitte doch: Es ist der " & now
      End sub
-->
</SCRIPT>
</HEAD>
<BODY onload="HastemaldieZeit()">
<HR>
<CENTER>Ei gude wie.
<HR>
Haste mal die Zeit unnen Tag?
</CENTER>
</BODY>
</HTML>
```

Die gleiche Funktionalität unter Verzicht eines Event-Handlers. Da die `MsgBox`-Anweisung nicht in einer schützenden Struktur steht, wird sie beim Laden der Seite automatisch aufgerufen. Wesentlicher Unterschied zu der Variante mit dem Event-Handler ist die Reihenfolge der Anzeige von Browserinhalt und Dialogfenster. Hier wird erst das Dialogfenster aufgeblendet und der Rest der Webseite dann angezeigt, wenn der Dialog beendet ist:

```
<HTML>
<HEAD>
<SCRIPT LANGUAGE="VBScript">
<!--
     MsgBox "Aber bitte doch: Es ist der " & now
-->
</SCRIPT>
</HEAD>
<BODY>
<HR>
<CENTER>Ei gude wie.
<HR>
Haste mal die Zeit unnen Tag?
</CENTER>
</BODY>
</HTML>
```

Die gleiche Funktionalität unter Verzicht eines Event-Handlers. Da die MsgBox-Anweisung nicht in einer schützenden Struktur steht, wird sie beim Laden der Seite automatisch aufgerufen. Wesentlicher Unterschied zu der Variante mit dem Event-Handler ist die Reihenfolge der Anzeige von Browser-Inhalt und Dialogfenster. Hier wird erst das Dialogfenster aufgeblendet und der Rest der Webseite dann angezeigt, wenn der Dialog beendet ist:

Die Ausführung eines VBScripts beim Klick auf eine Schaltfläche mit der speziellen Microsoft-Notation:

```
<HTML>
<BODY>
<FORM NAME="Form1">
<INPUT TYPE="Button" NAME="Button1" VALUE="Klick mich">
 <SCRIPT for="Button1" event="onClick" language="VBScript">
 MsgBox "Klingeling, Klingeling"
 </SCRIPT>
</FORM>
</BODY>
</HTML>
```

Verwandte Befehle/Themen

Einbindung von Stilinformationen

Objektmodelle

Alle Ausführungen zur konkreten Anwendung von Scripten

Allgemeine Gestaltungs- und Programmierregeln

Einbindung von Stilinformationen

Die Verknüpfung von Stilinformationen mit Webseiten.

Anwendung

Stilinformation oder Style-Sheets gehören zu den effektvollen Gestaltungsmitteln im Web. Wie auch Scripte gehören sie nicht zu HTML, sondern sind eine eigenständige Technik, die seit HTML 4.0 in HTML verankert werden kann.

Die Verwendung von Style-Sheets hat mehrere Intentionen:

- Sie sind der Versuch, die teils sehr unterschiedlichen Interpretationen von Gestaltungsanweisungen für Webseiten auf verschiedenen Plattformen zu vereinheitlichen. Entgegen sehr frei interpretierbaren HTML-Empfehlungen an den Browser kann über Style-Sheets das Layout von Webseiten (zumindest in der Theorie) recht genau festgelegt werden. Genaue Schriftgröße, pixelgenaue Position von Elementen, auf die Nuance genau eingestellte Farben usw. lassen sich zumindestens angeben. Damit eröffnen sie eine erhebliche Erweiterung der Gestaltungsmöglichkeiten (gegenüber den HTML-Anweisungen).
- Die Möglichkeit der strikten Trennung von Gestaltungsbefehlen und Informationsträgern. Es kann eine klare Aufteilung von Struktur und Layout erreicht werden.

Es gibt diverse Ansätze für die Definition von Style-Sheets, also verschiedene Sprachen. Die genauen Regeln für die Style-Sheets werden je nach verwendeter Style-Sheet-Sprache etwas differieren. Um JavaScript-Assisted-Style-Sheets (JSSS) werden wir uns im Rahmen des DOM-Konzepts intensiv kümmern (siehe Seite 346). Ebenso werden wir uns an anderer Stelle (siehe Seite 461) genauer mit den so genannten CSS beschäftigen. Hier soll ohne konkrete Behandlung einer Style-Sheet-Syntax die allgemeine Einbindung in Webseiten behandelt werden.

Um eine Style-Sheet-Sprache wie CSS oder JSSS zu verwenden, muss diese einer HTML-Seite hinzugefügt werden. Dies kann geschehen, indem man Style-Sheets in eine Seite einbettet (linken) oder aus einer externen Datei lädt (importieren)[21]. Eine externe Lösung ist im Sinne von SGML eleganter und hat den Vorteil, dass die Formatierungsdaten in einer eigenen Datei stehen und den Quelltext einer HTML-Seite nicht vergrößern. Dies ist zum einen übersichtlicher und zum anderen leichter wartbar, weil nur an einer zentralen Stelle eventuelle Änderungen durchzuführen sind. Zudem muss eine externe Style-Sheet-Datei nur einmal über das Internet übertragen werden und steht dann verschiedenen Webseiten eines Projekts zur Verfügung, wenn diese allesamt auf diese externe Style-Sheet-Datei zugreifen. Eine solche Klartextdatei, die bei CSS meist auch die Erweiterung `.CSS` bekommt, besteht aus dem nachfolgend besprochenen HTML-Container mit den enthaltenen Stilinformatio-

21. Eine deutliche Verwandtschaft zu der Verwendung von Scripten.

nen, die auch direkt in eine Webseite geschrieben würden. Eine solche interne Lösung über eingebettete Style-Sheets hält alle Informationen über eine Webseite zusammen und erlaubt schnelle Änderungen.

Die Verwendung von Style-Sheets wird gelegentlich in dem Header einer HTML-Datei als Metainformation dokumentiert (das ist noch keine Referenz!). Dazu wird der <META>-Tag (siehe Seite 86) mit dem http-equiv-Parameter verwendet. Um beispielsweise die Verwendung von Cascading Style-Sheets zu dokumentieren, wird im Header die folgende Deklaration notiert:

```
<META http-equiv="Content-Style-Type"
 content="text/css">
```

Zur tatsächlichen Definition von Style-Sheets stehen Ihnen mehrere Standardtechniken zur Verfügung:

- Direkte Notation im <STYLE>-Container
- Import externer Stilinformationen über den <STYLE>-Container
- Die <LINK>-Referenz
- Inline-Referenz

Direkte Notation im <STYLE>-Container

Die wohl meistgebrauchte Technik zur Einbindung eines Style-Sheet in eine Webseite erfolgt über die Notation eines <STYLE>-Containers direkt in den HTML-Code. In dem Inneren des <STYLE>-Containers werden – meist in HTML-Kommentare eingeschlossen, damit für ältere Browser die Anweisungen verborgen werden – alle HTML-Elemente definiert, denen ein besonderes Layout zugewiesen werden soll. Man nennt diese Form der Verknüpfung »eingebettete Formatvorlagen«. Das Style-Sheet wird konkret in den Header der HTML-Datei bzw. zwischen Header und Body-Abschnitt (oder auch in den Body, wenn es sein muss) mit dem Tag <STYLE> wie folgt notiert:

```
<STYLE TYPE="text/css">
<!--... irgendwelche Anweisungen ... -->
</STYLE>
```

Im Inneren werden die konkreten Stilinformationen notiert.

Import externer Stilinformationen über den <STYLE>-Container

Über den <STYLE>-Container kann auch eine externe Style-Sheet-Datei angegeben werden. In dieser Datei stehen dann alle Stilinformationen, die in der HTML-Datei verwendet werden können. Der CSS1-Entwurf definiert für die Referenz auf die Datei die Anweisung @import. Die Syntax würde so aussehen:

```
<STYLE type="text/css">
 @import url([URL einer Datei mit CSS-Informationen]);
</STYLE>
```

Beim Einbinden von externen Style-Sheets auf diese Weise müssen Sie beachten, dass verschiedene Browser sie nicht unterstützen. Der Netscape Navigator 4.07 versteht die Anweisung beispielsweise nicht, der Internet Explorer 4.0 hingegen schon. Deshalb sollte diese Variante nur in Ausnahmefällen genutzt werden. Breiterer Unterstützung erfreut sich die nachfolgende Version zur Referenzierung einer externen Datei.

LINK-Notation

Über die nachfolgende Syntax kann ebenso ein Verweis auf ein externes Style-Sheet erfolgen (verknüpftes Style-Sheet):

```
<LINK type="[Style-Sheet-Typ]" rel=stylesheet href="[URL einer Datei mit Stilin-
formationen]" title="[Name des Style-Sheets]">
```

Die CSS-Version sieht schematisch so aus:

```
<LINK type="text/css" rel=stylesheet href="[URL einer Datei mit CSS-Informatio-
nen]" title="[Name des Style-Sheets]">
```

Diese Zeile wird in den Header der HTML-Seite geschrieben und kennzeichnet eine Style-Sheet-Datei, die den oben beschriebenen `<STYLE>`-Container mit allen notwendigen Stilinformationen enthält. Der Browser lädt beim Laden einer solchen Webseite zusätzlich die angegebene Stildatei, und alle dort spezifizierten Tags werden in der Webseite entsprechend interpretiert.

Inline-Referenz

Eine Inline-Definition bedeutet die Erweiterung eines gewöhnlichen HTML-Elements um nur dort gültige Stilinformationen. Dies bedeutet, über einen zusätzlichen `style`-Parameter (nicht mit dem expliziten Tag zu verwechseln) wird innerhalb des gewünschten HTML-Tags ein Stilattributwert gesetzt und die Stilinformation gilt ausschließlich innerhalb des so definierten Containers. Eine Inline-Deklaration ist dann sinnvoll, wenn ein Element nur ein- oder zweimal verwendet werden soll. Die abstrakte Syntax sieht so aus:

```
<[HTML-Tag] style="Stilinformationen">
```

Optional kann über den `type`-Parameter noch der Typ der Style-Sheets definiert werden. Die Angabe `type="text/css"` spezifiziert wie oben bereits verwendet beispielsweise CSS. Browser, welche Style-Sheets verstehen, haben eine Default-Style-Sheet-Sprache (dies ist in der Regel CSS1). Falls die Angabe des `type`-Parameters unterbleibt, wird der Default-Style-Sheet des Browsers verwendet. Eine explizite Deklaration ist jedoch in jedem Fall zu empfehlen.

Für Inline-Definitionen bietet sich ein spezieller HTML-Tag zur Verwendung an – der <SPAN>-Tag. Dieser allgemeine Stilcontainer hat keine wesentlichen eigenständigen Wirkungen und erlaubt die Festlegung von Stilinformationen ohne »HTML-Nebenwirkungen« (wie etwa die Inline-Definition bei einem Tag wie <I>, der neben der Style-Sheet-Formatierung auch seine HTML-Wirkung »kursiv« entfaltet).

Wenn mehrere Style-Sheets in einer Seite vorhanden sind, kann es zu Konflikten kommen. Sofern sich zwei Stilinformationen der gleichen Art auf dasselbe Element beziehen, wird die jeweils letztnotierte Stileinstellung für ein bestimmtes Element verwendet. Für spezielle Fälle gibt es die Möglichkeit, die Priorität einer Stilinformation über einen Modifier (`important`) zu erhöhen.

Wenn verschiedene Typen von Style-Sheet-Einbindungen in einer Webseite kombiniert werden und es zu Widersprüchen kommt, hat die Inline-Verknüpfung die höchste Priorität, gefolgt von der eingebetteten Formatvorlage. Die verknüpfte Formatvorlage hat die niedrigste Priorität. Das kann auch dazu verwendet werden, über Style-Sheets global definierte Elemente mit einer Inline-Deklaration wieder zu überschreiben.

Warnungen

- Style-Sheets werden heiß diskutiert und haben sich beileibe noch nicht WWW-weit durchgesetzt. Sie setzen bei der Zielplattform eine erhebliche Kompatibilität mit einem vorgegebenen Standard voraus, den so gut wie immer nur der jeweilige Hersteller eines Browsers garantiert. Zudem müssen für die absolute Kontrolle über Schriften diverse Schriften installiert sein (die auch über Standardnamen angesprochen werden können), die Grafikkarte muss relativ leistungsfähig sein, es muss eine Mindestanzahl von Farben dargestellt werden können, die Auflösung darf nicht zu gering sein.

Beispiele

Die Festlegung der Hintergrundfarbe und der Schriftfarbe auf einer Webseite über Modifikation des <BODY>-Tags (eingebettes Style-Sheet):

```
<STYLE TYPE="text/css">
BODY { background-color: blue; color: yellow}
</STYLE>
```

Ein Inline-Style-Sheet, in dem die Schriftfarbe in dem Absatz auf `Blau` gesetzt wird:

```
<P style="color : blue">
```

Ein Inline-Style-Sheet, in dem die Schriftfarbe in dem Absatz auf `Rot` und die Schriftgröße auf `12` gesetzt sowie über den `type`-Parameter der Typ der Style-Sheets definiert wird:

```
<P type="text/css" style="font-size: 12pt; color: red">
```

Eine buchstabenweise Inline-Veränderung des Kursiv-Tag:

```
<HTML>
<body>
<I type="text/css" style="font-size: 18pt; color: red">D</I>
<I type="text/css" style="font-size: 22pt; color: blue">a</I>
<I type="text/css" style="font-size: 26pt; color: yellow">S</I>
<I type="text/css" style="font-size: 32pt; color: green">c</I>
<I type="text/css" style="font-size: 38pt; color: black">h</I>
<I type="text/css" style="font-size: 48pt; color: gray">a</I>
<I type="text/css" style="font-size: 60pt; color: cyan">u</I>
<I type="text/css" style="font-size: 72pt; color: silver">a</I>
<I type="text/css" style="font-size: 86pt; color: red">n</I>
</BODY>
</HTML>
```

Deutlich mehr Größen als unter reinem HTML.

Eine buchstabenweise Inline-Veränderung mit Hilfe des <SPAN>-Tag (Schriftgröße, Schriftfarbe, absolute Positionsangaben von links und oben gerechnet in Pixeln):

```
<HTML>
<body>
<SPAN type="text/css" style="font-size: 18pt; color: red ;
 position:absolute; left:60px; top:40px">D</SPAN>
<SPAN type="text/css" style="font-size: 22pt; color: blue ;
 position:absolute; left:65px; top:40px">a</SPAN>
<SPAN type="text/css" style="font-size: 26pt; color: yellow
 ; position:absolute; left:70px; top:40px">S</SPAN>
<SPAN type="text/css" style="font-size: 32pt; color: green
```

```
 ; position:absolute; left:75px; top:40px">c</SPAN>
<SPAN type="text/css" style="font-size: 38pt; color: black
 ; position:absolute; left:80px; top:40px">h</SPAN>
<SPAN type="text/css" style="font-size: 48pt; color: gray ;
 position:absolute; left:85px; top:40px">a</SPAN>
<SPAN type="text/css" style="font-size: 60pt; color: cyan ;
 position:absolute; left:90px; top:40px">u</SPAN>
<SPAN type="text/css" style="font-size: 72pt; color: silver
 ; position:absolute; left:95px; top:40px">a</SPAN>
<SPAN type="text/css" style="font-size: 86pt; color: red ;
 position:absolute; left:100px; top:40px">n</SPAN>
</BODY>
</HTML>
```

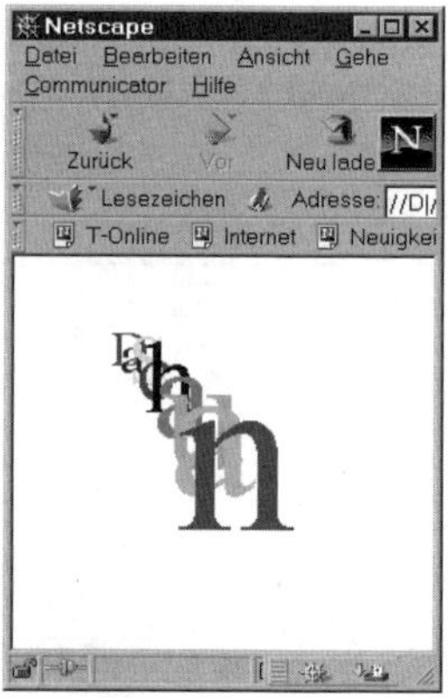

Reine Wirkung von Style-Sheets ohne HTML-Nebenwirkungen.

Verwandte Befehle/Themen

Einbindung von Scripten

Grundlegende Text- und Layoutgestaltung unter HTML

Style-Sheets & CSS

Allgemeine Gestaltungs- und Programmierregeln

Auflistung aller HTML-4.0-Befehle

Die Auflistung aller zum HTML-4.0-Standard gehörenden Befehle.

Anwendung

Nachfolgend sollen alphabethisch sämtliche Elemente, die zum offiziellen HTML-4.0-Sprachstandard gehören, aufgelistet werden. Die Auflistung beruht auf der offiziellen Veröffentlichung des W3C (`http://www.w3.org/TR/html4/index/elements.html`).

Wenn im Start- und Ende-Tag keine Angaben stehen, werden die Tags jeweils gefordert. Dabei gilt, dass es Situationen geben kann, wo der Ende-Tag zwar gefordert wird, er aber in der Praxis ohne negative Auswirkung weggelassen werden kann. Umgekehrt gilt: Sofern ein Ende-Tag verboten ist, gibt es keinen Container, der dem Start-Tag nachfolgenden Inhalt enthalten kann. Ein solches Element, wo der Ende-Tag verboten ist, kann aber ohne Probleme mit einem fiktiven Ende-Tag ausgestattet werden – etwa ein Konstrukt der Form
</BR>. Der Ende-Tag wird keinen Fehler erzeugen. Er wird durch das Prinzip der Fehlertoleranz einfach ignoriert.

Als *Deprecated* gekennzeichnete Elemente gelten als veraltet. Dafür gibt es im Rahmen des neuen Sprachstandards andere Elemente, die stattdessen verwendet werden sollen, wenn streng nach dem neuen Standard eine Seite erstellt werden soll. Allerdings revidiert die Praxis diese Forderung meist sogar in ihr Gegenteil. Gerade diese als veraltet gekennzeichneten Elemente gewährleisten oft eine maximale Unterstützung auf den unterschiedlichen Plattformen.

Viele der Elemente können durch Attribute erweitert werden (siehe dazu Seite 180).

Tag	Beschreibung
A	Ein Anker.
ABBR	Abkürzung (z.B., WWW, HTTP, USA, RJS etc.).
ACRONYM	Ein Acronym.
ADDRESS	Adressangabe für Information über den Autor.
APPLET	Einbindung eines Java-Applets. Deprecated!
AREA	clientseitiger Imagemap-Bereich. Kein Ende-Tag vorgesehen.
B	Textstil fett.
BASE	Basis-URL des Dokuments. Kein Ende-Tag vorgesehen.
BASEFONT	Basisschriftgröße. Kein Ende-Tag vorgesehen. Deprecated!
BDO	Deaktivierung der Standardausrichtung des Textes.
BIG	Textstil groß.
BLOCKQUOTE	Zitat (lang).

Tag	Beschreibung
BODY	Der Dokumentenkörper. Nach offizieller W3C-Aussage ist sowohl die Angabe optional als auch der Ende-Tag. Das sollte aber nicht ausgenutzt werden, denn zuverlässig ist die Darstellung einer (komplexeren) Webseite nur mit einem <BODY>-Container.
BR	Zeilenumbruch. Kein Ende-Tag vorgesehen.
BUTTON	Pushbutton.
CAPTION	Tabellenbeschriftung.
CENTER	Zentrieren. Deprecated!
CITE	Zitat.
CODE	Textstil für Computercode.
COL	Tabellenspalte. Kein Ende-Tag vorgesehen.
COLGROUP	Tabellenspaltengruppe. Optionaler Ende-Tag.
DD	Definitionsbeschreibung. Optionaler Ende-Tag.
DEL	Gelöschter Text.
DFN	Instanzdefinition.
DIR	Verzeichnisliste. Deprecated!
DIV	Allgemeiner Stilcontainer zur Gestaltung (Ausrichtung) von Elementen.
DL	Definitionsliste.
DT	Definitionsterm. Optionaler Ende-Tag.
EM	Textstil für eine Betonung.
FIELDSET	Formularkontrollgruppe. Gruppiert gleichartige Steuerelemente.
FONT	Lokale Schriftveränderung. Deprecated!
FORM	Formular.
FRAME	Ein Frame. Kein Ende-Tag vorgesehen.
FRAMESET	Die Oberstruktur einer Framegruppe, also eine Fensterunterteilung.
H1	Überschrift der Ordung 1.
H2	Überschrift der Ordung 2.
H3	Überschrift der Ordung 3.
H4	Überschrift der Ordung 4.
H5	Überschrift der Ordung 5.
H6	Überschrift der Ordung 6.
HEAD	Dokumentenheader (Kopfbereich). Nach offizieller W3C-Aussage ist sowohl die Angabe optional als auch der Ende-Tag. Das ist jedoch mit Vorsicht zu betrachten. Zwar können bestimmte Webseiten ohne Konsequenzen auf den Header verzichten, aber der Verzicht auf einen Ende-Tag (falls ein Header vorhanden ist) kann negative Auswirkungen haben.
HR	Horizontale Trennlinie. Kein Ende-Tag vorgesehen.

Tag	Beschreibung
HTML	Der äußere Container einer Webseite. Nach offizieller W3C-Aussage ist sowohl die Angabe optional als auch der Ende-Tag. Das ist jedoch mit Vorsicht zu betrachten. Zwar ergänzen Browser auf Grund der Fehlertoleranz fehlende Grundstruktur-Anweisunge. Es können aber insbesondere in Verbindung mit nicht-HTML-eigenen Strukturen wie Scripten oder Style-Sheets Probleme entstehen.
I	Textstil italic (kursiv).
IFRAME	Innenliegendes Unterfenster.
IMG	Bildreferenz. Kein Ende-Tag vorgesehen.
INPUT	Formulareingabe. Kein Ende-Tag vorgesehen.
INS	Eingefügter Text.
ISINDEX	Einzeiliges Prompt (Eingabeaufforderung). Kein Ende-Tag vorgesehen. Deprecated!
KBD	Stil für Text, der von dem Anwender eingegeben wird.
LABEL	Beschriftungstext für ein Formularfeld.
LEGEND	Fieldset-Legende.
LI	Definition eines Listenelements. Optionaler Ende-Tag.
LINK	Ein Medien-unabhängiger Link. Kein Ende-Tag vorgesehen.
MAP	clientseitige Imagemap.
MENU	Menüliste. Deprecated!
META	Allgemeine Metainformationen. Kein Ende-Tag vorgesehen. Man findet jedoch gelegentlich am Ende des gesamten Meta-Bereichs ein Ende-Tag (nicht im Sinn von Container für jede Metaanweisung, sondern rein aus Dokumentationsgründen).
NOFRAMES	Alternativ angezeigter Inhalt, wenn keine Frames angezeigt werden.
NOSCRIPT	Alternativ angezeigter Inhalt, wenn keine Scripts ausgeführt und angezeigt werden.
OBJECT	Allgemeines Einbettungsobjekt.
OL	Sortierte Liste.
OPTGROUP	Optionsgruppe.
OPTION	Selektierbare Auswahl in einem Formular. Optionaler Ende-Tag.
P	Absatz. Optionaler Ende-Tag.
PARAM	Initialisierungswert für ein Objekt. Kein Ende-Tag vorgesehen.
PRE	Preformatierter Text.
Q	Kurzes Zitat in einer Zeile.
S	Textstil durchgestrichen. Deprecated!
SAMP	Textformatierung für die Darstellung von Beispielen.
SCRIPT	Einbindung von Scriptanweisungen.

Tag	Beschreibung
SELECT	Auswahlmöglichkeiten in einem Formular.
SMALL	Textstil `klein`.
SPAN	Allgemeiner Sprach- und Stilcontainer.
STRIKE	Textstil `durchgestrichen`. Deprecated!
STRONG	Textstil starke Hervorhebung.
STYLE	Einbindung von Stilinformationen (Style-Sheets).
SUB	Textstil `tiefstellen`.
SUP	Textstil `hochstellen`.
TABLE	Tabelle.
TBODY	Tabellenkörper. Nach offizieller W3C-Aussage ist sowohl die Angabe optional als auch der Ende-Tag.
TD	Tabellendatenzelle. Optionaler Ende-Tag.
TEXTAREA	Mehrzeiliges Textfeld in einem Formular.
TFOOT	Angabe eines Fußbereichs bei Tabellen. Optionaler Ende-Tag.
TH	Tabellenkopfzellen. Optionaler Ende-Tag.
THEAD	Angabe eines Kopfbereichs bei Tabellen. Optionaler Ende-Tag.
TITLE	Dokumententitel.
TR	Tabellenreihe. Optionaler Ende-Tag.
TT	Textstil nichtproportional.
U	Textstil `unterstrichen`. Deprecated!
UL	Unsortierte Liste.
VAR	Instanz einer Variablen oder eines Programmarguments.

Die HTML-4.0-Attribute

Die Auflistung aller zum HTML-4.0-Standard gehörenden Attribute und deren Zuordnung zu den jeweiligen HTML-Befehlen.

Anwendung

Viele der Befehle des HTML-4.0-Sprachstandards (siehe Seite 177) können durch Attribute erweitert werden, die sie genauer spezifizieren oder erst einsatzfähig machen. Die nachfolgende Auflistung enthält alphabetisch sämtliche Attribute, welche zum HTML-4.0-Sprachstandard gehören.

Dabei wird auffallen, dass Attribute oft mehrfach angegeben werden. Dies ist deshalb zwingend, weil sich ein identisch benanntes Attribut verschieden auswirken kann. Sofern sich Attribute bei verschiedenen HTML-Befehlen gleich auswirken, werden die Elemente zusammengefasst. Ansonsten werden Angaben zum Typ des

Attributs, ob das Attribut optional eingesetzt werden kann oder bei den zugeordneten Elementen gefordert wird und ob es deprecated ist, gemacht. Die letzte Information ist eine Beschreibung des Attributs oder einen Kommentar. Die Auflistung enthält die vollständige Liste der Attribute des HTML-4.0-Standards und basiert auf der offiziell vom W3C (`http://www.w3.org/TR/html4/index/Attributs.html`) ausgegebenen Liste. Beachten Sie bitte, dass nicht alle Attribute in den verschiedenen Browserversionen (auch den aktuellen) umgesetzt sind. Dies gilt insbesonders für die Event-Handler, die hauptsächlich der Netscape Navigator nur sehr eingeschränkt unterstützt (siehe dazu Seite 391).

`Abbr`	Anwendung bei folgendem(n) HTML-Befehl(en): `TD, TH` Typ: %Text; Verwendung: #OPTIONAL Abkürzung für die Kopfzelle einer Tabelle.
`accept-charset`	Anwendung bei folgendem(n) HTML-Befehl(en): `FORM` Typ: %Charsets; Verwendung: #OPTIONAL Liste der unterstützten Zeichensätze bei einem Formular.
`Accept`	Anwendung bei folgendem(n) HTML-Befehl(en): `INPUT` Typ: %ContentTypes; Verwendung: #OPTIONAL Liste der unterstützten MIME-Typen für den Datei-Upload.
`Accesskey`	Anwendung bei folgendem(n) HTML-Befehl(en): `A, AREA, BUTTON, INPUT, LABEL, LEGEND, TEXTAREA` Typ: %Character; Verwendung: #OPTIONAL Zeichen für den Zugriff auf ein Element (Hotkey).
`action`	Anwendung bei folgendem(n) HTML-Befehl(en): `FORM` Typ: %URL; Verwendung: #GEFORDERT Serverseitige Formularbehandlung
`align`	Anwendung bei folgendem(n) HTML-Befehl(en): `CAPTION` Typ: %CAlign; Verwendung: #OPTIONAL Deprecated Ausrichtung einer Beschriftung relativ zu einer Tabelle.
`align`	Anwendung bei folgendem(n) HTML-Befehl(en): `APPLET, IFRAME, IMG, INPUT, OBJECT` Typ: %IAlign;

	Verwendung: #OPTIONAL Deprecated Vertikale oder horizontale Ausrichtung der Position eines Objekts in einer Webseite.
align	Anwendung bei folgendem(n) HTML-Befehl(en): LEGEND Typ: %LAlign; Verwendung: #OPTIONAL Deprecated Relative Angabe zu einem Fieldset.
align	Anwendung bei folgendem(n) HTML-Befehl(en): TABLE Typ: %TAlign; Verwendung: #OPTIONAL Deprecated Position einer Tabelle relativ zum Anzeigefenster im Browser.
align	Anwendung bei folgendem(n) HTML-Befehl(en): HR Typ: (left | center | right) Verwendung: #OPTIONAL Deprecated Ausrichtung der Überschrift.
align	Anwendung bei folgendem(n) HTML-Befehl(en): DIV, H1 - H6, P Typ: (left | center | right | justify) Verwendung: #OPTIONAL Deprecated Ausrichtung von Elementen.
align	Anwendung bei folgendem(n) HTML-Befehl(en): COL, COLGROUP, TBODY, TD, TFOOT, TH, THEAD, TR Typ: (left | center | right | justify | char) Verwendung: #OPTIONAL Ausrichtungsangaben bei einer Tabelle.
alink	Anwendung bei folgendem(n) HTML-Befehl(en): BODY Typ: %Color; Verwendung: #OPTIONAL Deprecated Farbe eines besuchten Links.
alt	Anwendung bei folgendem(n) HTML-Befehl(en): APPLET Typ: %Text; Verwendung: #OPTIONAL

	Deprecated
	Alternative Kurzbeschreibung.
`alt`	Anwendung bei folgendem(n) HTML-Befehl(en): `AREA, IMG`
	Typ: %Text;
	Verwendung: #GEFORDERT
	Alternative Kurzbeschreibung.
`alt`	Anwendung bei folgendem(n) HTML-Befehl(en): `INPUT`
	Typ: CDATA
	Verwendung: #OPTIONAL
	Alternative Kurzbeschreibung.
`archive`	Anwendung bei folgendem(n) HTML-Befehl(en): `OBJECT`
	Typ: %URL;
	Verwendung: #OPTIONAL
	Durch Leerzeichen getrennte Archivliste.
`archive`	Anwendung bei folgendem(n) HTML-Befehl(en): `APPLET`
	Typ: CDATA
	Verwendung: #OPTIONAL
	Deprecated
	Durch Komma getrennte Archivliste.
`axis`	Anwendung bei folgendem(n) HTML-Befehl(en): `TD, TH`
	Typ: CDATA
	Verwendung: #OPTIONAL
	Namengruppen von verbundenen Kopfzeilen.
`background`	Anwendung bei folgendem(n) HTML-Befehl(en): `BODY`
	Typ: %URL;
	Verwendung: #OPTIONAL
	Deprecated
	Hintergrund einer Webseite.
`bgcolor`	Anwendung bei folgendem(n) HTML-Befehl(en): `TABLE`
	Typ: %Color;
	Verwendung: #OPTIONAL
	Deprecated
	Hintergrundfarbe für alle Zellen einer Tabelle.
`bgcolor`	Anwendung bei folgendem(n) HTML-Befehl(en): `TR`
	Typ: %Color;
	Verwendung: #OPTIONAL

	Deprecated Hintergrundfarbe für eine Zeile einer Tabelle.
bgcolor	Anwendung bei folgendem(n) HTML-Befehl(en): TD, TH Typ: %Color; Verwendung: #OPTIONAL Deprecated Hintergrundfarbe für genau diese Zelle einer Tabelle.
bgcolor	Anwendung bei folgendem(n) HTML-Befehl(en): BODY Typ: %Color; Verwendung: #OPTIONAL Deprecated Hintergrundfarbe des Dokuments.
border	Anwendung bei folgendem(n) HTML-Befehl(en): IMG, OBJECT Typ: %Length; Verwendung: #OPTIONAL Deprecated Wenn ein Bild oder ein anderes Objekt als Link fungiert, die Angabe, ob es umrandet dargestellt wird.
border	Anwendung bei folgendem(n) HTML-Befehl(en): TABLE Typ: %Pixels; Verwendung: #OPTIONAL Die Angabe, wie dick der Rahmen um eine Tabelle ist.
cellpadding	Anwendung bei folgendem(n) HTML-Befehl(en): TABLE Typ: %Length; Verwendung: #OPTIONAL Platzangaben innerhalb Zellen bei einer Tabelle.
cellspacing	Anwendung bei folgendem(n) HTML-Befehl(en): TABLE Typ: %Length; Verwendung: #OPTIONAL Raum zwischen Zellen bei einer Tabelle.
char	Anwendung bei folgendem(n) HTML-Befehl(en): COL, COLGROUP, TBODY, TD, TFOOT, TH, THEAD, TR Typ: %Character; Verwendung: #OPTIONAL Anordnungszeichen, z.B. char=':'.
charoff	Anwendung bei folgendem(n) HTML-Befehl(en): COL, COLGROUP, TBODY, TD, TFOOT, TH, THEAD, TR Typ: %Length;

	Verwendung: #OPTIONAL
	Offset für das Anordnungszeichen.
charset	Anwendung bei folgendem(n) HTML-Befehl(en): A, LINK, SCRIPT
	Typ: %Charset;
	Verwendung: #OPTIONAL
	Zeichenverschlüsselung von der verbundenen Ressource.
checked	Anwendung bei folgendem(n) HTML-Befehl(en): INPUT
	Typ: (checked)
	Verwendung: #OPTIONAL
	Angabe, ob ausgewählt oder nicht, bei Radiobutton und Checkboxen innerhalb eines Formulars.
cite	Anwendung bei folgendem(n) HTML-Befehl(en): BLOCKQUOTE, Q
	Typ: %URL;
	Verwendung: #OPTIONAL
	URL für ein Dokument mit Quelltext oder eine Mitteilung.
cite	Anwendung bei folgendem(n) HTML-Befehl(en): DEL, INS
	Typ: %URL;
	Verwendung: #OPTIONAL
	Eine allgemeine Information über den Grund für den Wechsel der letzten Dokumentenversion.
class	Anwendung bei allen HTML-Befehlen bis auf folgende: BASE, BASEFONT, HEAD, HTML, META, PARAM, SCRIPT, STYLE, TITLE
	Typ: CDATA
	Verwendung: #OPTIONAL
	Durch Leerraum getrennte Liste von Klassen.
classid	Anwendung bei folgendem(n) HTML-Befehl(en): OBJECT
	Typ: %URL;
	Verwendung: #OPTIONAL
	Identifiziert eine Implementation.
clear	Anwendung bei folgendem(n) HTML-Befehl(en): BR
	Typ: (left | all | right | none)
	Verwendung: none
	Deprecated
	Kontrolle des Textflusses.
code	Anwendung bei folgendem(n) HTML-Befehl(en): APPLET
	Typ: CDATA

	Verwendung: #OPTIONAL Deprecated Die Klassendatei eines Applets.
`codebase`	Anwendung bei folgendem(n) HTML-Befehl(en): `OBJECT` Typ: %URL; Verwendung: #OPTIONAL Die Angabe, wo sich ein Objekt befindet.
`codebase`	Anwendung bei folgendem(n) HTML-Befehl(en): `APPLET` Typ: %URL; Verwendung: #OPTIONAL Deprecated Die Angabe, wo sich ein Applet befindet
`codetype`	Anwendung bei folgendem(n) HTML-Befehl(en): `OBJECT` Typ: %ContentType; Verwendung: #OPTIONAL Typ des Codes.
`color`	Anwendung bei folgendem(n) HTML-Befehl(en): `BASEFONT, FONT` Typ: %Color; Verwendung: #OPTIONAL Deprecated Textfarbe.
`cols`	Anwendung bei folgendem(n) HTML-Befehl(en): `FRAMESET` Typ: %MultiLengths; Verwendung: #OPTIONAL Eine Liste von Längenangaben bei einem Frameset.
`cols`	Anwendung bei folgendem(n) HTML-Befehl(en): `TEXTAREA` Typ: NUMBER Verwendung: #GEFORDERT Anzahl von Spalten.
`colspan`	Anwendung bei folgendem(n) HTML-Befehl(en): `TD, TH` Typ: NUMBER Verwendung: Angabe größer 0 Anzahl von Spalten, welche zu einem Colspan zusammengefasst werden.
`compact`	Anwendung bei folgendem(n) HTML-Befehl(en): `DIR, MENU` Typ: (compact) Verwendung: #OPTIONAL Deprecated Reduziert den Platz zwischen Zeichen.

compact	Anwendung bei folgendem(n) HTML-Befehl(en): DL, OL, UL Typ: (compact) Verwendung: #OPTIONAL Deprecated Reduziert den Platz zwischen Zeichen.
content	Anwendung bei folgendem(n) HTML-Befehl(en): META Typ: CDATA Verwendung: #GEFORDERT Mit dem <META>-Tag assoziierte Information.
coords	Anwendung bei folgendem(n) HTML-Befehl(en): AREA Typ: %Coords; Verwendung: #OPTIONAL Durch Komma getrennte Liste von Koordinatenangaben.
coords	Anwendung bei folgendem(n) HTML-Befehl(en): A Typ: %Coords; Verwendung: #OPTIONAL Durch Komma getrennte Liste von Koordinatenangaben, welche bei clientseitigen Imagemaps verwendet werden.
data	Anwendung bei folgendem(n) HTML-Befehl(en): OBJECT Typ: %URL; Verwendung: #OPTIONAL Referenz auf die Objektdaten.
datetime	Anwendung bei folgendem(n) HTML-Befehl(en): DEL, INS Typ: %Datetime; Verwendung: #OPTIONAL Datum und Uhrzeit einer Veränderung.
declare	Anwendung bei folgendem(n) HTML-Befehl(en): OBJECT Typ: (declare) Verwendung: #OPTIONAL Möglichkeit, ein Objekt zu deklarieren, aber noch nicht zu instanzieren.
defer	Anwendung bei folgendem(n) HTML-Befehl(en): SCRIPT Typ: (defer) Verwendung: #OPTIONAL Hinausschieben der Ausführung eines Scripts.
dir	Anwendung bei allen HTML-Befehlen bis auf folgende: APPLET, BASE, BASEFONT, BDO, BR, FRAME, FRAMESET, HR, IFRAME, PARAM, SCRIPT Typ: (ltr | rtl)

Verwendung: #OPTIONAL

Fließrichtung für gewöhnlichen Text (von rechts nach links oder links nach rechts).

`dir`

Anwendung bei folgendem(n) HTML-Befehl(en): `BDO`

Typ: (ltr | rtl)

Verwendung: #GEFORDERT

Fließrichtung für gewöhnlichen Text (von rechts nach links oder links nach rechts).

`disabled`

Anwendung bei folgendem(n) HTML-Befehl(en): `BUTTON`, `INPUT`, `OPTGROUP`, `OPTION`, `SELECT`, `TEXTAREA`

Typ: (disabled)

Verwendung: #OPTIONAL

Die Angabe, dass das Element in diesem Kontext nicht aktivierbar ist.

`enctype`

Anwendung bei folgendem(n) HTML-Befehl(en): `FORM`

Typ: %ContentType;

Verwendung: »application/x-www- form-urlencoded"

`face`

Anwendung bei folgendem(n) HTML-Befehl(en): `BASEFONT`, `FONT`

Typ: CDATA

Verwendung: #OPTIONAL

Deprecated

Durch Komma getrennte Liste von Schriftnamen.

`for`

Anwendung bei folgendem(n) HTML-Befehl(en): `LABEL`

Tpy: IDREF

Verwendung: #OPTIONAL

Der ID-Wert eines auszuwählenden Feldes.

`frame`

Anwendung bei folgendem(n) HTML-Befehl(en): `TABLE`

Typ: %TFrame;

Verwendung: #OPTIONAL

Angabe, welcher Teil eines Frame ausgegeben werden soll.

`frameborder`

Anwendung bei folgendem(n) HTML-Befehl(en): `FRAME`, `IFRAME`

Typ: `(1 | 0)`

Gibt an, ob ein Frame einen Rahmen hat oder nicht.

`headers`

Anwendung bei folgendem(n) HTML-Befehl(en): `TD`, `TH`

Typ: IDREFS

Verwendung: #OPTIONAL

Liste von IDs von Kopfzellen.

height	Anwendung bei folgendem(n) HTML-Befehl(en): IFRAME Typ: %Length; Verwendung: #OPTIONAL Framehöhe.
height	Anwendung bei folgendem(n) HTML-Befehl(en): IMG, OBJECT Typ: %Length; Verwendung: #OPTIONAL Explizite Höhenangabe für ein Bild oder Objekt. Überschreibt die natürliche Höhe.
height	Anwendung bei folgendem(n) HTML-Befehl(en): APPLET Typ: %Length; Verwendung: #GEFORDERT Deprecated Initialisierunghöhe eines Applets.
height	Anwendung bei folgendem(n) HTML-Befehl(en): TD, TH Typ: %Pixels; Verwendung: #OPTIONAL Deprecated Höhe einer Zelle.
href	Anwendung bei folgendem(n) HTML-Befehl(en): A, AREA, LINK Typ: %URL; Verwendung: #OPTIONAL URL zu der gelinkten Ressource.
href	Anwendung bei folgendem(n) HTML-Befehl(en): BASE Typ: %URL; Verwendung: #OPTIONAL URL, der als Basis-URL fungiert.
hreflang	Anwendung bei folgendem(n) HTML-Befehl(en): A, LINK Typ: %LanguageCode; Verwendung: #OPTIONAL Sprachcode.
hspace	Anwendung bei folgendem(n) HTML-Befehl(en): APPLET, IMG, OBJECT Typ: %Pixels; Verwendung: #OPTIONAL Deprecated Horizontale Abstandangabe.
http-equiv	Anwendung bei folgendem(n) HTML-Befehl(en): META Typ: NAME

	Verwendung: #OPTIONAL HTTP-Antwort für den Headernamen.
id	Angewandt auf alle HTML-Befehle bis auf folgende: BASE, HEAD, HTML, META, SCRIPT, STYLE, TITLE Typ: ID Verwendung: #OPTIONAL Dokumentenweit eindeutige ID.
ismap	Anwendung bei folgendem(n) HTML-Befehl(en): IMG Typ: (ismap) Verwendung: #OPTIONAL Verwendung des Bildes als serverseitige Imagemap.
label	Anwendung bei folgendem(n) HTML-Befehl(en): OPTION Typ: %Text; Verwendung: #OPTIONAL Eine Beschriftung für die Verwendung in hierarchischen Menüs.
label	Anwendung bei folgendem(n) HTML-Befehl(en): OPTGROUP Typ: %Text; Verwendung: #GEFORDERT Eine Beschriftung für die Verwendung in hierarchischen Menüs.
lang	Anwendung bei allen HTML-Befehlen bis auf folgende: APPLET, BASE, BASEFONT, BR, FRAME, FRAMESET, HR, IFRAME, PARAM, SCRIPT Typ: %LanguageCode; Verwendung: #OPTIONAL Typ: Sprachcode.
language	Anwendung bei folgendem(n) HTML-Befehl(en): SCRIPT Typ: CDATA Verwendung: #OPTIONAL Deprecated Name der Scriptsprache.
link	Anwendung bei folgendem(n) HTML-Befehl(en): BODY Typ: %Color; Verwendung: #OPTIONAL Deprecated Farbe der Links.
longdesc	Anwendung bei folgendem(n) HTML-Befehl(en): IMG Typ: %URL; Verwendung: #OPTIONAL Link zu einer langen Beschreibung.

longdesc	Anwendung bei folgendem(n) HTML-Befehl(en): FRAME, IFRAME Typ: %URL; Verwendung: #OPTIONAL Link zu einer langen Beschreibung.
marginheight	Anwendung bei folgendem(n) HTML-Befehl(en): FRAME, IFRAME Typ: %Pixels; Verwendung: #OPTIONAL Randhöhe in Pixeln.
marginwidth	Anwendung bei folgendem(n) HTML-Befehl(en): FRAME, IFRAME Typ: %Pixels; Verwendung: #OPTIONAL Randbreite in Pixeln.
maxlength	Anwendung bei folgendem(n) HTML-Befehl(en): INPUT Typ: NUMBER Verwendung: #OPTIONAL Maximale Anzahl von Zeichen in einem Textfeld.
media	Anwendung bei folgendem(n) HTML-Befehl(en): STYLE Typ: %MediaDesc; Verwendung: #OPTIONAL Angabe des Medientyps.
media	Anwendung bei folgendem(n) HTML-Befehl(en): LINK Typ: %MediaDesc; Verwendung: #OPTIONAL Angabe des Medientyps für Rendering auf diesem Mediaelement.
method	Anwendung bei folgendem(n) HTML-Befehl(en): FORM Typ: (GET | POST) Verwendung: #OPTIONAL Defaulteinstellung: GET HTTP-Methode zur Anwendung bei der Übertragung eines Formulars.
multiple	Anwendung bei folgendem(n) HTML-Befehl(en): SELECT Typ: (multiple) Verwendung: #OPTIONAL Die Angabe, ob eine Mehrfachauswahl bei einer Selektionsliste in einem Formular erlaubt ist. Defaulteinstellung ist Einfachauswahl.
name	Anwendung bei folgendem(n) HTML-Befehl(en): BUTTON, TEXTAREA Typ: CDATA Verwendung: #OPTIONAL

	Der Name eines Elements. Es kann bei einer Zuweisung über diesen Namen von deren Strukturen (etwa Scripten) angesprochen werden.
`name`	Anwendung bei folgendem(n) HTML-Befehl(en): `APPLET` Typ: CDATA Verwendung: #OPTIONAL Deprecated Name eines Applets. Applets können sich über den Namen identifizieren.
`name`	Anwendung bei folgendem(n) HTML-Befehl(en): `SELECT` Typ: CDATA Verwendung: #OPTIONAL Feldname.
`name`	Anwendung bei folgendem(n) HTML-Befehl(en): `FRAME, IFRAME` Typ: CDATA Verwendung: #OPTIONAL Name eines Frames.
`name`	Anwendung bei folgendem(n) HTML-Befehl(en): `A` Typ: CDATA Verwendung: #OPTIONAL Benennung eines Links.
`name`	Anwendung bei folgendem(n) HTML-Befehl(en): `INPUT, OBJECT` Typ: CDATA Verwendung: #OPTIONAL Name im Rahmen eines Formulars.
`name`	Anwendung bei folgendem(n) HTML-Befehl(en): `MAP` Typ: CDATA Verwendung: #GEFORDERT Name zur Referenzierung durch eine Usemap.
`name`	Anwendung bei folgendem(n) HTML-Befehl(en): `PARAM` Typ: CDATA Verwendung: #GEFORDERT Eigenschaftenname.
`name`	Anwendung bei folgendem(n) HTML-Befehl(en): `META` Typ: NAME Verwendung: #OPTIONAL Name einer Metainformation.
`nohref`	Anwendung bei folgendem(n) HTML-Befehl(en): `AREA` Typ: (nohref)

	Verwendung: #OPTIONAL
	Angabe, dass innerhalb dieser Region keine Aktion stattfindet.
noresize	Anwendung bei folgendem(n) HTML-Befehl(en): FRAME Typ: (noresize) Verwendung: #OPTIONAL Angabe, ob ein Anwender ein Frame in der Größe verändern darf oder nicht. Wenn das Attribut gesetzt ist, ist es nicht erlaubt.
noshade	Anwendung bei folgendem(n) HTML-Befehl(en): HR Typ: (noshade) Verwendung: #OPTIONAL Deprecated Angabe, ob eine Linie mit einem Schaden dargestellt wird oder nicht (Flag verwendet).
nowrap	Anwendung bei folgendem(n) HTML-Befehl(en): TD, TH Typ: (nowrap) Verwendung: #OPTIONAL Deprecated Unterdrückung von Wortummantelung.
object	Zugeordnete HTML-Befehle: APPLET Typ: CDATA Verwendung: #OPTIONAL Deprecated Serialisiert ein Appletfile.
onblur	Anwendung bei folgendem(n) HTML-Befehl(en): A, AREA, BUTTON, INPUT, LABEL, SELECT, TEXTAREA Typ: %Script; Verwendung: #OPTIONAL Event-Handler. Zuordnung einer Aktion, die stattfindet, wenn das Element den Fokus verloren hat.
onchange	Anwendung bei folgendem(n) HTML-Befehl(en): INPUT, SELECT, TEXTAREA Typ: %Script; Verwendung: #OPTIONAL Event-Handler. Zuordnung einer Aktion, die stattfindet, wenn der Wert des Elements sich ändert.
onclick	Anwendung bei allen HTML-Befehlen bis auf folgende: APPLET, BASE, BASEFONT, BDO, BR, FONT, FRAME, FRAMESET, HEAD, HTML, IFRAME, ISINDEX,META, PARAM, SCRIPT, STYLE, TITLE

	Typ: %Script; Verwendung: #OPTIONAL Event-Handler. Ein Pointerbutton wurde geklickt.
`ondblclick`	Anwendung bei allen HTML-Befehlen bis auf folgende: `APPLET, BASE, BASEFONT, BDO, BR, FONT, FRAME, FRAMESET, HEAD, HTML, IFRAME, ISINDEX, META, PARAM, SCRIPT, STYLE, TITLE` Typ: %Script; Verwendung: #OPTIONAL Event-Handler. Ein Pointerbutton wurde doppelt geklickt.
`onfocus`	Anwendung bei folgendem(n) HTML-Befehl(en): `A, AREA, BUTTON, INPUT, LABEL, SELECT, TEXTAREA` Typ: %Script; Verwendung: #OPTIONAL Event-Handler. Ein Element bekommt den Fokus.
`onkeydown`	Anwendung bei allen HTML-Befehlen bis auf folgende: `APPLET, BASE, BASEFONT, BDO, BR, FONT, FRAME, FRAMESET, HEAD, HTML, IFRAME, ISINDEX, META, PARAM, SCRIPT, STYLE, TITLE` Typ: %Script; Verwendung: #OPTIONAL Event-Handler. Eine Taste wurde gedrückt.
`onkeypress`	Anwendung bei allen HTML-Elementen bis auf: `APPLET, BASE, BASEFONT, BDO, BR, FONT, FRAME, FRAMESET, HEAD, HTML, IFRAME, ISINDEX, META, PARAM, SCRIPT, STYLE, TITLE` Typ: %Script; Verwendung: #OPTIONAL Event-Handler. Eine Taste wurde gedrückt und wieder losgelassen.
`onkeyup`	Anwendung bei allen HTML-Elementen bis auf: `APPLET, BASE, BASEFONT, BDO, BR, FONT, FRAME, FRAMESET, HEAD, HTML, IFRAME, ISINDEX, META, PARAM, SCRIPT, STYLE, TITLE` Typ: %Script; Verwendung: #OPTIONAL Event-Handler. Eine Taste wurde losgelassen.
`onload`	Anwendung bei folgendem(n) HTML-Befehl(en): `FRAMESET` Typ: %Script; Verwendung: #OPTIONAL Event-Handler. Alle Frames sind geladen worden.
`onload`	Anwendung bei folgendem(n) HTML-Befehl(en): `BODY` Typ: %Script; Verwendung: #OPTIONAL Event-Handler. Das Dokument ist geladen worden.

onmousedown	Anwendung bei allen HTML-Elementen bis auf: APPLET, BASE, BASEFONT, BDO, BR, FONT, FRAME, FRAMESET, HEAD, HTML, IFRAME, ISINDEX, META, PARAM, SCRIPT, STYLE, TITLE Typ: %Script; Verwendung: #OPTIONAL Event-Handler. Ein Pointerbutton wurde nieder gedrückt.
onmousemove	Anwendung bei allen HTML-Elementen bis auf: APPLET, BASE, BASEFONT, BDO, BR, FONT, FRAME, FRAMESET, HEAD, HTML, IFRAME, ISINDEX, META, PARAM, SCRIPT, STYLE, TITLE Typ: %Script; Verwendung: #OPTIONAL Event-Handler. Ein Pointer wurde über einem Element bewegt.
onmouseout	Anwendung bei allen HTML-Elementen bis auf: APPLET, BASE, BASEFONT, BDO, BR, FONT, FRAME, FRAMESET, HEAD, HTML, IFRAME, ISINDEX, META, PARAM, SCRIPT, STYLE, TITLE Typ: %Script; Verwendung: #OPTIONAL Event-Handler. Ein Pointer hat den Bereich eines Elements verlassen.
onmouseover	Anwendung bei allen HTML-Elementen bis auf: APPLET, BASE, BASEFONT, BDO, BR, FONT, FRAME, FRAMESET, HEAD, HTML, IFRAME, ISINDEX, META, PARAM, SCRIPT, STYLE, TITLE Typ: %Script; Verwendung: #OPTIONAL Event-Handler. Ein Pointer wurde in den Bereich eines Elements hineinbewegt.
onmouseup	Anwendung bei allen HTML-Elementen bis auf: APPLET, BASE, BASEFONT, BDO, BR, FONT, FRAME, FRAMESET, HEAD, HTML, IFRAME, ISINDEX, META, PARAM, SCRIPT, STYLE, TITLE Typ: %Script; Verwendung: #OPTIONAL Event-Handler. Ein Pointerbutton wurde losgelassen.
onreset	Anwendung bei folgendem(n) HTML-Befehl(en): FORM Typ: %Script; Verwendung: #OPTIONAL Event-Handler: Das Formular wurde über den Reset-Vorgang gelöscht.
onselect	Anwendung bei folgendem(n) HTML-Befehl(en): INPUT, TEXTAREA Typ: %Script; Verwendung: #OPTIONAL Event-Handler: Text wurde selektiert.

onsubmit	Anwendung bei folgendem(n) HTML-Befehl(en): FORM Typ: %Script; Verwendung: #OPTIONAL Event-Handler. Das Formular wurde gesendet.
onunload	Anwendung bei folgendem(n) HTML-Befehl(en): FRAMESET Typ: %Script; Verwendung: #OPTIONAL Event-Handler. Alle Frames wurden wieder entfernt.
onunload	Anwendung bei folgendem(n) HTML-Befehl(en): BODY Typ: %Script; Verwendung: #OPTIONAL Event-Handler. Das Dokument wurde wieder entfernt.
profile	Anwendung bei folgendem(n) HTML-Befehl(en): HEAD Typ: %URL; Verwendung: #OPTIONAL Benennung des Verzeichnisses für eine Metainformation.
prompt	Anwendung bei folgendem(n) HTML-Befehl(en): ISINDEX Typ: %Text; Verwendung: #OPTIONAL Deprecated Die Prompt-Anzeige.
readonly	Anwendung bei folgendem(n) HTML-Befehl(en): TEXTAREA Typ: (readonly) Verwendung: #OPTIONAL Nur Leseerlaubnis.
readonly	Anwendung bei folgendem(n) HTML-Befehl(en): INPUT Typ: (readonly) Verwendung: #OPTIONAL Nur Leseerlaubnis.
rel	Anwendung bei folgendem(n) HTML-Befehl(en): A, LINK Typ: %LinkTypes; Verwendung: #OPTIONAL Vorwärtslinkangaben.
rev	Anwendung bei folgendem(n) HTML-Befehl(en): A, LINK Typ: %LinkTypes; Verwendung: #OPTIONAL Rückwärtslinkangaben.

rows	Anwendung bei folgendem(n) HTML-Befehl(en): FRAMESET Typ: %MultiLengths; Verwendung: #OPTIONAL Liste von Längenangaben (Anzahl Reihen).
rows	Anwendung bei folgendem(n) HTML-Befehl(en): TEXTAREA Typ: NUMBER Verwendung: #GEFORDERT Anzahl der Reihen.
rowspan	Anwendung bei folgendem(n) HTML-Befehl(en): TD, TH Typ: NUMBER Verwendung: Angabe größer 0 Anzahl der Reihen, die von einer Zelle überspannt werden sollen.
rules	Anwendung bei folgendem(n) HTML-Befehl(en): TABLE Typ: %TRules; Verwendung: #OPTIONAL Verhaltensregeln zwischen Zeilen und Spalten in einer Tabelle.
scheme	Anwendung bei folgendem(n) HTML-Befehl(en): META Typ: CDATA Verwendung: #OPTIONAL Selektiert einen Inhalt.
scope	Anwendung bei folgendem(n) HTML-Befehl(en): TD, TH Typ: %Scope; Verwendung: #OPTIONAL Wiederholungsbereich der Kopfzellen.
scrolling	Anwendung bei folgendem(n) HTML-Befehl(en): FRAME, IFRAME Typ: (yes | no | auto) Defaulteinstellung: auto Scrollbalken oder nicht.
selected	Anwendung bei folgendem(n) HTML-Befehl(en): OPTION Typ: (selected) Verwendung: #OPTIONAL Selektiert.
shape	Anwendung bei folgendem(n) HTML-Befehl(en): AREA Typ: %Shape; Defaulteinstellung: rect Koordinatenangaben.

shape	Anwendung bei folgendem(n) HTML-Befehl(en): A Typ: %Shape; Defaulteinstellung: rect Koordinatenangaben in einer clientseitigen Imagemap.
size	Anwendung bei folgendem(n) HTML-Befehl(en): HR Typ: %Pixels; Verwendung: #OPTIONAL Deprecated Größenangabe einer Trennlinie.
size	Anwendung bei folgendem(n) HTML-Befehl(en): FONT Typ: CDATA Verwendung: #OPTIONAL Deprecated Größenangabe für eine Schrift. Immer relative Angabe zur Basisschrift. Entweder relativ mit Plus oder Minus von der Basisschriftgröße [+|-]n, z.B. size="+1", oder genaue Relativangabe zwischen 1 und 7, z.B. size="4"
size	Anwendung bei folgendem(n) HTML-Befehl(en): INPUT Typ: CDATA Verwendung: #OPTIONAL Spezifiziert jeden Typ eines Feldes bezüglich seiner Größe.
size	Anwendung bei folgendem(n) HTML-Befehl(en): BASEFONT Typ: CDATA Verwendung: #GEFORDERT Deprecated Basisschriftgröße für jedes Schriftelement.
size	Anwendung bei folgendem(n) HTML-Befehl(en): SELECT Typ: NUMBER Verwendung: #OPTIONAL Sichtbare Einträge in einer Auswahlliste.
span	Anwendung bei folgendem(n) HTML-Befehl(en): COL Typ: NUMBER Verwendung: Angabe größer 0 Die COL-Attribute sollen sich auf die angegebene Anzahl von Spalten auswirken.
span	Anwendung bei folgendem(n) HTML-Befehl(en): COLGROUP Typ: NUMBER

	Verwendung: Angabe größer 0 Defaultanzahl von Spalten in einer Colgroup.
`src`	Anwendung bei folgendem(n) HTML-Befehl(en): `SCRIPT` Typ: %URL; Verwendung: #OPTIONAL URL für ein externes Script.
`src`	Anwendung bei folgendem(n) HTML-Befehl(en): `INPUT` Typ: %URL; Verwendung: #OPTIONAL URL für Felder mit Bildern.
`src`	Anwendung bei folgendem(n) HTML-Befehl(en): `FRAME, IFRAME` Typ: %URL; Verwendung: #OPTIONAL Source des Inhalts eines Frames.
`src`	Anwendung bei folgendem(n) HTML-Befehl(en): `IMG` Typ: %URL; Verwendung: #GEFORDERT URL des Bildes, das eingebettet werden soll.
`standby`	Anwendung bei folgendem(n) HTML-Befehl(en): `OBJECT` Typ: %Text; Verwendung: #OPTIONAL Die Nachricht, die während des Ladevorgangs eines Objekts angezeigt werden soll.
`start`	Anwendung bei folgendem(n) HTML-Befehl(en): `OL` Typ: NUMBER Verwendung: #OPTIONAL Deprecated Startnummer einer Aufzählung.
`style`	Anwendung bei allen HTML-Elementen bis auf: `BASE, BASEFONT, HEAD, HTML, META, PARAM, SCRIPT, STYLE, TITLE` Typ: %StyleSheet; Verwendung: #OPTIONAL Assoziierte Stilinformation.
`summary`	Anwendung bei folgendem(n) HTML-Befehl(en): `TABLE` Typ: %Text; Verwendung: #OPTIONAL Strukturangaben für die Sprachausgabe.

tabindex	Anwendung bei folgendem(n) HTML-Befehl(en): A, AREA, BUTTON, INPUT, OBJECT, SELECT, TEXTAREA Typ: NUMBER Verwendung: #OPTIONAL Der Tabulatorindex.
target	Anwendung bei folgendem(n) HTML-Befehl(en): A, AREA, BASE, FORM, LINK Typ: %FrameTarget; Verwendung: #OPTIONAL Die Angabe, wo in dem Frame eine Anzeige erfolgen soll.
text	Anwendung bei folgendem(n) HTML-Befehl(en): BODY Typ: %Color; Verwendung: #OPTIONAL Deprecated Globale Textfarbe im Dokument.
title	Anwendung bei folgendem(n) HTML-Befehl(en): STYLE Typ: %Text; Verwendung: #OPTIONAL Erklärender Titel. Es sollte nicht mit dem TITLE-Element verwechselt werden, welches Bestandteil des HEADER-Teils einer Webseite ist.
title	Anwendung bei allen HTML-Elementen bis auf: BASE, BASEFONT, HEAD, HTML, META, PARAM, SCRIPT, STYLE, TITLE Typ: %Text; Verwendung: #OPTIONAL Erklärender Titel für das Element, auf das das Attribut angewandt wird (Quickinfo). Es sollte nicht mit dem TITLE-Element verwechselt werden, welches Bestandteil des HEADER-Teils einer Webseite ist.
type	Anwendung bei folgendem(n) HTML-Befehl(en): A, LINK Typ: %ContentType; Verwendung: #OPTIONAL Erklärender Inhaltstyp.
type	Anwendung bei folgendem(n) HTML-Befehl(en): OBJECT Typ: %ContentType; Verwendung: #OPTIONAL Inhaltstyp der Daten.
type	Anwendung bei folgendem(n) HTML-Befehl(en): PARAM Typ: %ContentType; Verwendung: #OPTIONAL Inhaltstyp für Werte, wenn gilt: valuetype=ref.

type	Anwendung bei folgendem(n) HTML-Befehl(en): SCRIPT Typ: %ContentType; Verwendung: #GEFORDERT Typ des Inhalts der Script-Sprache.
type	Anwendung bei folgendem(n) HTML-Befehl(en): STYLE Typ: %ContentType; Verwendung: #GEFORDERT Typ des Inhalts der Style-Sprache.
type	Anwendung bei folgendem(n) HTML-Befehl(en): INPUT Typ: %InputType; Default: TEXT Welche Art von Eingabe wird gefordert.
type	Anwendung bei folgendem(n) HTML-Befehl(en): LI Typ: %LIStyle; Verwendung: #OPTIONAL Deprecated Stil der Aufzählungsliste.
type	Anwendung bei folgendem(n) HTML-Befehl(en): OL Typ: %OLStyle; Verwendung: #OPTIONAL Deprecated Stil der Nummerierung.
type	Anwendung bei folgendem(n) HTML-Befehl(en): UL Typ: %ULStyle; Verwendung: #OPTIONAL Deprecated Bulletstil.
type	Anwendung bei folgendem(n) HTML-Befehl(en): BUTTON Typ: (button | submit | reset) Default: submit Typ der Schaltfläche bei der Verwendung als Formularbutton.
usemap	Anwendung bei folgendem(n) HTML-Befehl(en): IMG, INPUT, OBJECT Typ: %URL; Verwendung: #OPTIONAL Verwendung als clientseitige Imagemap.

valign	Anwendung bei folgendem(n) HTML-Befehl(en): COL, COLGROUP, TBODY, TD, TFOOT, TH, THEAD, TR Typ: (top | middle | bottom | baseline) Verwendung: #OPTIONAL Vertikale Ausrichtug in Zellen.
value	Anwendung bei folgendem(n) HTML-Befehl(en): OPTION Typ: CDATA Verwendung: #OPTIONAL Defaultwert eines Elementinhalts.
value	Anwendung bei folgendem(n) HTML-Befehl(en): PARAM Typ: CDATA Verwendung: #OPTIONAL Eigenschaftenwert.
value	Anwendung bei folgendem(n) HTML-Befehl(en): INPUT Typ: CDATA Verwendung: #OPTIONAL Wert bei Radioboxen und Checkboxen.
value	Anwendung bei folgendem(n) HTML-Befehl(en): BUTTON Typ: CDATA Verwendung: #OPTIONAL Wird bei der Übermittlung zum Server gesendet.
value	Anwendung bei folgendem(n) HTML-Befehl(en): LI Typ: NUMBER Verwendung: #OPTIONAL Deprecated Setzt eine Aufzählungsnummer.
valuetype	Anwendung bei folgendem(n) HTML-Befehl(en): PARAM Typ: (DATA | REF | OBJECT) Default: DATA Beschreibung, wie ein Wert zu interpretieren ist.
version	Anwendung bei folgendem(n) HTML-Befehl(en): HTML Typ: CDATA Typ: %HTML.Version; Deprecated Verwendung: Konstante.
vlink	Anwendung bei folgendem(n) HTML-Befehl(en): BODY Typ: %Color;

	Verwendung: #OPTIONAL Deprecated Farbe von bereits besuchten Links.
`vspace`	Anwendung bei folgendem(n) HTML-Befehl(en): `APPLET, IMG, OBJECT` Typ: %Pixels; Verwendung: #OPTIONAL Deprecated Vertikale Abstandsangabe.
`width`	Anwendung bei folgendem(n) HTML-Befehl(en): `HR` Typ: %Length; Verwendung: #OPTIONAL Deprecated Breite der Trennlinie.
`width`	Anwendung bei folgendem(n) HTML-Befehl(en): `IFRAME` Typ: %Length; Verwendung: #OPTIONAL Breite des Frame.
`width`	Anwendung bei folgendem(n) HTML-Befehl(en): `IMG, OBJECT` Typ: %Length; Verwendung: #OPTIONAL Breitenangabe.
`width`	Anwendung bei folgendem(n) HTML-Befehl(en): `TABLE` Typ: %Length; Verwendung: #OPTIONAL Breite der Tabelle.
`width`	Anwendung bei folgendem(n) HTML-Befehl(en): `APPLET` Typ: %Length; Verwendung: #GEFORDERT Deprecated Initialisierungsbreite eines Applets.
`width`	Anwendung bei folgendem(n) HTML-Befehl(en): `COL` Typ: %MultiLength; Verwendung: #OPTIONAL Spaltenbreite.
`width`	Anwendung bei folgendem(n) HTML-Befehl(en): `COLGROUP` Typ: %MultiLength; Verwendung: #OPTIONAL Defaultbreite für eingeschlossene Spalten.

`width`	Anwendung bei folgendem(n) HTML-Befehl(en): `TD`, `TH` Typ: %Pixels; Verwendung: #OPTIONAL Deprecated Breite für Zellen.
`width`	Anwendung bei folgendem(n) HTML-Befehl(en): `PRE` Typ: NUMBER Verwendung: #OPTIONAL Deprecated Breitenangaben.

JavaScript- und JScript-Grundlagen

In diesem Abschnitt wollen wir uns mit JavaScript bzw. JScript als Sprachen für das Webscripting beschäftigen. JavaScript ist eine an Java angelehnte, offene, plattformunabhängige Scriptsprache mit einem objektorient konzipierten Hintergrund (für JavaScript wird oft gesagt, es sei nicht objektorientiert, sondern objektbasierend). Darüber hinaus gibt es jedoch zusätzlich zahlreiche prozedurale Elemente (Funktionen, globale Variablen, Konstanten etc.). Die Sprache ist seit der Version 1.3 (welche wir als Basis nehmen wollen) mit der ECMA 262-Spezifikation (European Computer Manufacturers Association) und der International Organization for Standards – Spezifikation (ISO-16262) vollkompatibel (JavaScript 1.2 ist nicht voll kompatibel zu der ECMA-262-Norm), erweitert diesen Standard aber noch um manche ausgewählten Details.

Gegenüber der Version 1.2 hat JavaScript 1.3 die folgenden Erweiterungen gebracht:

- JavaScript 1.3 verwendet Unicode zur plattformneutralen Kodierung von Zeichen
- Neue Top-Level Properties: `NaN`, `Infinity` und `undefined`
- Globale Funktion `isFinite`
- `toSource`-Methode
- Neue und veränderte Features von dem `Date`-Objekt. Es ist nun plattformneutral
- Neue Methoden von dem `Function`-Objekt: `call` und `apply`
- Einführung von Operatoren für strikte Gleichheit
- Minimale Veränderungen haben sich bei der Spezifizierung der Version von JavaScript, bei den Vergleichsoperatoren, beim `Array`-Objekt, bei der `replace`-Methode von dem `String`-Objekt, beim `Boolean`-Objekt, bei der Methode `toString` und allgemein bei den reservierten Schlüsselworten ergeben

Bei JScript handelt es sich um die Microsoft-Implementierung von JavaScript, die ebenso nach der Sprachspezifikation ECMA 262 vorgeht und welche der Unterstützung von Javascripten im Internet Explorer dient (dort gibt es aus Lizensgründen keinen direkten JavaScript-Interpreter). Es handelt sich ebenso um eine vollständige Implementierung, jedoch zuzüglich diverser – insbesonders plattformoptimierter –

Erweiterungen. Gerade diese speziellen Optimierungsmöglichkeiten nutzen meist speziell die Funktionen vom Internet Explorer und können damit nicht im Netscape Navigator oder anderen mit dem Internet Explorer nicht vollständig kompatiblen Browsern verstanden werden.

JavaScript und JScript sind also nicht vollkompatibel, aber in allen Bereichen, welche die reduzierten Fähigkeiten von JavaScript angehen, weitgehend identisch. Insbesondere hält sich JScript in den wesentlichen syntaktischen Details an JavaScript, weshalb ein explizites Eingehen auf Unterschiede zwischen JavaScript und JScript hier so gut wie nie notwendig ist. Um einen Eindruck von den weitergehenden Möglichkeiten von JScript zu geben, sind am Ende des Kapitels die zusätzlichen Elemente von JScript angegeben.

Aktuelle Informationen zu JavaScript und JScript sucht man am sinnvollsten im Internet selbst (was ist naheliegender?). Es gibt unzählige Quellen. Eine Abfrage in einer der gängigen Suchmaschinen nach einem Schlüsselwort wie JavaScript oder JScript ergibt eine mehr als ausreichende Anzahl von (guten!) Treffern. Ich möchte hier nur eine kleine Auswahl von naheliegenden und sehr guten Quellen angeben.

Informationen zu JavaScript im Internet finden Sie beispielsweise hier:

- Was liegt näher, als sich beim Erfinder von JavaScript nach Infos dazu zu erkundigen? Netscape stellt selbstverständlich eine riesige Menge an Informationen dazu bereit. Man sollte aber nicht über die Homepage von Netscape einsteigen, sondern wählt am besten direkt den Einstieg `http://developer.netscape.com/` bzw. direkt den Link `http://developer.netscape.com/docs/manuals/`.
- Die deutschen Seiten `Kaffee&Kuchen` bieten sich als ideale Einstiege in die JavaScript-/Java-/HTML-Welt (und mehr zum Thema Internetprogrammierung) an. Zu den Informationen rund um JavaScript kommen Sie über `javascript.seite.net`.
- Auch Microsoft bietet einiges zum Thema JavaScript bzw. natürlich insbesondere dessen Version JScript. Über den Einstieg `www.microsoft.de` bzw. `www.microsoft.com` erhalten Sie Zugang zu einer Suchmöglichkeit innerhalb der Microsoftwelt[22].

22. Ironie des Browserkriegs - die Suche in der Microsoftwelt macht mit dem Internet Explorer 5.0 unter Umständen Probleme (je nach Sicherheitseinstellungen) und die Ergebnisse werden nicht angezeigt, während der Navigator recht sauber arbeitet.

JavaScript-/JScript-Anweisungen

Die Grundregeln für Anweisungen und Kommentare in JavaScript und JScript sowie die von JavaScript/JScript bereitgestellten Anweisungsstrukturen.

Anwendung

Allgemein stehen Anweisungen unter JavaScript bzw. JScript in einer Zeile und werden vom Semikolon beendet. Anweisungen können jedoch über mehrere Zeilen verteilt werden, so lange zusammengehörende Strukturen (etwa ein String) nicht auseinander gerissen werden. Für den Interpreter ist immer das Semikolon das Ende der Anweisung. Alle bis dahin notierten Zeichen werden vom Interpreter als eine einzige logische Zeile betrachtet.

Wenn mehrere Anweisungen zu einer Gruppe zusammengefasst werden sollen (etwa in Funktionen), fasst man sie zu Blöcken bzw. Blockanweisungen zusammen. Diese werden in geschweifte Klammern eingeschlossen ({ }), welche Anfang und Ende eines Blocks markieren. Der Interpreter des Browsers wird einen solchen Block als Einheit behandeln und die Anweisungen darin zusammen abarbeiten.

Ein Kommentar ist auch in JavaScript/JScript ein normaler Bestandteil des Quelltextes, der von dem ausführenden Programm (der Interpreter-Fall wie bei JavaScript oder HTML) ignoriert wird. Er kann in der Regel an jeder Stelle innerhalb eines Quelltextes stehen, denn Kommentare haben keinerlei Auswirkung auf die konkrete Abarbeitung des Scriptes. Kommentare sorgen nur für eine bessere Lesbarkeit des Quelltextes und ermöglichen das Einfügen von Hintergrundinformationen in einen Quelltext. Wichtig ist auch die Möglichkeit, zeitweise bestimmte Teile eines Programms oder Dokuments über Kommentare ausblenden zu lassen.

Bei Webkommentaren muss man eine Besonderheit beachten – durch das gemeinsame Auftreten von HTML-Anweisungen und Scriptanweisungen innerhalb einer Webseite können auch HTML-Kommentare und Scriptkommentare dort gemeinsam vorkommen. Deshalb werden Scriptkommentare mit anderen Zeichen als HTML-Komentare notiert, damit die beiden Kommentartypen eindeutig vom Browser zu trennen sind. Zusätzlich werden sich auch Kommentarzeichen von verschiedenen Scriptsprachen unterscheiden, was auch in Hinsicht auf eine gemeinsame Verwendung von verschiedenen Scriptsprachen innerhalb einer Seite viel Freiraum erzeugt.

JavaScript und JScript unterstützen zwei verschiedene Kommentararten, welche von dem verwandten Java (und damit von C/C++) geerbt sind.

Es gibt zum einen mehrzeilige Kommentare. Ein mehrzeiliger Kommentar beginnt mit einem Slash, gefolgt von einem Stern (/*), schließt beliebigen Text ein und endet mit den gleichen Zeichen in umgekehrter Reihenfolge – einem Stern gefolgt von einem Slash (*/). Diese Form von Kommentar kann überall beginnen und aufhören. Damit lassen sich leicht ganze Teile eines Scripts auskommentieren und bei Bedarf wieder zur Verfügung stellen, indem man einfach Anfangs- und Endezeichen des Kommentars löscht.

Die zweite Kommentarform sind einzeilige Kommentare. Ein einzeiliger Kommentar beginnt mit einem Doppel-Slash (//) und endet mit dem Zeilenende. Das bedeutet, alle Zeichen in einer Zeile hinter dem Doppel-Slash werden vom Script-Interpreter ignoriert. Man nutzt solche Kommentarformen gerne, wenn nur eine Zeile eines Programms stört und man sie bei Bedarf wieder zur Verfügung haben möchte, indem man einfach die Kommentarzeichen wieder löscht. Eine andere Verwendung ist das in einer Anweisungszeile direkt nachgestellte Kommentieren einer Anweisung.

JavaScript stellt die meisten der üblichen Anweisungen bereit. Von Kontrollstrukturen über Abbruchanweisungen hin zu Variablendeklarationen.

Kontrollstrukturen sind die klassische Anwendung von logischen oder vergleichenden Operatoren. Es sind spezielle Anweisungsschritte in einer Programmiersprache, mit denen ein Programmierer Entscheidungen vorprogrammieren kann, wenn bestimmte Bedingungen eintreten. Aber auch in vielen modernen Anwenderprogrammen gibt es mittlerweile frei definierbare Kontrollstrukturen.

In JavaScript und auch JScript haben Sie die gleichen Kontrollstrukturen zur Verfügung. Es sind solche Kontrollmöglichkeiten, die es in fast allen Programmiersprachen in gleicher oder ähnlicher Form gibt.

Die if-Bedingung

Diese Auswahlanweisung überprüft eine Bedingung auf wahr. In diesem Fall werden die nachfolgend notierten Anweisungen ausgeführt.

Syntax:

```
if (Bedingung)
{
...Anweisungen
}
```

Es gibt die `if`-Bedingung mit oder ohne den nachgestellten `else`-Teil.

Syntax:

```
if (Bedingung)
{
...Anweisungen
}
else
{
...alternative Anweisungen
}
```

Wenn dieser nachgestellte `else`-Teil vorhanden ist, kann darin eine Folge von alternativen Anweisungen stehen, die immer dann ausgeführt werden, wenn `Bedingung` in der `if`-Überprüfung den Wert `false` liefert. Wenn bereits die `if`-Schleife ausgeführt wurde, wird der `else`-Zweig nicht ausgeführt. Wenn der `else`-Zweig fehlt, bewirkt die Schleife nur etwas, wenn Bedingung den Wert `true` liefert. Im Falle des Werts `false` bewirkt die Schleife gar nichts. Über die Erweiterung von `else` zu `else if (Bedingung)` können mehr als zwei Alternativen realisiert werden.

Eine Kurzform für die `if-else`-Struktur ist die Verwendung des trinären Operators ?:,. Vor dem Fragezeichen muss in Klammern eine Bedingung formuliert werden. Hinter dem Fragezeichen werden die Anweisungen notiert, die ausgeführt werden, wenn die `Bedingung` wahr ist. Hinter dem nachfolgenden Doppelpunkt folgt der `else`-Block. Eine solche Kurzform wird meist gewählt, wenn einer Variablen in Abhängigkeit von gewissen Bedingungen verschiedene Werte zugewiesen werden sollen.

Die switch-Fallunterscheidung

Die Fallunterscheidung über `switch` erlaubt es auf einfache Weise mehr als zwei Fälle zu unterscheiden. Die Syntax einer `switch`-Fallunterscheidung sieht folgendermaßen aus:

```
switch([auswahl])
{
case [Fall 1]:
...
break;
case [Fall 2]:
...
break;
...
default:
...
break;
}
```

Mit dem Schlüsselwort `switch` leiten Sie die Fallunterscheidung ein. Als Argument wird in runden Klammern eingeschlossen eine Variable oder ein Ausdruck angegeben, für dessen aktuellen Wert Sie die Fallunterscheidung durchführen. Dies kann ein beliebiger Datentyp sein, der unter JavaScript/JScript erlaubt ist (etwa eine Zahl, aber auch ein Text).

Die einzelnen Fälle, zwischen denen unterschieden werden soll, werden untereinander aufgelistet und innerhalb geschweifter Klammern als Blöcke notiert. Jeden einzelnen Fall leiten Sie mit dem Schlüsselwort `case` ein, gefolgt von der konkreten Angabe des Wertes, auf den Sie prüfen wollen.

Am Ende jedes Blocks kann das Schlüsselwort `break` stehen. Damit stellen Sie sicher, dass nach einem Treffen die nachfolgenden Fälle nicht ebenso ausgeführt werden, was in der Regel nicht gewünscht ist.

Der Fall `default` ist dafür da, eine Standardreaktion für den Fall zu definieren, dass keiner der von Ihnen definierten Fälle zutrifft.

Es kann jeder erlaubte JavaScript-Datentyp für eine Überprüfung verwendet werden. Die Fälle müssen nicht sortiert notiert werden.

Die while-Iterationsanweisung

Die `while`-Iterationsanweisung führt die Prüfung einer Bedingung durch. Die Kontrollstruktur wird so lange durchlaufen, bis eine Bedingung nicht mehr richtig ist.

```
while (Bedingung)
{
...Anweisungen
}
```

Wenn eine Bedingung bei Erreichen der Schleife falsch ist, werden die Anweisungen im Block überhaupt nicht durchgeführt.

Die `while`-Schleife benötigt in ihrem Inneren immer eine Möglichkeit, mit der die Schleife abgebrochen werden kann. Andernfalls erzeugen Sie unter Umständen eine Endlosschleife, also eine nicht endende Abarbeitung der Anweisungen im Inneren. Normalerweise ergibt sich dies folgendermaßen: Die in der Bedingung geprüfte Variable im Inneren wird so verändert, dass irgendwann die Bedingung nicht mehr erfüllt ist.

Die do-while-Iterationsanweisung

Die `do-while`-Iterationsanweisung ist eine Abart der `while`-Schleife und steht erst seit der JavaScript-Version 1.2 zur Verfügung. Der wichigste Unterschied zu der normalen `while`-Schleife ist, dass bei der `while`-Schleife bereits vor dem ersten Ausführen der im Inneren notierten Anweisungen die Schleifenbedingung überprüft wird, während bei der `do-while`-Schleife die im Inneren notierten Anweisungen auf jeden Fall einmal ausgeführt werden, bevor die Schleifenbedingung überprüft wird. Auch wenn die am Ende überprüfte Bedinung schon mit den Anfangsbedingungen `falsch` liefert, sind die Anweisungen auf jeden Fall mindestens einmal ausgeführt worden!

Die Syntax sieht so aus:

```
do
{
... irgendwelche Anweisungen
}
while([Bedingung]);
```

Die for- und die for...in-Iterationsanweisung

In dieser Kontrollstruktur wird eine vorgegebene Anzahl von Durchgängen festgelegt. So oft wie angegeben, werden die Anweisungen im Inneren der Schleife ausgeführt. Bei jedem Durchlauf wird die Zählvariable um eine Zähleinheit (diese muss nicht 1 sein – deren Größe wird in der Schleife als letztes explizit angegeben) hochgezählt.

```
for (Zählvar=Startwert;Bedingung;Veränderung Zählvar)
{
...Anweisungen
}
```

Die Schleife kann sowohl aufwärts zählen als auch in negative Richtung. Im letzteren Fall muss der Startwert größer sein als der Abbruchwert in der überprüften Bedingung und die Zählschritte müssen negativ definiert werden.

Die Iterationsanweisung eigenet sich hervorragend zu Initialisierung von Arrays oder zur Beeinflussung von Situationen, in denen gleichartige Dinge ablaufen. Ein Spezialfall der Schleife ist die `for...in`-Schleife, mit der eine angegebene Variable über alle Eigenschaften eines Objekts iteriert werden kann.

Syntax:

```
for (variable in object)
{
...Anweisungen
}
```

Die with-Anweisung

Eine Kurzschreibweise, um mit einem angegebenen Objekt einen Satz von Anweisungen ohne jeweiliges Voranstellen des Objektbezeichners per Punktnotation durchführen zu können.

Syntax:

```
with (objekt)
{
...Anweisungen
}
```

Schleifenabbrüche

Schleifen sind recht kritische Stellen in jedem Programm oder Script. Es kann leicht zu so genannten Endlosschleifen kommen. Dies sind Schleifen, deren Abbruchbedingungen aus irgendwelchen Gründen niemals eintreten. Viele Programmiersprachen stellen deshalb Schlüsselworte zur Verfügung, mit denen eine Kontrolle einer Schleife möglich ist. Etwa das Schlüsselwort `break`, mit dem das gezielte Verlassen einer `switch`-Auswahl möglich ist (Sprunganweisungen).

In JavaScript 1.2 wurde eine Erweiterung von `break` vorgenommen, die aus vielen Programmiersprachen bereits bekannt ist – die `break`-Anweisung mit Angabe eines Labels. Dies ist eine Sprungadresse, die angibt, wo nach Ausführen der `break`-Anweisung mit der Abarbeitung des Codes fortgefahren werden soll. Das Label ist ein frei definierbarer Name an einer beliebigen Stelle im Quelltext, der mit einem nachgestellten Doppelpunkt notiert wird. Hinter dem Wort `break` können Sie dann durch Leerzeichen abgetrennt den Namen des Labels angeben.

Neben `break` gibt es noch die Anweisung `continue`. Diese erzwingt an einer bestimmten Stelle unmittelbar den nächsten Schleifendurchlauf. Die nachfolgenden Anweisungen innerhalb der Schleife werden ignoriert.

Import- und Export-Anweisungen

Ein JavaScript kann Eigenschaften, Funktionen und Objekte von einem anderen Script importieren, das solche Informationen mit einem entsprechenden Befehl bereitstellt. Dazu gibt es die in JavaScript 1.2 implementierten Anweisungen `import` und `export`.

Syntax `import`:

import objectName.name1, objectName.name2, ..., objectName.nameNimport objectName.*

Der jeweilige Objekt-Name steht für das zu importierende Objekt und die nach dem Punkt notierten Bezeichner stehen für Eigenschaften, Objekte oder Funktionen, die importiert werden sollen. Der Platzhalter `*` importiert alle Eigenschaften, Objekte und Funktionen aus dem Export-Script.

Syntax `export`:

export name1, name2, ..., nameNexport *

Die Parameter spezifizieren eine Liste mit allen zu exportierenden Eigenschaften, Objekte und Funktionen. Der Platzhalter `*` exportiert alle Eigenschaften, Objekten und Funktionen aus dem Script.

Variablendeklarationen

Variablendeklarationen werden mit dem Schlüsselwort `var` realisiert. Mehr dazu finden Sie im Abschnitt zu Variablen.

Warnungen

- Die `switch`-Anweisung ist erst seit JavaScript 1.2 integriert. Ältere Browser reagieren bei einer Verwendung mit einer Fehlermeldung. Sicherer (wenngleich weniger elegant) sind mehrere `if`-Abfragen hintereinander. Ebenso ist die `do-while`-Schleife erst seit JavaScript 1.2 vorhanden.

- Wenn im Rahmen einer `switch`-Anweisung keine `break`-Anweisung jeden `case`-Block beendet, werden nach einem Treffer alle folgenden Blöcke abgearbeitet! Unabhängig davon, ob die vorangestellten Bedinungen erfüllt sind oder nicht. Dieses Verhalten muss unbedingt beachtet werden, kann aber natürlich auch bewusst eingesetzt werden.
- Bei Schleifen ohne definierte Abbruchbedingung nach einer definierten Anzahl von Durchläufen muss man immer durch ein inneres Kriterium die Abbruchbedingung selbst definieren. Entweder die überprüfte Variable irgendwann so setzen, dass die nachfolgende Überprüfung einen Abbruch bewirkt. Oder ein zusätzliches Abbruchkriterium innerhalb der Schleife löst den Abbruch aus.
- Bei der Verwendung eines Labels muss dieses dem Interpreter bereits bekannt sein. Das kann dann ein Problem sein, wenn zu einem Label gesprungen wird und die entsprechende Codezeile noch nicht geladen ist. Labels stehen also am besten vor dem Sprungbefehl (in Hinblick auf das Laden eines Scripts).

Beispiele:

Eine Variablendeklaration als Beispiel einer Anweisung:

```
var test=0;
```

Eine Variablendeklaration mit nachgestelltem Kommentar:

```
var test; // Dies ist eine Testvariable
```

Mehrzeiliger Kommentar:

```
/*
Dies ist ein Kommentar, der auch über mehrere Zeilen gehen kann. Wie lang er tat-
sächlich ist, spielt keine Rolle.
*/
```

Verwendung des konditionalen Operators als Alternative zu `if-else`:

```
var Tageszeit = (Zustand == "dunkel") ? "Nacht" : "Tag";
```

Zweifacher Einsatz von `do-while`. Im 2. Fall werden die Anweisungen einmal ausgeführt, obwohl die Bedingung nicht erfüllt ist:

```
<HTML>
<HEAD>
<SCRIPT LANGUAGE="JavaScript">
<!--
var zaehler=0;
do
{
document.write("Der Wert ist ",zaehler);
document.write("<BR>");
zaehler++;
```

```
}
while(zaehler < 10)
zaehler=1000;
do
{
document.write("Der Wert ist ",zaehler, " und dennoch wird die Schleife einmal
durchlaufen.");
document.write("<BR>");
zaehler++;
}
while(zaehler < 10)
-->
</SCRIPT>
</HEAD>
<BODY>
</BODY>
</HTML>
```

Der Einsatz von dem `with`-Statement. Das spezifizierte Objekt ist `Math` mit einigen von dessen Eigenschaften und Methoden:

```
<HTML>
<HEAD>
<SCRIPT LANGUAGE="JavaScript">
<!--
var a, x, y;
var r=10;
with (Math)
{
a = PI * r * r;
x = r * cos(PI);
y = r * sin(PI/2);
document.write("Der Wert von a ist "+ a + "<BR>");
document.write("Der Wert von x ist "+ x + "<BR>");
document.write("Der Wert von y ist "+ y + "<BR>");
}
//-->
</SCRIPT>
</HEAD>
<BODY>
</BODY>
</HTML>
```

Die Verwendung von `switch` in Verbindung mit `break`. Der zweite Zweig wird genommen und die Auswahlanweisung beendet:

```
<HTML>
<HEAD>
<SCRIPT LANGUAGE="JavaScript">
<!--
```

```
var i = "Felix"
switch (i)
{
case "Florian":
 document.write("Feuerwehrhauptmann.<BR>");
break;
case "Felix":
document.write("Der Glückliche.<BR>");
break;
case "Andrea":
document.write("Wein.<BR>");
break;
default :
document.write("Kein Treffer.<BR>");
}
//-->
</SCRIPT>
</HEAD>
<BODY>
</BODY>
</HTML>
```

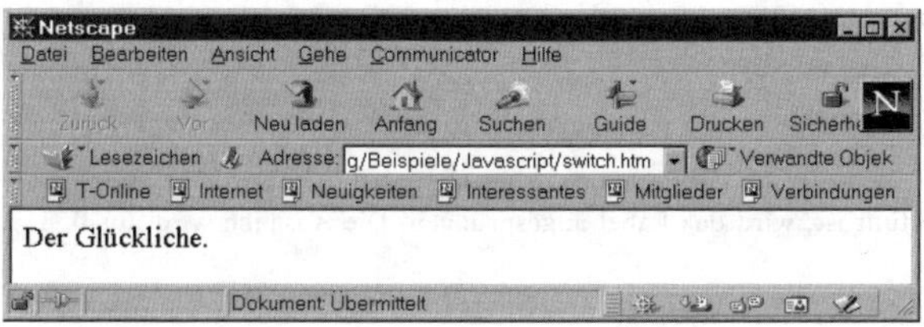

Der zweite Zweig.

Die Verwendung von `switch` ohne `break`. Der erste Treffer – hier gleich der erste Zweig – wird genommen und die Auswahlanweisung ohne weitere Überprüfungen weiter abgearbeitet:

```
<HTML>
<HEAD>
<SCRIPT LANGUAGE="JavaScript">
<!--
var i = "Florian"
switch (i)
{
case "Florian":
 document.write("Feuerwehrhauptmann.<BR>");
case "Felix":
document.write("Der Glückliche.<BR>");
```

```
case "Andrea":
document.write("Wein.<BR>");
default :
document.write("Kein Treffer.<BR>");
}
//-->
</SCRIPT>
</HEAD>
<BODY>
</BODY>
</HTML>
```

Alle Zweige werden genommen.

Der Einsatz von `break` in Verbindung mit einem Label, `while` und `if`. Wenn eine Bedingung erfüllt ist, wird das Label angesprungen. Die Ausgabe wird nur 0, 1, 2 sein:

```
<HTML>
<SCRIPT LANGUAGE="JavaScript">
<!--
var i = 0;
weiter:
while (i<5)
{
document.write(i);
document.write("<BR>");
i=i+1;
if (i==3)
{
i=5;
break weiter;
}
}
//-->
</SCRIPT>
```

```
</HEAD>
<BODY>
</BODY>
</HTML>
```

Die for-Schleife. Zuerst wird ein Array mit 20 Elementen erzeugt, das dann mit der for-Schleife gefüllt wird (beachten Sie den Indexbeginn 0). Die zweite for-Schleife zählt die Elemente rückwärts durch und gibt deren Werte aus:

```
<HTML>
<SCRIPT LANGUAGE="JavaScript">
<!--
meinArray = new Array(19);
var zaehler;
for (zaehler = 0; zaehler<20;zaehler++)
{
meinArray[zaehler] = zaehler + 1;
}
for (zaehler = 19; zaehler>=0;zaehler--)
{
document.write(meinArray[zaehler]);
document.write("<BR>");
}
</SCRIPT>
</HEAD>
<BODY>
</BODY>
</HTML>
```

Wenn man bei dem Beispiel die for...in-Schleife verwenden will, kann z.B. die 2. for-Schleife durch folgende Syntax ersetzt werden (dieses mal aber von vorn nach hinten die Elemente durchlaufen):

```
for (zaehler in meinArray)
{
document.write(meinArray[zaehler]);
document.write("<BR>");
}
```

Verwandte Befehle/Themen

Grundlegende Begriffe der Script-Syntax – Anweisungen

VBScript-Anweisungen und Kommentare

Perl-Anweisungen, -Deklarationen und Kommentare

VBScript-Kontrollanweisungen

Schleifen in VBScript

Kontrollanweisungen in Perl

Variablen, Arrays und Datentypen in JavaScript/JScript

Variablen, Arrays und Datentypen in JavaScript und JScript.

Anwendung

JavaScript als auch JScript sind lose typisierte Sprachen. Das bedeutet, dass die Datentypen von Variablen nicht explizit deklariert werden müssen (mit allen Vorteilen, aber auch den gravierenden Nachteilen). Man legt zwar die Namen von Variablen fest, dabei werden jedoch niemals die Datentypen direkt deklariert. Dadurch werden Variablen erst dann zu einem bestimmten Datentyp, wenn ihnen Werte eines bestimmten Typs zugewiesen wurden.

Ein wesentlicher Vorteil des Konzeptes ist, dass man den Datentyp jederzeit ohne großen Aufwand ändern kann. Ein explizites Typumwandeln (Casting – siehe Seite 34) ist nicht notwendig. In JavaScript bzw. JScript werden in vielen Fällen Konvertierungen automatisch nach Bedarf durchgeführt, was zwar bequem, aber ziemlich gefährlich sein kann. Wenn man z.B. versucht, eine Zahl einem Element hinzuzufügen, das aus Text besteht (eine Zeichenfolge), wird die Zahl in Text konvertiert. Welcher Wert auch immer in der Variablen enthalten ist, er definiert den Variablentyp. Dies ist bei vielen konventionellen Programmiersprachen (wie C und C++ und Java) ganz anders. Dort muss der Programmierer auf jeden Fall den Datentyp festlegen, bevor in einer Variablen ein Wert gespeichert werden kann. In der so festgelegten Variablen kann dann auch nur ein Wert des einmal festgelegten Typs gespeichert werden. Jede Wertzuweisung eines anderen Datentyps wird einen Fehler erzeugen. Man nennt so etwas dann statische Typisierung von Variablen.

Variablen werden in JavaScript/JScript normalerweise über das Schlüsselwort `var` angelegt, wobei sie (leider) auch entstehen können, wenn einem neuen Bezeichner einfach nur ein Wert zugewiesen wird. Bezüglich der Bezeichner der Variablen gelten nur wenige Regeln. Das erste Zeichen muss ein Buchstabe oder der Unterstrich _ sein und es darf keines der JavaScript-/JScript-Schlüsselworte als Bezeichner verwendet werden.

Syntax:

```
var [Variablenbezeichner];
```

Die angelegte Variable kann im Laufe des Scripts verwendt werden, hat jedoch noch keinen Typ und auch noch keinen Wert. Ihr kann (und muss vor einer Verwendung) später – irgendwann im Ablauf des Scripts – ein Wert zugewiesen werden. Damit erhält sie gleichzeitig ihren Variablentyp. Wenn sie verwendet wird, bevor sie einen Wert bekommen hat, meldet der Script-Interpreter einen Fehler.

Beim Anlegen einer Variablen kann ihr auch gleich ein Defaultwert zur Vorbelegung zugewiesen werden.

Syntax:

```
var [Variablenbezeichner] = [Wert];
```

Der Wert einer Variablen zur Laufzeit wird einfach durch Zuweisung eines neuen Werts über ein Gleichheitszeichen verändert. Dabei können auf der rechten Seite direkt Werte, aber auch Ausdrücke mit Wertrückgabe (Berechnungen, Funktionen etc.) stehen. Wenn der neue Wert ein anderer Typ als der bisherige Wert ist, wird sich der Datentyp der Variablen automatisch ändern.

JavaScript bzw. JScript unterstützen vier Grundtypen von Variablen:

Typ	Beschreibung
`Boolean`	Dieser Variablentyp enthält nur einen der beiden Werte `wahr` oder `falsch` (`true` oder `false`).
`Number`	Dieser Variablentyp kann einen Dezimal- oder einen Gleitkommawert enthalten. Kommazahlen werden anstelle eines Kommas mit einem Punkt getrennt. Neben der normalen Zahlenschreibweise gibt es die wissenschaftliche Notationsmöglichkeit über die Angaben `e` oder `E`.
`String`	Dieser Variablentyp kann eine Reihe von alphanumerischen Zeichen enthalten.
`Object`	Dieser allgemeine Datentyp kann einen Wert eines beliebigen Typs enthalten. Er wird normalerweise für das Speichern von Instanzen von Klassen verwendet.

Der Datentyp `String` kann neben alphanumerischen Zeichen auch maskierte Zeichen enthalten. Diese sind notwendig, wenn in Zeichenkettenvariablen Sonderzeichen wie Hochkommata oder ein Zeilenumbruch verwendet werden sollen. Diese kann man nicht direkt eingeben, da sie in der Regel eine Steuerfunktion unter JavaScript oder im Editor haben. Sie müssen maskiert werden. Maskierte Zeichen werden durch das Zeichen `\` eingeleitet, gefolgt von einem Buchstaben, der das Steuerzeichen beschreibt. Es gibt folgende Steuerzeichen:

Steuerzeichen	Funktion
`\n`	Zeilenumbruch
`\f`	Wagenrücklauf
`\b`	Backspace
`\r`	DOS-Zeilenumbruch als Ergänzung von `\n`
`\t`	Tabulator
`\"`	Anführungszeichen

Neben den vier Standarddatentypen gibt es zusätzlich in neueren JavaScript- bzw. JScript-Versionen zwei spezielle Datentypen, die nichtdefinierte Situationen beschreiben. Der Datentyp `undefined` beschreibt einen nicht definierten Wert, der einer Variablen automatisch nach dem Anlegen zugewiesen worden ist – bevor ihr explizit ein Wert zugewiesen wird. Ein `null`-Datentyp hat keinen Wert und entspricht »keiner Bedeutung«.

Selbstverständlich gibt es unter JavaScript/JScript Datenfelder (Arrays) jeglicher Datentypen. Ein Array kann auf verschiedene Art und Weise erzeugt werden. Etwa als neue Instanz des `Array`-Objekts über das Schlüsselwort `new`. Dabei gibt es verschiedene Varianten.

Syntax:

```
new Array()
new Array(Größe)
new Array(Element0, Element1, ..., ElementN)
```

Entweder wird ein Array ohne vorgegebene Größe erstellt. Es bekommt dann zur Laufzeit seine Elemente und damit die Größe zugewiesen. Alternativ kann die Größe des Datenfelds explizit angegeben werden (die Größenangaben beginnen mit 0, was einem Element entspricht). Die dritte Variante gibt explizit bei der Deklaration die Elemente an, die in das Datenfeld gesetzt werden sollen. Auf diese Weise wird ein Datenfeld mit N + 1 Elementen und einer Länge (der Eigenschaft `length`) von N erstellt.

Nachdem ein Datenfeld erstellt wurde, kann auf die einzelnen Elemente über die Notation mit eckigen Klammern `[]` und einen Index zugegriffen werden. Entweder zur Abfrage oder für die Wertzuweisung. Im Gegensatz zu vielen anderen Programmiersprachen müssen die Elemente in einem Array nicht alle den gleichen Datentyp haben.

Warnungen

- JavaScript und JScript unterscheiden Groß- und Kleinschreibung. Der Bezeichner einer Variablen muss später auch genauso verwendet werden. Die Variable `HansDampf` ist nicht identisch mit `Hansdampf` oder `hansDampf`. Man kann sogar so unvernünftig sein und diese Eigenschaft ausnutzen, indem man innerhalb eines Scripts gleichlautende Namen verwendet. Es wird jedoch eine tückische Fehlerquelle werden.
- Die lose Typisierung von JavaScript und JScript hat nicht nur Vorteile. Sonst würden die viel mächtigeren Programmiersprachen nicht den Aufwand mit der statischen Typisierung betreiben. In komplexeren Strukturen ist oft nicht mehr leicht erkennbar, welcher Typ einer Variablen zugeordnet ist. Man sollte Variablen möglichst zur Laufzeit nie im Typ verändern – sofern es sich vermeiden lässt – und tunlichst sprechende Namen verwenden.

Beispiele

Variable vom `Boolean` Datentyp

```
abc = true;
```

Variablen vom `Number` Datentyp

```
abc = 123.45;
def = 42;
exp = 1.2345E2; // identisch mit 123.45
exp2 = 5e-2; // identisch mit 0.05
```

Variable vom Datentyp `String`

```
meinText  = "Beliebiger Text!";
```

Variable vom Datentyp `Object`

```
heute = new Date();
```

Zugriff auf das 6. Element eines Arrays

```
x = meinDatenfeld[5];.
```

Wertzuweisung eines Elements in einem Array (mit Werten verschiedenen Datentyps):

```
var Tag_im_April[ 6 ] = 7 ;
Ein Array mit Variablen verschiedenen Typs:MeinAdressArray = new Array(6);
MeinAdressArray[0] = "Milchstrasse";
MeinAdressArray[1] = 42;
MeinAdressArray[2] = 12345;
MeinAdressArray[3] = "Mond";
MeinAdressArray[4] = "00612345678";
MeinAdressArray[5] = true;
MeinAdressArray[6] = false;
```

Verwandte Befehle/Themen

Grundlegende Begriffe der Script-Syntax – Variablen, Arrays, Datentypen

VBScript-Datentypen, -Variablen, -Konstanten und -Arrays

Variablen & Arrays in Perl

Top-Level-Eigenschaften und -Funktionen unter JavaScript/JScript

Alle JavaScript-/JScript-Eigenschaften und -Funktionen, welche nicht einem bestimmten Objekt zugeordnet sind. In der ECMA-Spezifikation werden diese Eigenschaften und Funktionen einem fiktiven globalen Objekt zugeordnet.

Anwendung

Top-Level-Eigenschaften und -Funktionen haben in einer Sprache einen besonderen Stellenwert. Sie stehen an jeder Stelle in einem Script bereit und müssen nicht erst über die Erzeugung eines Objekts verfügbar gemacht werden. JavaScript kennt die folgenden Top-Level-Eigenschaften:

Eigenschaft	Beschreibung
`Infinity`	Ein numerischer Wert, der den Wert unendlich repräsentiert. Allgemein implementiert seit JavaScript 1.3. Davor war die Eigenschaft nur für das `Number`-Objekt vorhanden. Der Initialisierungswert von `Infinity` ist `Number.POSITIVE_INFINITY` (positiv unendlich).
`NaN`	Ein Wert, der `Not-A-Number` repräsentiert. Allgemein implementiert seit JavaScript 1.3. Davor war die Eigenschaft nur für das `Number`-Objekt vorhanden. `NaN` ist immer ungleich jeder anderen Zahl inklusive sich selbst. Daher kann es nie direkt in einem Vergleich verwendet werden (dafür gibt es `isNaN`). Verschiedene Methoden liefern `NaN`, wenn der spezifizierte Wert in einem Parameter keine Zahl ist.
`undefined`	Der Wert `undefined`. Implementiert in JavaScript 1.3. Repräsentiert den Zustand einer Variablen, der noch kein Wert zugewiesen wurde.

JavaScript kennt die folgenden Top-Level-Funktionen:

Funktion	Beschreibung
`escape`	Rückgabe des Hexadezimalcodes eines beliebigen Arguments in dem ISO-Latin-1-Zeichensatz (Ausnahmen: `* @ - _ + . /`) mit vorangestelltem `%`. Implementiert seit JavaScript 1.0 und mit Ausnahme von Unicode-Zeichen ECMA-262-kompatibel. Unicode-Zeichen werden statt dessen entsprechend den Internet-Engineering-Task-Force (IETF)-Richtlinien für Escape-Zeichen behandelt. Spezielle Unicode-spezifizierte Escape-Sequencen der Form `%uXXXX` werden nicht unterstützt.
`eval`	Evaluiert einen String von JavaScript-Code ohne Referenz auf ein besonderes Objekt. Der String kann jede gültige Befehlsstruktur sein. Implementiert seit JavaScript 1.0 und ECMA-262-kompatibel. Seit JavaScript 1.1 ist die Funktion für alle Objekte einsetztbar. Syntax: `eval([string])`

Funktion	Beschreibung
`isFinite`	Evaluiert ein Argument, um zu bestimmen, ob es eine endliche Zahl ist. Implementiert seit JavaScript 1.3. Syntax: isFinite([Zahl]) Wenn das Argument `NaN`, positiv oder negativ unendlich ist, wird `false`, andernfalls `true` zurückgegeben.
`isNaN`	Evaluiert ein Argument, um zu bestimmen, ob es eine Zahl ist oder nicht. In JavaScript 1.0 wurde die Funktion nur unter Unix unterstützt, seit JavaScript 1.1 auf allen Plattformen. Syntax: isNaN([testWert]) Auf Plattformen, die `NaN` unterstützen, liefern z.B. die Funkionen `parseFloat` und `parseInt` `NaN`, wenn diese auf Werte angewandt werden, die keine Zahlen sind. `isNaN` kann zur Überprüfung eingesetzt werden und liefert `true`, falls `NaN` entsteht, ansonsten `false`.
`Number`	Konvertiert ein Objekt in eine Zahl. Implementiert seit JavaScript 1.2. Syntax: `Number([obj])` Wenn das Parameterobjekt kein sinnvolles numerisches Literal enthält, wird `NaN` zurückgegeben.
`parseFloat`	Durchsucht ein Stringargument und gibt eine Fließkommazahl zurück. Implementiert seit JavaScript 1.0 in der folgenden Form: Wenn das erste Zeichen des Strings nicht in eine Zahl konvertiert werden kann, wird `NaN` auf Solaris- und Irix-Systemen zurückgeliefert und 0 auf allen anderen Plattformen. Seit JavaScript 1.1 wird für den Fall auf allen Plattformen `NaN` geliefert. Falls nach einer Zahl oder Vorzeichen Nichtzahl-Zeichen notiert werden, wird der Ausdruck bis zu diesem Punkt ausgewertet. Führende und trennende Leerzeichen sind erlaubt. Syntax: `parseFloat([String])`
`parseInt`	Durchsucht ein Stringargument und gibt eine Ganzzahl vom Typ `Integer` zurück. Die wesentlichen Regeln sind identisch zu `parseFloat`, nur wird als optionaler 2. Parameter noch ein Wert angegeben, der die Basis der Zahl (etwa 10 für dezimal, 8 für oktal oder 16 für hexadezimal) darstellt. Wenn die Basis nicht angegeben wird, gelten die Regeln, dass der Anfang `0x` für hexadezimal, der Beginn mit `0` für oktal steht. Alle anderen Zahlen stehen für dezimal. Syntax: `parseInt(string[, Basis])`
`String`	Konvertiert ein Objekt in einen String. Vorhanden seit JavaScript 1.2. Syntax: `String(obj)`
`taint`	Eine Funktion, mit der Datenelemente oder Scripte vor Zugriffen durch fremde Scripte versteckt werden können. In JavaScript 1.1 eingeführt, wurde die Funktion aber in JavaScript 1.2 wieder entfernt. Syntax: `taint([dataElementName])`

Funktion	Beschreibung
`unescape`	Rückgabe des ASCII-Strings eines hexadezimal angegebenen Arguments (JavaScript 1.0). Es gelten die gleichen Regeln wie bei `escape`. Syntax: `unescape(string)`
	Der Parameterstring muss Zeichen in der Form `%xx` enthalten, wobei `xx` eine zweistellige Hexadezimalzahl ist.
`untaint`	Entfernt denn Zugriffsschutz, der mit `taint` gesetzt wurde. Ansonsten gelten die gleichen Bemerkungen, die dort gemacht wurden.

Warnungen

- Die Funktion `eval` sollte nicht zum Ausführen eines arithmetischen Ausdrucks verwendet werden. Diese werden in JavaScript automatisch ausgeführt. In Verbindung von Strings mit Zahlenwerten ist sie jedoch sinnvoll.

Beispiele

Anwendung von `escape`:

```
escape("&"); // Rückgabe "%26"
```

Anwendung von `eval`:

```
eval(new String("2*3"))
// Rückgabe eines String-Objekts mit dem Inhalt "2*3"
```

Überpüfung, ob eine Eingabe eine endlich Zahl ist:

```
if(isFinite(Eingabe) == true)
{
   // irgendwelche Anweisungen
}
```

Konvertierung eines `Date`-Objekts in einen numerischen Wert:

```
d = new Date ("December 31, 1999 03:24:00")
alert (Number(d))
```

Einsatz von `parseFloat`. Alle Varianten liefern `3.14`:

```
parseFloat("3.14")
parseFloat("314e-2")
parseFloat("0.0314E+2")
var x = "3.14"
parseFloat(x)
```

Einsatz von `parseFloat` und `NaN`:

```
floatWert=parseFloat(toFloat)
if (isNaN(floatWert)) {
```

```
...
} else {
...
}
```

Einsatz von `parseFloat` mit Ergebnis `NaN`:

```
parseFloat("ABC2")
```

Einsatz von `parseInt`. Alle Varianten liefern `15`:

```
parseInt("F", 16)
parseInt("17", 8)
parseInt("15", 10)
parseInt("1111", 2)
parseInt("15")
```

Konvertierung des `Date`-Objekts in einen lesbaren String:

```
D = new Date (430054664215)
alert (String(D))
```

Der Einsatz von `unescape`. Die erste Anweisung gibt `&`, die zweite `!#` zurück:

```
unescape("%26");
unescape("%21%23");
```

Verwandte Befehle/Themen

Objekte

Objektmodelle

JavaScript-/JScript-Schlüsselworte

Alle Worte, die ein essentieller Teil der Sprachdefinition sind.

Anwendung

Schlüsselworte sind Worte, die in JavaScript bzw. JScript (bzw. jeder anderen Programmiersprache) bereits eine feste Bedeutung haben – siehe Seite 54. Etwa unter JavaScript `var`, welches bei der Variablendeklaration verwendet wird. Wenn diese Worte im anderen Zusammenhang als Bezeichner verwendet werden, kann der Interpreter nicht zwischen dem Bezeichner und dem Schlüsselwort unterscheiden. Wenn eines der reservierten Schlüsselwörter als Bezeichner verwendet wird, führt dies beim ersten Laden des Scripts zu einem Kompilierungsfehler durch den Interpreter.

Sowohl JavaScript als auch JScript reservieren über die aktuell benutzten Schlüsselworte bestimmte Token für zukünftige Sprachvarianten. Diese Vorreservierung ist stark von der JavaScript-Muttersprache Java beeinflusst. Ein wesentlicher Grund für die Sperrung dieser Worte dürfte darin zu sehen sein, dass Missverständnisse mit Java vermieden werden sollen. Die vorreservierten Worte sind dort in Verwendung und es ist zu erwarten, dass der Einfluss von Java die Scriptableger in Bezug auf deren Bedeutung erweitern wird. Dann werden diese Worte benötigt.

Die nachfolgende Tabelle enthält alphabetische die reservierten Worte von JavaScript 1.3:

Schlüsselwort	Beschreibung
`abstract`	reserviert
`boolean`	reserviert
`break`	Abbruch in Schleifen
`byte`	reserviert
`case`	Fallunterscheidungen
`catch`	reserviert
`char`	reserviert
`class`	reserviert
`const`	reserviert
`continue`	Fortsetzung in Schleifen
`debugger`	reserviert
`default`	Fallunterscheidungen
`delete`	Löschen eines Array-Elements oder einer selbstdefinierden Objekteigenschaft
`do`	Für eine Erweiterung der `while`-Schleife (`do-while`)
`double`	reserviert
`else`	Einleitung des alternativen Blocks in einer `if`-Schleife
`enum`	reserviert
`export`	Objekte oder Funktionen für fremde Scripts ausführbar machen
`extends`	reserviert
`false`	Der Wert `falsch`
`final`	reserviert
`finally`	reserviert
`float`	reserviert
`for`	Einleitung von `for`-Schleifen
`function`	Einleitung von Funktionen
`goto`	reserviert

Schlüsselwort	Beschreibung
`if`	Einleitung von `if`-Schleifen
`implements`	reserviert
`import`	Objekte oder Funktionen eines fremden Scripts importieren
`in`	Bedingte Anweisungen in `if`-Schleifen
`instanceof`	reserviert
`int`	reserviert
`interface`	reserviert
`long`	reserviert
`native`	reserviert
`new`	Definition von Objekten
`null`	reserviert
`package`	reserviert
`private`	reserviert
`protected`	reserviert
`public`	reserviert
`return`	Übergabe eines RückgabeWerts in Funktionen
`short`	reserviert
`static`	reserviert
`super`	reserviert
`switch`	Fallunterscheidung
`synchronized`	reserviert
`this`	Bezug auf die aktuelle Instanz eines Objekts
`throw`	reserviert
`throws`	reserviert
`transient`	reserviert
`true`	Der Wert `wahr`
`try`	reserviert
`typeof`	Typ eines Elements
`var`	Definition einer Variablen
`void`	leerer Funktionstyp
`volatile`	reserviert
`while`	Einleitung einer `while`-Schleife
`with`	erlaubt mehrere Anweisungen mit einem Objekt durchzuführen

Die reservierten Schlüsselworte von JScript sind weitgehend (aber nicht vollkommen) identisch:

Aktuelle JScript-Schlüsselwörter:

break	false	in	this	void
continue	for	new	true	while
delete	Function	Null	typeof	with
else	if	return	var	

Für zukünftige Anwendungen reservierte JScript-Schlüsselworte:

case	debugger	export	super
catch	default	extends	switch
class	do	finally	throw
const	enum	import	try

Ansonsten gibt es noch prinzipiell zu vermeidende Wörter. Dies sind im Wesentlichen alle Namen integrierter Objekte und Funktionen. Wenn ein solches Wort anderweitig verwendet wird, können Probleme während der Ausführung auftreten.

Beispiele

Die fälschliche Verwendung eines Variablenbezeichners, der mit einem zu vermeidenden Schlüsselwort (`String`) übereinstimmt:

```
var String;
var meinText = new String("Die Antwort ist 42");
```

Es erfolgt die Fehlermeldung, dass `String` kein Objekt ist.

Verwandte Befehle/Themen

Grundlegende Begriffe der Script-Syntax – Token

VBScript-Schlüsselworte

Perl-Schlüsselworte

Operatoren unter JavaScript/JScript

Die unter JavaScript/JScript vorhandenen Operatoren und ihre Rangfolge.

Anwendung

JavaScript und JScript stellen die gleichen Operatoren zur Verfügung (für allgemeine Erklärungen zu Operatoren siehe Seite 55). Die nachfolgende Tabelle listet sie nach Kategorien geordnet an:

Operatorkategorie	Operator	Beschreibung
Arithmetisch	+	Addition
	++	Inkrement
	-	Unäre Negation
	--	Dekrement
	*	Multiplikation
	/	Division
	%	Modulo
String-Operatoren	+	Stringaddition
	+=	Verbindet zwei Strings und weist das Resultat dem ersten Operanden zu.
Logische Operatoren	&&	Logisches AND
	||	Logisches OR
	!	Logisches NOT
Bitweise Operatoren	&	Bitweises AND
	^	Bitweises XOR
	|	Bitweises OR
	~	Bitweises NOT
	<<	Bitweiser Left Shift
	>>	Bitweiser Right Shift
	>>>	Vorzeichenloser Right Shift
Zuweisungsoperatoren	=	Einfache Zuweisung
	+=	Additions- und Zuweisungsoperator
	-=	Subtraktions- und Zuweisungsoperator
	*=	Multiplikations- und Zuweisungsoperator
	/=	Divisions- und Zuweisungsoperator
	%=	Modulo- und Zuweisungsoperator
	&=	Bitweises Zuweisungs-AND
	^=	Bitweises Zuweisungs-XOR
	|=	Bitweises Zuweisungs-OR
	<<=	Bitweiser Zuweisungs-Left Shift
	>>=	Bitweiser Zuweisungs-Right Shift
	>>>=	Vorzeichenloser Right Shift – Zuweisung
Vergleichsoperatoren	==	Gleichheit
	!=	Ungleichheit
	===	Identität
	!==	Nicht-Identität

Operatorkategorie	Operator	Beschreibung
	>	Größer als
	>=	Größer gleich
	<	Kleiner als
	<=	Kleiner gleich
Spezielle Operatoren	`?:`	Bedingung (trinär)
	,	Komma
	`delete`	Löscht ein Objekt, die Eigenschaft von einem Objekt oder ein Element an einem spezifizierten Index in einem Array
	`new`	Erstellt eine Instanz von einem Benutzer-definierten Objekttyp oder eines built-in-Objekttyps
	`this`	Schlüsselwort für den Zugriff auf das aktuelle Objekt
	`typeof`	Rückgabe eines String der den Datentyp eines Ausdrucks anzeigt
	`void`	Spezifiziert einen Ausdruck als explizit ohne Rückgabewert

Die Operatorenrangfolge

Die Operatoren in JavaScript/JScript haben eine festgelegte Rangordnung, die immer dann angewandt wird, wenn mehrere Operatoren in einer Anweisung verwendet und keine Klammern (streng genommen Operatoren mit der höhsten Priorität) gesetzt werden. Die Prioritäten sind von der höchsten Wertigkeit bis zur niedrigsten abwärts angegeben.

1. `()` `[]` . (Klammerung und Zugriff auf Array-Elemente)
2. ! ~ – ++ --
3. / %
4. + -
5. << >> >>>
6. < <= > >=
7. == !=
8. &
9. ^
10. |
11. &&
12. ||
13. ?:

14. = += -= <<= >>= &= ^= |=

15. , (einfache Aneinanderreihung durch Komma getrennt)

Beispiele

Die Verwendung von Modulo:

```
i = 11%2; // i bekommt den Wert 1
```

Beispiele für die Benutzung arithmetischer Zuweisungsoperatoren. Die erste Anweisung erhöht den Wert einer Variablen um 5, die zweite reduziert den Variablenwert um 10:

```
Gewicht += 5;
Gewicht -= 10;
```

Die Erzeugung eines Array-Objekts per `new`:

```
var meinArray = new Array();
```

Die Verwendung von `delete`, um Werte aus einem Array zu löschen. Das Array wird mit Zufallszahlen gefüllt (diese werden zur Kontrolle ausgegeben). Anschließend werden alle Einträge, die eine bestimmte Größe überschreiten, wieder gelöscht:

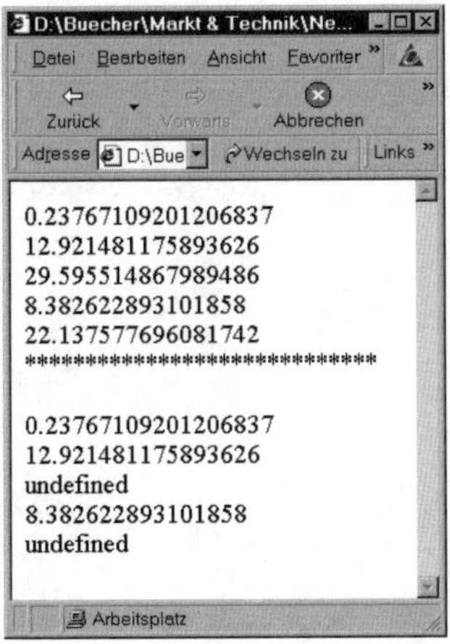

Gelöschte Elemente im Array werden als `undefined` gekennzeichnet.

```
<HTML>
<HEAD>
<SCRIPT LANGUAGE="JavaScript">
<!--
var meinArray = new Array(5);
var zaehler;
for (zaehler = 0; zaehler<5;zaehler++)
{
meinArray[zaehler] = Math.random() * 30;
document.write(meinArray[zaehler]);
document.write("<BR>");
}
document.write("****************************<P>");
for (zaehler in meinArray)
{
if (meinArray[zaehler] > 20) delete meinArray[zaehler];
document.write(meinArray[zaehler]);
document.write("<BR>");
}
//-->
</SCRIPT>
</HEAD>
<BODY>
</BODY>
</HTML>
```

Der Einsatz von `this`. Innerhalb der aufgerufenen JavaScript-Funktion wird per `this` auf eine Eigenschaft des aufrufenden Objekts zugegriffen (Überprüfung des Eingabewertes):

```
<HTML>
<HEAD>
<SCRIPT LANGUAGE="JavaScript">
<!--
function valiere(eingabefeld, unten, oben)
{
if (eingabefeld.value<unten)
{
alert("Zu klein");
}
if (eingabefeld.value>oben)
{
alert("Zu groß");
}
}
//-->
</SCRIPT>
</HEAD>
<BODY>
```

```
<FORM>
<h3>Geben Sie bitte eine Zahl zwischen 1 und 99 ein:</h3>
<INPUT TYPE = "text" NAME = "wert" SIZE = 3  onChange="valiere(this, 1, 99)">
<INPUT TYPE = "submit" NAME = "OK" value="OK">
</FORM>
</BODY>
</HTML>
```

Verwandte Befehle/Themen

Grundlegende Begriffe der Script-Syntax – Token

VBScript-Operatoren

Perl-Operatoren

Ausdrücke

Manupilation von Variablenwerten.

Anwendung

Ausdrücke dienen der Manipulation von Daten, welche in Variablen abgelegt sind (siehe Seite 54). Ein Ausdruck ist also eine Vorgehensweise, mit der der Wert einer Variablen verändert wird. Dabei steht immer auf der linken Seite eines Ausdrucks der Name der Variablen, in welcher der neue Wert gespeichert werden soll, rechts die Wertzuweisung. Es gibt in JavaScript/JScript zwei Typen von Ausdrücken:

- Numerische Ausdrücke. Dies sind mathematische Ausdrücke, mit denen eine mathematische Gleichung berechnet wird.
- Logische (boolesche) Ausdrücke, mit denen Kontrollstrukturen realisiert werden.

Numerische Ausdrücke verbinden mittels arithmetischer Operatoren Operanden und liefern als Ergebnis eine neue Zahl als Wert. Allgemein gilt die Punkt-vor-Strich-Regel. Klammern sind erlaubt und können die Reihenfolge der Bewertung verändern. Insbesondere unterstützt JavaScript/JScript selbstverständlich die Selbstzuweisung einer Variablen, also die Notation einer Variablen auf der linken Seite und gleichzeitige Verwendung des aktuellen Werts auf der rechten Seite.

Logische Ausdrücke werden innerhalb von Kontrollstrukturen verwendet, indem zwei Werte miteinander verglichen werden und ein boolescher Wert (`true` oder `false`) zurückgeliefert wird, der in der Kontrollstruktur ausgewertet werden kann.

Beispiele

Numerischer Ausdruck:

```
ergebnis = 1 + 2 * 3;
```

Der Wert von `ergebnis` wird 7 sein.

Klammern verändern entsprechend die Reihenfolge der Bewertung:

```
ergebnis = (1 + 2) * 3;
```

Der Wert von `ergebnis` wir 9 sein.

Eine Werterhöhung einer Variablen um 5 per Selbstzuweisung:

```
ergebnis = ergebnis + 5;
```

Ein logischer Ausdruck in einer Kontrollstruktur:

```
if (a<b){
...
}
```

Verwandte Befehle/Themen

Grundlegende Begriffe der Script-Syntax – Token

Operatoren

Funktionen, Prozeduren und Methoden in JavaScript/JScript

Zusammenfassung von mehreren Codezeilen unter JavaScript/JScript.

Anwendung

In JavaScript/JScript lassen sich wie in fast allen Programmiersprachen größere Programmstrukturen zusammenfassen und mit einen Namen versehen, über den sie aufgerufen werden können.

Grunsätzlich stellen die beiden Sprachen sowohl Funktionen als auch Methoden bereit. Es gibt allerdings auf den ersten Blick keine Prozeduren. Der zweite Blick entschärft die Aussage jedoch. Der einzige relevante Unterschied zwischen Funktionen und Prozeduren ist ja, dass Funktionen nach Erledigung der in ihnen notierten Programmschritte immer einen Wert als Ergebnis zurückliefern, eine Prozedur erledigt eine Aufgabe, ohne einen Wert als Ergebnis zurückzugeben. In JavaScript/

JScript muss eine Funktion jedoch keinen Wert zurückgeben, der wie in anderen Programmiersprachen zwingend ausgewertet werden muss. Damit sind die Unterschiede nahezu aufgehoben und man kann bei einer Funktion ohne Rückgabewert einfach von einer Prozedur reden.

Wenn eine Funktion einen Rückgabewert liefert, wird dieser einfach mittels des Schlüsselwortes `return` notiert (eine Sprunganweisung).

Syntax:

```
return [Rückgabewert];
```

Funktionen werden allgemein mit der folgenden Syntax deklariert:

```
function [Bezeichner]([Parameterliste])
{
...Anweisungen
}
```

Funktionen werden üblicherweise innerhalb des Kopfbereichs einer Webseite deklariert. Damit kann gewährleistet werden, dass sie bereits vor dem Anzeigen einer Webseite vom Browser geladen und interpretiert wurden (allerdings nicht ausgeführt – das geschieht immer erst beim Ausruf). Dies ist aber nicht zwingend. Funktionen können wie alle JavaScript-/JScript-Anweisungen an jeder Stelle in einer HTML-Seite deklariert werden. Es kann dann nur vorkommen, dass ein Anwender eine Aktion auf der HTML-Seite auslöst und die dafür notwendige Funktion noch gar nicht geladen wurde.

Aufrufen kann man eine Funktion von jeder Stelle einer Webseite aus. Dazu muss man nur ihren Bezeichner in einer Anweisung angeben. Sofern die Funktion Parameter benötigt, müssen diese in Klammern mit angegeben werden. Die Klammern gehören übrigens unbedingt zu einem Aufruf hinzu, auch wenn keine Parameter übergeben werden. Dann sind sie leer. JavaScript besitzt eine ganze Reihe von vorgefertigten Funktionen, die genauso wie selbstdefinierte Funktionen aufgerufen werden können.

Methoden sind spezielle Funktionen, die einem Objekt zugeordnet sind und nur in Verbindung mit diesem vorkommen. Die Deklaration unterscheidet sich jedoch in JavaScript/JScript nicht von normalen Funktionen. Methoden werden in JavaScript/JScript – wie Eigenschaften eines Objekts – über die vorangestellte Angabe des Objekts angesprochen (Dot-Notation).

Beispiele

Die Verwendung einer Funktion mit Rückgabewert ohne Übergabeparameter. Der Rückgabewert wird direkt in dem Mitteilungsfenster angezeigt:

```
<HTML>
<HEAD>
<SCRIPT LANGUAGE="JavaScript">
<!--
function Berechne()
{
return 4*3;
}
//-->
</SCRIPT>
</HEAD>
<BODY>
<FORM>
<INPUT TYPE = "submit" NAME = "OK" value="OK" onClick='alert("Das kommt zurück: "
+ Berechne())'>
</FORM>
</BODY>
</HTML>
```

Die gleiche Aufgabenstellung kann ohne einen Rückgabewert gelöst werden, indem die Ausgabe in der Funktion (Prozedur) direkt erfolgt:

```
<HTML>
<HEAD>
<SCRIPT LANGUAGE="JavaScript">
<!--
function Berechne()
{
alert("Das wird direkt ausgegeben: " + 4*3);
}
//-->
</SCRIPT>
</HEAD>
<BODY>
<FORM>
<INPUT TYPE = "submit" NAME = "OK" value="OK" onClick='Berechne()'>
</FORM>
</BODY>
</HTML>
```

Die Verwendung von Übergabeparametern an eine Funktion (als Variante von Beispiel eins):

```
<HTML>
<HEAD>
<SCRIPT LANGUAGE="JavaScript">
<!--
function Berechne(a,b)
```

```
{
return a*b;
}
//-->
</SCRIPT>
</HEAD>
<BODY>
<FORM>
<INPUT TYPE = "submit" NAME = "OK" value="OK" onClick='alert("Das kommt zurück: "
+ Berechne(4,3))'>
</FORM>
</BODY>
</HTML>
```

Die Verwendung von Methoden, welche ein Objekt bereitstellt. Das verwendete Objekt ist `Math`:

```
<HTML>
<HEAD>
<SCRIPT LANGUAGE="JavaScript">
<!--
var zaehler;
for (zaehler = 0; zaehler<5;zaehler++)
{
document.write(Math.cos(zaehler));
document.write("*****");
document.write(Math.sin(zaehler));
document.write("<BR>");
}
document.write("---------------------------");
document.write("<BR>");
// Anwendung des with-Statements, um mit verkuerzter
// Schreibweise die Math-Methoden zu nutzen
with (Math)
{
for (zaehler = 0; zaehler<5;zaehler++)
{
document.write(random());
document.write("<BR>");
}
}
//-->
</SCRIPT>
</HEAD>
<BODY>
</BODY>
</HTML>
```

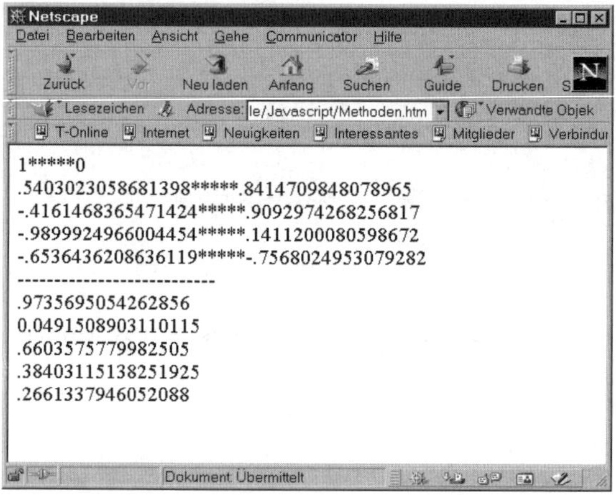

Methoden von `Math`.

Verwandte Befehle/Themen

Grundlegende Begriffe der Script-Syntax – Funktionen, Prozeduren, Methoden

VBScript-Prozeduren und -Funktionen

Perl-Subroutinen

Objekte unter JavaScript und JScript

Der Zugriff auf Objekte und die Erstellung von Konstruktoren.

Anwendung

Sowohl JavaScript als auch JScript erlauben die Arbeit mit Objekten und nutzen Objekte sogar vielfältig. Dabei kann man sowohl auf zahlreiche bestehende Objekte zurückgreifen (dies ist so umfangreich, dass es in anderen Abschnitten der Referenz ausführlich beleuchtet werden soll – siehe Seite 344) als auch selbst Objekte erstellen. Dies erfolgt im Wesentlichen mittels Konstruktoren (siehe dazu Seite 45), die mit der `new`-Anweisung aufgerufen werden.

Syntax:

```
var [Variablenbezeichner des Objekts] = new [Konstruktormethode];
```

Daneben liefern einige Methoden und Funktionen Objekte als Rückgabewerte, und einige Objekte stehen bereits beim Laden einer Webseite automatisch zur Verfügung.

Konstruktoren kann man im Prinzip auch selbst erstellen. Instrument dazu ist das Schlüsselwort `this`, das innerhalb des Konstruktors verwendet wird. Damit kann auf das neu erstellte Objekt verwiesen werden. Der Konstruktor initialisiert das Objekt dann. Die grundsätzliche Syntax sieht so aus:

```
function [Konstruktorbezeichner]
{
this.[Eigenschaften/Methoden];
...
}
```

Verwendet wird dieser Konstruktor bei der Erstellung eines Objekts wie ein gewöhnlicher Konstruktor.

Beispiele

Die Erzeugung eines DatumsObjekts:

```
var datum = new Date();
```

Ein Konstruktor, aus dem ein Objekt erzeugt wird, auf das dann zugegriffen wird:

```
// Konstruktor
function meinewerte()
{
this.wert1 = 42;
this.wert2 = "Die Antwort ist ";
}
// Erzeuge Objekt
function erzeugeObjekt()
{
var meinObjekt = new meinewerte();
document.write(meinObjekt.wert2 + meinObjekt.wert1);
}
```

Verwandte Befehle/Themen

Grundlegende Begriffe der Script-Syntax – Objekte

Objektmodelle

Die JScript- und JavaScript-Token im direkten Vergleich und in Bezug auf die ECMA-Norm

Die Schlüsselworte und Token der JScript-Sprachreferenz im Vergleich mit dem Umfang von JavaScript und der ECMA-262-Norm.

Anwendung

Da JScript die JavaScript-Funktionalitäten erweitert, sollen hier die gesamten Token (siehe dazu Seite 54) von JScript knapp dargelegt werden. Dabei muss man erst festhalten, dass sowohl JScript als auch JavaScript (Version 1.3) Funktionen und Schlüsselworte anbietet, die der ECMA-262-Norm voll entsprechen. Dies sind folgende Funktionen und Schlüsselworte:

Kategorie	Funktion/Schlüsselwort
Datenfeldverarbeitung	`Array, join, length, reverse, sort`
Zuweisungen	Der Zuweisungsoperator (=) und die Verbundzuweisungsoperatoren (d.h. das Gleichheitszeichen mit vorangestellter Operation)
Boolesche Werte	`Boolean`
Kommentare	`/*...*/` oder `//`
Konstanten/Literale	`NaN, null, true, false, +Infinity, undefined,`
Ablaufsteuerung	`break, continue, for, for...in, if...else, return, while`
Datum und Zeit	`Date, getDate, getDay, getFullYear, getHours, getMilliseconds, getMinutes, getMonth, getSeconds, getTime, getTimezoneOffset, getYear, getUTCDate, getUTCDay, getUTCFullYear, getUTCHours, getUTCMilliseconds, getUTCMinutes, getUTCMonth, getUTCSeconds, setDate, setFullYear, setHours, setMilliseconds, setMinutes, setMonth, setSeconds, setTime, setYear,, setUTCDate, setUTCFullYear, setUTCHours, setUTCMilliseconds, setUTCMinutes, setUTCMonth, setUTCSeconds, toGMTString, toLocaleString, toUTCString, parse, UTC`
Deklarationen	`function, new, this, var, with`
Funktionserstellung	`Function, arguments, length`
Globale Methoden	`Global, escape, unescape, eval, isFinite, isNaN, parseInt, parseFloat`
Math	`Math, abs, acos, asin, atan, atan2, ceil, cos, exp, floor, log, max, min, pow, random,round, sin, sqrt, tan, , E, LN2, LN10, LOG2E, LOG10E, PI, SQRT1_2, SQRT2`
Zahlen	`Number, MAX_VALUE, MIN_VALUE, NaN, NEGATIVE_INFINITY, POSITIVE_INFINITY`
Objekterstellung	`Object, new, constructor, prototype, toString, valueOf`

<table>
<tr><th>Kategorie</th><th>Funktion/Schlüsselwort</th></tr>
<tr><td>Operatoren</td><td>Addition +, Subtraktion -, Modulo %, Multiplikation *, Division /, Unäre Negation -, Gleichheit ==, Ungleichheit !=, Kleiner als <, Kleiner gleich <=, Größer als >, Größer gleich >=, Logisches AND &&, Logisches OR ||, Logisches NOT !, Bitweises AND &, Bitweises OR |, Bitweises NOT ~, Bitweises Xor ^, Bitweiser Left Shift <<, Bitweiser Right Shift >>, Vorzeichenloser Right Shift >>>, trinäre Bedingung ?:, Komma ,, delete, typeof, void, Dekrement --, Inkrement ++</td></tr>
<tr><td>Objekte</td><td>Array, Boolean, Date, Function, Global, Math, Number, Object, String</td></tr>
<tr><td>Zeichenfolgen</td><td>String, charAt, charCodeAt, fromCharCode, indexOf, lastIndexOf, split, toLowerCase, toUpperCase, length</td></tr>
</table>

Beide Sprachen erweitern die ECMA-262-Norm um einige Elemente. Wobei es bei JavaScript erheblich weniger Erweiterungen als bei JScript gibt. Dennoch sind diese Erweiterungen nicht unerheblich, weshalb wir diese zuerst auflisten wollen. JavaScript 1.3 kennt etwa Operatoren für die strikte Gleichheit und einen vertikalen Tabulator als Escape-Sequenz (\v or \u000B) und auch einige nicht in der Norm enthaltenen Anweisungen (label, switch, do...while, export, import) sowie das Built-in-Objekt RegExp samt der dortigen Funktionalitäten. Daneben gibt es bei allen Kernobjekten die Methode toSource, beim Object-Objekt die Methoden watch und unwatch (beim Ereignismodell von Netscape von Bedeutung), beim Function-Objekt die Eigenschaft arity und die Methoden apply sowie call, beim Array-Objekt die Eigenschaften index und input sowie die Methoden concat, pop, push, shift, unshift, slice und splice. Beim String-Objekt sind es die Methoden concat, match, search, slice sowie substr.

Die den ECMA-262-Standard erweiternden Elemente von JScript sind erheblich mehr:

Kategorie	Funktion/Schlüsselwort
Datenfeldverarbeitung	concat, slice, VBArray, dimensions, getItem, lbound, toArray, ubound
Bedingte Kompilierung	@cc_on- Anweisung, @if-Anweisung, @set-Anweisung, Variablen für die bedingte Kompilierung,
Ablaufsteuerung	do...while, Label, switch
Datum und Zeit	getVarDate
Aufzählung	Enumerator, atEnd, item, moveFirst, moveNext
Fehlersuche	Error, description, number, throw, try...catch
Funktionserstellung	caller
Operatoren	Identität (===), Nicht-Identität (!==),

Kategorie	Funktion/Schlüsselwort
Objekte	Enumerator, RegExp, Regular Expression, VBArray, ActiveXObject, GetObject
Reguläre Ausdrücke und Mustervergleich	RegExp, index, input, lastIndex, $1...$9, source, compile, exec, test, Syntax regulärer Ausdrücke
Scriptmodul-Identifikation	ScriptEngine, ScriptEngineBuildVersion, ScriptEngineMajorVersion, ScriptEngineMinorVersion
Zeichenfolgen	concat, slice, match, replace, search, anchor, big, blink, bold, fixed, fontcolor, fontsize, italics, link, small, strike, sub, sup

Darüber hinaus gibt es noch allgemeine Microsoft-Scripterweiterungen, die hier nicht mehr aufgeführt werden sollen.

Nachfolgend finden Sie eine Tabelle der explizit unter JScript zur Verfügung stehenden Schlüsselworte und reservierten Token alphabetisch geordnet. Die Beschreibung gilt für die Elemente, welche auch in JavaScript vorkommen, auch für den JavaScript-Fall:

Sprachelement	Typ	Beschreibung
-	Operator	Subtraktionsoperator. Realisiert eine Subtraktion von zwei Ausdrücken.
-	Operator	Unärer Negationsoperator. Zeigt den negativen Wert eines numerischen Ausdrucks an.
--	Operator	Dekrementoperator. Dekrementiert eine Variable um eins.
!	Operator	Logisches NOT. Realisiert eine logische Negation auf einem Ausdruck.
!=	Operator	Ungleichheitsoperator. Prüft zwei Ausdrücke auf Ungleichheit.
!==	Operator	Nicht-Identitätsoperator. Prüft zwei Ausdrücke, um zu bestimmen, ob sie einen unterschiedlichen Wert und Datentyp aufweisen.
$	Regulärer Ausdruck	Ein Sonderzeichen bzw. eine Folge von Sonderzeichen, das/die bei Mustern im Rahmen regulärer Ausdrücke verwendet wird bzw. werden. Entspricht dem Ende der Eingabe.
$1...$9	Eigenschaften	Gibt die neun zuletzt gespeicherten Treffer zurück, die während eines regulären Mustervergleichs gefunden wurden.
%	Operator	Modulo. Dividiert zwei Zahlen und gibt den Restwert zurück.
%=	Zuweisungsoperator	Modulogleich.

Sprachelement	Typ	Beschreibung
`&`	Operator	Bitweises AND. Realisiert eine bitweise AND-Verknüpfung mit zwei Operanden.
`&&`	Operator	Logisches AND. Realisiert eine logische Konjunktion zweier Ausdrücke.
`&=`	Zuweisungsoperator	Bitweise AND-Zuweisung
`(Muster)`	Regulärer Ausdruck	Ein Sonderzeichen bzw. eine Folge von Sonderzeichen, das/die bei Mustern im Rahmen regulärer Ausdrücke verwendet wird bzw. werden.
`*`	Operator	Multiplikationsoperator. Multipliziert zwei Zahlen miteinander.
`*`	Regulärer Ausdruck	Ein Sonderzeichen bzw. eine Folge von Sonderzeichen, das/die bei Mustern im Rahmen regulärer Ausdrücke verwendet wird bzw. werden. Entspricht dem vorhergehenden Zeichen kein oder mehrere Male.
`*=`	Zuweisungsoperator	Multiplikationzuweisung.
`,`	Operator	Komma-Operator. Bewirkt das sequenzielle Ausführen zweier dadurch getrennter Ausdrücke.
`.`	Regulärer Ausdruck	Ein Sonderzeichen bzw. eine Sonderzeichenfolgen, das/die beim Schreiben von Mustern regulärer Ausdrücke verwendet wird bzw. werden. Entspricht allen Einzelzeichen außer einem Zeilenumbruchzeichen.
`/`	Operator	Divisionsoperator. Dividiert zwei Zahlen und gibt ein numerisches Ergebnis zurück.
`/*...*/`	Mehrzeilige Kommentaranweisung	Veranlasst den Script-Parser, den im Container eingeschlossenen Text zu ignorieren.
`//`	Einzeilige Kommentaranweisung	Veranlasst den Script-Parser, alle in der Zeile folgenden Zeichen zu ignorieren.
`/=`	Zuweisungsoperator	Divisionszuweisung.
`?`	Regulärer Ausdruck	Ein Sonderzeichen bzw. eine Folge von Sonderzeichen, das/die bei Mustern im Rahmen regulärer Ausdrücke verwendet wird bzw. werden. Entspricht dem vorhergehenden Zeichen kein- oder einmal.
`?:`	Operator	Trinärer Bedingungsoperator (führt in Abhängigkeit von einer Bedingung die erste (Bedindung wahr) oder die zweite Anweisung (Bedingung falsch) aus.

Sprachelement	Typ	Beschreibung
@_alpha @_mac @_mc680x0 @_PowerPC @_win16 @_win32 @_x86	Verschiedene Variablen für die bedingte Compilierung auf einem DEC Alpha-Prozessor, Apple Macintosh-System, Motorola 680x0-Prozessor, Motorola PowerPC-Prozessor, Win16-System, Win32-System, bzw. allgemeine Ausführung auf einem Intel-Prozessor.	Bedingte Compilierung ermöglicht die Verwendung verschiedener JScript-Sprachfunktionen ohne Verzicht auf die Kompatibilität mit Browsern, die diese Funktionen nicht unterstützen. Damit kann gezielt eine Optimierung für ein bestimmtes System innerhalb eines Scripts gesteuert werden. Ist eine Variable nicht `true`, so ist sie nicht festgelegt und verhält sich beim Zugriff als `NaN`.
@_jscript	Allgemeine Variable für die bedingte Compilierung	Kennzeichnet die Möglichkeit der bedingten Compilierung. Stets `true`.
@_jscript_build	Variable für die bedingte Compilierung	Hilfsinformation für die bedingte Compilierung. Enthält die Build-Nummer des JScript-Scriptmoduls.
@_jscript_version	Variable für die bedingte Compilierung	Hilfsinformation für die bedingte Compilierung. Enthält die JScript-Versionsnummer im Format `Hauptversion.Nebenversion`.
@cc_on	Anweisung	Aktiviert die Unterstützung der bedingten Compilierung.
@if	Anweisung	Die bedingte Ausführung einer Gruppe von Anweisungen in Verbindung mit bedingter Compilierung, abhängig vom Wert eines Ausdrucks.
@set	Anweisung	Die Anweisung erstellt bei bedingter Compilierung Variablen, die in bedingten Compilierungsanweisungen verwendet werden.
[^a-z]	Regulärer Ausdruck	Ein Sonderzeichen bzw. eine Folge von Sonderzeichen, das/die bei Mustern im Rahmen regulärer Ausdrücke verwendet wird bzw. werden. Definiert einen ausgeschlossenen Bereich an Zeichen, d.h. diese Zeichen sind in einem Bereich nicht enthalten.

Sprachelement	Typ	Beschreibung
`[^xyz]`	Regulärer Ausdruck	Ein Sonderzeichen bzw. eine Folge von Sonderzeichen, das/die bei Mustern im Rahmen regulärer Ausdrücke verwendet wird bzw. werden. Eine Gruppe ausgeschlossener Zeichen. Entspricht allen nicht enthaltenen Zeichen.
`[a-z]`	Regulärer Ausdruck	Ein Sonderzeichen bzw. eine Folge von Sonderzeichen, das/die bei Mustern im Rahmen regulärer Ausdrücke verwendet wird bzw. werden. Ein Zeichenbereich. Entspricht allen Zeichen im angegebenen Bereich.
`[xyz]`	Regulärer Ausdruck	Ein Sonderzeichen bzw. eine Folge von Sonderzeichen, das/die bei Mustern im Rahmen regulärer Ausdrücke verwendet wird bzw. werden. Eine Gruppe von Zeichen. Entspricht einem beliebigen der enthaltenen Zeichen.
`\`	Regulärer Ausdruck	Ein Sonderzeichen bzw. eine Folge von Sonderzeichen, das/die bei Mustern im Rahmen regulärer Ausdrücke verwendet wird bzw. werden. Markiert das folgende Zeichen als maskiertes Sonderzeichen.
`\b`	Regulärer Ausdruck	Ein Sonderzeichen bzw. eine Folge von Sonderzeichen, das/die bei Mustern im Rahmen regulärer Ausdrücke verwendet wird bzw. werden. Der gesuchte Ausdruck darf nicht am Rand eines Wortes stehen.
`\B`	Regulärer Ausdruck	Ein Sonderzeichen bzw. eine Folge von Sonderzeichen, das/die bei Mustern im Rahmen regulärer Ausdrücke verwendet wird bzw. werden. Der gesuchte Ausdruck darf am Rand eines Wortes stehen.
`\d`	Regulärer Ausdruck	Ein Sonderzeichen bzw. eine Folge von Sonderzeichen, das/die bei Mustern im Rahmen regulärer Ausdrücke verwendet wird bzw. werden. Entspricht einer Ziffer.
`\D`	Regulärer Ausdruck	Ein Sonderzeichen bzw. eine Folge von Sonderzeichen, das/die bei Mustern im Rahmen regulärer Ausdrücke verwendet wird bzw. werden. Entspricht einer Nicht-Ziffer.
`\f`	Regulärer Ausdruck	Ein Sonderzeichen bzw. eine Folge von Sonderzeichen, das/die bei Mustern im Rahmen regulärer Ausdrücke verwendet wird bzw. werden. Entspricht einem Formularvorschubzeichen.
`\n`	Regulärer Ausdruck	Eine Escape-Sequenz, die bei Mustern im Rahmen regulärer Ausdrücke verwendet wird. Die numerische Angabe `n` entspricht jeweils einem oktalen Escape-Wert. Oktale Escape-Werte können 1-, 2- oder 3-stellig sein, dürfen aber 256 vom Wert her nicht überschreiten.

Sprachelement	Typ	Beschreibung
`\n`	Regulärer Ausdruck	Ein Sonderzeichen bzw. eine Folge von Sonderzeichen, das/die bei Mustern im Rahmen regulärer Ausdrücke verwendet wird bzw. werden. Entspricht einem Zeilenumbruchzeichen.
`\num`	Regulärer Ausdruck	Ein Sonderzeichen bzw. eine Folge von Sonderzeichen, das/die bei Mustern im Rahmen regulärer Ausdrücke verwendet wird bzw. werden. Die numerische Angabe ist eine positive Ganzzahl, welche das letzte Zeichen so oft wie angegeben wiederholt.
`\r`	Regulärer Ausdruck	Ein Sonderzeichen bzw. eine Folge von Sonderzeichen, das/die bei Mustern im Rahmen regulärer Ausdrücke verwendet wird bzw. werden. Entspricht einem Wagenrücklaufzeichen.
`\s`	Regulärer Ausdruck	Ein Sonderzeichen bzw. eine Folge von Sonderzeichen, das/die bei Mustern im Rahmen regulärer Ausdrücke verwendet wird bzw. werden. Entspricht beliebigen nichtdruckbaren Zeichen wie Leerzeichen, Tabulator, Formularvorschub etc.
`\S`	Regulärer Ausdruck	Ein Sonderzeichen bzw. eine Folge von Sonderzeichen, das/die bei Mustern im Rahmen regulärer Ausdrücke verwendet wird bzw. werden. Entspricht beliebigen Nicht-Leerzeichen.
`\t`	Regulärer Ausdruck	Ein Sonderzeichen bzw. eine Folge von Sonderzeichen, das/die bei Mustern im Rahmen regulärer Ausdrücke verwendet wird bzw. werden. Entspricht einem Tabulatorzeichen.
`\v`	Regulärer Ausdruck	Ein Sonderzeichen bzw. eine Folge von Sonderzeichen, das/die bei Mustern im Rahmen regulärer Ausdrücke verwendet wird bzw. werden. Entspricht einem vertikalen Tabulatorzeichen.
`\w`	Regulärer Ausdruck	Ein Sonderzeichen bzw. eine Folge von Sonderzeichen, das/die bei Mustern im Rahmen regulärer Ausdrücke verwendet wird bzw. werden. Entspricht allen Wortzeichen mit Unterstrich.
`\W`	Regulärer Ausdruck	Ein Sonderzeichen bzw. eine Folge von Sonderzeichen, das/die bei Mustern im Rahmen regulärer Ausdrücke verwendet wird bzw. werden. Entspricht allen Nicht-Wortzeichen.
`\xn`	Regulärer Ausdruck	Eine Escape-Sequenz, die bei Mustern im Rahmen regulärer Ausdrücke verwendet wird. Die numerische Angabe `n` entspricht einem hexadezimalen Escape-Wert (genau zwei Stellen).
`^`	Operator	Bitweises XOR. Realisiert eine bitweise exklusive OR-Verknüpfung mit zwei Ausdrücken.

<table>
<tr><th>Sprachelement</th><th>Typ</th><th>Beschreibung</th></tr>
<tr><td>^</td><td>Regulärer Ausdruck</td><td>Ein Sonderzeichen bzw. eine Folge von Sonderzeichen, das/die bei Mustern im Rahmen regulärer Ausdrücke verwendet wird bzw. werden. Entspricht dem Anfang der Eingabe.</td></tr>
<tr><td>^=</td><td>Zuweisungsoperator</td><td>Bitweises XOR</td></tr>
<tr><td>{n,}</td><td>Regulärer Ausdruck</td><td>Ein Sonderzeichen bzw. eine Folge von Sonderzeichen, das/die bei Mustern im Rahmen regulärer Ausdrücke verwendet wird bzw. werden. n ist eine nicht negative Ganzzahl, welche die minimale Anzahl der geforderten Wiederholungen eines Zeichens oder einer Folge von Zeichen in einem Suchbereich festlegt.</td></tr>
<tr><td>{n,m}</td><td>Regulärer Ausdruck</td><td>Ein Sonderzeichen bzw. eine Folge von Sonderzeichen, das/die bei Mustern im Rahmen regulärer Ausdrücke verwendet wird bzw. werden. n und m sind nicht negative Ganzzahlen, welche die minimale und maximale Anzahl der geforderten Wiederholungen eines Zeichens oder einer Folge von Zeichen in einem Suchbereich festlegen.</td></tr>
<tr><td>{n}</td><td>Regulärer Ausdruck</td><td>Ein Sonderzeichen bzw. eine Folge von Sonderzeichen, das/die bei Mustern im Rahmen regulärer Ausdrücke verwendet wird bzw. werden. n ist eine nicht negative Ganzzahl, welche die exakte Anzahl der geforderten Wiederholungen eines Zeichens oder einer Folge von Zeichen in einem Suchbereich festlegt</td></tr>
<tr><td>|</td><td>Operator</td><td>Bitweises OR. Realisiert eine bitweise OR- Verknüpfung mit zwei Ausdrücken.</td></tr>
<tr><td>||</td><td>Operator</td><td>Logisches OR. Realisiert eine logische Disjunktion mit zwei Operanden.</td></tr>
<tr><td>|=</td><td>Zuweisungsoperator</td><td>Bitweises OR</td></tr>
<tr><td>~</td><td>Operator</td><td>Bitweises NOT. Realisiert eine bitweise Negation mit einem Ausdruck.</td></tr>
<tr><td>+</td><td>Operator</td><td>Additionsoperator: Addiert zwei Zahlen oder verkettet zwei Zeichenfolgen.</td></tr>
<tr><td>+</td><td>Regulärer Ausdruck</td><td>Ein Sonderzeichen bzw. eine Folge von Sonderzeichen, das/die bei Mustern im Rahmen regulärer Ausdrücke verwendet wird bzw. werden. Entspricht dem vorhergehenden Zeichen ein oder mehrere Male.</td></tr>
<tr><td>++</td><td>Operator</td><td>Inkrementoperator. Reduziert eine Variable um eins.</td></tr>
<tr><td>+=</td><td>Zuweisungsoperator</td><td>Additionszuweisung.</td></tr>
<tr><td><</td><td>Operator</td><td>Kleiner als.</td></tr>
</table>

Sprachelement	Typ	Beschreibung
`<<`	Operator	Bitweiser Left Shift. Verschiebt die Bits eines Ausdrucks nach links.
`<<=`	Zuweisungsoperator	Left Shift und Zuweisung.
`<=`	Operator	Kleiner gleich.
`=`	Operator	Ordinärer Zuweisungsoperator.
`-=`	Zuweisungsoperator	Subtraktionszuweisung.
`==`	Operator	Gleichheitsoperator.
`===`	Operator	Identitätsoperator. Prüft zwei Ausdrücke, um zu bestimmen, ob sie den gleichen Wert und Datentyp aufweisen.
`>`	Operator	Größer-als-Operator.
`>=`	Operator	Größer-Gleich-Operator.
`>>`	Operator	Bitweiser Right Shift. Verschiebt die Bits eines Ausdrucks nach rechts.
`>>=`	Zuweisungsoperator	Right Shift und Zuweisung.
`>>>`	Operator	Vorzeichenloser Right Shift. Verschiebt die Bits eines Ausdrucks ohne Vorzeichen nach rechts.
`>>>=`	Zuweisungsoperator	Vorzeichenloses Right Shift und Zuweisung.
`abs`	Methode	Gibt den absoluten Wert einer Zahl zurück.
`acos`	Methode	Gibt den Arcuscosinus einer Zahl zurück.
`ActiveXObject`	Objekt	Aktiviert und gibt eine Referenz auf ein Automatisierungsobjekt zurück.
`anchor`	Methode	Setzt ein HTML-`<ANCHOR>`-Tag mit einem `name`-Attribut um einen angegebenen Text im Objekt.
`arguments`	Eigenschaft	Gibt ein Datenfeld mit allen Argumenten zurück, die an die derzeit ausgeführte Funktion übergeben werden.
`Array`	Objekt	Objekt zur Erzeugung von Datenfeldern beliebigen Datentyps.
`asin`	Methode	Gibt den Arcussinus einer Zahl zurück.
`atan`	Methode	Gibt den Arcustangens einer Zahl zurück.
`atan2`	Methode	Gibt den Winkel (im Bogenmaß) von der x-Achse zu einem Punkt (y, x) zurück.
`atEnd`	Methode	Gibt einen booleschen Wert zurück, der angibt, ob sich der Enumerator am Ende der Auflistung befindet.

Sprachelement	Typ	Beschreibung
`big`	Methode	Setzt einen HTML-<BIG>-Container um einen Text in einem String-Objekt.
`blink`	Methode	Setzt einen HTML-<BLINK>-Container um einen Text in einem String-Objekt.
`bold`	Methode	Setzt einen HTML-<B>-Container um einen Text in einem String- Objekt.
`Boolean`	Objekt	Objekt zur Erzeugung von neuen booleschen Werten.
`break`	Anweisung	Beendet die aktuelle Schleife oder in Verbindung mit einem Label die zugehörige Anweisung.
`caller`	Eigenschaft	Gibt eine Referenz auf die Funktion zurück, die die aktuelle Funktion aufgerufen hat.
`catch`	Anweisung	Enthält Anweisungen, die beim Auftreten von Fehlern im Code innerhalb eines `try`-Blocks ausgeführt werden.
`ceil`	Methode	Gibt die kleinste Ganzzahl zurück, die größer oder gleich dem numerischen Argument ist.
`charAt`	Methode	Gibt das durch den Index angegebene Zeichen zurück.
`charCodeAt`	Methode	Gibt die Unicode-Kodierung eines angegebenen Zeichens zurück.
`compile`	Methode	Compiliert einen regulären Ausdruck in ein internes Format.
`concat`		Gibt entweder ein neues Datenfeld zurück, das aus einer Kombination zweier anderer Datenfelder besteht oder ein String-Objekt, das die Verkettung zweier angegebener Zeichenfolgen enthält.
`constructor`	Eigenschaft	Enthält den Namen der Funktion, die ein Objekt erstellt.
`continue`	Anweisung	Beendet die aktuelle Iteration einer Schleife und beginnt eine neue Iteration.
`cos`	Methode	Gibt den Cosinus einer Zahl zurück.
`Date`	Objekt	Objekt zur Erstellung von Datums- und Zeitvariablen.
`delete`	Operator	Löscht eine Eigenschaft aus einem Objekt oder entfernt ein Element aus einem Datenfeld.
`description`	Eigenschaft	Setzt die mit einem bestimmten Fehler zugewiesene beschreibende Zeichenfolge oder gibt diese zurück.
`Dictionary`	Objekt	Objekt zum Speichern von Schlüssel/Element-Paaren.
`dimensions`	Methode	Gibt die Zahl der Dimensionen in einem VBArray zurück.

Sprachelement	Typ	Beschreibung
`do...while`	Anweisung	Führt einen Anweisungsblock ungeprüft einmal aus und wiederholt dann die Ausführung der Schleife, bis eine Bedinung mit `false` bewertet wird.
`E`	Eigenschaft	Die Eulersche Konstante.
`Enumerator`	Objekt	Aufzählungsmöglichkeit für die Elemente einer Auflistung.
`Error`	Objekt	Ein Objekt, das beim Auftreten von Laufzeitfehlern Informationen dazu enthält.
`escape`	Methode	Kodiert String-Objekte.
`eval`	Methode	Wertet und führt JScript-Code aus.
`exec`	Methode	Realisiert die Suche nach einer Übereinstimmung in einer angegebenen Zeichenfolge.
`exp`	Methode	Potenziert die Eulersche Zahl.
`FileSystemObject`	Objekte	Objekt für den Zugang zum Dateisystem eines Computers.
`fixed`	Methode	Setzt einen HTML-`<TT>`-Container um einen Text in einem String-Objekt.
`floor`	Methode	Berechnet die größte Ganzzahl kleiner oder gleich seinem numerischen Argument.
`fontcolor`	Methode	Setzt einen HTML-`<FONT>`-Container mit dem `color`-Attribut um den Text in einem String-Objekt.
`fontsize`	Methode	Setzt einen HTML-`<FONT>`-Container mit dem `size`-Attribut um den Text in einem String-Objekt.
`for`	Anweisung	Realisiert einen Anweisungsblock eine vorgegebene Anzahl von Wiederholungen.
`for...in`	Anweisung	Führt einen Anweisungsblock für die einzelnen Elemente eines Objekts oder Datenfeldes aus.
`fromCharCode`	Methode	Gibt eine Zeichenfolge aus mehreren Unicode-Zeichenwerten zurück.
`Function`	Objekt	Erstellt eine neue Funktion.
`function`	Anweisung	Deklariert eine neue Funktion.
`getDate`	Methode	Gibt den Tag eines Monats aus einem `Date`- Objekt unter Verwendung der Systemzeit zurück.
`getDay`	Methode	Gibt den Wochentag aus einem `Date`- Objekt unter Verwendung der Systemzeit zurück.
`getFullYear`	Methode	Gibt den Wert des Jahres aus einem `Date`- Objekt unter Verwendung der Systemzeit zurück.
`getHours`	Methode	Gibt den Stundenwert im `Date`- Objekt unter Verwendung der Systemzeit zurück.
`getItem`	Methode	Gibt das Element aus dem angegebenen Speicherort zurück.

Sprachelement	Typ	Beschreibung
getMilliseconds	Methode	Gibt den Wert in Millisekunden im Date- Objekt unter Verwendung der Systemzeit zurück.
getMinutes	Methode	Gibt den Wert in Minuten im Date- Objekt unter Verwendung der Systemzeit zurück.
getMonth	Methode	Gibt den Wert des Monats im Date- Objekt unter Verwendung der Systemzeit zurück.
GetObject	Funktion	Gibt eine Referenz auf ein Automatisierungsobjekt von einer Datei zurück.
getSeconds	Methode	Gibt den Wert in Sekunden im Date- Objekt unter Verwendung der Systemzeit zurück.
getTime	Methode	Gibt die Zeit zurück, die in einem Date-Objekt gespeichert ist.
getTimezone Offset	Methode	Gibt den Zeitunterschied in Minuten zwischen dem Hostcomputer und der koordinierten Weltzeit nach UTC-Standard (Universal Coordinated Time – auch als Greenwich Mean Time – GMT – bekannt) zurück.
getUTCDate	Methode	Gibt das Datum im Date-Objekt unter Verwendung der koordinierten UTC-Weltzeit zurück.
getUTCDay	Methode	Gibt den Wochentag im Date-Objekt unter Verwendung der koordinierten UTC-Weltzeit zurück.
getUTCFullYear	Methode	Gibt das Jahr im Date-Objekt unter Verwendung der koordinierten UTC-Weltzeit zurück.
getUTCHours	Methode	Gibt die Stunden im Date-Objekt unter Verwendung der koordinierten UTC-Weltzeit zurück.
getUTCMilli-seconds	Methode	Gibt die Millisekunden im Date-Objekt unter Verwendung der koordinierten UTC-Weltzeit zurück.
getUTCMinutes	Methode	Gibt die Minuten im Date-Objekt unter Verwendung der koordinierten Weltzeit (Universal Coordinated Time = UTC) zurück.
getUTCMonth	Methode	Gibt den Monat im Date-Objekt unter Verwendung der koordinierten UTC-Weltzeit zurück.
getUTCSeconds	Methode	Gibt die Sekunden im Date-Objekt unter Verwendung der koordinierten UTC-Weltzeit zurück.
getVarDate	Methode	Gibt den Wert VT_DATE in einem Date-Objekt zurück.
getYear	Methode	Gibt den Wert des Jahres in einem Date-Objekt zurück.
Global	Objekt	Ein integriertes Objekt, dessen Zweck das Zusammenfassen globaler Methoden in einem Objekt ist. Top-Level-Eigenschaften und -Funktionen unter JavaScript bzw. JScript werden diesem Objekt zugeordnet.

Sprachelement	Typ	Beschreibung
`if...else`	Anweisung	Bedingte Ausführung eines Anweisungsblocks.
`index`	Eigenschaft	Gibt die Zeichenposition zurück, wo die erste erfolgreiche Entsprechung einer gesuchten Zeichenfolge beginnt.
`indexOf`	Methode	Gibt die Zeichenposition zurück, wo das erste Auftreten einer Teilzeichenfolge in einem String-Objekt gefunden wurde.
`Infinity`	Eigenschaft	Gibt den Anfangswert von `Number.POSITIVE_INFINITY` zurück.
`input`	Eigenschaft	Gibt die Zeichenfolge zurück, nach der gesucht wurde.
`instanceof`	Operator	Gibt einen booleschen Wert zurück, der angibt, ob ein Objekt eine Instanz einer bestimmten Klasse ist.
`isFinite`	Methode	Gibt einen booleschen Wert zurück, der angibt, ob die angegebene Zahl endlich ist.
`isNaN`	Methode	Gibt einen booleschen Wert zurück, der angibt, ob ein Wert `NaN` hat.
`italics`	Methode	Setzt einen HTML-`<I>`-Container um einen Text in einem String-Objekt.
`item`	Methode	Gibt das aktuelle Element einer Auflistung zurück.
`join`	Methode	Gibt ein String-Objekt zurück, das aus allen verketteten Elementen eines Datenfelds besteht.
`Labeled`	Anweisung	Stellt einen Bezeichner für eine Anweisung bereit.
`lastIndex`	Eigenschaft	Eigenschaft von `RegExp`. Gibt die Zeichenposition zurück, wo die letzte erfolgreiche Entsprechung in einer gesuchten Zeichenfolge beginnt.
`lastIndexOf`	Methode	Gibt das letzte Auftreten einer Teilzeichenfolge in einem String-Objekt zurück.
`lbound`	Methode	Gibt den niedrigsten Indexwert zurück, der in der angegebenen Dimension eines VBArrays verwendet wird.
`length`	Eigenschaft	Eigenschaft von `Array`. Bestimmt einen ganzzahligen Wert, der um eins höher ist als das höchste in einem Datenfeld definierte Element.
`length`	Eigenschaft	Eigenschaft von `Function`. Enthält die Anzahl der Argumente, mit denen eine Funktion definiert wird.
`length`	Eigenschaft	Eigenschaft von `String`. Gibt die Länge eines String-Objekts zurück.
`link`	Methode	Setzt einen HTML-Anker-Container mit einem `href`-Attribut um den Text in einem String-Objekt.
`LN10`	Eigenschaft	Der natürliche Logarithmus von 10.

Sprachelement	Typ	Beschreibung
`LN2`	Eigenschaft	Der natürliche Logarithmus von 2.
`log`	Methode	Der natürliche Logarithmus einer spezifizierten Zahl.
`LOG10E`	Eigenschaft	Der Logarithmus der Eulerschen Konstante `e` zur Basis 10.
`LOG2E`	Eigenschaft	Der Logarithmus der Eulerschen Konstante `e` zur Basis 2.
`match`	Methode	Gibt die Ergebnisse einer Suche nach Zeichenfolgen unter Verwendung eines angegebenen `RegExp`-Objekts als Datenfeld zurück.
`Math`	Objekt	Ein integriertes Objekt mit mathematischen Grundfunktionen und Konstanten.
`max`	Methode	Gibt den größeren Wert von zwei angegebenen numerischen Ausdrücken zurück.
`MAX_VALUE`	Eigenschaft	Die größte darstellbare Zahl.
`min`	Methode	Gibt die kleinere von zwei angegebenen Zahlen zurück.
`MIN_VALUE`	Eigenschaft	Die der Null am nächsten kommende darstellbare Zahl.
`moveFirst`	Methode	Setzt das aktuelle Element in der Auflistung auf das erste Element zurück.
`moveNext`	Methode	Verschiebt das aktuelle Element zum nächsten Element der Auflistung.
`NaN`	Eigenschaft	Globaler Wert, der angibt, dass ein Ausdruck keine Zahl ist.
`NEGATIVE_INFINITY`	Eigenschaft	Negativunendlich.
`new`	Operator	Erstellt in Verbindung mit einer Constructormethode ein neues Objekt.
`number`	Eigenschaft	Setzt den mit einem bestimmten Fehler zugewiesenen numerischen Wert oder gibt diesen zurück.
`Number`	Objekt	Eine Objektdarstellung des numerischen Datentyps und Platzhalter für numerische Konstanten.
`Object`	Objekt	Ein Oberobjekt für alle JScript-Objekte.
`parse`	Methode	Durchsucht eine Zeichenfolge mit einem Datum und liefert die Anzahl der Millisekunden, die seit diesem Datum und Mitternacht des 1. Januar 1970 vergangen sind.
`parseFloat`	Methode	Extrahiert aus einer Zeichenfolge eine Fließkommazahl.
`parseInt`	Methode	Extrahiert aus einer Zeichenfolge eine Ganzzahl.
`PI`	Eigenschaft	Wert der Zahl PI (ca. 3,141592653589793).

Sprachelement	Typ	Beschreibung
`POSITIVE_INFINITY`	Eigenschaft	Positivunendlich.
`pow`	Methode	Gibt den um einen angegebenen Exponenten potenzierten Wert eines Ausdrucks zurück.
`prototype`	Eigenschaft	Gibt eine Referenz auf den Prototyp einer Objektklasse zurück. Die Eigenschaft wird dazu verwendet, Objekten, welche bereits mit `new` erzeugt wurden, noch neue Eigenschaften und Methoden hinzuzufügen.
`random`	Methode	Erzeugt eine Pseudo-Zufallszahl zwischen 0 und 1.
`RegExp`	Objekt	Objekt mit Informationen zum Suchen von regulären Ausdrücken.
`Regular Expression`	Objekt	Enthält das Muster eines regulären Ausdrucks.
`replace`	Methode	Gibt unter Verwendung regulärer Ausdrücke eine Kopie der Zeichenfolge mit ersetztem Text zurück.
`return`	Anweisung	Verlässt die aktuelle Funktion und gibt einen Rückgabewert an den Aufrufer der Funktion zurück.
`reverse`	Methode	Gibt ein `Array`-Objekt mit den Elementen in umgekehrter Reihenfolge zurück.
`round`	Methode	Gibt einen angegebenen numerischen Ausdruck auf die nächste Ganzzahl gerundet zurück.
`ScriptEngine`	Funktion	Gibt eine Zeichenfolge zurück, welche die verwendete Scriptsprache angibt.
`ScriptEngine-BuildVersion`	Funktion	Gibt die Build-Versionsnummer des verwendeten Scriptmoduls zurück.
`ScriptEngine-MajorVersion`	Funktion	Gibt die Haupt-Versionsnummer des verwendeten Scriptmoduls zurück.
`ScriptEngine-MinorVersion`	Funktion	Gibt die Neben-Versionsnummer des verwendeten Scriptmoduls zurück.
`search`	Methode	Gibt die Position der ersten Entsprechung einer Teilzeichenfolge in einer Suche nach regulären Ausdrücken zurück.
`setDate`	Methode	Setzt das numerische Datum des `Date`-Objekts unter Verwendung der Systemzeit.
`setFullYear`	Methode	Setzt den Wert des Jahres im `Date`-Objekts unter Verwendung der Systemzeit.
`setHours`	Methode	Setzt den Stundenwert im `Date`-Objekts unter Verwendung der Systemzeit.
`setMilliseconds`	Methode	Setzt den Millisekundenwert im `Date`-Objekts unter Verwendung der Systemzeit.

Sprachelement	Typ	Beschreibung
setMinutes	Methode	Setzt den Minutenwert im Date-Objekts unter Verwendung der Systemzeit.
setMonth	Methode	Setzt den Wert des Monats im Date-Objekts unter Verwendung der Systemzeit.
setSeconds	Methode	Setzt den Sekundenwert im Date-Objekts unter Verwendung der Systemzeit.
setTime	Methode	Setzt die Werte für das Datum und die Zeit im Date-Objekt.
setUTCDate	Methode	Setzt das numerische Datum im Date-Objekt unter Verwendung der koordinierten UTC-Weltzeit (Universal Coordinated Time).
setUTCFullYear	Methode	Setzt den Wert des Jahres im Date-Objekt unter Verwendung der koordinierten UTC-Weltzeit (Universal Coordinated Time).
setUTCHours	Methode	Setzt den Stundenwert im Date-Objekt unter Verwendung der koordinierten UTC-Weltzeit (Universal Coordinated Time).
setUTC-Milliseconds	Methode	Setzt den Millisekundenwert im Date-Objekt unter Verwendung der koordinierten UTC-Weltzeit (Universal Coordinated Time).
setUTCMinutes	Methode	Setzt den Minutenwert im Date-Objekt unter Verwendung der koordinierten UTC-Weltzeit (Universal Coordinated Time).
setUTCMonth	Methode	Setzt den Wert des Monats im Date-Objekt unter Verwendung der koordinierten UTC-Weltzeit (Universal Coordinated Time).
setUTCSeconds	Methode	Setzt den Sekundenwert im Date-Objekt unter Verwendung der koordinierten UTC-Weltzeit (Universal Coordinated Time).
setYear	Methode	Setzt ein beliebiges Jahr im Date-Objekt.
sin	Methode	Gibt den Sinus einer Zahl zurück.
slice	Methode	Gibt einen Abschnitt eines Datenfeldes (beim Array-Objekt) oder einer Zeichenfolge (String-Objekt) zurück.
small	Methode	Setzt einen HTML-<SMALL>-Container um einen Text in einem String-Objekt.
sort	Methode	Gibt ein Array-Objekt mit den Elementen in sortierter Reihenfolge zurück.
source	Eigenschaft	Die Kopie des Textes eines regulären Ausdrucksmusters.
split	Methode	Gibt das Datenfeld der Zeichenfolgen zurück, wenn eine Zeichenfolge in Teilzeichenfolgen separiert wird.

Sprachelement	Typ	Beschreibung
`sqrt`	Methode	Liefert die Quadratwurzel einer Zahl.
`SQRT1_2`	Eigenschaft	Liefert die Quadratwurzel von 0,5.
`SQRT2`	Eigenschaft	Liefert die Quadratwurzel von 2.
`strike`	Methode	Setzt einen HTML-`<STRIKE>`-Container um einen Text in einem String-Objekt.
`String`	Objekt	Ein Zeichenkettenobjekt mit diversen Möglichkeiten zum Manipulieren, Verändern und Formatieren von Zeichenfolgen.
`sub`	Methode	Setzt einen HTML-`<SUB>`-Container um einen Text in einem String-Objekt.
`substr`	Methode	Gibt eine Teilzeichenfolge zurück, die an angegebener Stelle beginnt und die angegebene Länge hat.
`substring`	Methode	Gibt die Teilzeichenfolge an der angegeben Position in einem String-Objekt zurück.
`sup`	Methode	Setzt einen HTML-`<SUP>`-Container um einen Text in einem String-Objekt.
`switch`	Anweisung	Beginn einer Auswahlanweisung für einen oder mehrere Anweisungsblöcke.
`tan`	Methode	Gibt den Tangens einer Zahl zurück.
`test`	Methode	Gibt einen booleschen Wert zurück, der angibt, ob ein Muster in der gesuchten Zeichenfolge vorhanden ist.
`this`	Anweisung	Verweist auf das aktuelle Objekt.
`throw`	Anweisung	Löst eine Fehlerbedingung aus, die von einer `try...catch`-Anweisung behandelt werden kann.
`toArray`	Methode	Gibt das aus einem VBArray konvertierte Standard-JScript-Datenfeld zurück.
`toGMTString`	Methode	Gibt das in eine Zeichenfolge konvertierte Datum unter Verwendung der GMT (Greenwich Mean Time) an.
`toLocaleString`	Methode	Gibt das in eine Zeichenfolge konvertierte Datum unter Verwendung des aktuellen Gebietsschemas zurück.
`toLowerCase`	Methode	Konvertiert eine Zeichenfolge so, dass alle alphabetischen Zeichen zu Kleinbuchstaben konvertiert werden.
`toString`	Methode	Gibt eine Zeichenfolgendarstellung eines Objekts zurück.
`toUpperCase`	Methode	Konvertiert eine Zeichenfolge so, dass alle alphabetischen Zeichen zu Großbuchstaben konvertiert werden.

Sprachelement	Typ	Beschreibung
`toUTCString`	Methode	Gibt das in eine Zeichenfolge konvertierte Datum unter Verwendung der koordinierten Weltzeit (Universal Coordinated Time = UTC) zurück.
`try`	Anweisung	Beginn der Fehlerbehandlungsroutine für JScript.
`typeof`	Operator	Liefert als Zeichenfolge den Datentyp eines Ausdrucks.
`unbound`	Methode	Gibt den höchsten Indexwert zurück, der in der angegebenen Dimension eines VBArrays verwendet wird.
`unescape`	Methode	Dekodiert `String`-Objekte, die mit der `escape`-Methode kodiert wurden oder ein entsprechendes Format haben.
`UTC`	Methode	Gibt die Anzahl Millisekunden zwischen Mitternacht, 1. Januar 1970 gemäß koordinierter Weltzeit (Universal Coordinated Time = UTC) (oder GMT) und dem angegebenen Datum zurück.
`valueOf`	Methode	Gibt den Wert des angegebenen Objekts zurück.
`var`	Anweisung	Deklariert eine Variable.
`Variable`	Typ	Beschreibung.
`VBArray`	Objekt	Bietet Zugriff auf sichere Visual Basic-Datenfelder.
`void`	Operator	Deklariert eine Funktion explizit als ohne Rückgabewert.
`while`	Anweisung	Realisiert eine Anweisung, bis eine angegebene Bedingung `false` ist.
`with`	Anweisung	Angabe eines Containers, in dem ohne Punktnotation auf alle Eigenschaften und Methoden des spezifizierten Objekts zugegriffen werden kann.
`x|y`	Regulärer Ausdruck	Ein Sonderzeichen bzw. eine Folge von Sonderzeichen, das/die bei Mustern im Rahmen regulärer Ausdrücke verwendet wird bzw. werden. Entspricht entweder x oder y.

Verwandte Befehle/Themen

Grundlegende Begriffe der Script-Syntax – Token

VBScript-Schlüsselworte

Perl-Befehle

VBScript-Grundlagen

In diesem Abschnitt wollen wir die von Microsoft aus Visual Basic entwickelte Scriptsprache VBScript durchnehmen. Basis soll die Version 5.x[23] sein. Dabei beschäftigen wir uns intensiv mit der VBScript-Sprachreferenz (daneben gibt es die ergänzende und sehr umfangreiche Laufzeitreferenz) und den zentralen Aspekten der Sprache.

VBScript ist eine Technik, an der sich die Geister scheiden[24]. Als von Visual Basic abgeleitete Scriptsprache auf der einen Seite stark in Hinblick einer eng beschränkten Plattform optimiert und äußerst leistungsfähig, grenzt sie damit auf der anderen Seite eine große Zahl von Anwendern aus. In einem Intranet mit homogener Struktur und Kontrolle der Plattformen muss das kein Negativargument sein. Im Gegenteil – die Optimierung für die WINTEL-Welt mit dem Internet Explorer (bzw. einigen anderen Microsoft-Techniken wie dem Microsoft Internet Information Server oder Microsoft Windows Scripting Host) lässt den Scriptersteller mit der Scriptsprache Dinge tun, die allgemeiner ausgelegte Scriptsprachen nicht erlauben. In einem offnen Netzwerk sind allerdings die Plattformeinschränkungen und vor allem die Sicherheitslücken in Verbindung mit ActiveX-Controls ein großes Problem. Wer VBScript im Internet bewusst verwendet, tut dies auch gelegentlich weniger auf Grund technischer Gründe. Es ist manchmal eher als politische Entscheidung zu verstehen, um nur eine Plattform zu unterstützen.

Ideale Quelle für weitergehende Informationen zu diesem Thema sind natürlich die Seiten von Microsoft (`www.microsoft.de` bzw. `www.microsoft.com`) bzw. der Link `http://msdn.microsoft.com/scripting/` für Informationen zu allen interessanten MS-Scripttechniken.

23. Zur Zeit der Bucherstellung ist die Version 5.5 Beta in Arbeit - wir legen die Version 5.1 zugrunde, da diese eine recht große Unterstützung in aktuellen Browserversionen gewährleistet, nur minimal sich von den nachfolgenden Zwischenversionen unterscheidet und für unsere Zwecke ausreicht.
24. Wie bei vielen Microsoft-Techniken.

Was ist VBScript?

VBScript-Einführung und wichtige Grunddefinitionen.

Anwendung

VBScript ist erstmal eine Scriptsprache, die starkt von ihrer PC-Muttersprache Visual Basic beeinflusst ist. Fast alle Elemente, die in VBScript vorkommen, kann man auch in Visual Basic finden (die Umkehrung gilt nicht – Visual Basic ist viel umfangreicher). Es gibt jedoch auch viele Ähnlichkeiten zu JavaScript. Dazu kommt, dass VBScript nicht alleine zu betrachten ist. VBScript firmiert mit ActiveX-Controls, ActiveX-Dokumenten, OLE- und OCX-Steuerelementen und zahlreichen anderen aktiven Microsoft-Technologien unter dem Oberbegriff ActiveX bzw. ActiveX-Internet-Client-Technologie. In diesem auf die WINTEL-Plattform beschränkten Konzept können die verschiedenen Elemente miteinander in Wechselwirkung treten.

Mittels VBScript lassen sich sowohl interne Aktionen durchführen (etwa irgendwelche Berechnungen), aber auch vom Browser bereitgestellte Objekte beeinflussen (etwa die History des Internet Explorer) und im Browser geladene Webseitenelemente (die HTML-Steuerelemente in der Webseite). Dies unterscheidet sich kaum von JavaScript (siehe dazu Seite 348). Darüber hinaus lassen sich via dem Browser aber auch Objekte mit VBScript manipulieren, die außerhalb des als VBScript-Host fungierenden Browsers agieren. Darunter sind OLE-Objekte, mit Abstrichen Java-Applets und nicht zuletzt die vollkommen in das Betriebssystem integrierbaren ActiveX-Controls zu verstehen. Grundsätzlich verhält sich VBScript wie viele vergleichbare Sprachen – etwa JavaScript. Sie ist gerade in dem externen Zugriff auf fremde Objekte optimiert – mit allen Vorteilen! Aber auch mit den gravierenden Nachteilen versehen, in Hinsicht auf die Plattformabhängigkeit und die Sicherheit, hauptsächlich wegen der Zusammenarbeit mit betriebssystemnahen Steuerelementen (die Scriptsprache an sich ist harmlos). Die »Unterhaltung« von VBScript mit Hostapplikationen erfolgt mit einer Technik, die Microsoft ActiveX Scripting nennt. Wir werden uns in diesem Kapitel hauptsächlich mit den internen VBScript-Aktionen beschäftigen. Der Zugriff auf ActiveX-Controls, Java-Applets und Elemente einer Webseite soll im allgemeineren Zusammenhang in Verbindung mit JavaScript/JScript in einem eigenen Kapitel behandelt werden (siehe ab Seite 344).

VBScript-Anweisungen und -Kommentare

Die Grundregeln für Anweisungen und Kommentare unter VBScript.

Anwendungen

Wir wollen hier die Grundstrukturen eines VBScripts beleuchten. Ein VBScript-Script besteht im Wesentlichen aus Deklarationen von Variablen und Subroutinen (siehe für deren genauere Syntaxregeln Seite 262 und 268) sowie allgemeinen Anweisungen (deren genauere Syntax wird auf Grund der Mannigfaltigkeit der Ausprägungen an verschiedenen nachfolgenden Stellen besprochen) und erklärenden Kommentaren, welche vom Interpreter ignoriert werden.

Allgemein stehen Anweisungen unter VBScript in einer Zeile und werden vom Zeilenendezeichen beendet. Es gibt unter VBScript kein besonderes Endezeichen für Anweisungen, wie es etwa unter JavaScript oder Perl vorhanden und notwendig ist (dort ist es das Semikolon). Es ist damit erst einmal (d.h. ohne gewisse Steueranweisungen für den Interpreter) nicht möglich, eine Anweisung über mehrere Zeilen zu verteilen oder auch mehrere Anweisungen in einer Zeile zu notieren. Relevant für den VBScript-Interpreter ist defaultmässig immer das Zeilenende. VBScript hat jedoch von Visual Basic ein Sonderzeichen geerbt, mit dem Anweisungen auf mehrere Zeilen verteilt werden können. Der Unterstrich _ dient als Zeilenfortsetzungszeichen, wenn er mit einem Leerzeichen abgetrennt am Ende einer Zeile notiert wird. In diesem Fall wird der Interpreter aus dieser Zeile und der nachfolgenden Zeile eine einzige logische Zeile machen und diese Anweisung in einem Schritt abarbeiten.

Die andere Alternative – mehrere Anweisungen in einer Zeile – ist in einigen Situationen auch möglich, aber das hängt von der genauen Konstellation ab. Grundsätzlich können aber nur solche im Prinzip über mehrere Zeilen verteilte Anweisungen in einer Zeile zusammengefasst werden, die gleicher Natur sind. So ist es etwa erlaubt, mehrere Konstanten oder Variablen in einer Zeile zu deklarieren (die Konstanten bzw. Variablen werden mit Kommata getrennt).

Ansonsten werden Anweisungen einfach von oben nach unten abgearbeitet, es sei denn, es handelt sich um eine Schleife oder den Aufruf einer Subroutine, welche überall im Script deklariert werden kann (meist jedoch am Anfang vor der ersten direkt auszuführenden Anweisung).

Kommentare in VBScript erstrecken sich immer von dem einleitenden Zeichen ' bis zum Zeilenende. Dabei kann der Kommentar an jeder Stelle in einer Zeile beginnen – auch hinter einer vorangestellten Anweisung, die der Interpreter ausführt. Alternativ kann das VBScript-Schlüsselwort `Rem` verwendet werden, das den gleichen Effekt hat. Ein Kommentarblock, der mehrere Zeilen einschliesst (wie es ihn in vielen anderen Programmiersprachen gibt), existiert in VBScript – leider – nicht.

Warnungen

- Das Zeilenfortsetzungszeichen kann nicht zum Trennen von Schlüsselworten oder Strings oder ähnlichen Elementen verwendet werden. Es dient nur dazu, eine Anweisung mit mehreren Argumenten über mehr als eine Zeile zu verteilen.

Beispiele

Eine Anweisung in Form einer Variablendeklaration:

```
Dim X
```

Eine Anweisung in Form einer Variablendeklaration mit mehreren Variablen:

```
Dim X, Y, Z
```

Ein Kommentar:

```
' Das hier wird ignoriert
```

Ein Kommentar mit dem `Rem`-Schlüsselwort:

```
Rem Das hier wird ebenso ignoriert
```

Eine Anweisung mit nachgestelltem Kommentar:

```
MsgBox "Und tschüss!" ' Sieht der Anwender am Ende
```

Eine Anweisung, die über mehrere Zeilen verteilt wird:

```
MsgBox _
"Ich habe hier so viel zu erzählen, dass es zu viel wird!"
```

Folgendes ist nicht(!!) möglich:

```
MsgBox "Ich habe hier so viel zu erzählen, dass es _
zu viel wird!"
```

Verwandte Befehle/Themen

Grundlegende Begriffe der Script-Syntax – Token

JavaScript-/JScript-Anweisungen

Perl-Anweisungen, -Deklarationen und Kommentare

Kontrollanweisungen in Perl

VBScript-Datentypen, -Variablen, -Konstanten und -Arrays

Die Datentypen von VBScript sowie die Variablen, Konstanten und Arrays mit ihrer Deklaration.

Anwendungen

Wie viele Scriptsprachen ist VBScript wenig restriktiv bezüglich Datentypen (siehe zu Datentypen Seite 37). VBScript besitzt nur einen einzigen Datentyp, der `Variant` genannt wird (Visual Basic-Dialekt) und gehört zu den lose typisierten Sprachen. Ein `Variant` ist ein spezieller Datentyp, der verschiedene Arten von Informationen aufnehmen kann. Das hängt nur von den konkreten Umständen ab, unter denen er verwendet wird. Eine Wertzuweisung mit einem Text in Hochkommata bewirkt beispielsweise, dass sich ein `Variant` wie ein String verhält, eine Wertzuweisung mit einer Zahl bewirkt ein entsprechendes numerisches Verhalten. Da nur dieser eine Datentyp `Variant` existiert, geben sämtliche Funktionen unter VBScript Werte von diesem Datentyp zurück.

Als Ergänzung zu dem Hauptdatentyp gibt es in VBScript `Variant`-Subtypen. Darin sind die spezifischen Zusatzinformationen eines bestimmten Verhaltens enthalten. Etwa eine numerische Information, die genau genommen ein Datum oder eine Zeitangabe repräsentiert. `Variant`-Subtypen beinhalten Bereichsangaben, Verhalten bei Operationen mit Datentypen usw. VBScript hält den Anwender weitgehend von einer direkten Kontrolle dieser Subtypen fern und managet die Verwaltung weitgehend im Hintergrund.

Die nachfolgende Tabelle zeigt die Subtypen, die ein Variant beinhalten kann:

Subtyp	Beschreibung
`Empty`	Der `Variant` ist uninitialisiert. Defaultwert ist `0` für sämtliche numerischen Variablen oder ein String der Länge `Null` für Stringvariablen (`""`).
`Null`	Der `Variant` enthält z.Z. keine gültigen Daten.
`Boolean`	`True` oder `False` (Bitte beachten – mit großen Buchstaben begonnen).
`Byte`	Ein Integerwert zwischen `0` und `255`.
`Integer`	Ein Integerwert zwischen `-32768` und `32767`.
`Currency`	Numerische Werte zwischen -922337203685477,5808 und 922337203685477,5807.
`Long`	Ein Integerwert zwischen `-2147483648` und `2147483647`.
`Single`	Eine Fließkommazahl mit einfacher Genauigkeit im Bereich zwischen `-3402823E38` bis `-1401298E-45` für negative Werte und `1401298E-45` bis `3402823E38` für positive Werte.

Subtyp	Beschreibung
`Double`	Eine Fließkommazahl mit doppelter Genauigkeit im Bereich `zwischen -179769313486232E308` bis `-4.94065645841247E-324` für negative Werte und `494065645841247E-324` bis `1.79769313486232E308` für positive Werte.
`Date (Time)`	Ein Zahlenwert, der ein Datum bzw. ein Zeitpunkt zwischen dem 1. Januar 100 und dem 31. Dezember 9999 repräsentiert.
`String`	Eine Stringvariable mit variabler Länge (maximal 2 Milliarden Zeichen).
`Object`	Beinhaltet ein Objekt.
`Error`	Beinhaltet eine Fehlernummer.

VBScript stellt zahlreiche Standardfunktionen bereit, mit denen Daten von einem Subtyp in einen anderen konvertiert werden können. Ergänzend dazu gibt die `VarType()`-Funktion Informationen darüber zurück, wie Daten in einem Variant gespeichert sind.

Da es in VBScript jedoch nur einen Datenhaupttyp gibt, sind VBScript-Variablen immer von diesem fundamentalen Datentyp `Variant`. Variablen werden deshalb ohne weitere Typdefinition über das Schlüsselwort `Dim` sowie unter gewissen Umständen dem vorangestellten `Public`-Statement oder dem `Private`-Statement und nachfolgenden Bezeichner deklariert. Sie können jedoch auch einfach über die Wertzuweisung an einen neuen Bezeichner entstehen. Der Bezeichner einer Variablen folgt den in fast allen Sprachen üblichen Restriktionen. Er muss mit einem alphabetischen Zeichen beginnen, darf nicht unterbrochen oder länger als 255 Zeichen sein. Selbstverständlich muss er in dem jeweiligen Zusammenhang eindeutig sein. Wertzuweisungen erfolgen einfach über den Gleich-Operator.

Die Sichtbarkeit und die Lebenszeit einer Variablen hängen davon ab, wo und wie sie deklariert wurde. Die defaultmäßige Sichtbarkeit ist unkompliziert geregelt. Sichtbar ist eine Variable innerhalb der Struktur, in der sie deklariert wurde. Wenn sie beispielsweise innerhalb einer Prozedur deklariert wurde, kann man nur innerhalb dieser Prozedur darauf zugreifen. Wenn eine Variable außerhalb einer Funktion oder Prozedur deklariert ist, ist sie überall im Script sichtbar. Die optionalen Sichtbarkeitsmodifier legen fest, ob eine Variable für alle Prozeduren im Script verfügbar sein soll (`Public` – Defaultzustand) oder nur dort, wo sie deklariert wurde (`Private`). Beide Modifier sind nicht innerhalb von Prozeduren erlaubt. Dort deklarierte Variablen gelten immer als privat und deren Sichtbarkeit kann nicht verändert werden.

Die Lebenszeit einer Variablen hängt implizit ebenfalls vom dem Ort der Deklaration ab. Wenn sie innerhalb einer Prozedur deklariert wurde, endet die Lebenszeit der Variablen mit Beendigung der Prozedur, sonst bei Beendigung des Scripts.

Mehrere Variablen können in einer Anweisung deklariert werden, indem dem einleitenden Schlüsselwort folgend jede Variable mit einem Komma getrennt wird.

VBScript erlaubt wie gesagt auch die implizite Deklaration von Variablen, indem einfach ein Bezeichner in einem Script verwendet wird. In dem Moment, wo er verwendet wird, wird die Variable erzeugt. Dies ist generell sehr gefährlich, weil beispielweise Schreibfehler bei einem Zugriff auf eine Variable stattdessen eine neue Variable erzeugen können (etwa eine Wertzuweisung an einen falsch geschriebenen Bezeichner). Um diese implizite Deklaration zu unterbinden, gibt es die Anweisung `Option Explicit`. Diese sollte bei komplexeren Scripten auf jeden Fall zur Unterbindung von impliziten Variablendeklarationen als erstes Statement in einem Script notiert werden.

Selbstdefinierte VBScript-Konstanten

VBScript definiert selbst eine größere Anzahl von vorgegebenen Konstanten (siehe dazu Seite 280). Daneben lassen sich mit dem Schlüsselwort `Const`, einem Bezeichner (oft übliche – aber keinesfalls zwingende – Namenskonvention, diesen zur Kennzeichnung mit `vb` oder `con` zu beginnen oder vollständig in Großbuchstaben zu notieren), und einer Wertzuweisung beliebige selbstdefinierte Konstanten erstellen. Außer den nicht erlaubten Wertveränderungen im Folgenden gelten die gleichen Bedingungen wie für normale Variablen (soweit sinnvoll). Dies gilt auch für die Sichtbarkeitsmodifier. Etwas aufpassen muss man bei Datums- und Zeitliteralen, welche in einen Gatterzaun-Container eingeschlossen werden müssen. Syntaktisch also so:

```
Const [Bezeichner] = #[gültige Datumsangabe]#
```

Arrays

Arrays werden in VBScript über dem Bezeichner nachgestellte runde Klammern deklariert. Innerhalb der Klammern wird die Größe des Arrays notiert, wenn es sich um ein Array mit fester Dimension handelt. Dabei beginnt der Index mit 0. Zugriff auf ein Array-Element erfolgt analog über den Bezeichner und in runden Klammern dem Index. Dynamische Arrays werden einfach über leere Klammern deklariert.

Arrays sind nicht auf eine Dimension beschränkt. Bis zu 60 Dimensionen sind theoretisch möglich, obwohl in der Regel selten mehr als drei bis vier Dimensionen nötig sind. Mehrdimensionale Arrays werden darüber deklariert, dass in den Klammern, mit Kommata abgetrennt, die verschiedenen Dimensionen angegeben werden.

VBScript unterstützt die dynamische Erweiterung von Arrays zur Laufzeit eines Scripts. Dazu wird das ohne Größenangabe deklarierte Array oder auch schon ein Array mit einer gewissen Größe zur Laufzeit mit der `ReDim`-Anweisung erweitert. In Verbindung dazu wird meist das Schlüsselwort `Preserve` verwendet, um den Inhalt eines bereits bestehenden Arrays zu erhalten.

Warnungen

- Sichtbarkeitsmodifier sind nicht bei Deklarationen innerhalb von Prozeduren erlaubt.
- Eine Umdimensionierung von Arrays kann beliebig oft erfolgen, aber bei einer Verkleinerung eines Array gehen die Informationen verloren, die in den eliminierten Elementen gespeichert wurden.

Beispiele

Eine Variablendeklaration mit Wertzuweisung:

```
Dim X = 42
```

Eine Konstantendeklaration:

```
Const DieAntwort = 42
```

Die Deklaration einer Datumskonstanten:

```
Const ErstellungsDatum = #06-03-2000#
```

Die Deklaration eines eindimensionalen Arrays mit 10(!) Elementen:

```
Dim MeinArray(9)
```

Der Wertzuweisung für einzelne Arrayelemente:

```
MeinArray(0) = 256 ' Wertzuweisung für das 1. Element
MeinArray(9) = 42 ' Wertzuweisung für das 10. Element
```

Zugriff auf das dritte Element eines Arrays. Dessen Inhalt wird einer Variablen zugewiesen:

```
MeineVariable = MeinArray(2)
```

Deklaration eines zweidimensionalen Arrays mit 6 Zeilen und 10 Spalten (in einem zweidimensionalen Array versteht man unter der ersten Dimension die Zeilen, unter der zweiten die Spalten):

```
Dim MeinArray(5, 9)
```

Deklaration eines dynamischen Arrays mit anschließender Redimensionierung mittels `ReDim`:

```
Dim MeinArray()
ReDim MeinArray(25)
```

Die Redimensionierung eines bestehenden Arrays unter Beibehaltung der Inhalte:

```
ReDim Preserve MeinArray(25)
```

Verwandte Befehle/Themen

Grundlegende Begriffe der Script-Syntax – Token

Grundlegende Begriffe der Script-Syntax – Variablen, Datentypen

Variablen, Arrays und Datentypen in JavaScript/JScript

Variablen & Arrays in Perl

VBScript-Operatoren

Die Operatoren von VBScript.

Anwendungen

VBScript stellt wie alle umfangreichen Programmiersprachen einen recht vollen Satz von Operatoren zur Verfügung (für allgemeine Hinweise zu Operatoren siehe Seite 55). Zwar kommen VBScript-Operatoren weder in Umfang noch in Leistungsfähigkeit beispielsweise an Perl-Operatoren heran, aber für sämtliche Standardsituationen gibt es arithmetische Operatoren, Vergleichsoperatoren, Zuweisungsoperatoren und logische Operatoren. Die Bewertung der Operatoren erfolgt im Wesentlichen im Rahmen der üblichen Wertigkeiten der Operatoren. Grundsätzlich werden arithmetische Operatoren zuerst ausgewertet, dann Vergleichsoperatoren und logische Operatoren als letztes. Bei gleicher Wertigkeit von Operatoren (etwa bei Vergleichsoperatoren) erfolgt die Bewertung von links nach rechts (also wie fast immer üblich). Die Prioritäten können durch Verwendung von Klammern verändert werden. Nachfolgend finden Sie eine Tabelle mit den VBScript-Operatoren.

Arithmetische Operatoren

Beschreibung	Operator
Exponentialoperator	^
Unary Negation	-
Multiplikation	*
Division	/
Integerdivision	\
Modulusarithmetik	Mod
Addition	+
Subtraktion	-
Stringverknüpfung	&

Vergleichsoperatoren

Beschreibung	Operator
Gleichheit	=
Ungleichheit	<>
Kleiner als	<
Größer als	>
Kleiner als oder gleich	<=
Größer als oder gleich	>=
Objektäquivalenz	`Is`

Logische Operatoren

Beschreibung	Operator
Logische Negation	`Not`
Logische Konjunktion	`And`
Logische Disjunktion	`Or`
Logische Exklusion	`Xor`
Logische Äquivalenz	`Eqv`
Logische Implikation	`Imp`

Warnung

- Die Stringverknüpfung über `&` ist kein arithmetischer Operator, aber in der Priorität wird er unmittelbar nach arithmetischen Operatoren und vor allen Vergleichsoperatoren eingestuft.
- Der `Is`-Operator ist ein Objektreferenz-Vergleichsoperator. Er vergleicht Objekte nicht bezüglich ihrer Werte, sondern überprüft nur, ob zwei Objektreferenzen auf das gleiche Objekt zeigen.
- Extrem tückisch in VBScript ist die Verwendung des einfachen Gleichheitszeichens. Dieses wird sowohl als Zuweisungsoperator als auch als Vergleichsoperator verwendet. So ein (auch in Visual Basic vorzufindendes) Verhalten ist eine äußerst unangenehme Fehlerquelle. In diesem Detail besser aufgebaute Sprachen wie JavaScript, Java oder C/C++ unterscheiden die beiden Vorgänge durch die explizite Verwendung verschiedener Syntax. Dort erfolgt ein Vergleich über die Notation von zwei unmittelbar hintereinander beschriebenen Gleichheitszeichen, was Fehler erheblich reduziert und einen Quelltext viel besser wartbar macht.

Beispiele

Stringverknüpfung:

```
MsgBox "Das ist der eine String. "& "Und das der andere"
```

Zwei verküpfte Strings.

Arithmetische Berechnungen, deren Ergebnis in einer Mitteilungsbox ausgegeben werden (das Ergebnis der Berechnung wird zu einem String konvertiert und dann mit dem vorangestellten String zusammen ausgegeben):

```
MsgBox "Das Ergebnis ist " & (5 + 6) / (2.3 - 1.11)
```

Verwandte Befehle/Themen

Grundlegende Begriffe der Script-Syntax – Operatoren

JavaScript-/JScript-Operatoren

Perl-Operatoren

VBScript-Prozeduren und -Funktionen

Die Syntax und der Einsatz von Subroutinen unter VBScript.

Anwendungen

VBScript stellt sowohl die Technik der Prozeduren als auch Funktionen zur Verfügung (siehe dazu Seite 43). Diese werden von Microsoft offiziell `Sub`-Prozeduren und `Function`-Prozeduren genannt (eine Terminologie, die gelinde gesagt etwas gewöhnungsbedürftig ist). Die Namen leiten sich von den einleitetenden Schlüsselworten bei der Deklaration ab.

Die Deklaration

Eine `Sub`-Prozedur ist eine normale Prozedur (also ohne Rückgabewert), welche Code zwischen die Statements `Sub` und `End Sub` einschließt. Innerhalb dieses Containers werden alle notwendigen Anweisungen und Deklarationen notiert. Einer `Sub`-Prozedur können in Klammern Übergabeargumente (Konstanten, Variablen oder Ausdrücke) übergeben werden. Diese werden in der Deklaration über Bezeichner notiert, über die dann im Inneren der Prozedur darauf zugegriffen werden kann. Wenn eine Prozedur keine Argumente hat, müssen bei der Deklaration leere Klammern notiert werden.

So genannte `Function`-Prozeduren sind die VBScript-Versionen von Funktionen. Sie werden in die Anweisungen `Function` und `End Function` eingeschlossen. Im Gegensatz zu einer `Sub`-Prozedur kann eine Funktion einen Rückgabewert liefern. Sonst gibt es keine relevanten Unterschiede. Eine Funktion gibt einen Wert einfach darüber zurück, dass dem Funktionsnamen im Inneren der Funktion ein Wert zugewiesen wird. Der Datentyp ist immer ein `Variant`. Wir werden uns weitgehend an die sonst allgemein übliche Terminologie *Funktionen* für die so genannten `Function`-Prozeduren und *Prozeduren* für die so genannten `Sub`-Prozeduren halten.

Der Aufruf im Code

Eine Funktion muss zum Aufruf im Code immer auf der rechten Seite einer Zuweisung oder einer Stelle, wo eine Auswertung des Rückgabewerts möglich ist, notiert werden.

Der Aufruf einer Prozedur erfolgt einfach über den Bezeichner und eventuell notwendige Parameter. Bei mehr wie einem Parameter sind diese mit Kommata getrennt. Alternativ kann das `Call`-Statement zum Aufruf einer Prozedur verwendet werden. Dann aber müssen auf jeden Fall alle Argumente beim Aufruf in Klammern eingeschlossen werden.

Warnungen

- VBScript behandelt die Unterschiede zwischen Funktionen und Prozeduren auf der einen Seite recht großzügig und erleichtert ungeübten Anwendern den Umgang damit. Auf der anderen Seite können jedoch durch die laxe Handhabung extrem tückische Fehlerquellen entstehen. Ein besonders schlimmes Beispiel sind diejenigen Funktionen, von denen es ein Prozedur-Äquivalent mit gleichem Bezeichner gibt. Etwa die `MsgBox`-Prozedur, die ebenso als `MsgBox`-Funktion existiert. Die Unterscheidung, ob Funktion- oder Prozedur-Aufruf, erfolgt nur über die Anzahl der Parameter, die Verwendung der Klammern und/oder ob der Aufruf an einer Stelle steht, wo ein Rückgabwert gefordert wird (nur der Prompt-Parameter zur Beschriftung und Klammern um das Argument ist noch keine Entscheidung, ob Funktion oder Prozedur – da ist der Einsatzort das Kriterium). So ist die Anweisung.

  ```
  MsgBox("Hellau")
  ```

  ein Prozedur-Aufruf,

  ```
  MsgBox("Hellau ",1)
  ```

  ein Funktions-Aufruf bedeutet. Nicht weiter schlimm, aber das Problem ist, dass der Rückgabewert des Funktionsaufrufs unbedingt zugeordnet werden muss (umgekehrt legt eine Zuordnung fest, dass es sich auch bei dem Prompt-Parameter zur Beschriftung um eine Funktion handelt). Sonst entsteht ein Laufzeitfehler und das Script wird abgebrochen. Es funktioniert also nur etwas in der Art:

  ```
  antwort = MsgBox("Hellau ",1)
  ```

Der Prozedur-Aufruf jedoch liefert dagegen keinen Rückgabewert und kann auf der rechten Seite einer Wertzuweisung oder einer anderen Stelle stehen, wo ein Rückgabewert gefordert wird.
Das Dilemma wäre mit verschiedenen Bezeichnern leicht in den Griff zu bekommen, aber VBScript hat da leider die Mängel von Visual Basic übernommen.

Beispiele

Die Deklaration einer Prozedur und deren anschließender Aufruf in einem Script. Es werden zwei Standardanweisungen von VBScript verwendet, die eine Benutzereingabe (InputBox) und eine Mitteilung an den Anwender erlauben (MsgBox). Beachten Sie die Zeilenfortsetzungszeichen bei der Ausgabe des Ergebnisses:

```
Sub MeineSub()
 zahl1 = InputBox("Geben Sie den ersten Wert ein: ")
 zahl2 = InputBox("Geben Sie den zweiten Wert ein: ")
 MsgBox _
"Das Ergebnis der Multiplikation der beiden Werte ist " _
& zahl1 * zahl2
End Sub
MsgBox "Gleich wird eine Sub aufgerufen"
MeineSub
```

Die gleiche Funktionalität unter Verwendung einer Funktion. Nur die Benutzereingabe und die Berechnung werden innerhalb der Funktion durchgeführt. Die Ausgabe des Ergebnisses außerhalb, indem der Rückgabewert der Funktion direkt in der Ausgabe verwendet wird:

```
Function MeineFunc()
 zahl1 = InputBox("Geben Sie den ersten Wert ein: ")
 zahl2 = InputBox("Geben Sie den zweiten Wert ein: ")
MeineFunc = zahl1 * zahl2
End Function
MsgBox "Gleich wird eine Function aufgerufen"
 MsgBox _
"Das Ergebnis der Multiplikation der beiden Werte ist " _
& MeineFunc
```

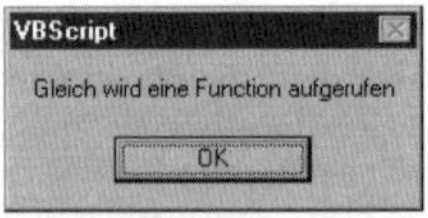

Vor dem Aufruf der Function.

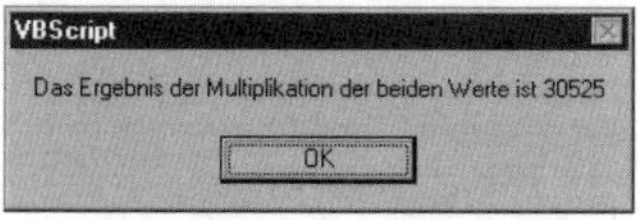

Die Verwendung des Rückgabewerts der Funktion.

Verwandte Befehle/Themen

Grundlegende Begriffe der Script-Syntax – Funktionen, Prozeduren und Methoden

Funktionen, Prozeduren und Methoden in JavaScript/JScript

Perl-Subroutinen

VBScript-Kontrollanweisungen

Die Programmkontrollanweisungen unter VBScript.

Anwendung

VBScript stellt mehrere Möglichkeiten zur Verfügung, mit denen der Programmfluss von Scripten gesteuert werden kann (siehe Seite 31). Es gibt das `If...Then...Else`-Statement mit all seinen Varianten und das `SelectCase`-Statement

Die `If...Then...Else`-Struktur dient wie üblich zur Überprüfung von Bedingungen innerhalb der `If`-Ausdrucksanweisung. Zur Formulierung der Bedingung werden in der Regel Vergleichsoperatoren verwendet. Je nachdem ob diese Überprüfung `True` oder `False` liefert, wird der `If`-Block ausgeführt oder nicht. Über den optionalen `Else`-Block kann eine gezielte Alternative angegeben werden, die bei `False` ausgeführt werden soll.

Wenn nur eine Zeile Code auf Grund einer Bedingung ausgeführt werden soll, kann sie unmittelbar hinter dem `Then`-Schlüsselwort notiert werden.

Syntax:

```
If [Bedingung] Then [Anweisung]
```

Wenn mehr wie eine Zeile Code ausgeführt werden soll, wird dieser wie üblich in einen Block eingeschlossen. Zusätzlich muss jedoch die gesamte Struktur mit einem `End If`-Statement abgeschlossen werden!

Syntax:

```
If [Bedingung] Then
 ... irgendwelche Anweisungen
End If
```

Wenn ein `Else`-Zweig folgt, beendet die `End If`-Anweisung erst den `Else`-Zweig.

Syntax:

```
If [Bedingung] Then
 ... irgendwelche Anweisungen
Else
 ... irgendwelche Alternativanweisungen
End If
```

VBScript kennt auch die gänge Erweiterung des `Else`-Zweigs um eine explizite neue Bedingung, um damit mehrere Bedingungen in einer Struktur abprüfen zu können. Dazu wird das Schlüsselwort `ElseIf` verwendet.

Syntax:

```
If [Bedingung1] Then
 ... irgendwelche Anweisungen
ElseIf [Bedingung2] Then
 ... irgendwelche Alternativanweisungen
ElseIf [Bedingung3] Then
 ... irgendwelche Alternativanweisungen
ElseIf [Bedingung4] Then
 ... irgendwelche Alternativanweisungen
...
End If
```

Es können beliebig viele dieser `ElseIf`-Strukturen nacheinander notiert werden. Natürlich kann ein abschließender reiner `Else`-Zweig folgen, um damit alle noch verbleibenden Situationen abzufangen. Ebenso können `If...Then...Else`-Statements beliebig ineinander verschachtelt werden.

Prinzipiell stellen Programmiersprachen für solche komplexeren Abfragen von Bedingungen zusätzlich andere Techniken bereit. So unter VBScript das `Select Case`-Statement. Damit kann gezielt aus einer Menge von Alternativen ein Block ausgewählt werden.

Eine `Select Case`-Struktur arbeitet mit einem einzelnen Testausdruck, der nur einmal am Anfang der Struktur ausgewertet wird. Das Resultat der Auswertung wird mit den Werten vor jedem `Case` in der Struktur verglichen. Bei einem Treffer wird der zugehörige Block ausgeführt. Für die Fälle, wo keine Übereinstimmung erfolgt, gibt es die Standardalternativanweisung `Case Else`. Diese entspricht von der Logik der `Else`-Anweisung bei der `If...Then...Else`-Struktur. Eine `End Select`-Anweisung beendet die gesamte Struktur.

Syntax:

```
Select Case [Testausdruck]
Case [Ausdruck1]
 ... irgendwelche Anweisungen
 Case [Ausdruck2]
 ... irgendwelche Anweisungen
 Case [Ausdruck3]
 ... irgendwelche Anweisungen
...
 Case Else
      irgendwelche Anweisungen, die dann ausgeführt werden,
      wenn keine der obigen Ausdrücke übereinstimmen.
End Select
```

Warnungen

- Die `if`-Anweisung im Allgemeinen ist insofern kritisch, da es sie sowohl mit nachgestelltem `then`-Schlüsselwort (wie in VBScript, was eine Folge der veralteten Basic-Herkunft ist) als auch ohne dieses Schlüsselwort gibt (wie bei den meisten anderen Sprachen – insbesondere wenn sie nicht einen so rustikalen Ahnen wie Basic haben). Wer zwischen verschiedenen Sprachen wechselt, verliert da leicht den Überblick.

Beispiele

Die Verwendung einer `If`-Anweisung ohne Block oder weiteres Statement:

```
Sub KlingelWennZeit()
Const ZielDatum = #2/13/01#
If ZielDatum > Now Then MsgBox "Zeit zu gehen"
End Sub
```

Die Verwendung von mehreren Statements, die beim Eintreffen einer Bedingung abgearbeitet werden sollen (es wird das Grundgerüst einer HTML-Seite erstellt):

```
If wert = 0 Then
document.write "<HTML>"
document.write "<HEAD>"
document.write "</HEAD>"
document.write "<BODY>"
document.write "</BODY>"
document.write "</HTML>"
End If
```

Zwei Alternativen:

```
If wert = 0 Then
MsgBox "Ja"
```

```
Else
MsgBox "Nein"
End If
```

Mehrere Alternativen (die vierte Alternative wird gewählt):

```
wert = 3
... irgendwelche Anweisungen
If wert = 0 Then
MsgBox "Nein"
Elseif wert = 1 Then
MsgBox "Wahrscheinlich nicht"
Elseif wert = 2 Then
MsgBox "Vielleicht"
Elseif wert = 3 Then
MsgBox "Wahrscheinlich"
Elseif wert = 4 Then
MsgBox "Ja"
Else Then
MsgBox "Keine Angaben"
End If
```

Die gleiche Situation mit mehreren Alternativen unter Verwendung von `Select ... Case`

```
wert = 3
... irgendwelche Anweisungen
Select Case wert
Case 0
MsgBox "Nein"
Case 1
MsgBox "Wahrscheinlich nicht"
Case 2
MsgBox "Vielleicht"
Case 3
MsgBox "Wahrscheinlich"
Case 4
MsgBox "Ja"
Case Else
MsgBox "Keine Angaben"
End Select
```

Die vierte Alternative wird ausgewählt.

Verwandte Befehle/Themen

Grundlegende Begriffe der Script-Syntax – Anweisungen

Funktionen, Prozeduren und Methoden in JavaScript/JScript

Perl-Kontrollanweisungen

Schleifen in VBScript

Die VBScript-Schleifen zur Wiederholung von Programmschritten.

Anwendung

VBScript stellt mehrere Schleifenformen zur Verfügung. Diese entsprechen den üblichen Standardtechniken (siehe Seite 31). Einige Schleifen wiederholen notierte Anweisungen, bis eine überprüfte Bedingung `False` ist; andere wiederholen, bis die Bedingung `True` liefert. Daneben gibt es Schleifen mit einer definierten Anzahl von Wiederholungen.

Die `Do...Loop`-Iterationsanweisung wiederholt so lange die Ausführung von Anweisungen, so lange (Schlüsselwort `While`) oder bis (Schlüsselwort `Until`) eine Bedingung `True` liefert.

Es gibt folgende Syntaxvarianten:

```
Do [{While | Until} Bedingung]
   [irgendwelche Anweisungen]
   [Exit Do]
   [irgendwelche Anweisungen]
Loop
```

Oder

```
Do
   [irgendwelche Anweisungen]
   [Exit Do]
   [irgendwelche Anweisungen]
Loop [{While | Until} Bedingung]
```

Die erste Variante überprüft am Anfang, die zweite Variante erst am Ende der Struktur. Das führt dazu, dass im zweiten Fall die Schleife auf jeden Fall durchlaufen wird – auch wenn die Bedingung nicht erfüllt ist.

Grundsätzlich sind dabei drei Teile zu beachten. Die Bedingung ist entweder als numerischer oder als Stringvergleich zu verstehen, der `True` oder `False` liefert. `Null` wird als `False` behandelt. Die Anweisungen im Inneren der Struktur werden so lange ausgeführt, bis oder so lange die Bedingung `True` ist. Die optionale Anweisung `Exit Do` kann in VBScript nur innerhalb der `Do...Loop`-Schleife verwendet werden und stellt einen alternativen Weg dar (ein Verlassen der Schleife aus dem Inneren heraus), mit dem die Schleife abgebrochen werden kann. Sie wird oft in Verbindung mit einer anderen Anweisung gekoppelt, die eine Bedingung abprüft (z.B. `If...Then`). `Exit Do` übergibt die Kontrolle unmittelbar an die der Schleife folgenden Anweisung.

Die `While...Wend`-Iterationsanweisung wiederholt so lange die Ausführung von Anweisungen, während eine Bedingung `True` ist.

Syntax:

```
While Bedingung
   Version [irgendwelche Anweisungen]
Wend
```

Die Bestandteile der `While...Wend`-Anweisung sind analog dem `Do...Loop`-Statement.

Das `For...Next`-Statement verwendet einen Zähler, um eine definierte Anzahl von Durchläufen anzugeben.

Syntax:

```
For zaehler = start To ende [Step schrittweite]
    [irgendwelche Anweisungen]
    [Exit For]
    [weitere Anweisungen]
Next
```

Der Zähler ist eine numerische Variable (kein Arrayelement oder ein benutzerdefiniertes Element), welcher ein Startwert zugewiesen wird. Die Angabe `ende` ist der Endwert des Zählers. Normalerweise wird bei jedem Durchlauf der Zählerwert um eins erhöht. Optional kann über das Schlüsselwort `Step` eine andere Schrittweite angegeben werden. Diese Schrittweite kann auch negativ sein. Dann gilt, dass die Durchläufe so lange durchgeführt werden, bis der Zähler größer oder gleich dem Endwert ist (beim positiven Fall gilt kleiner oder gleich).

Die optionale `Exit For`-Anweisung kann nur innerhalb der `For...Next`- oder der nachfolgend besprochenen `For Each...Next`-Struktur verwendet werden und ist wie die optionale Anweisung `Exit Do`-Anweisung innerhalb der `Do...Loop`-Schleife ein alternativer Weg (ein Verlassen der Schleife aus dem Inneren heraus), mit dem die Schleife abgebrochen werden kann. Sie wird oft in Verbindung mit einer anderen Anweisung gekoppelt, die eine Bedingung abprüft (z.B. `If...Then`). `Exit For` übergibt die Kontrolle unmittelbar an die der Schleife folgenden Anweisung.

`For...Next`-Strukturen als auch die verwandten `For Each...Next`-Strukturen können beliebig verschachtelt werden, sollten aber eindeutige Zähler verwenden. Syntaxbeispiel:

```
For I = 1 To 10
    For J = 1 To 10
        For K = 1 To 10
        . . .
        Next
    Next
Next
```

Eng verwandt mit der For...Next-Struktur ist die For Each...Next-Iterationsanweisung. Sie durchläuft eine Gruppe von Anweisungen für jeden Eintrag in einer Collection oder jedes Element in einem Array. Eine Collection ist ein besonderes Objekt, das einen Satz von verwandten Objekten enthält. Diese Version der For-Schleife ist insbesondere für die Fälle sinnvoll, wo zur Erstellungszeit eines Scripts die Größe der Collection oder des Arrays nicht bekannt ist.

Syntax:

```
For Each [Element] In [Gruppe]
    [irgendwelche Anweisungen]
    [Exit For]
    [weitere Anweisungen]
Next [Element]
```

Die Elementvariable wird für die Iteration durch die Elemente der Collection oder des Arrays verwendet (definiert über Gruppe). Für Collections kann das Element ein Variant oder eine abzählbare Objektvariable sein, für Arrays muss es zwingend ein Variant sein.

Warnungen

- Innerhalb des For...Next-Statements kann der Wert eines Zählers (streng genommen ja nur eine lokal dort verfügbare Variable) verändert werden (zusätzlich zu der automatischen Wertveränderung bei jedem Durchlauf). Dies ist jedoch schwer zu lesen und erst recht zu debuggen.

Beispiele

Das nachfolgende Beispiel demonstriert die verschiedenen Verwendungsmöglichkeiten der Do-Schleife. Die erste Variante überprüft am Anfang die Bedingung und führt anschließend die enthaltenen Anweisungen durch, bis die Abbruchbedingung erfüllt ist (die Zählvariable wird innerhalb der Schleife hochgezählt). Die zweite Variante arbeitet analog, nur wird die Schleife bereits vor Erreichen der Abbruchbedingung durch Exit Do verlassen. Variante 3 überprüft erst am Ende der Schleife. Deshalb werden die enthaltenen Anweisungen auch einmal durchgeführt, obwohl die Bedingung nicht erfüllt ist. Variante 4 verwendet die Until-Abprüfung:

```
dim i
i = 0
' erste Variante
```

```
Do While i < 10
document.write(i)
i = i + 1
Loop
' Zeilenvorschub
document.write("<BR>")
' Rücksetzen Zählvariable
i = 0
' zweite Variante
Do While i < 10
document.write(i)
i = i + 1
if i = 5 Then Exit Do
Loop
' Zeilenvorschub
document.write("<BR>")
' Hochsetzen Zählvariable
i =100
' dritte Variante
Do
document.write(i)
i = i + 1
Loop While i < 10
' Zeilenvorschub
document.write("<BR>")
' Rücksetzen Zählvariable
i = 0
' vierte Variante
Do Until i > 9
document.write(i)
i = i + 1
Loop
```

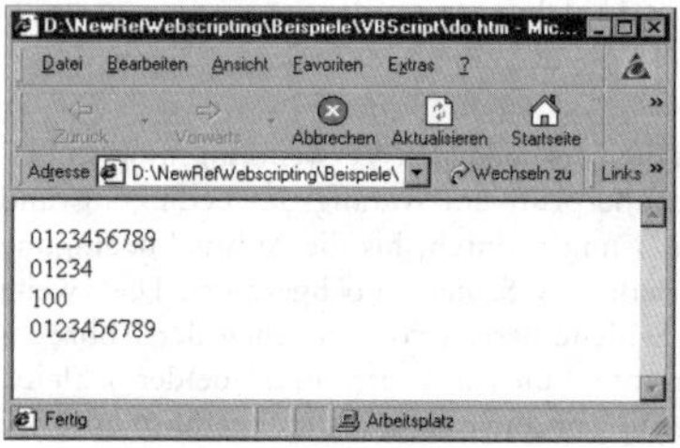

Verschiedene Varianten der Do-Anweisung.

Die Verwendung von `While...Wend`:

```
dim i
i = 0
While i < 10
document.write(i)
i = i + 1
Wend
```

Die Verwendung von `For...Next` mit Definition einer Schrittweite von 3:

```
dim i
For i = 10 To 100 Step 3
document.write(i)
Next
```

Die For-Schleife mit Schrittweite 3.

Die Verwendung von `For...Next` mit Definition einer negativen Schrittweite von 2:

```
dim i
For i = 100 To 0 Step -2
document.write(i)
Next
```

Die Verwendung des `For Each...Next`-Statement in Verbindung mit einem Array (der Wert jedes Array-Eintrags wird ausgegeben):

```
Dim i
Dim MeinArray(5)
MeinArray(0) = "a"
MeinArray(1) = "b"
MeinArray(2) = "c"
MeinArray(3) = "d"
MeinArray(4) = "e"
MeinArray(5) = "f"
For Each i in MeinArray
document.write i
document.write "<BR>"
Next
```

Verwandte Befehle/Themen

Grundlegende Begriffe der Script-Syntax – Funktionen, Prozeduren und Methoden

Funktionen, Prozeduren und Methoden in JavaScript/JScript

Perl-Kontrollanweisungen

Die vordefinierten VBScript-Konstanten

Die von der VBScript-Plattform bereitgestellten Konstanten.

Anwendung

VBScript stellt eine größere Anzahl von Konstanten bereit, die direkt innerhalb von Scripten anstelle der realen – meist numerischen – Werten verwendet werden können. Im Wesentlichen geht es dabei darum, den Code einfacher lesbar zu machen. Die Konstanten sind in verschiedene Gruppen unterteilt:

- Farb-Konstanten
- Vergleichs-Konstanten
- Datums- und Zeit-Konstanten
- Datumsformat-Konstanten
- Miscellaneous-Konstanten
- `MsgBox`-Konstanten
- String-Konstanten
- Logik-Konstanten
- `VarType`-Konstanten

Die Farb-Konstanten

Konstante	Wert	Beschreibung
`vbBlack`	`&h00`	Schwarz
`vbRed`	`&hFF`	Rot
`vbGreen`	`&hFF00`	Grün
`vbYellow`	`&hFFFF`	Gelb
`vbBlue`	`&hFF0000`	Blau
`vbMagenta`	`&hFF00FF`	Magenta
`vbCyan`	`&hFFFF00`	Cyan
`vbWhite`	`&hFFFFFF`	Weiss

Vergleichs-Konstanten

Konstante	Wert	Beschreibung
`vbBinaryCompare`	0	Unterstützung bei einem binären Vergleich
`vbTextCompare`	1	Unterstützung bei einem Textvergleich

Datums- und Zeit-Konstanten

Konstante	Wert	Beschreibung
`vbSunday`	1	Sonntag
`vbMonday`	2	Montag
`vbTuesday`	3	Dienstag
`vbWednesday`	4	Mittwoch
`vbThursday`	5	Donnerstag
`vbFriday`	6	Freitag
`vbSaturday`	7	Samstag
`vbUseSystem`	0	Verwendung des Datumsformats, welches im Computer für die regionalen Bedingungen eingestellt ist.
`vbUseSystemDayOfWeek`	0	Verwendung des ersten Tags der Woche, der im lokalen Computer als erster Tag der Woche definiert ist.
`vbFirstJan1`	1	Verwendung der Woche, in welche der 1. Januar fällt.
`vbFirstFourDays`	2	Verwendung der Woche, die mindestens vier Tage im neuen Jahr hat.
`vbFirstFullWeek`	3	Verwendung der ersten vollen Woche im Jahr.

Datumsformat-Konstanten

Konstante	Wert	Beschreibung
`vbGeneralDate`	0	Anzeige eines Datums und/oder einer Zeit (Systemeinstellung). Auch Zahlen werden im Datums-/Zeitformat angezeigt. Bei einer Fließkommazahl mit Vor- und Nachkommateil wird der Vorkommaanteil als Datum, der nach dem Punkt (das international gültige Trennzeichen für den Nachkommateil) folgende Teil als Zeit interpretiert. Fehlt der jeweilige Teil, wird entsprechend nur das Datum oder eine Zeit angezeigt.
`vbLongDate`	1	Anzeige eines Datums in der im System eingestellten langen Darstellung.
`vbShortDate`	2	Anzeige eines Datums in der im System eingestellten kurzen Darstellung.

Konstante	Wert	Beschreibung
vbLongTime	3	Anzeige einer Zeit in der im System eingestellten langen Darstellung.
vbShortTime	4	Anzeige einer Zeit in der im System eingestellten kurzen Darstellung.

Miscellaneous-Konstanten

Konstante	Wert	Beschreibung
vbObjectError	-2147221504	Benutzerdefinierte Fehlernummern sollten größer als dieser Wert sein.

MsgBox-Konstanten

Die MsgBox-Funktion dient zum Anzeigen von Dialogmasken und ist eines der Highlights von VBScript. Durch die enge Verzahnung von VBScript mit dem WIN16/WIN32-Kernel lässt sich damit einfach und komfortabel eine Benutzerkommunikation aufbauen, die so von kaum einer anderen Scriptsprache realisiert werden kann. Damit die zahlreichen Varianten von Buttons und Icons leichter identifiziert und bezüglich des Defaultwerts gesetzt und ausgewertet werden können, gibt es für die zahlreichen numerischen Codes Konstanten, welche die Programmierung erheblich vereinfachen.

Es gibt sowohl Konstanten, um das Aussehen der MsgBox festzulegen als auch um eine gezielte Auswertung der Benutzereingaben über Vergleiche durchführen zu können. Man unterscheidet genau genommen vier Zahlenbereiche. Die erste Gruppe mit Werten von 0 bis 5 beschreibt die Anzahl und den Typ der Schaltflächen in dem Dialogfenster, die zweite Gruppe (16, 32, 48, 64) den Icon-Stil, der in dem Fenster angezeigt wird; die dritte Gruppe (0, 256, 512, 768) legt den Default-Button fest und die letzte Gruppe (0, 4096) die Modalität des Mitteilungsfensters.

Die Konstanten als auch deren numerische Werte können beliebig summiert werden, allerdings immer nur ein von 0 verschiedener Wert aus jeder Gruppe. Die Summen sind so immer eindeutig und eine Summe der Werte repräsentiert eindeutig die Summe der Eigenschaften.

Festlegen des Aussehens der Dialogbox:

Konstante	Wert	Beschreibung
vbOKOnly	0	Anzeige eines OK-Buttons allein.
vbOKCancel	1	Anzeige einer OK und Cancel-Schaltfläche.
vbAbortRetryIgnore	2	Anzeige einer Abbruch-, Wiederholen- und Ignorieren-Schaltfläche
vbYesNoCancel	3	Anzeige einer Ja-, Nein-, und Cancel-Schaltfläche
vbYesNo	4	Anzeige einer Ja- und Nein-Schaltfläche

Konstante	Wert	Beschreibung
vbRetryCancel	5	Anzeige einer Wiederholen- und Cancel-Schaltfläche.
vbCritical	16	Anzeige eines Critical-Message-Icons
vbQuestion	32	Anzeige eines Warning-Query-Icons
vbExclamation	48	Anzeige eines Warning-Message-Icons
vbInformation	64	Anzeige eines Information-Icons
vbDefaultButton1	0	Erste Schaltfläche ist default
vbDefaultButton2	256	Zweite Schaltfläche ist default
vbDefaultButton3	512	Dritte Schaltfläche ist default
vbDefaultButton4	768	Vierte Schaltfläche ist default
vbApplicationModal	0	Die Applikation ist modal, d.h. der Anwender muss die Dialogbox beantworten, bevor die aufrufende Applikation weiterläuft.
vbSystemModal	4096	Das ganze System ist modal. In Win16-Systemen werden alle Applikationen angehalten, bis der Anwender die Dialogbox beantwortet hat. In Win32-Systemen bewirkt diese Konstante eine Dialogbox, die permanent im Vordergrund von allen anderen laufenden Programmen angezeigt wird.

Nachfolgend eine Tabelle mit Konstanten, welche den durch den Anwender selektierten Button identifizieren. Diese Konstanten stehen aber nur bereit, wenn ein Projekt eine explizite Referenz auf die Typelibrary mit diesen Konstanten verwendet. Im Allgemeinen müssen in VBScript diese Konstanten explizit im Code deklariert oder die numerischen Werte verwendet werden. Da die Rückgabecodes aber nicht sonderlich umfangreich sind, ist eine numerische Überprüfung nicht allzu kompliziert.

Konstante	Wert	Beschreibung
vbOK	1	OK-Button wurde ausgewählt
vbCancel	2	Cancel-Button wurde ausgewählt
vbAbort	3	Abbruch-Button wurde ausgewählt
vbRetry	4	Wiederholen-Button wurde ausgewählt
vbIgnore	5	Ignorieren-Button wurde ausgewählt
vbYes	6	Ja-Button wurde ausgewählt
vbNo	7	Nein-Button wurde ausgewählt

String-Konstanten

Konstante	Wert	Beschreibung
vbCr	Chr(13)	Absatzschaltung
vbCrLf	Chr(13) & Chr(10)	Absatzschaltung-Zeilenvorschub-Kombination
vbFormFeed	Chr(12)	Formfeed; nach offizieller Microsoft-Quelle nicht sinnvoll für Windows
vbLf	Chr(10)	Zeilenvorschub
vbNewLine	Chr(13) & Chr(10) oder nur Chr(10) alleine	Plattformspezifische Sequenz für eine neue Zeile
vbNullChar	Chr(0)	Zeichen mit dem Wert 0
vbNullString	String mit dem Wert 0.	Nicht identisch zum Nulllängenstring ("")
vbTab	Chr(9)	Horizontaler Tab
vbVerticalTab	Chr(11)	Vertikaler Tab; nach offizieller Microsoft-Quelle nicht sinnvoll für Windows

Logik-Konstanten

Konstante	Wert	Beschreibung
vbUseDefault	-2	Defaultwert von den regionalen Computereinstellungen verwenden
vbTrue	-1	True
vbFalse	0	False

VarType-Konstanten

VBScript verfügt zwar nur über einen Datenhaupttyp, Variant, aber zahlreiche Subtypen. Die VarType-Funktion gibt genauere Informationen darüber zurück, wie Daten in einem Variant gespeichert sind. Die Konstanten zur Auswertung stehen aber nur bereit, wenn ein Projekt eine explizite Referenz auf die Typelibrary mit diesen Konstanten verwendet. Im Allgemeinen müssen in VBScript diese Konstanten explizit im Code deklariert werden.

Konstante	Wert	Beschreibung
vbEmpty	0	Uninitialisiert (default)
vbNull	1	Kein gültiger Datentyp
vbInteger	2	Integer-Subtyp
vbLong	3	Long-Subtyp
vbSingle	4	Single-Subtyp
vbDouble	5	Double-Subtyp

Konstante	Wert	Beschreibung
vbCurrency	6	Currency-Subtyp
vbDate	7	Date-Subtyp
vbString	8	String-Subtyp
vbObject	9	Objekt
vbError	10	Error-Subtyp
vbBoolean	11	Boolean-Subtyp
vbVariant	12	Variant (Verwendung nur mit Arrays aus Variants)
vbDataObject	13	Datenzugriffsobjekt
vbDecimal	14	Decimal-Subtyp
vbByte	17	Byte-Subtyp
vbArray	8192	Array

Warnungen

- Die Konstante `vbSystemModal` bei der `MsgBox`-Funktion ist leider leicht zu missbrauchen, um Win16-Systeme komplett abzuschießen (was die Akzeptanz von VBScript sicher nicht fördert). Da alle Applikationen angehalten werden, bis der Anwender die Dialogbox beantwortet hat, kann man in Verbindung mit einer Endlosschleife um ein solches Dialogfenster herum, einen rekursiven Aufruf oder noch massiveren Konstrukten einem Anwender erheblich Ärger machen. Aber auch in Win32-Systemen können nicht so kundige Anwender erheblich genervt werden.
- Die Stringkonstanten `vbFormFeed` und `vbVerticalTab` werden in offiziellen Microsoft-Quellen als nicht sinnvoll für Windows eingestuft. Damit fragt man sich, was sie eigentlich sollen. Sie sind irgendwo ein Anachronismus, da VBScript weitgehend auf Windows beschränkt ist.
- Die Stringkonstante `vbNullString` ist nicht identisch zum Nulllängenstring (`""`).

Beispiele

- Einsatz der `MsgBox`-Konstanten im Rahmen der `MsgBox`-Funktion bzw. -Prozedur:

```
i=MsgBox("So")
```

Variante 1.

```
i=MsgBox("Oder so", 0)
```

Variante 2.

```
i=MsgBox("Oder vielleicht so", 1)
```

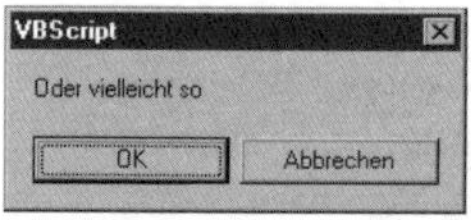

Variante 3.

```
MsgBox "Versuchen wir es mal mit VB-Konstanten", vbAbortRetryIgnore
```

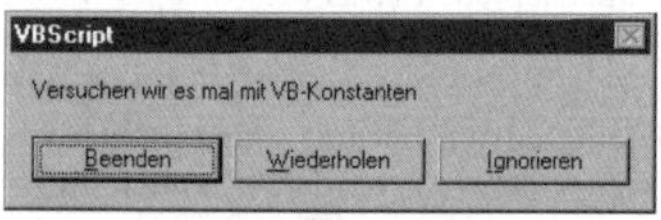

Variante 4.

```
i=MsgBox("Versuchen wir es mal mit VB-Konstanten", vbCritical)
```

Variante 5.

```
i=MsgBox("Versuchen wir es mal mit VB-Konstanten", vbInformation + vbRetryCancel)
```

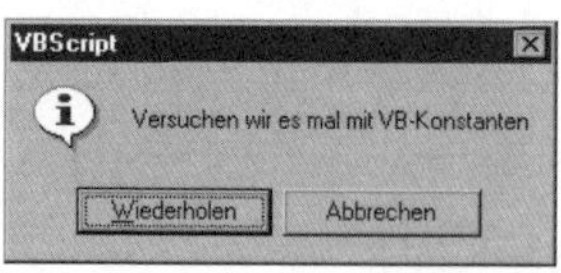

Variante 6.

Die Auswertung des Rückgabewerts über die entsprechenden Konstanten:

```
antwort=MsgBox("Was wollen Sie?", vbAbortRetryIgnore)
If antwort=vbAbort  Then MsgBox "Echt?"
If antwort=vbIgnore  Then MsgBox "Abgelehnt"
If antwort=vbRetry  Then MsgBox "Hättest Du wohl gerne?"
```

Die Auswertung des Subtyps einer Variablen über die entsprechenden Konstanten:

```
Dim TestVariable
TestVariable=3.14
If VarType(TestVariable)=vbInteger  Then
MsgBox "Integer"
ElseIf VarType(TestVariable)=vbDouble Then
MsgBox "Double"
ElseIf VarType(TestVariable)=vbSingle Then
MsgBox "Single"
```

Subtype Double.

Verwandte Befehle/Themen

Grundlegende Begriffe der Script-Syntax – Token

Die VBScript-Fehler

Die Laufzeit- und die Syntax-Errors von VBScript.

Anwendung

VBScript beinhaltet ein explizites Fehlermanangement und stellt zur Laufzeit eines Scripts Fehlerobjekte vom Typ `Err` bereit, in denen als Wert ein Code den konkreten Fehler beschreibt (zu Objektmodellen siehe Seite 350). Ebenso wird bei Syntaxfehlern in einem VBScript durch einen Interpreter ein Fehlercode zurückgegeben, der ausgewertet werden kann.

Laufzeitfehler

Fehlernummer	Beschreibung
5	Ungültiger Prozeduraufruf oder Argument
6	Überlauf

Fehlernummer	Beschreibung
7	Außerhalb des Speicherbereichs
9	Subscript außerhalb des Bereichs
10	Array fixiert oder temporär allokiert
11	Division durch 0
13	Falscher Typ
14	Außerhalb des Stringbereichs
17	Keine Unterstützung der angeforderten Operation
28	Außerhalb des Stackbereichs
35	Sub oder Function nicht definiert
48	Error beim DLL-Laden
51	Interner Error
52	Falsche(r) Dateiname oder -nummer
53	Datei nicht gefunden
54	Falscher Dateimodus
55	Datei bereits offen
57	I/O-Error
58	Datei bereits vorhanden
61	Diskette voll
62	Eingabe über Dateiende
67	Zu viele Dateien
68	Device nicht erreichbar
70	Zugriff verweigert
71	Diskette nicht bereit
74	Keine Umbenennung mit anderen Laufwerken möglich
75	Pfad-/Datei-Zugriffserror
76	Pfad nicht gefunden
91	Objektvariable nicht gesetzt
92	`For`-Schleife nicht initialisiert
94	Ungültige Verwendung von Null
322	Notwendige temporäre Datei kann nicht erstellt werden
424	Objekt benötigt
429	ActiveX-Komponente kann Objekt nicht erstellen
430	Klasse unterstützt Automation nicht
432	Datei- oder Klassenname während der Automationsoperation nicht gefunden
438	Objekt unterstützt diese Eigenschaft oder Methode nicht

Fehlernummer	Beschreibung
440	Automations-Error
445	Objekt unterstützt diese Aktion nicht
446	Objekt unterstützt diese Argumente nicht
447	Objekt unterstützt diese aktuellen lokalen Einstellungen nicht
448	Argument nicht gefunden
449	Argument nicht optional
450	Falsche Anzahl von Argumenten oder ungültige Eigenschaft
451	Objekt ist keine Collection
453	DLL-Funktion nicht gefunden
455	Coderessourcen-Lockerror
458	Variable verwendet einen Automationstyp, der in VBScript nicht unterstützt wird
462	Remoteserver existiert nicht oder ist nicht erreichbar
481	Ungültiges Bild
500	Variable ist nicht definiert
501	Illegaler Zugriff
502	Objekt nicht sicher für Scripting
503	Objekt nicht sicher für Initialisierung
504	Objekt nicht sicher für Erstellung
505	Ungültige oder unqualifizierte Referenz
506	Klasse nicht definiert
507	Eine Exception (Ausnahme) ist aufgetreten
5016	Objekt eines regulären Ausdrucks erwartet
5017	Syntax-Error in regulärem Ausdruck
5018	Unerwarteter Quantifier
5019	] in regulärem Ausdruck erwartet
5020	) in regulärem Ausdruck erwartet
5021	Ungültiger Bereich im Zeichensatz
32811	Element nicht gefunden

Syntaxfehler

Fehlernummer	Beschreibung
1001	Out of memory
1002	Syntax-Error
1003	Folgende(s) Zeichen/Zeichenfolge erwartet: :
1005	Folgende(s) Zeichen/Zeichenfolge erwartet: (

Fehlernummer	Beschreibung
1006	Folgende(s) Zeichen/Zeichenfolge erwartet: `)`
1007	Folgende(s) Zeichen/Zeichenfolge erwartet: `]`
1010	Identifier erwartet
1011	Folgende(s) Zeichen/Zeichenfolge erwartet: `=`
1012	Folgende(s) Zeichen/Zeichenfolge erwartet: `If`
1013	Folgende(s) Zeichen/Zeichenfolge erwartet: `To`
1014	Folgende(s) Zeichen/Zeichenfolge erwartet: `End`
1015	Folgende(s) Zeichen/Zeichenfolge erwartet: `Function`
1016	Folgende(s) Zeichen/Zeichenfolge erwartet: `Sub`
1017	Folgende(s) Zeichen/Zeichenfolge erwartet: `Then`
1018	Folgende(s) Zeichen/Zeichenfolge erwartet: `Wend`
1019	Folgende(s) Zeichen/Zeichenfolge erwartet: `Loop`
1020	Folgende(s) Zeichen/Zeichenfolge erwartet: `Next`
1021	Folgende(s) Zeichen/Zeichenfolge erwartet: `Case`
1022	Folgende(s) Zeichen/Zeichenfolge erwartet: `Select`
1023	Ausdruck erwartet
1024	Anweisung erwartet
1025	Ende einer Anweisung erwartet
1026	Integerkonstante erwartet
1027	Folgende(s) Zeichen/Zeichenfolge erwartet: `While` oder `Until`
1028	Folgende(s) Zeichen/Zeichenfolge erwartet: `While`, `Until` oder Ende der Anweisung
1029	Folgende(s) Zeichen/Zeichenfolge erwartet: `With`
1030	Identifier zu lang
1031	Ungültige Zahl
1032	Ungültiges Zeichen
1033	Nicht bestimmte Stringkonstante
1034	Nicht bestimmter Kommentar
1037	Ungültige Verwendung von dem `Me`-Schlüsselwort
1038	`loop` ohne `do`
1039	Ungültige `exit`-Anweisung
1040	Ungültige `for`-Schleifenkontrollvariable
1041	Name redefiniert
1042	Muss erste Anweisung in der Zeile sein
1043	Kein Zugriff auf nicht-`ByVal`-Argument

Fehlernummer	Beschreibung
`1044`	Klammern können beim Aufruf der Sub-Prozedur nicht verwendet werden.
`1045`	Literalkonstante erwartet
`1046`	Folgende(s) Zeichen/Zeichenfolge erwartet: `In`
`1047`	Folgende(s) Zeichen/Zeichenfolge erwartet: `Class`
`1048`	Muss innerhalb einer Klasse definiert werden
`1049`	Erwartet Setzen, Freigeben oder Abfragen der Eigenschaftsdeklaration
`1050`	Folgende(s) Zeichen/Zeichenfolge erwartet: `Property`
`1051`	Anzahl der Argumente muss über die Eigenschaftenspezifikation konsistent bleiben
`1052`	Keine mehrfachen Defaulteigenschaften- oder -methoden in einer Klasse erlaubt
`1053`	Klasseninitialisierung oder -terminierung hat keine Argumente
`1054`	Eigenschaftenfreigabe oder -setzen muss mindestens ein Argument haben
`1055`	Unfolgende(s) Zeichen/Zeichenfolge erwartet: `Next`
`1056`	`Default` kann nur auf `Property` oder `Function` oder `Sub` spezifiziert werden
`1057`	Defaultspezifikation muss zusätzlich als `Public` festgelegt werden
`1058`	Defaultspezifikation nur auf Eigenschaft `Get` erlaubt

Beispiele

Eine beispielhafte Fehlerbehandlungsroutine unter VBScript. Die einleitende Anweisung `On Error Resume Next` sorgt dafür, dass der Interpreter das Script nicht abbricht, sondern gezieltes Management über das Fehlerobjekt erlaubt. Die nachfolgende Anweisung mit dem eventuell auftretenden Fehler wird im Fehlerfall beendet und die anknüpfende Anweisung ausgeführt. Dabei werden bei der Fehlerbehandlung anschließend einige Standardmethoden des Fehlerobjekts `Err` verwendet. Über die `Raise`-Methode wird künstlich ein Fehler erzeugt, dessen Fehlernummer über die Methode `Number` und dessen Beschreibung über die Methode `Description` abgefragt werden kann. Am Ende der Fehlerbehandlung wird der Inhalt des Fehlerobjekts geleert:

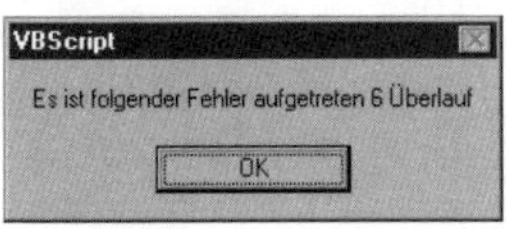

Qualifizierte Fehlermeldung.

```
On Error Resume Next
Err.Raise 6 ' Erzeugt einen Overflowerror.
MsgBox ("Es ist folgender Fehler aufgetreten " & CStr(Err.Number) & " " &
Err.Description)
Err.Clear ' Leeren des FehlerObjekts.
```

Ein Beispiel, wo ein Fehler durch die Eingabe des Anwenders entstehen kann (Division durch 0) und die entsprechende Behandlung (als Muster für eine allgemeine Fehlerbehandlung unter VBScript zu verwenden):

```
Function Teile()
 zahl1 = InputBox("Geben Sie den ersten Wert ein: ")
 zahl2 = InputBox("Geben Sie den zweiten Wert ein: ")
Teile = zahl1 / zahl2
End Function
On Error Resume Next
' Nachfolgende Anweisung beim Fehler überspringen
 MsgBox _
"Das Ergebnis der Divison der beiden Werte ist " _
& Teile
If Err.Number > 0 Then
MsgBox ("Es ist folgender Fehler aufgetreten " & _ CStr(Err.Number) & " " &
Err.Description)
Err.Clear ' Leeren des FehlerObjekts.
End if
```

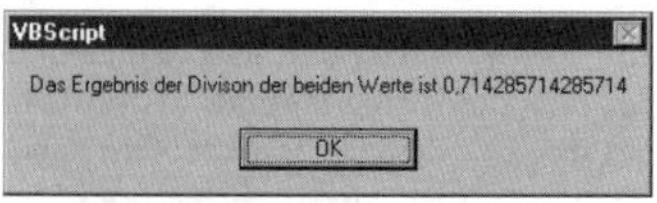

Die korrekte Berechnung.

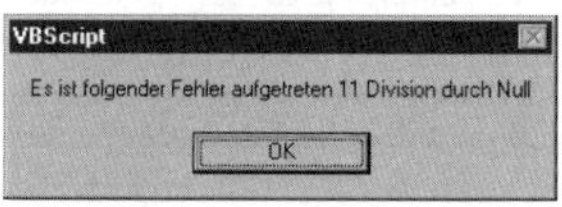

Eine qualifizierte Fehlermeldung.

Verwandte Befehle/Themen

Event-Objekte und Event-Handler

Automatisierungs- und interne VBScript-Objekte

Die internen VBScript-Objekte der VBScript-Sprachreferenz, auf die unter VBScript direkt zugegriffen werden kann und die Verbindung mit Automatisierungs-Objekten.

Anwendung

VBScript stellt sowohl eigene interne Objekte bereit, auf die ohne weitere explizite Deklaration von jeder Stelle in einem VBScript-Code zugegriffen werden kann (Top-Level-Objekte) als auch die Möglichkeit der Erstellung benutzerdefinierter Objekte und nicht zuletzt zahlreiche Mittel, um auf externe Objekte zuzugreifen (für allgemeine Informationen zu Objekten siehe Seite 51).

Der Zugriff auf externe Objekte kann über verschiedene Wege erfolgen. Ein zentraler Weg ist die Verwendung einer Technik, die Automatisierung genannt wird und unter Windows zahlreiche Technikwelten miteinander verbindet. Diese wollen wir in diesem Abschnitt behandeln.

Automatisierung (auch bekannt unter OLE-Automatisierung) ist ein Funktionsmerkmal des COM (Component Object Model), mit dem Anwendungen ihre Objekte für Entwicklungsprogramme wie Visual Basic, Makrosprachen wie VBA und andere Anwendungen, die Automatisierung unterstützen, offenlegen. Insbesondere zählt auch die stark Windows-orientierte Scriptsprache VBScript dazu. Ein Tabellenkalkulationsprogramm wie Excel kann z.B. eine Arbeitsmappe, eine Tabelle, ein Diagramm, eine Zelle oder einen Zellbereich offenlegen, wobei alle Objekte einen jeweils anderen Objekttyp haben. Aber auch ein Textverarbeitungsprogramm wie Word kann Objekte wie eine Anwendung, ein Dokument, einen Absatz, einen Satz, ein Lesezeichen oder eine Auswahl gegenüber den entsprechenden Applikationen öffnen. Desgleichen Powerpoint, Outloock, Access oder was auch immer das COM-Verfahren unterstützt. Wenn eine beliebige Anwendung Automatisierung unterstützt, kann über VBScript auf die offengelegten Objekte zugegriffen werden. Diese Objekte kann man ändern, indem spezifische Methoden für das Objekt aufgerufen oder dessen Eigenschaften abgerufen oder festgelegt werden. Ein Automations-Objekt ist also ein spezielles Objekt, das gegenüber anderen Applikationen oder Programmiertools über Automations-Interfaces offen sichtbar ist und diese darauf zugreifen können. Bekannt sind solche Automatisierungs-Objekte wie auch die nachfolgenden internen VBScript-Objekte als ActiveX-Objekte. Wir werden einige Beispiele durchgehen.

Diese unzähligen Methoden und Eigenschaften von den zahlreichen Automations-Anwendungen sprengen natürlich den Rahmen eines Buchs über Webscripting im Allgemeinen. Grundsätzlich finden sich jedoch alle notwendigen Informationen zu den unterstützten Eigenschaften und Methoden von den Objekten einer Anwendung in der Dokumentation der jeweiligen Anwendung. Die von einer Anwendung unterstützten Objekte, Funktionen, Eigenschaften und Methoden sind normalerweise in der Objektbibliothek (oft eine Datei mit der Erweiterung .OLB) der Anwendung definiert (zumindest ist es in den meisten Office-Anwendungen so). Ein recht sinnvoller Zugriff auf den Objektkatalog von MS-Office-Programmen erhält man beispielsweise über den in allen Office-Programmen integrierten VBA-Editor (Menü-Punkt Extras) und dort die Funktionstaste F2. Der dort angegebene Name des Objektkatalogs ist in der Regel auch der Bezeichner des Automatisierungs-Objekts.

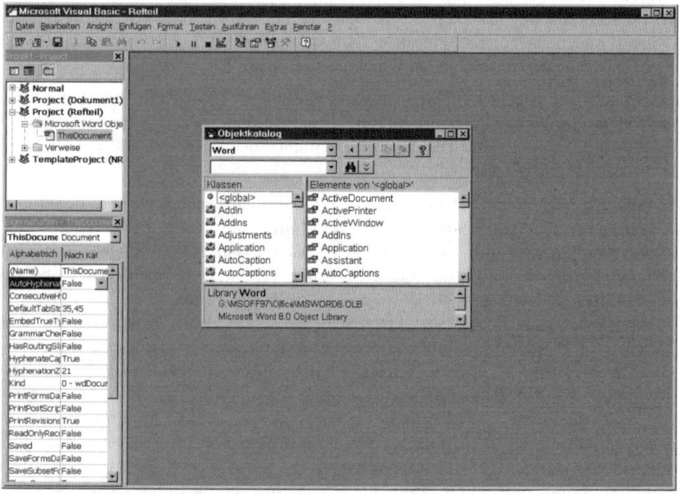

Der Objektkatalog vom VBA-Editor in MS-Office-Anwendungen.

Viele Automatisierungs-Objekte und auch interne VBScript-Objekte (s. u.) verfügen über die gleichen Standardmethoden. So verfügen viele Objekte über eine Add-Methode zum Hinzufügen von Werten. Speziell Automatisierungs-Objekte besitzen fast alle eine Quit-Methode zum Beenden der aufgerufenen Applikation. Grundsätzlich erhält man unter VBScript mit den folgenden Funktionen Zugriff auf ein Automatisierungs-Objekt:

Funktion	Beschreibung
`CreateObject`	Erstellt ein neues Objekt des angegebenen Typs
`GetObject`	Lädt ein Objekt aus einer Datei

Neben den externen Objekten spielen die internen VBScript-Objekte eine wichtige Rolle. Insbesondere stehen sie immer innerhalb eines VBScripts zur Verfügung und können ohne explizite Deklaration im Code referenziert werden. Die nachfolgende Tabelle listet die internen VBScript-Objekte auf.

Objekt	Beschreibung

`Class`	Die `Class`-Anweisung wird verwendet, um damit ein Objekt als Instanz einer Klasse zu erzeugen. Über dieses hat man dann Zugriff auf die Elemente der Klasse.
	Syntax:
	`Class [Klassenname]`
	Grundsätzlich arbeitet VBScript mit Objekten, die dynamisch zur Laufzeit eines Scripts erstellt und wieder entfernt werden können. Dies erfolgt etwa in Verbindung mit dem Schlüsselwort `Set` und der Anweisung `CreateObject("[Automatisierungsobjekt]")`.
	Syntax:
	`Set [Objektvariablenbezeichner] = _`
	`CreateObject(»[Automatisierungsobjekt]«)`
	Eine andere Alternative ist die Verwendung des Schlüsselwortes `New` in Verbindung mit `Class` und `Set` (es ist nicht möglich, einfach eine Variable vom Typ `Class` zu deklarieren). Grundsätzlich verwenden Klassen in streng oder zumindest stark objektorientierten Sprachen zur Erzeugung von Objekten besondere Methoden (so genannte Constructor-Methoden oder – deutsche Aussprache – Konstruktoren). Diese sind vom Namen her immer identisch zu den Klassennamen und werden mittels des `New`-Schlüsselwortes aufgerufen. Unter VBScript verschwimmen diese internen Details ziemlich, was sich unter anderem dadurch äußert, dass VBScript den Konstruktor nicht durch nachgestellte Klammern als Methode kennzeichnet und dadurch von dem Klassennamen unterscheidet.
	Nichtsdestoweniger erfolgt die Erzeugung eines konkreten Objekts aus einer Klasse über folgende Syntax:
	`Set [Objektvariablenbezeichner] = _`
	`new [Klassenname]`
	Wenn so ein Objekt erzeugt wird, stellt VBScript dazu zwei Typen von Ereignissen bereit. Diejenigen, welche bei der Initialisierung eines Objekts und diejenigen, welche bei der Beendigung der Lebenszeit des Objekts auftreten können.
	Das Initialisierungs-Event (`Initialize`) tritt auf, wenn eine Instanz der zugehörigen Klasse generiert ist. Dies erfolgt mittels folgender Syntax:

Objekt	Beschreibung

	`Private Sub Class_Initialize()`
	`  ...irgendwelche Anweisungen`
	`End Sub`
	Die eingeschlossenen Anweisungen werden abgearbeitet, wenn die Klasse initialisiert wird.
	
	Das Terminierungs-Event (`Terminate`) tritt auf, wenn eine Instanz der zugehörigen Klasse wieder entfernt wird. Dies erfolgt mittels folgender Syntax:
	
	`Private Sub Class_Terminate()`
	`  ...irgendwelche Anweisungen`
	`End Sub`
	Die eingeschlossenen Anweisungen werden abgearbeitet, wenn die Instanz der Klasse entfernt wird. Es handelt sich also um eine Prozedur (oder genauer Methode), welche in den vielen Programmiersprachen Destruktor genannt wird.

`Dictionary`	Ein Objekt, das Daten in Form von Einträgepaaren speichert. Der erste Eintrag jedes Paars ist ein eindeutiger Schlüssel (normalerweise ein Integerwert oder ein String, aber im Prinzip jede eindeutige Identifikation außer einem Array), der andere Eintrag ist jeweils der eigentliche Wert. Das Objekt verfügt über folgende Methoden: `Add` für das Hinzufügen von Einträgen zu einem Objekt (Syntax: `[Objekt].Add [Schluessel], [Item]`), `Exists([Schluessel])` zur Überprüfung, ob ein Schlüssel existiert, `Items` und `Keys` zur Rückgabe des jeweiligen Anteils des Objekts in einem Array, `Remove([Schluessel])` um über den Schlüssel einen Eintrag vollständig zu entfernen, und `RemoveAll` zur Entfernung aller Einträge. Als Eigenschaften stellt das Objekt `CompareMode` (Vergleichmodus), `Count` (Anzahl der Einträge – read only), `Item([Schluessel])` und `Key([Schluessel])` bereit. Unter PERL gibt es zu dieser Objektform das Äquivalent in Form von assoziierten Arrays (Perl-Hasharrays – siehe dazu Seite 424).
`Err`	Das `Err`-Objekt beinhaltet zur Laufzeit eines Scripts Informationen über eventuell aufgetretene Laufzeitfehler. Diese können dann über das Objekt ausgewertet werden. Insbesondere akzeptiert `Err` die `Raise`- und `Clear`-Methoden (die einzigen Methoden) zum künstlichen Generieren von Laufzeitfehlern (für Testzwecke) und grundsätzlichem Bereinigen des Fehlerobjekts. Die `Raise` -Methode erzeugt einen Laufzeitfehler mit folgender Syntax: `Err.Raise(Fehlernummer[, Source][, Beschreibung][, Hilfedatei , Kontext ])` Die Fehlernummer ist ein Longinteger-Subtyp zwischen `0` und `65535`, der den Fehler identifiziert (sowohl VBScript-definiert als auch Anwender-definiert).

Objekt	Beschreibung

	Die optionale Angabe `Source` ist ein Stringausdruck der angibt, welches Objekt oder welche Applikation den Fehler generiert hat. Falls nichts angegeben wird, wird die ID von dem aktuellen VBScript-Projekt verwendet. `Beschreibung` ist eine optionale Textbeschreibung des Fehlers. Falls sie fehlt, wird die Fehlernummer verwendet.
	
	Die beiden Argumente `Hilfedatei` und `Kontext` dienen zur Festlegung einer Onlinehilfe (nur unter 32-bit-Plattformen unterstützt). `Hilfedatei` identifiziert die Hilfedatei (eine Windows-Hilfedatei) über einen URL, und der Kontext gibt die Stelle in der Hilfedatei an, die angezeigt werden soll. Wenn die Angaben nicht gesetzt werden, wird VBScript den vollqualifizierten Pfad von dem Standard-VBScript-Hilfefile verwenden.
	
	Die `Clear`-Methode hat keine Argumente und wird grundsätzlich verwendet, um den Inhalt des `Err`-Objekts nach einem Fehler wieder zu leeren.
	
	Syntax:
	`Err.Clear`
	Der manuelle Aufruf ist jedoch selten notwendig, denn VBScript ruft die Methode automatisch auf, wenn eine der folgenden Anweisungen aufgerufen wird:
	
	`On Error Resume Next`
	`Exit Sub`
	`Exit Function`
	Prinzipiell steht das `Err`-Objekt wie alle internen VBScript-Objekte in jedem VBScript-Code zur Verfügung und muss nicht als Instanz im Code erstellt werden. Die Eigenschaften des Objekts (`Description, HelpContext, HelpFile, Number, Source`) werden implizit von dem Generator von einem Error gesetzt – entweder Visual Basic, einem beliebigen Automations-Objekt, oder eben dem VBScript-Programm. Die Defaulteigenschaft vom dem `Err`-Objekt ist eine Integertzahl (`Err.Number`), welche von einem Automations-Objekt zur Rückgabe eines SCODE (eines Longinteger-Werts mit detaillierten Informationen für den Aufrufer eines Interface-Bestandteils oder einer API-Funktion. Der Statuscode für OLE-Schnittstellen und APIs werden in `FACILITY_ITF` definiert) verwendet werden kann. Wenn ein Laufzeitfehler auftritt, werden die Eigenschaften von dem `Err`-Objekt mit Informationen gesetzt, die einen Fehler eindeutig identifizieren und eine Behandlung ermöglichen.

`FileSystemObject`	Ein Objekt für den Zugriff auf das Dateisystem eines Computers. Mit diesem Objekt können auf einfachste Art und Weise unter VBScript Dateien erstellt oder gelesen werden. Das Objekt besitzt nur die Eigenschaft `Drives`, mit der alle im Computersystem verfügbaren Laufwerke abgefragt werden können. Es verfügt jedoch über die recht zahlreichen folgenden Methoden, deren detaillierte Behandlung unseren Rahmen sprengt (für die besonders wichtigen Beispiele `CreateTextFile` und `OpenTextFile` siehe unten bei den Beispiele), deren jeweilige Bedeutung jedoch auf Grund des Namens eindeutig ist.

Objekt	Beschreibung
	BuildPath, CopyFile, CopyFolder, CreateFolder, CreateTextFile, DeleteFile, DeleteFolder, DriveExists, FileExists, FolderExists, GetAbsolutePathName, GetBaseName, GetDrive, GetDriveName, GetExtensionName, GetFile, GetFileName, GetFolder, GetParentFolderName, GetSpecialFolder, GetTempName, MoveFile, MoveFolder, OpenTextFile
Match	Ein Objekt für den Zugriff auf die Read-only-Eigenschaften des Resultats der Suche über einen regulären Ausdruck (damit sind alle Eigenschaften des Objekts – FirstIndex, Length, Value -eines Match-Objekts nur zu lesen). Ein solches Objekt kann aussschließlich über die Execute-Methode von dem RegExp-Objekt erzeugt werden, welche eine Liste von Match-Objekten (Treffern bei einer Suche) zurückgibt. Wenn ein regulärer Ausdruck ausgeführt wird, können keins oder mehrere Match-Objekte daraus resultieren. Jedes davon erlaubt den Zugriff auf den String mit Informationen über den regulären Ausdruck, die Länge des Strings und den Index wo das Match-Objekt zu finden ist.
Matches	Ein Objekt (Collection), welches eine Sammlung von Match-Objekten enthält und die Eigenschaften Count und Item besitzt (Anzahl und Trefferinfo).

RegExp	Ein Objekt, welches den Zugriff auf einen regulären Ausdruck unterstützt. Ein regulärer Ausdruck dient zur Angabe von Suchbedingungen innerhalb eines Suchstrings. Ein solches Objekt besitzt zwei Boolean-Eigenschaften zum Setzen oder für die Rückgabe eines Boolean-Werts der anzeigt, ob ein Pattern alle Treffer in einem Suchstring ersetzen soll oder nur den ersten (Global) und ob eine Patternsuche Groß- und Kleinschreibung beachten soll (IgnoreCase) sowie für die Angabe des regulären Ausdruckspatterns, nach dem gesucht werden kann (Pattern [= "Suchstring"]).
	Das Objekt stellt drei Methoden bereit:
	Execute dient zum Ausführen eines als String angegebenen regulären Ausdrucks.
	Syntax:
	`Objekt.Execute(String)`
	Objekt steht für den Namen von einem RegExp-Objekt und der String ist der Textstring, nachdem in dem regulären Ausdruck zu suchen ist.
	Replace ersetzt den gewünschten Text in einem RegExp-Objekt.
	Syntax:
	`Objekt.Replace(zuersetzenderString, ErsetzString)`
	Test dient zur Ausführung einer Suche in einem regulären Ausdruck nach einem String. Wenn er gefunden wird, wird True zurückgegeben.
	Syntax:
	`Objekt.Test(String)`

Die bei den Objekten beschriebenen Eigenschaften sollen in der nachfolgenden Tabelle mit einigen ergänzenden Informationen nochmal knapp alphabetisch zusammengefasst werden:

Eigenschaft	Beschreibung
`Description`	Rückgabe oder Setzen eines als Beschreibung fungierenden Strings, der einem Error zugeordnet werden soll. Die Eigenschaft tritt nur bei `Err`-Objekten auf. Syntax: `Err.Description [= Stringexpression]`
`FirstIndex`	Rückgabe der Position in einem Suchstring, wo ein Match auftritt. Syntax: `[Matchobjekt].FirstIndex` Das Objektargument ist immer ein `Match`-Objekt. Die Eigenschaft verwendet einen Null-basierenden Offset von dem Anfang des Suchstrings, d.h. das erste Zeichen in dem String wird als 0 identifiziert.
`Global`	Rückgabe oder Setzen eines `Boolean`-Werts, der anzeigt, ob ein Pattern für alle Stellen in einem Suchstring zutreffen soll (`True`) oder nur für den ersten (`False` – Defaulteinstellung). Syntax: `[RegExpobjekt].Global [= True | False ]`
`HelpContext`	Rückgabe oder Setzen einer Kontext-ID für den gezielten Zugriff in einem Hilfefile. Syntax: `Err.HelpContext [= contextID]`
`HelpFile`	Rückgabe oder Setzen eines URL zu einem Hilfefile. Syntax: `Err.HelpFile [= contextID]`
`IgnoreCase`	Rückgabe oder Setzen eines `Boolean`-Werts, der anzeigt, ob bei einer Suche in einem String Groß- und Kleinschreibung ignoriert werden soll (`True`) oder nicht (`False` – Defaulteinstellung). Syntax: `[RegExpobjekt].IgnoreCase [= True | False ]`
`Length`	Rückgabe der Länge von einem Match. Syntax: `[Matchobjekt].Length`
`Number`	Rückgabe oder Setzen eines numerischen Werts der einen Fehler spezifiziert. `Number` ist die Defaulteigenschaft des `Err`-Objekts. Syntax: `Err.Number [= Fehlernummer]`

Eigenschaft	Beschreibung
Pattern	Rückgabe oder Setzen des regulären Ausdruckspatterns, nachdem gesucht werden soll. Syntax: `[RegExpobjekt].Pattern [= "Suchhstring"]` Das Objekt ist immer eine `RegExp`-Objektvariable und der optionale Suchstring der Suchausdruck, nach dem gesucht werden soll. Dieser kann jedes reguläre Zeichen und auch Sonderzeichen enthalten, sofern es entsprechend maskiert wird (siehe dazu weiterführende Literatur).
Source	Rückgabe oder Setzen des Namens von einem Objekt oder einer Applikation, welche einen Fehler generiert. Syntax: `Err.Source [= Stringexpression]`
Value	Rückgabe des Werts oder des Textes, welcher in einem Suchstring gefunden wurde. Syntax: `Matchobjekt.Value`

Neben den zur eigentlichen Sprachreferenz von VBScript gehörenden Objekten gibt es die ergänzende VBScript-Laufzeitreferenz mit Objekten, deren vollständige Behandlung mit jeder Eigenschaft und Methode eine Referenz über Webscripting im Allgemeinen sprengt. Wir wollen dennoch die wichtigsten Details zu den noch fehlenden Objekte der Laufzeitreferenz alphabetisch angeben. Vorher jedoch noch ein paar einleitende Anmerkungen:

Die noch fehlenden Objekte umfassen weitgehend das Dateimanagement und den Zugriff auf Textdateien unter VBScript. VBScript arbeitet für den Dateizugriff mit so genannten Datenströmen (oder auch nur Ströme bzw. Streams genannt). Der Begriff Strom geht auf Unix zurück – auf das Pipe-Betriebssystem. Unter einer Pipe versteht man einen nichtinterpretierten Strom von Bytes. Er kann grundsätzlich zur Kommunikation von Programmen untereinander bzw. von Programmen und Hardwareschnittstellen verwendet werden und von jeder beliebigen Quelle kommen, d.h. der Ursprungsort spielt überhaupt keine Rolle. Ebenso muss eine genaue Kenntnis des Quellortes und diverser weiterer Informationen der Quelle (Zugriffsmöglichkeiten) nur sehr eingeschränkt beim Anwender eines Stroms vorhanden sein, was die Handhabung gegenüber anderen Zugriffstechniken erheblich vereinfacht. Die wichtigsten Informationen über die Quelle stecken in einem Stromargument, denn Ströme werden in objektorientierten Techniken über Objekte mit definierten Eigenschaften realisiert.

Während unter vielen anderen mit der Stromtechnik arbeitenden Sprachen – etwa Java – zwei unterschiedliche Datenstöme zur Ein- und Ausgabe mit explizit verschiedenartiger Syntax verwendet werden, erfolgt unter VBScript sowohl die Eingabe als auch die Ausgabe über ein einziges Stromobjekt, das sämtliche relevanten Eigenschaften und Methoden für den Dateizugriff bereitstellt.

Objekt	Beschreibung

`Drive`	Zugriff auf die genauen Eigenschaften eines Laufwerks. Das Objekt hat keine Methoden, aber folgende (durch sprechende Namen weitgehend selbsterklärende) Eigenschaften:
	`AvailableSpace`
	`DriveLetter`
	`DriveType`
	`FileSystem`
	`FreeSpace`
	`IsReady`
	`Path`
	`RootFolder`
	`SerialNumber`
	`ShareName`
	`TotalSize`
	`VolumeName`

`Drives`	Eine Read-only-Collection mit allen verfügbaren Laufwerken. Es gibt keine Methoden, aber die beiden Eigenschaften `Count` und `Item`.

`File`	Zugriff auf alle Eigenschaften einer Datei. Das Objekt stellt die Dateizugriffs-Standardmethoden `Copy`, `Delete`, `Move` und `OpenAsTextStream` bereit. Daneben gibt es folgende Eigenschaften:
	`Attributs`
	`DateCreated`
	`DateLastAccessed`
	`DateLastModified`
	`Drive`
	`Name`
	`ParentFolder`
	`Path`
	`ShortName`
	`ShortPath`
	`Size`
	`Type`

`Files`	Eine Read-only-Collection mit allen verfügbaren `File`-Objekten. Es gibt keine Methoden, aber die beiden Eigenschaften `Count` und `Item`.

`Folder`	Zugriff auf alle Eigenschaften eines Ordners. Das Objekt stellt die Methoden `Copy`, `Delete`, `Move` und `CreateTextFile` bereit. Daneben gibt es die Eigenschaften
	`Attributs`
	`DateCreated`
	`DateLastAccessed`
	`DateLastModified`
	`Drive`
	`Files`
	`IsRootFolder`
	`Name`
	`ParentFolder`
	`Path`

Objekt	Beschreibung
	ShortName ShortPath Size SubFolders Type
Folders	Eine Collection mit allen verfügbaren Folder-Objekten. Das Objekt stellt eine Add-Methode zur Verfügung (Syntax: [Folderobjekt].Add([OrdnerName])), womit der Collection ein neues Folder-Objekt hinzugefügt werden kann. Zusätzlich gibt es die für die Collection üblichen beiden Eigenschaften Count und Item.
TextStream	Das Strom-Objekt erlaubt unter VBScript auf einfachste Weise den Lese- und Schreibzugriff auf beliebige Textdateien auf fremden Rechnern. Neben den Eigenschaften AtEndOfLine, AtEndOfStream, Column und Line sind die auch in vielen anderen Sprachen üblichen diversen Methoden zum Lesen und Schreiben sowie zum Überspringen von Zeichen in einem Stream vorhanden. Die Methode Close schließt einen Strom, Read([Anzahl]) liest die angegebene Anzahl von Zeichen aus einem Strom, ReadAll liest eine Textdatei vollständig ein und ReadLine nur eine Zeile. Skip([Anzahl]) überspringt die angegebene Anzahl von Zeichen, damit anschließend an der angegebenen Position mit einer Lese- oder Schreiboperation begonnen werden kann. SkipLine überspringt jeweils eine Zeile. Für Schreiboperationen gibt es Write([String]) – Schreiben ohne zusätzliche Zeichen wie Zeilenvorschub –, WriteLine([String]) – Schreiben mit Zeilenvorschub – und WriteBlankLines([Anzahlzeilen]), was die angegebene Anzahl von Zeilenvorschüben erzeugt.

Warnungen

- Da VBScript die Technik des späten Bindens verfolgt (d.h. das konkrete Verbinden von einem Objekt-Selektor mit dem Code – der physikalischen Adresse – erfolgt erst zur Laufzeit), kann die Erzeugung einer Instanz nicht (!) wie folgt durchgeführt werden (was in einigen objektorientierten Sprachen und auch in der VBScript-Muttersprache Visual Basic so üblich ist):

```
Dim [Variable] as New [Klassenname]
```

oder

```
Dim [Variable]
[Variable] = New [Klassenname]
```

- Die tiefgreifenden Manupilationsmöglichkeiten über Automatisierungs-Objekte aus einer Webseite heraus auf fremden Rechnern sind natürlich insbesondere aus Gründen der Sicherheit sehr bedenklich, weshalb vor unzertifizierten ActiveX-Steuerelemente sogar vom Internet Explorer in der Regel gewarnt wird (es sei denn, die Sicherheitseinstellungen des Browsers werden wie Scheunentore offen gelassen). Für potentielle Gefahren braucht man gar nicht weit um die Ecke zu denken. Wenn beispielsweise ohne großen Aufwand auf Excel zugegriffen werden kann, können auch dortige Makrobefehle aus der Webseite heraus angesprochen werden. Durch deren Leistungsfähigkeit kann der Computer bereits massiv geschädigt werden. Viele Anwender lassen deshalb überhaupt keine ActiveX-Steuerelemente bei ihrem Browser zu, weshalb diese Techniken nur ein eng begrenztes Zielpublikum erreichen werden, obwohl sie sehr leistungsfähig sind.

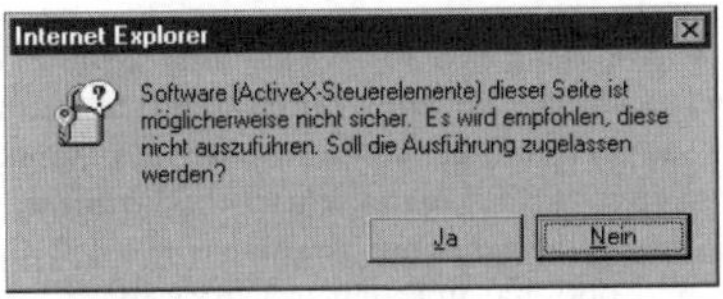

Ein Automations-Objekt erlaubt in der Tat tiefgreifende Manupilationen auf dem Rechner.

Beispiele

Die Erzeugung eines ActiveX-Objekts, das Word startet und dort ein Dokument bereitstellt:

```
Dim MeineWordDatei
Set MeineWordDatei = CreateObject("Word.Document")
MeineWordDatei.Application.Visible = True
```

Die Erzeugung eines ActiveX-Objekts, das Excel startet und dort ein Dokument bereitstellt:

```
Dim MeineExcelDatei
Set MeineExcelDatei = CreateObject("Excel.Sheet")
' Setze Excel sichtbar
MeineExcelDatei.Application.Visible = True
```

Die Erstellung eines `Dictionary`-Objekts:

```
Dim MeinDictionaryObjekt
Set MeinDictionaryObjekt = CreateObject("Scripting.Dictionary")
' Hinzufügen von einigen Schlüsseln und Einträgen
' mit der Add-Methode
MeinDictionaryObjekt.Add "a", "Eppstein"
MeinDictionaryObjekt.Add "b", "Niedernhausen"
MeinDictionaryObjekt.Add "c", "Wiesbaden"
MeinDictionaryObjekt.Add "d", "Mainz"
```

Die Verwendung des Err-Objekts an Hand einer grundsätzlichen Fehlerbehandlungsroutine:

```
On Error Resume Next
' Künstliche Fehlererzeugung
' Alternativ sollte an der Stelle der potentielle
' Fehler-gefährdete Code stehen
Err.Raise 18
MsgBox "Fehlernummer : " & CStr(Err.Number) & _
" Fehlertext: " & Err.Description
Err.Clear ' Löschen des Inhalts des FehlerObjekts
```

Das nächste Beispiel demonstriert die Verwendung von FileSystemObject, um ein TextStream-Objekt zurückzugeben, über das man beliebig Dateien auf fremden Rechnern aus einer Webseite und dem Internet Explorer schreiben oder lesen kann. Hier wollen wir mit der Methode WriteLine in die Textdatei schreiben, die mit der Methode CreateTextFile erstellt wird. Diese gibt als erstes Argument einen URL (relativ oder absolut) auf die Datei an und optional über einen Boolean-Wert, ob eine bestehende Datei überschrieben werden soll (True). Über ein weiteres Boolean-Argument kann entschieden werden, ob ein Unicode (True) oder ein ASCII-File erstellt werden soll (default). Sodann schließt die Methode Close die Datei und wie üblich wird die Objektvariable freigegeben:

```
Dim MeinFileSystemObject, MeineDatei
Set MeinFileSystemObject = _
CreateObject("Scripting.FileSystemObject")
Set MeineDatei = _
MeinFileSystemObject.CreateTextFile("c:\Test.TXT", True)
MeineDatei.WriteLine(_
"Schreibe einfach was in die Datei hinein.")
MeineDatei.Close
Set MeinFileSystemObject = Nothing
```

Die verwandte Situation ist das Lesen aus einer Datei. Dies funktioniert weitgehend analog über die Verwendung von FileSystemObject. Damit wird wieder ein TextStream-Objekt zurückzugeben, über das man beliebig Dateien auf fremden Rechnern schreiben oder lesen kann. Wir verwenden hier die Methode OpenTextFile, um eine bestehende Datei zu öffnen. Die Methode hat wieder als erstes Argument einen URL (relativ oder absolut) auf die Datei. Ein optionaler IO-Modus gibt an, wie die Datei zu öffnen ist (nur Lesen, nur Schreiben, Anhängen an das Ende der Datei). Dieser kann mit drei dafür vorgesehenen Konstanten gesetzt werden (ForReading, ForWriting, ForAppending) oder den zugeordneten numerischen Werten 1, 2 und 8. Der nächste Boolean-Wert (ebenfalls optional) gibt an, ob eine neue Datei erstellt werden soll, wenn die Datei nicht existiert (True). Das letzte ebenfalls optionale Argument legt über drei Tristate-Konstanten (TristateUseDefault – Defaulteinstellung des Systems, TristateTrue – Unicode oder TristateFalse – ASCII) oder ihre numerischen Äquivalente (-2, -1, 0) das Format der Datei fest. Wenn das Argument nicht angegeben wird, wird die Datei im ASCII-Format geöffnet.

In dem Beispiel wollen wir mit der Methode ReadLine in der angegebenen Textdatei die erste Zeile lesen und ausgeben. Abschließend schließt die Methode Close wieder die Datei und wie üblich wird die Objektvariable freigegeben:

```
Dim MeinFileSystemObject, MeineDatei, ersteZeile
Set MeinFileSystemObject = _
CreateObject("Scripting.FileSystemObject")
Set MeineDatei = _
MeinFileSystemObject.OpenTextFile("c:\setupxlg.TXT", 1)
ersteZeile=MeineDatei.ReadLine
MeineDatei.Close
Set MeinFileSystemObject = Nothing
MsgBox ersteZeile
```

Das Beispiel zeigt die Verwendung von einem Match-Objekt in Verbindung mit einem RegExp-Objekt und der Execute-Methode zum Durchsuchen eines Strings:

```
Function RegExpTest(SuchString, DurchSuchstring)
Dim regulaererAusdruck, Zaehler, Suchmenge
' Erstellen eines regulären Ausdruck-Objekte
Set regulaererAusdruck = New RegExp
' Setzen der Patterneigenschaft mit dem Wert aus dem
' Übergabeargument 1
regulaererAusdruck.Pattern = SuchString
' Groß- und Kleinschreibung ignorieren
regulaererAusdruck.IgnoreCase = True
' globale Suche
regulaererAusdruck.Global = True
' Ausführen der Suche und Erzeugung der Match-Objekte,
' die in der Matches-Collection gespeichert werden.
Set Suchmenge = regulaererAusdruck.Execute(DurchSuchstring)
' Iteration über die Matches-Collection mit den Treffern
For Each Zaehler in Suchmenge
' Zusammensetzen der Rückmeldung
 RetStr = RetStr & "Treffer " & I & " an der Position "
 RetStr = RetStr & Zaehler.FirstIndex & _
". Der Trefferwert ist " & "'"
 RetStr = RetStr & Zaehler.Value & "'." & vbCRLF
  Next
' Rückgabewert setzen
  RegExpTest = RetStr
End Function
' Aufruf der Funktion
MsgBox(_
RegExpTest("Gans", "Fuchs Du hast die Gans gestohlen"))
```

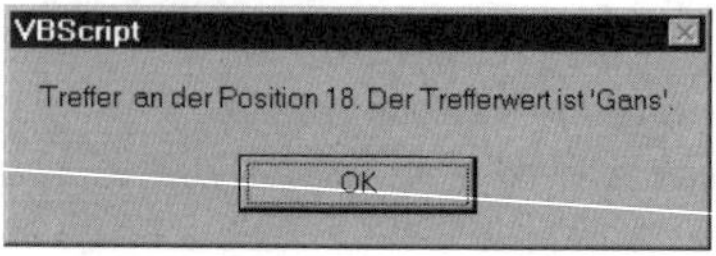

Treffer – was und wo.

Ziemlich analog funktioniert der einfache Test, ob ein Suchpattern in einem Suchstring enthalten ist. Die Situation ist sogar etwas einfacher, weil der iterative Suchlauf der `Matches`-Collection unterbleiben kann:

```
Function RegExpTest(SuchString, DurchSuchstring)
Dim regulaererAusdruck, Zaehler, TestWert
' Erstellen eines regulären Ausdruck-Objekte
Set regulaererAusdruck = New RegExp
' Setzen der Patterneigenschaft mit dem Wert aus dem
' Übergabeargument 1
regulaererAusdruck.Pattern = SuchString
' Groß- und Kleinschreibung beachten
regulaererAusdruck.IgnoreCase = False
' globale Suche
regulaererAusdruck.Global = True
' Ausführen der Suche und
' Rückgabewert setzen
If regulaererAusdruck.Test(DurchSuchstring) Then
 RegExpTest = "Mindestens ein Treffer"
Else
 RegExpTest = "Kein Treffer"
End If
End Function
' Aufruf der Funktion
MsgBox(_
RegExpTest("fuchs", "Fuchs Du hast die Gans gestohlen"))
```

Kein Treffer – Groß- und Kleinschreibung stimmen nicht überein.

Das dritte Beispiel zum Thema `RexExp` und `Match`-Objekte verwendet die `Replace`-Methode, um eine Zeichenkette innerhalb eines Strings zu ersetzen. Die wesentlichen Details stimmen mit den beiden vorherigen Beispielen überein:

```
Function ReplaceTest(SuchString, DurchSuchstring, Ersatz)
 Dim regEx
 Set regEx = New RegExp
 regEx.Pattern = SuchString
 ReplaceTest = _
  regEx.Replace(DurchSuchstring, Ersatz)
End Function
MsgBox(_
 ReplaceTest(_
  "Fuchs","Fuchs Du hast die Gans gestohlen" ,"Maus"))
```

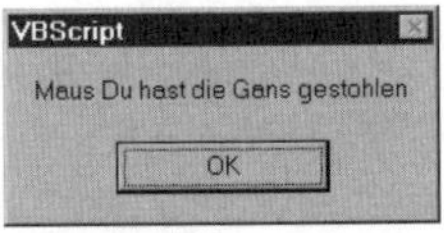

Die Größe ist nicht alles.

Das Exempel demonstriert die Abfrage der verfügbaren Laufwerke in einem Computersystem. Zentrales Objekt ist `MeinFileSystemObject` mit seiner Eigenschaft `Drives` und den verschiedenen Methoden zur genaueren Informationsbestimmung.

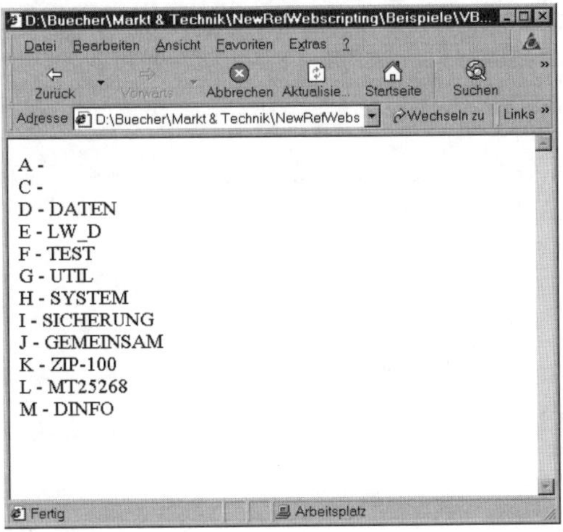

Die verfügbaren Laufwerke mit Laufwerksbuchstabe und Namen.

```
Function ZeigeLaufwerksListe
 Dim MeinFileSystemObject, zaehler, _
  MeineLaufwerke, Laufwerklist, temp
 Set MeinFileSystemObject = _
 CreateObject("Scripting.FileSystemObject")
 Set MeineLaufwerke = MeinFileSystemObject.Drives
' Durchlauf der dynamischen Collection
 For Each zaehler in MeineLaufwerke
 temp = ""
' Abfrage des Laufwerksbuchstaben und des interenen Namens
 Laufwerklist = Laufwerklist & _
  zaehler.DriveLetter & " - "
 If zaehler.DriveType = 3 Then
 temp = zaehler.ShareName
 ElseIf zaehler.IsReady Then
 temp = zaehler.VolumeName
 End If
 Laufwerklist = Laufwerklist & temp & "<BR>"
 Next
Set MeinFileSystemObject = Nothing
 ZeigeLaufwerksListe = Laufwerklist
End Function
document.write ZeigeLaufwerksListe
```

Das abschließende Beispiel verwendet eine selbstdefinierte Klasse und erzeugt daraus ein Objekt. Anschließend wird das Objekt wieder zerstört (Zuweisung des Literals `Nothing`). Bei jedem der Ereignisse wird eine entsprechende Meldung ausgegeben:

```
Class MeineKlasse
Private Sub Class_Initialize      ' Setup- Initialize-Event.
MsgBox("Die Klasse wird verwendet und initialisiert.")
End Sub
Private Sub Class_Terminate       ' Setup-Terminate-Event.
MsgBox("Das Objekt haucht sein Leben aus.")
End Sub
End Class
Set X = New MeineKlasse        ' Eine Instanz der Klasse wird erstellt
Set X = Nothing               ' Die Instanz wird zerstört
```

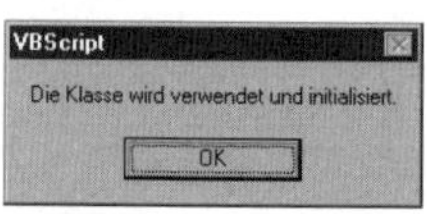

Die Initialisierung der Klasse.

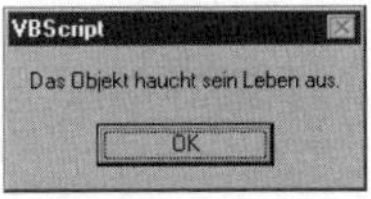

Die Zerstörung des Objekts.

Verwandte Befehle/Themen

DOM

Objekte

Objekt-Modelle

Java-Applets

Ein- und Ausgabe in Perl

Die VBScript-Funktionen

Eine alphabetische Auflistung der VBScript-Funktionen der Sprachreferenz 5.1.

Anwendung

VBScript stellt eine recht umfangreiche Menge an Funktionen bereit, die aus Visual Basic abgeleitet sind und durch die enge Verzahnung mit dem Windows-Betriebssystem erhebliche Möglichkeiten bereitstellen. Nachfolgend finden Sie eine alphabetische Auflistung der VBScript-Funktionen mit einer Beschreibung. Viele der Funktionen wurden in den vorangehenden Abschnitten explizit bereits verwendet. Die dort noch nicht verwendeten Funktionen werden in diesem Abschnitt etwas genauer erläutert. Dabei werden optionale Argumente in der Syntax einer Funktion in eckigen Klammern notiert. Im Abschnitt »Beispiele« sind anschließend für die wichtigsten noch nicht besprochenen Funktionen Beispielanwendungen demonstriert.

Beispiele

Funktion	Beschreibung
`Abs`	Rückgabe des absoluten Werts einer Zahl. Syntax: `Abs(Zahl)`
`Array`	Erzeugung eines Arrays und Rückgabe eines Variant mit der Länge des Arrays. Syntax: `Array(Argumentenliste)` Die Argumentenliste ist eine durch Kommata getrennte Liste von Werten.

Funktion	Beschreibung
`Asc` bzw. `AscB`, `AscW`	Rückgabe desANSI-Zeichencodes des ersten Zeichens in einem String. Syntax: `Asc(string)` Die verwandte Funktion `AscB` wird auf das erste Byte in einem String angewandt. `AscW` dient bei 32-bit-Plattformen mit Unicodezeichen zur Rückgabe des Unicodezeichencodes.
`Atn`	Rückgabe des Arctangens einer Zahl. Syntax: `Atn(Zahl)`
`CBool`	Rückgabe des Ausdrucks, der in einen Variant mit Subtyp `Boolean` konvertiert wurde. Syntax: `CBool(Ausdruck)`
`CByte`	Rückgabe des Ausdrucks, der in einen Variant mit Subtyp `Byte` konvertiert wurde. Syntax: `CByte(Ausdruck)`
`CCur`	Rückgabe des Ausdrucks, der in einen Variant mit Subtyp `Currency` konvertiert wurde. Syntax: `CCur(Ausdruck)`
`CDate`	Rückgabe des Ausdrucks, der in einen Variant mit Subtyp `Date` konvertiert wurde. Syntax: `CDate(date)`
`CDbl`	Rückgabe des Ausdrucks, der in einen Variant mit Subtyp `Double` konvertiert wurde. Syntax: `CDbl(Ausdruck)`
`Chr` bzw. `ChrB` und `ChrW`	Rückgabe des Zeichens, welches zu dem angegebenen ANSI-Zeichencode gehört. Syntax: `Chr(charcode)` Zahlen von 0 bis 31 sind die nichtdruckbaren Standard-ASCII-Codes. `ChrB` arbeitet analog, nur wird ein Byte anstelle eines Zeichens zurückgegeben. `ChrW` unterstützt auf 32-bit-Plattformen Unicodezeichen.
`CInt`	Rückgabe des Ausdrucks, der in einen Variant mit Subtyp `Integer` konvertiert wurde. Syntax: `CInt(Ausdruck)`

Funktion	Beschreibung
`CLng`	Rückgabe des Ausdrucks, der in einen Variant mit Subtyp `Long` konvertiert wurde. Syntax: `CLng(Ausdruck)`
`Cos`	Rückgabe des Cosinus einer Zahl. Syntax: `Cos(Zahl)`
`CreateObject`	Generiert ein Automations-Objekt (ActiveX-Objekt) und gibt eine Referenz darauf zurück. Syntax: `CreateObject(Servername.Typname [, Ort])` Der Servername ist der Name der Applikation, welche das Objekt unterstützt. Der Typname ist der Typ oder die Klasse von dem zu erstellenden Objekt. Die optionale Angabe `Ort` dient zur Spezifikation des Namens des Netzwerkservers, wo das Objekt erstellt werden soll (die Funktion ist erst ab VBScript 5.1 vorhanden).
`CSng`	Rückgabe des Ausdrucks, der in einen Variant mit Subtyp `Single` konvertiert wurde. Syntax: `CSng(Ausdruck)`
`CStr`	Rückgabe des Ausdrucks, der in einen Variant mit Subtyp `String` konvertiert wurde. Syntax: `CStr(Ausdruck)` Wenn der überprüfte Ausdruck ein `Boolean` ist, wird `True` oder `False` zurückgegeben. Ein `Date`-Subtyp bewirkt eine Kurzformatdarstellung eines Datums, `Null` liefert einen Laufzeitfehler, `Empty` einen Nulllängenstring (`""`), `Error` einen String, der nach dem Wort Error eine Fehlerzahl enthält. Alle anderen numerischen Subtypen liefern einen String, der aus der Zahl besteht.
`Date`	Rückgabe des aktuellen Systemdatums. Syntax: `Date`
`DateAdd`	Rückgabe des Datums, zu dem ein Zeitintervall addiert wurde. Syntax: `DateAdd(Intervall, Zahl, Datum)` Das Intervall ist ein Stringausdruck für das hinzuzufügende Intervall. `Zahl` spezifiziert die Anzahl der Intervalle (positiv oder negativ für vergangene Termine) und `Datum` ist ein Variant oder Literal des Datums, zu dem das Intervall addiert werden soll. Das Intervallargument kann folgende Werte beinhalten:

Funktion	Beschreibung
	yyyy Jahr q Vierteljahr m Monat y Tag des Jahres d Tag w Wochentag ww Woche des Jahres h Stunde n Minute s Sekunde
DateDiff	Rückgabe der Zahl aus Intervallen zwischen zwei Datumsangaben. Syntax: `DateDiff(Intervall, Datum1, Datum2 [,ErsterTagderWoche[, ErsteWochedesJahres]])` Das Intervall und die beiden Datumsangaben sind zwingend, die anderen beiden Angaben spezifizieren optional von der Standardnotation abweichende Anfangstage und Anfangswochen. Das Intervallargument kann folgende Werte beinhalten: yyyy Jahr q Vierteljahr m Monat y Tag des Jahres d Tag w Wochentag ww Woche des Jahres h Stunde n Minute Für ErsterTagderWoche können folgende Werte gesetzt werden (siehe zu VBScript-Konstanten Seite 262): Konstante Wert vbSunday 1(default) vbMonday 2 vbTuesday 3 vbWednesday 4 vbThursday 5 vbFriday 6 vbSaturday 7 Für ErsteWochedesJahres können folgende Werte gesetzt werden: Konstante Wert vbUseSystem 0 vbFirstJan1 1 vbFirstFourDays 2 vbFirstFullWeek 3

Funktion	Beschreibung

`DatePart`	Rückgabe des angegebenen Teils des Datums.
	Syntax:
	`DatePart(Intervall, Datum[,ErsterTagderWoche[, ErsteWochedesJahres]])`
	Das Intervallargument kann folgende Werte beinhalten:
	`yyyy` Jahr
	`q` Vierteljahr
	`m` Monat
	`y` Tag des Jahres
	`d` Tag
	`w` Wochentag
	`ww` Woche des Jahres
	`h` Stunde
	`n` Minute
	Für `ErsterTagderWoche` können folgende Werte gesetzt werden (siehe zu VBScript-Konstanten Seite 262):
	Konstante Wert
	`vbSunday 1`(default)
	`vbMonday 2`
	`vbTuesday 3`
	`vbWednesday 4`
	`vbThursday 5`
	`vbFriday 6`
	`vbSaturday 7`
	Für `ErsteWochedesJahres` können folgende Werte gesetzt werden:
	Konstante Wert
	`vbUseSystem 0`
	`vbFirstJan1 1`
	`vbFirstFourDays 2`
	`vbFirstFullWeek 3`

`DateSerial`	Rückgabe eines Variant des Subtyps `Date`. Syntax: `DateSerial(Jahr, Monat, Tag)` Das Jahr muss eine Zahl zwischen 100 und 9999, der Monat und der Tag müssen ein gültiger numerischer Ausdruck sein. Innerhalb der Argumente kann auch gerechnet werden.
`DateValue`	Rückgabe eines Variant vom Subtyp `Date`. Syntax: `DateValue(date)`

Funktion	Beschreibung
Day	Rückgabe einer ganzen Zahl zwischen 1 und 31, die den Tag des Monats repräsentiert. Syntax: `Day(Datum)` Als Datum kann jeder gültige Datumsausdruck verwendet werden.
Eval	Evaluiert einen Ausdruck mit anschließender Rückgabe des Resultats. Syntax: `[resultat = ]Eval(Ausdruck)` Der auszuführende Ausdruck kann jeder gültige VBScript-Ausdruck in Form eines Strings sein.
Exp	Rückgabe von `e` (der Basis des natürlichen Logarithmus) hoch der angegebenen Zahl. Syntax: `Exp(Zahl)`
Filter	Rückgabe von einem gefilterten Teilarray. Syntax: `Filter(EingabeStrings, Wert[, Include[, Vergleich]])` `EingabeStrings` bezeichnet ein eindimensionales Array aus Strings, welches durchsucht werden soll. `Wert` ist der Suchstring. Über die optionale `Boolean`-Angabe `Include` kann bestimmt werden, ob der gesuchte Wert in dem zurückgegebenen Teilarray enthalten sein soll (`True` – default) oder nicht. `Vergleich` legt optional die Art des Vergleichs fest. Entweder `vbBinaryCompare` bzw. `0` für einen Binärvergleich oder `vbTextCompare` bzw. `1` für einen Textvergleich.
Fix	Rückgabe des Integeranteils einer Zahl (analog `Int`). Syntax: `Fix(Zahl)`
FormatCurrency	Rückgabe des im `currency`-Format formatierten Ausdrucks. Syntax: `FormatCurrency(Ausdruck[, AnzahlStellenNachDezimal [,MitFührenderNull [,KlammernFuerNegativeZahlen [,Angeordnet]]]])` Außer der zu formatierende Ausdruck sind alle anderen Angaben optional. `AnzahlStellenNachDezimal` gibt an, wie viele Stellen im Nachkommateil angezeigt werden. Defaultwert ist `-1`, was bedeutet, dass die regionalen Computereinstellungen verwendet werden. `MitFührenderNull` legt über eine Tristate-Konstante fest, ob eine führende 0 angezeigt werden soll (siehe zu den VBScript-Konstanten Seite 262). `KlammernFuerNegativeZahlen` legt über eine Tristate-Konstante fest, ob negative Zahlen in Klammern gesetzt werden, der letzte Parameter, ob die Zahlen ein im Computersystem festgelegtes Trennzeichen verwenden sollen.

Funktion	Beschreibung
FormatDateTime	Rückgabe eines als Datum oder Zeit formatierten Ausdrucks. Syntax: `FormatDateTime(Datum[, NamedFormat])` Der optionale Parameter ist ein numerischer Wert, der festlegt, welches Datums-/Zeitformat verwendet wird. Default ist `vbGeneralDate` (siehe zu den erlaubten VBScript-Konstanten Seite 262).
FormatNumber	Rückgabe eines als Zahl formatierten Ausdrucks. Syntax: `FormatNumber(Ausdruck[, AnzahlStellenNachDezimal [, MitFührenderNull [, KlammernFuerNegativeZahlen [, Angeordnet]]]])` Außer der zu formatierende Ausdruck sind alle anderen Angaben optional. `AnzahlStellenNachDezimal` gibt an, wie viele Stellen im Nachkommateil angezeigt werden. Defaultwert ist `-1`, was bedeutet, dass die regionalen Computereinstellungen verwendet werden. `MitFührenderNull` legt über eine Tristate-Konstante fest, ob eine führende 0 angezeigt werden soll (siehe zu den VBScript-Konstanten auf Seite 262). `KlammernFuerNegativeZahlen` legt über eine Tristate-Konstante fest, ob negative Zahlen in Klammern gesetzt werden, der letzte Parameter, ob die Zahlen an einem im Computersystem festgelegten Trennzeichen angeordnet werden sollen.
FormatPercent	Rückgabe eines prozentual formatierten Ausdrucks (mit 100 multipliziert mit führendem `%`). Syntax: `FormatPercent(Ausdruck[, AnzahlStellenNachDezimal [, MitFührenderNull [, KlammernFuerNegativeZahlen [, Angeordnet]]]])` Außer der zu formatierende Ausdruck sind alle anderen Angaben optional. `AnzahlStellenNachDezimal` gibt an, wie viele Stellen im Nachkommateil angezeigt werden. Defaultwert ist `-1`, was bedeutet, dass die regionale Computereinstellung verwendet wird. `MitFührenderNull` legt über eine Tristate-Konstante fest, ob eine führende 0 angezeigt werden soll (siehe zu den VBScript-Konstanten Seite 262). `KlammernFuerNegativeZahlen` legt über eine Tristate-Konstante fest, ob negative Zahlen in Klammern gesetzt werden, der letzte Parameter, ob die Zahlen an einem im Computersystem festgelegten Trennzeichen angeordnet werden sollen.
GetObject	Rückgabe einer Referenz auf ein Automations-Objekt. Syntax: `GetObject([URL] [, Klasse])` Der optionale URL ist ein String, der den vollständigen Pfad und den Namen der Datei enthält, die wiederum das angeforderte Objekt enthält. Wenn diese Angabe gesetzt wird, muss die Klasse ebenso spezifiziert werden.

Funktion	Beschreibung
`GetRef`	Rückgabe einer Referenz auf eine Prozedur, die an ein Ereignis gekoppelt werden kann. Syntax: `Set object.eventname = GetRef(Procedurename)` Das Objekt und das spezifizierte Event sind zwingend, der Prozedurname gibt den Namen der `Sub`-Prozedur oder der Funktion an, die an das Ereignis gekoppelt werden soll. Wichtig ist diese Funktion in Bezug auf DHTML, weil damit eine Prozedur mit jedem sinnvollen Event auf einer Webeite verbunden werden kann.
`Hex`	Rückgabe einer Stringrepräsentation des hexadezimalen Werts einer Zahl. Syntax: `Hex(Zahl)`
`Hour`	Rückgabe einer ganzen Zahl zwischen 0 und 23, die die Systemstunde darstellt. Syntax: `Hour(time)`
`InputBox`	Eine der wichtigsten VBScript-Funktionen. Damit wird eine Dialogbox mit Eingabeprompt angezeigt, die auf eine Anwendereingabe wartet. Nach Bestätigung der Eingabe wird die Anwendereingabe als Rückgabewert an den aufrufenden Script-Teil übergeben. Wenn der Anwender die Abbrechen-Schaltfläche betätigt, wird ein Nulllängenstring zurückgegeben (`""`). In Verbindung mit der verwandten `MsgBox` kann damit auf einfachste Weise eine Kommunikation mit dem Anwender realisiert werden. Syntax: `InputBox(Prompt[, Titel][, Default][, xpos][, ypos][, Hilfedatei, Kontext])` Zwingend ist nur das `Prompt`-Argument, mit dem eine Meldung in dem Dialogfenster erzeugt wird, die dem Anwender erklären sollte, was er eingeben muss (Maximum sind ca. 1024 Zeichen – die genaue Länge ist abhängig von den verwendeten Zeichen). Die Beschriftung der Eingabebox kann auch mit mehrzeiligen Eingaben erfolgen. In dem Fall müssen bei der Eingabe jedoch die Vorschübe über die Notation einer VBScript-Funktion maskiert werden. Eine Absatzschaltung muss als `Chr(13)`, eine Zeilenschaltung als `Chr(10)` oder eine Kombination aus beiden als `Chr(13) & Chr(10)` notiert werden. Über das Argument `Titel` kann eine Titelzeile der Dialogbox festgelegt werden (ohne die Angabe nur Hinweis auf eine VBScript-Inputbox), `Default` gibt eine Vorbelegung an (ohne die Angabe ist das Eingabefeld leer), und die Angaben `xpos` und `ypos` definieren die Position des Fensters (in Twips) vom jeweiligen Bildschirmrand (linke obere Ecke) aus gesehen (ohne die entsprechende Angabe wird das Fenster in die jeweilige Ausrichtung zentriert).

Funktion	Beschreibung
	Die beiden nur zusammen verwendbaren Argumente Hilfedatei und Kontext dienen zur Festlegung einer Onlinehilfe (nur unter 32-bit-Plattformen unterstützt). Hilfedatei identifiziert die Hilfedatei (eine Windows-Hilfedatei) über einen URL, und der Kontext gibt die Stelle in der Hilfedatei an, die angezeigt werden soll.
InStr	Rückgabe der Position des ersten Zeichens eines Suchstrings in einem durchsuchten String. Syntax: `InStr([Start, ]String1, String2[, Vergleich])` Der optionale Startwert ist die Startposition für jede Suche. Wenn das Vergleichs-Argument angegeben wird, muss der Startwert gesetzt werden. Der erste String ist der zu durchsuchende String, der zweite String die zu suchende Zeichenkette. Mit dem Vergleichs-Argument kann man zwischen binärer (vbBinaryCompare bzw. 0) und textlicher Suche (vbTextCompare bzw. 1) differenzieren (siehe zu den VBScript-Konstanten Seite 262).
InStrRev	Analog InStr, nur Rückgabe der Position eines Strings vom Ende des Strings aus gesehen. Syntax: `InStrRev(string1, string2[, Start[, Vergleich]])`
Int	Rückgabe des Integeranteils einer Zahl (analog Fix). Syntax: `Int(Zahl)`
IsArray	Rückgabe des Boolean-Werts, der anzeigt, ob eine Variable ein Array ist. Syntax: `IsArray(Varname)`
IsDate	Rückgabe des Boolean-Werts, der anzeigt, ob ein Ausdruck in ein Datum konvertiert werden kann. Syntax: `IsDate(Ausdruck)`
IsEmpty	Rückgabe des Boolean-Werts, der anzeigt, ob eine Variable initialisiert wurde. Syntax: `IsEmpty(Ausdruck)`
IsNull	Rückgabe des Boolean-Werts, der anzeigt, ob ein Ausdruck einen ungültigen Wert enthält (Null). Syntax: `IsNull(Ausdruck)`

Funktion	Beschreibung
IsNumeric	Rückgabe des Boolean-Werts, der anzeigt, ob ein Ausdruck als Zahl interpretiert werden kann. Syntax: `IsNumeric(Ausdruck)`
IsObject	Rückgabe des Boolean-Werts, der anzeigt, ob ein Ausdruck ein gültiges Automations-Objekt referenziert. Syntax: `IsObject(Ausdruck)`
Join	Rückgabe des String, der aus einer Anzahl von Substrings aus einem Array zusammengesetzt wird. Syntax: `Join(Liste[, Trennzeichen])` Die zwingende Liste ist das eindimensionale Array mit den Substrings, die optionale Angabe eines Trennzeichens erlaubt beispielsweise, einzelne Worte im Rückgabestring durch ein Leerzeichen zu trennen. Fehlt das Argument, werden die Substrings ohne Trennzeichen zusammengesetzt.
LBound	Rückgabe des kleinsten möglichen Index für die angegebene Dimension eines Array. Sinnvoll ist dies unter anderem für dynamische Arrays. Syntax: `LBound(Arrayname[, Dimension])` Die optionale Angabe der Dimension des Arrays startet mit 1 für die erste Dimension usw.
LCase	Rückgabe eines String, der in Kleinbuchstaben konvertiert wurde. Syntax: `LCase(string)` Nur Buchstaben werden konvertiert, alle anderen Zeichen bleiben unberührt.
Left	Rückgabe der angegebenen Zahl von Zeichen, von der linken Seite eines Strings gerechnet. Wenn die Längenangabe größer als die Länge des Strings ist, wird der gesamte String zurückgegeben. Syntax: `Left(String, Länge)`

Len	Rückgabe der Anzahl von Zeichen in einem String oder der Anzahl von Bytes einer Variablen.
	Syntax:
	`Len(Varname)`
	bzw.
	`Len(String)`

Funktion	Beschreibung

`LoadPicture`	Rückgabe eines Bildobjekts (nur unter 32-bit-Plattformen).
	Syntax:
	`LoadPicture(Bildname)`
	Der Bildname ist ein beliebiger URL, der eine Bilddatei referenziert. VBScript unterstützt erheblich mehr Grafikformate, als im WWW standardmäßig unterstützt werden. Die Funktion kann unter anderem Grafiken der folgenden Formate laden:
	`.bmp`
	`.ico`
	`.rle`
	`.wmf`
	`.emf`
	`.gif`
	`.jpg`

`Log`	Rückgabe des natürlichen Logarithmus einer Zahl. Syntax: `Log(Zahl)`

`LTrim`
`RTrim`
`Trim`
	Rückgabe der Kopie eines Strings, indem die führenden Leerzeichen (`LTrim`) bzw. die beendenden Leerzeichen (`RTrim`) oder beides (`Trim`) eliminiert wurden.
	Syntax:
	`LTrim(String)`
	`RTrim(String)`
	`Trim(String)`

`Mid`	Rückgabe der angegebenen Zahl von Zeichen aus einem String. Syntax: `Mid(String, Start[, Länge])` Die Startangabe ist eine numerisch Angabe, ab welcher Position in dem angegebenen String die Zeichen zurückgegeben werden sollen. Die optionale Längenangabe begrenzt die Anzahl der Zeichen.
`Minute`	Rückgabe einer ganzen Zahl zwischen `0` und `59`, die die Minuten der angegebenen Zeit repräsentiert. Syntax: `Minute(Zeit)`
`Month`	Rückgabe einer ganzen Zahl zwischen 1 und 12, die den Monat des angegebenen Datums repräsentiert. Syntax: `Month(Datum)`

Funktion	Beschreibung
`MonthName`	Rückgabe des String, der den angegebenen Monat bezeichnet. Syntax: `MonthName(Monatnr[, verkuerzt])` Die `Monatnr` ist die numerische Angabe des Monats (`1` steht für Januar usw.). Das optionale `Boolean`-Argument `verkuerzt` gibt an, ob eine verkürzte Darstellung zurückgegeben werden soll (etwa `Jan` für Januar, wenn es auf `True` gesetzt ist).
`MsgBox`	Eine der wichtigsten VBScript-Funktionen. In Verbindung mit der verwandten `InputBox` kann damit auf einfachste Weise eine Kommunikation mit dem Anwender realisiert werden. `MsgBox` erzeugt einfach nur eine Dialogbox (im Gegensatz zur `InputBox` ohne Eingabeprompt für den Anwender), die auf eine Anwendereingabe wartet. Eine solche Dialogbox kann mannigfaltig konfiguriert werden, und nach Bestätigung der Dialogbox durch den Anwender liefert die Funktion einen numerischen Rückgabewert, der den angeklickten Button identifiziert. Syntax: `MsgBox(Prompt[, Buttons][, Title][, Hilfedatei, Kontext])` Zwingend ist nur das `Prompt`-Argument, mit dem eine Meldung in dem Dialogfenster erzeugt wird, die dem Anwender erklären sollte, was er eingeben muss (Maximum sind ca. 1024 Zeichen – die genaue Länge ist abhängig von den verwendeten Zeichen). Die Beschriftung der Eingabebox kann auch mit mehrzeiligen Eingaben erfolgen. In dem Fall müssen bei der Eingabe jedoch die Vorschübe über die Notation einer VBScript-Funktion maskiert werden. Eine Absatzschaltung muss als `Chr(13)`, eine Zeilenschaltung als `Chr(10)` oder eine Kombination aus beiden als `Chr(13) & Chr(10)` notiert werden. Das Argument `Buttons` ist ein numerischer Ausdruck, der als Summe der Werte zu verstehen ist, welche die Anzahl und den Typ der anzuzeigenden Schaltflächen, den Typ der Icons und die Modalität des Mitteilungsfensters festlegen. Der Defaultwert des Arguments ist `0`, was einem Dialogfenster mit einem Ok-Button entspricht (siehe zu den speziellen `MsgBox`-VBScript-Konstanten bzw. deren numerischen Äquivalenten und der genauen Verwendung Seite 282). Über das Argument `Titel` kann eine Titelzeile der Dialogbox festgelegt werden (ohne die Angabe nur Hinweis auf eine VBScript-`MsgBox`). Die beiden nur zusammen verwendbaren Argumente `Hilfedatei` und `Kontext` (nur unter 32-bit-Plattformen unterstützt) dienen zur Festlegung einer Onlinehilfe. `Hilfedatei` identifiziert die Hilfedatei (eine Windows-Hilfedatei) über einen URL und der Kontext gibt die Stelle in der Hilfedatei an, die angezeigt werden soll.
`Now`	Rückgabe des aktuellen Datums und der aktuellen Zeit des Rechners. Syntax: `Now`

Funktion	Beschreibung
`Oct`	Rückgabe einer Stringrepräsentation des oktalen Werts einer Zahl. Syntax: `Oct(Zahl)`
`Replace`	Rückgabe von einem String, wo der spezifizierte Substring durch den anderen Substring so oft ersetzt wurde wie angegeben. Syntax: `Replace(ZudurchsuchenderAusdruck, Zuersetzen, Ersetztenmit [, Start[, Anzahl[, Vergleich]]])` Der zu durchsuchende String wird nach dem im zweiten Argument angegebenen String durchsucht und mit dem dritten Argument ersetzt. Optional lassen sich eine Startpostion in dem zu durchsuchenden String, sowie die Anzahl der Ersetzungen festlegen. Wenn letztere nicht angegeben wird, ist der Defaultwert -1, was »Alles ersetzen« bedeutet. `Vergleich` legt optional die Art des Vergleichs fest. Entweder `vbBinaryCompare` bzw. `0` für Binärvergleich oder `vbTextCompare` bzw. `1` für einen Textvergleich.
`RGB`	Rückgabe einer ganzen Zahl, welche eine RGB-Farbangabe repräsentiert. Syntax: `RGB(rot, grün, blau)` Die drei Argumente sind jeweils Zahlen zwischen 0 und 255, welche den jeweiligen Farbanteil spezifizieren.
`Right`	Rückgabe der angegebenen Zahl von Zeichen, von der linken Seite eines Strings gerechnet. Wenn die Längenangabe größer als die Länge des Strings ist, wird der gesamte String zurückgegeben. Syntax: `Right(string, length)`
`Rnd`	Rückgabe einer Zufallszahl zwischen 0 und 1. Syntax: `Rnd[(Zahl)]` Das optionale Argument verändert die Randbedingungen zur Generierung der Zufallszahl.
`Round`	Rückgabe einer auf die angegebenen Nachkommastellen gerundeten Zahl. Syntax: `Round(Ausdruck[, Nachkommastellen ])` Wenn keine Nachkommastellen angegeben werden, wird auf die Integerzahl gerundet.
`ScriptEngine`	Rückgabe einer Stringrepräsentation der verwendeten Scriptsprache. Syntax: `ScriptEngine`

Funktion	Beschreibung
ScriptEngineBuild-Version	Rückgabe der Buildversion der verwendeten Scriptengine. Syntax: `ScriptEngineBuildVersion`
ScriptEngineMajor-Version	Rückgabe der Majorversion der verwendeten Scriptengine. Syntax: `ScriptEngineMajorVersion`
ScriptEngineMinor-Version	Rückgabe der Minorversion der verwendeten Scriptengine. Syntax: `ScriptEngineMinorVersion`
Second	Rückgabe einer ganzen Zahl zwischen 0 und 59, welche die Sekunden der gegebenen Zeit repräsentiert. Syntax: `Second(Zeit)`
Sgn	Rückgabe einer Integeranzeige des Vorzeichens einer Zahl. Syntax: `Sgn(Zahl)` Wenn die Zahl größer als `0` ist, wird `1` zurückgegeben, wenn sie `0` ist, wird auch `0` zurückgegeben und sonst `-1`.
Sin	Rückgabe des Sinuswerts einer Zahl. Syntax: `Sin(Zahl)`
Space	Rückgabe des String mit der angegebenen Anzahl von Leerzeichen. Syntax: `Space(Zahl)`
Split	Rückgabe eines eindimensionalen Array mit der angegebenen Anzahl von Substrings, die aus der Zerlegung eines Vorgabestrings entstehen. Syntax: `Split(Ausdruck[, Trennzeichen[, Anzahl[, Vergleich]]])` Der zwingend angegebene Ausdruck ist ein zu zerlegender String. Optional ist die Angabe des Trennzeichens, an dem der Ausdruck zerlegt werden soll. Fehlt diese Angabe, wird jeweils an dem Leerzeichen `" "` zerlegt. Ebenso optional sind die Festlegungen der Anzahl der Zerlegungen (`-1` heißt `alle` und ist default) und die Art des Vergleichs. Mit dem `Vergleich`-Argument kann man zwischen binärer (`vbBinaryCompare` bzw. `0`) und textlicher Suche (`vbTextCompare` bzw. `1`) differenzieren (siehe zu VBScript-Konstanten Seite 280).
Sqr	Rückgabe der Quadratwurzel einer Zahl. Diese muss größer oder gleich `0` sein. Syntax: `Sqr(Zahl)`

Funktion	Beschreibung
StrComp	Rückgabe eines numerischen Werts der indiziert, ob zwei Strings identisch sind. Syntax: StrComp(String1, String2[, Vergleich]) Dabei können verschiedene Arten von Gleichheit überprüft werden (sowohl hinsichtlich der Länge als auch Inhalt). Mit dem optionalen Vergleich-Argument kann man zwischen binärem (vbBinaryCompare bzw. 0) und textlichem Vergleich (vbTextCompare bzw. 1) differenzieren (siehe zu den VBScript-Konstanten Seite 280). Default ist binär. Die Rückgabewerte sind je nach Situation folgende: String1 ist kleiner als String2: -1 String1 ist vollkommen gleich mit String2: 0 String1 ist größer als String2: 1 String1 oder String2 ist Null: Null
String	Rückgabe eines String, der das angegebene Zeichen so oft wie angegeben (Maximum 255) wiederholt. Syntax: String(Zahl, Zeichen) Wenn ein String anstatt des Zeichens angegeben wird, wird das erste Zeichen wiederholt.
StrReverse	Rückgabe eines String, indem die Zeichen des übergebenen Strings einfach umgedreht wurden. Syntax: StrReverse(String)
Tan	Rückgabe des Tangens einer Zahl. Syntax: Tan(Zahl)
Time	Rückgabe eines Variant des Subtyps Date, der die aktuelle Systemzeit enthält. Syntax: Time
Timer	Rückgabe der Anzahl von Sekunden, die seit 24:00 Uhr (Mitternacht) vergangen sind. Syntax: Timer
TimeSerial	Rückgabe eines Variant des Subtyps Date, der aus der angegebenen Stunde, Minute und Sekunde erstell wird. Syntax: TimeSerial(Stunde, Minute, Sekunde)

Funktion	Beschreibung
`TimeValue`	Rückgabe eines `Variant` des Subtyps `Date`, der aus der Zeit in Form eines Strings generiert wird. Syntax: `TimeValue(Zeitstring)`
`TypeName`	Rückgabe eines String mit Informationen über den Subtyp eines Variants. Syntax: `TypeName(Varname)`
`UBound`	Rückgabe des größtmöglichen Index für die angegebene Dimension eines Arrays. Sinnvoll ist dies unter anderem für dynamische Arrays. Syntax: `Ubound(Arrayname[, Dimension])` Die optionale Angabe der Dimension des Arrays startet mit 1 für die erste Dimension usw.
`UCase`	Rückgabe eines String, der in Großbuchstaben konvertiert wurde. Syntax: `Ucase(string)` Nur Buchstaben werden konvertiert, alle anderen Zeichen bleiben unberührt.
`VarType`	Rückgabe eines Werts, der den Subtyp einer Variablen spezifiziert. Syntax: `VarType(Varname)` Als Rückgabewerte gibt es folgende Werte: Konstante — Wert `vbEmpty` 0 `vbNull` 1 `vbInteger` 2 `vbLong` 3 `vbSingle` 4 `vbDouble` 5 `vbCurrency` 6 `vbDate` 7 `vbString` 8 `vbObject` 9 `vbError` 10 `vbBoolean` 11 `vbVariant` 12 `vbDataObject` 13 `vbByte` 17 `vbArray` 8192 Für mehr Informationen über die speziellen VBScript-`VarType`-Konstanten siehe Seite 284.

Funktion	Beschreibung
`Weekday`	Rückgabe einer ganzen Zahl, welche für ein Datum den Tag der Woche repräsentiert. Syntax: `Weekday(Datum, [ErsterTagderWoche])` Wenn der erste Tag der Woche nicht mit den Defaulteinstellungen übereinstimmt, kann dieser optional spezifiziert werden (zu den speziellen Datums- und Zeit-Konstanten von VBScript und deren Verwendung siehe Seite 281).
`WeekdayName`	Rückgabe einer Stringangabe, die den Tag der Woche repräsentiert. Syntax: `WeekdayName(Wochentag, [Abgekuerzt], [ErsterTagderWoche])` Angegeben wird der numerische Wert des Wochentags. Optional ist die `Boolean`-Angabe, ob der Name abgekürzt werden soll oder nicht (default ist `False`). Wenn der erste Tag der Woche nicht mit den Defaulteinstellungen übereinstimmt, kann dieser optional spezifiziert werden (zu den speziellen Datums- und Zeit-Konstanten von VBScript und deren Verwendung siehe Seite 281).
`Year`	Rückgabe einer ganzen Zahl, welche das Jahr des angegebenen Datums repräsentiert. Syntax: `Year(Datum)`

Beispiele

Einsatz der `Array`-Funktion (die Variable `neu` hat am Ende den Wert 42):

```
Dim A
meinArray = Array(1,2,42)
neu = A(2)
```

Der Einsatz von `Abs` :

```
Dim MeineZahl
MeineZahl = Abs(-3)        ' Rückgabe von 3.
```

Der Einsatz von `Asc` :

```
Dim MeineZahl
MeineZahl = Asc("A")       ' Rückgabe von 65.
MeineZahl = Asc("a")       ' Rückgabe von 97.
MeineZahl = Asc("ABC")     ' Rückgabe von 65.
```

Einsatz der `Chr`-Funktion:

```
Dim MeinZeichen
MeinZeichen = Chr(65)     ' Rückgabe von A.
MeinZeichen = Chr(97)     ' Rückgabe von a.
```

Einsatz der Date-Funktion:

```
Dim MeinDatum
MeinDatum = Date
```

Verwendung der DateAdd-Funktion. Zwei Monate werden zum 31. Januar 1999 hinzugefügt:

```
NewDate = DateAdd("m", 2, "31-Jan-99")
```

Die Day-Funktion zum Extrahieren des Tages aus dem Datum:

```
Dim DerTag
DerTag = Day("April 17, 1963")  ' Rückgabe 17.
```

Das nachfolgende Script demonstriert die Kopplung einer Funktion (Anzeige einer Mitteilung) an ein Ereignis (das Laden der Webseite) über die GetRef-Funktion:

```
Function GetRefTest()
  Dim MeineMitteilung
  MeineMitteilung = "MeinScript Version 1.0"  & vbCrLf
  MeineMitteilung = MeineMitteilung _
  & "RJS-EDV-KnowHow " & vbCrLf
  MeineMitteilung = MeineMitteilung & Chr(169) _
  & " 2000 "
  MsgBox MeineMitteilung
End Function
Set Window.Onload = GetRef("GetRefTest")
```

Die Mitteilung wird beim Laden der Seite angezeigt.

Einsatz der Hex-Funktion zur Rückgabe des Hexadezimalwerts einer Zahl:

```
Dim MeinHex
MeinHex = Hex(5)    ' Rückgabe von 5.
MeinHex = Hex(10)   ' Rückgabe von A.
MeinHex = Hex(459)  ' Rückgabe von 1CB.
```

Die Hour-Funktion zur Extrahierung der Stunde aus der aktuellen Zeit:

```
Dim MeineZeit, MeineStunde
MeineZeit = Now
MeineStunde = Hour(MeineZeit)
```

Die Verwendung der InputBox. Die Rückgabe wird über verschachtelte If-Funktionen überprüft. Wenn die jeweilige Eingabe nicht korrekt ist, kann der Anwender es erneut versuchen. Ist die Eingabe okay, wird eine einfache MsgBox-Funktion aufgerufen:

```
Dim Benutzereingabe
Benutzereingabe = InputBox("Bitte das Zauberwort eingeben")
if (Benutzereingabe = "Bitte") then
MsgBox "Ach ja, es gibt doch noch hoefliche Menschen!"
else
Benutzereingabe = InputBox(_
"Das Zauberwort war es aber nicht! Versuchen Sie es noch einmal",_
"Zauber","Fängt mit B an",300,150)
if (Benutzereingabe = "Bitte") then
      MsgBox "Na es geht doch!"
else
Benutzereingabe = InputBox("Ein letzter Versuch",
"Aus der Zauber","",2000,1000)
end if
end if
```

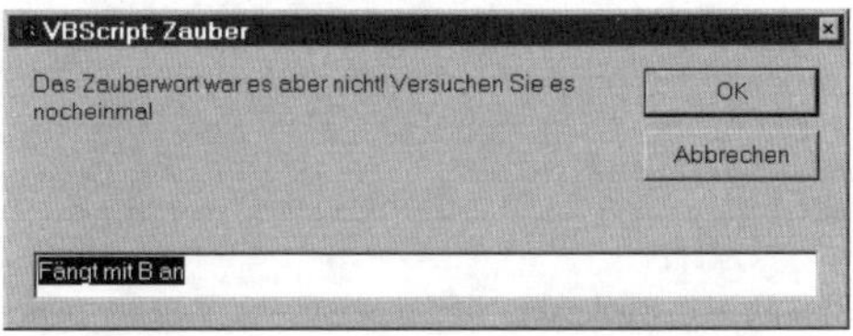

Die 2. Inputbox

Die 3. Inputbox

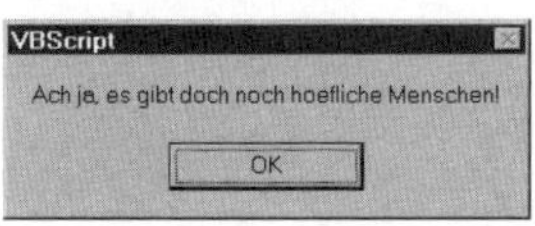

Eine MsgBox, die angezeigt wird, wenn die Eingabe stimmt.

Test mittels `IsNumeric`, ob ein Ausdruck als Zahl interpretiert werden kann:

```
Dim MeinVar, MeinCheck
MeinVar = 53                   ' Zuweisung von einem Wert.
MeinCheck = IsNumeric(MeinVar)' Rückgabe von True.
MeinVar = "459.95"             ' Zuweisung von einem Wert.
MeinCheck = IsNumeric(MeinVar)' Rückgabe von True.
MeinVar = "45 Help"             ' Zuweisung von einem Wert.
MeinCheck = IsNumeric(MeinVar)' Rückgabe von False.
```

Zusammensetzten eines Strings aus Substrings über die `Join`-Funktion und Konvertierung in Großbuchstaben mit `UCase`:

```
Dim MeinString
Dim MeinArray(4)
MeinArray(0) = "Felix "
MeinArray(1) = "und "
MeinArray(2) = "Florian "
MeinString = Join(MeinArray)
MsgBox UCase(MeinString)
```

Zusammengesetzt und konvertiert.

Verwendung der `Left`-Funktion zur Rückgabe der ersten sechs Zeichen eines Strings:

```
Dim MeinString, LeftString
MeinString = "Safety First"
LeftString = Left(MeinString, 6) ' Rückgabe Safety
```

Extrahieren der Minuten in der aktuellen Systemzeit:

```
Dim MeinVar
MeinVar = Minute(Now)
```

Berechnung der Quadratwurzel:

```
Dim MeinSqr
MeinSqr = Sqr(4)        ' Rückgabe von 2.
MeinSqr = Sqr(9)        ' Rückgabe von 3.
MeinSqr = Sqr(0)        ' Rückgabe von 0.
MeinSqr = Sqr(-9)       ' Runtime-Error.
```

Ein vollständiges Beispiel mit der Verwendung der `strcomp`-Funktion. Der jeweilige Rückgabewert wird in einer generierten Webseite ausgegeben (mit der Methode `document.write`).

```
<HTML>
<SCRIPT LANGUAGE="VBScript">
<!--
Dim MeinString1, MeinString2, MeinString3, MeinString4, _
 Rueckgabe
MeinString1 = "ABCD"
MeinString2 = "abcd"
MeinString3 = "efdh"
MeinString4 = "ABC"
document.write "<BR>"
Rueckgabe = StrComp(MeinString1, MeinString2, 1)
document.write _
"Der Rückgabewert beim Vergleich (textlich) " _
& MeinString1 & " und " & MeinString2 _
& " ist " & Rueckgabe
document.write "<BR>"
Rueckgabe = StrComp(MeinString1, MeinString2, 0)
document.write "Der Rückgabewert beim Vergleich (binär) " _
& MeinString1 & " und " & MeinString2 & " ist " _
& Rueckgabe
document.write "<BR>"
Rueckgabe = StrComp(MeinString2, MeinString1)
document.write _
"Der Rückgabewert beim Vergleich (default) " _
& MeinString2 & " und " & MeinString1 & " ist " _
& Rueckgabe
document.write "<BR>"
Rueckgabe = StrComp(MeinString2, MeinString3, 1)
document.write _
"Der Rückgabewert beim Vergleich (textlich) " _
& MeinString2 & " und " & MeinString3 & " ist " _
& Rueckgabe
document.write "<BR>"
Rueckgabe = StrComp(MeinString2, MeinString3, 0)
document.write "Der Rückgabewert beim Vergleich (binär) " _
& MeinString2 & " und " & MeinString3 & " ist " & Rueckgabe
document.write "<BR>"
Rueckgabe = StrComp(MeinString2, MeinString3)
document.write _
"Der Rückgabewert beim Vergleich (default) "_
& MeinString2 & " und " & MeinString3 & " ist " _
& Rueckgabe
document.write "<BR>"
```

```
Rueckgabe = StrComp(MeinString1, MeinString4)
document.write _
"Der Rückgabewert beim Vergleich (default) " _
& MeinString1 & " und " & MeinString4 & " ist " & Rueckgabe
-->
</SCRIPT>
</HEAD>
<BODY>
<HR>
</BODY>
</HTML>
```

Das Resultat sieht so aus:

Der Rückgabewert beim Vergleich (textlich) ABCD und abcd ist 0
Der Rückgabewert beim Vergleich (binär) ABCD und abcd ist -1
Der Rückgabewert beim Vergleich (default) abcd und ABCD ist 1
Der Rückgabewert beim Vergleich (textlich) abcd und efdh ist -1
Der Rückgabewert beim Vergleich (binär) abcd und efdh ist -1
Der Rückgabewert beim Vergleich (default) abcd und efdh ist -1
Der Rückgabewert beim Vergleich (default) ABCD und ABC ist 1

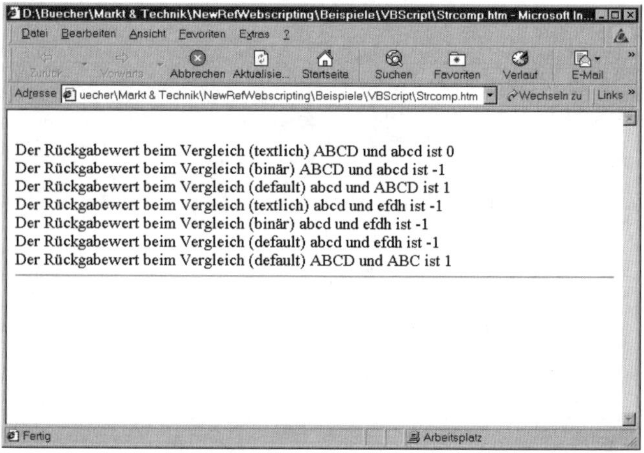

Die generierte Webseite mit den Ergebnissen der Vergleiche.

Verwandte Befehle/Themen

Grundlegende Begriffe der Script-Syntax – Token

Die JScript- und JavaScript-Token im direkten Vergleich und in Bezug auf die ECMA-Norm

Perl-Befehle

Anweisungen der VBScript-Sprachreferenz

Eine alphabetische Auflistung der VBScript-Anweisungen der Sprachreferenz 5.1.

Anwendung

VBScript stellt zahlreiche Anweisungen (siehe Seite 31) bereit, die aus Visual Basic abgeleitet sind und durch die enge Verzahnung mit dem Windows-Betriebssystem erhebliche Möglichkeiten bereitstellen. Nachfolgend finden Sie eine alphabetische Auflistung der VBScript-Anweisungen mit einer Beschreibung. Die meisten der Anweisungen werden in den vorangehenden Abschnitten explizit bereits verwendet. Insbesondere die dort noch nicht verwendeten Anweisungen werden in diesem Abschnitt etwas genauer erläutert. Dabei werden optionale Argumente in der Syntax einer Anweisung in geschweiften Klammern notiert. Im Abschnitt »Beispiele« sind anschließend für die wichtigsten der wenigen nicht an anderer Stelle besprochenen Anweisungen Beispielanwendungen demonstriert.

<table>
<tr><th>Anweisung</th><th>Beschreibung</th></tr>
<tr><td><code>Call</code></td><td>Optionale Anweisung zum Aufruf einer Funktion oder Prozedur.
Syntax:
<code>Call [Bezeichner] {Argumentenliste}</code></td></tr>
<tr><td><code>Class</code></td><td>Definition einer Klasse inklusive enthaltener Eigenschaften, Methoden und Variablen.
Syntax:
<code>Class [Bezeichner]</code>
<code>   Statements</code>
<code>End Class</code></td></tr>
<tr><td><code>Const</code></td><td>Deklaration von Konstanten.
Syntax:
<code>{Public | Private} Const [Konstname] = [Ausdruck]</code>
Die optionalen Sichtbarkeitsmodifier legen fest, ob die Konstante für alle Prozeduren im Script verfügbar sein sollen (<code>Public</code> – Defaultzustand) oder nur dort, wo sie deklariert wurden (<code>Private</code>). Beide Modifier sind nicht innerhalb von Prozeduren erlaubt. Dort deklarierte Konstanten gelten immer als privat und deren Sichtbarkeit kann nicht verändert werden.
Innerhalb einer Zeile können mehrere Konstanten deklariert werden, indem sie per Komma getrennt werden.</td></tr>
</table>

Anweisung	Beschreibung
`Dim`	Deklaration einer Variablen. Syntax: `Dim [Varname]{({subscripts})}{, varname{({subscripts})}} . . .` Mit der Anweisung außerhalb einer Prozedur deklarierte Variablen sind im gesamten Script zugänglich. Innerhalb deklarierte Variablen nur innerhalb der jeweiligen Prozedur. In Verbindung mit leeren Klammern kann mit der Anweisung ein dymamisches Array deklariert werden. Die `ReDim`-Anweisung definiert die Anzahl von Dimensionen und Elementen im Array.
`Do...Loop`	Schleife zur Programmflusskontrolle (siehe Seite 275).
`Erase`	Reinitialisiert die Elemente von Arrays. Bei einem nicht-dynamischen Array wird jedes numerische Feld in dem Array auf 0 und jedes Textfeld auf den Nullstring gesetzt. Bei einem nicht-dynamischen Array von Objekten bekommt jedes Element den speziellen Wert `Nothing` zugewiesen. Bei einem dynamischen Array gibt die Anweisung den allokierten Speicherplatz wieder frei. Wenn das Array wieder verwendet werden soll, muss es redeklariert werden (die `ReDim`-Anweisung). Syntax: `Erase [Arrayname]`
`Execute`	Ausführung einer oder mehrerer Anweisungen. Syntax: `Execute [Anweisung]` Die Anweisung ist ein String, der eine oder mehrere Anweisungen enthält. Mehrere Anweisungen können unter anderem durch Doppelpunkte getrennt werden.

`Exit`	Verlässt einen `Do...Loop-`, `For...Next-`, `Function-`, oder `Sub-Code und wird entsprechend um das jeweilige Schlüsselwort erweitert.`
	Syntaxvarianten:
	`Exit Do`
	`Exit For`
	`Exit Function`
	`Exit Property`
	`Exit Sub`

`For...Next`	Schleife zur Programmflusskontrolle (siehe Seite 275)
`For Each...Next`	Schleife zur Programmflusskontrolle (siehe Seite 275)
`Function`	Deklaration einer Funktion.
`If...Then...Else`	Programmfluss-Kontrollanweisung.

`On Error`	Fehlerreaktionsmöglichkeit.
	Syntaxvarianten:
	`On Error Resume Next`
	`On Error GoTo 0`

Anweisung	Beschreibung
`Option Explicit`	Erzwingt die explizite Deklaration von allen Variablen in einem Script. Syntax: `Option Explicit`
`Private`	Deklariert private Variablen und allokiert Speicherplatz dafür.

`Property Get`	Die Anweisung deklariert in einem Klassenblock den Namen, die Argumente und den Code, der den Körper einer `Property`-Prozedur bilden, welche den Wert einer Eigenschaft zurückgibt.
	Syntax:
	`[Public [Default]| Private] Property Get name [(arglist)]`
	`    [statements]`
	`    [[Set] name = expression]`
	`    [Exit Property]`
	`    [statements]`
	`    [[Set] name = expression]`
	`End Property`
	Je nach Sichtbarkeitsmodifier ist die Anweisung in allen Prozeduren des Scripts (default) oder nur für die anderen Prozeduren in dem gleichen Klassenblock sichtbar.
	Der Name der `Property Get`-Prozedur folgt den üblichen Konventionen für Variablennamen, nur dass der Name überdies identisch mit dem Namen einer `Property Let`- oder `Property Set`-Prozedur in dem gleichen Klassenblock sein kann.
	Die Liste der Variablen wird von der Prozedur an den Aufrufer übergeben, wenn sie aufgerufen wird. Wenn es mehr wie ein Argument gibt, werden sie durch Komma getrennt. Der Name von jedem Argument in einer `Property Get`-Prozedur muss identisch mit dem Namen in einer korrenspondierenden `Property Let`- bzw. `Property Set`-Prozedur (wenn vorhanden) sein.
	Die `Set`-Anweisung definiert jeweils ein Schlüsselwort, über das der Rückgabewert aufgerufen werden kann.
	Das `Exit Property`-Statement bricht unmittelbar die `Property Get`-Prozedur ab. Die Programmausführung wird mit der Anweisung fortgesetzt, welche dem Aufruf der `Property Get`-Prozedur folgt.
	Eine `Property Get`-Prozedur kann nicht innerhalb einer anderen Prozedur deklariert werden.
	An eine `Property Get`-Procedur können wie bei jeder anderen Prozedur Argumente übergeben werden.

`Property Let`	Die Anweisung deklariert in einem Klassenblock den Namen, die Argumente und den Code, der den Körper einer Property-Prozedur bilden, welche auf den Wert einer Eigenschaft zugreift.
	Syntax:
	`[Public | Private] Property Let name ([arglist,] value)`
	`    [statements]`
	`    [Exit Property]`
	`    [statements]`
	`End Property`

<table>
<tr><th>Anweisung</th><th>Beschreibung</th></tr>
<tr><td></td><td>
Je nach Sichtbarkeitsmodifier ist die Anweisung in allen Prozeduren des Scripts (default) oder nur für die anderen Prozeduren in dem gleichen Klassenblock sichtbar.
Der Name der Prozedur folgt den üblichen Konventionen für Variablennamen, nur dass der Name überdies identisch mit dem Namen einer <code>Property Get</code>- oder <code>Property Set</code>-Prozedur in dem gleichen Klassenblock sein kann.
Die Liste der Variablen wird von der Prozedur an den Aufrufer übergeben, wenn sie aufgerufen wird. Wenn es mehr wie ein Argument gibt, werden sie durch Komma getrennt. Der Name des Arguments in einer <code>Property Let</code>-Prozedur muss identisch mit dem Namen in einer korrenspondierenden <code>Property Get</code>- bzw. <code>Property Set</code>-Prozedur (wenn vorhanden) sein. Der Wert ist derjenige, welcher der jeweiligen Eigenschaft zugewiesen wird.
Das <code>Exit Property</code>-Statement bricht unmittelbar die Prozedur ab. Die Programmausführung wird mit der Anweisung fortgesetzt, welche dem Aufruf der <code>Property Let</code>-Prozedur folgt.
Eine <code>Property Let</code>-Prozedur kann nicht innerhalb einer anderen Prozedur deklariert werden.
</td></tr>
<tr><td><code>Property Set</code></td><td>
Die Anweisung deklariert in einem Klassenblock den Namen, die Argumente und den Code, der den Körper einer Property-Prozedur bilden, welche eine Referenz auf ein Objekt setzt.
Syntax:
<pre>{Public | Private} Property Set name({arglist,} reference)
    {Statements}
    {Exit Property}
    {statements}
End Property</pre>
Je nach Sichtbarkeitsmodifier ist die Anweisung in allen Prozeduren des Scripts (default) oder nur für die anderen Prozeduren in dem gleichen Klassenblock sichtbar.
Der Name der Prozedur folgt den üblichen Konventionen für Variablennamen, nur dass der Name überdies identisch mit dem Namen einer <code>Property Get</code>- oder <code>Property Set</code>-Prozedur in dem gleichen Klassenblock sein kann.
Die Liste der Variablen wird von der Prozedur an den Aufrufer übergeben, wenn sie aufgerufen wird. Wenn es mehr wie ein Argument gibt, werden sie durch Komma getrennt. Der Name des Arguments in einer <code>Property Let</code>-Prozedur muss identisch mit dem Namen in einer korrenspondierenden <code>Property Get</code>- bzw. <code>Property Set</code>-Prozedur (wenn vorhanden) sein. Die Referenz gibt eine Variable an, die eine Objektreferenz enthält.
Das <code>Exit Property</code>-Statement bricht unmittelbar die Prozedur ab. Die Programmausführung wird mit der Anweisung fortgesetzt, welche dem Aufruf der Prozedur folgt.
Eine <code>Property Set</code>-Prozedur kann nicht innerhalb einer anderen Prozedur deklariert werden.
</td></tr>
</table>

Anweisung	Beschreibung
`Public`	Deklariert öffentliche Variablen und allokiert Speicherplatz dafür.
`Randomize`	Initialisiert den Random-Generator zur Erzeugung einer Zufallszahl. Syntax: `Randomize {numerischer Ausdruck}`
`ReDim`	Redimensionierung eines dynamischen Arrays.
`Rem`	Kommentar-Anweisung
`Select Case`	Programmfluss-Kontrollanweisung.

`Set`	Zuweisung einer Objektreferenz zu einer Variablen oder Eigenschaft oder die Verbindung einer Prozedurreferenz mit einem Ereignis.
	Syntax 1:
	`Set [Objektvar] = {objectexpression | New classname | Nothing}`
	Syntax 2:
	`Set [Objekt].[Eventname] = GetRef([Procname])`
	Das `Set`-Statement benötigt zwingend den Namen einer Variablen oder Eigenschaft. Der optionale Objektausdruck gibt den Namen eines Objekts, einer Variablen von dem gleichen Objekttyp oder einer Funktion oder Methode an, welche ein Objekt gleichen Typs zurückgibt.
	Mittels der optionalen Syntax über das `New`-Keyword und einen Klassennamen kann eine neue Instanz einer Klasse erstellt werden.
	Die optionale Angabe `Nothing` löscht die Zuordnung auf eine Objektvariable mit jedem bis dahin zugeordneten Objekt oder Klasse.

`Sub`	Einleitung einer Prozedur-Deklaration (siehe Seite 268).
`While...Wend`	Schleife zur Programmflusskontrolle (siehe Seite 275)

`With`	Führt eine Anzahl von Anweisungen mit einem einzelnen Objekt durch. Der wesentliche Vorteil dieser Notation ist, dass auf das sonst jeder Anweisung voranzustellende Objekt verzichtet werden kann und zusammengehörende Anweisungen auch optisch zu einem Block zusammengefasst werden. Eigenschaften des angegebenen Objekts müssen mit einem beginnenden Punkt notiert werden!
	Syntax:
	`With [Objekt]`
	`    Statements`
	`End With`

Warnungen

- VBScript verwendet den Gleichheitsoperator sowohl für Zuweisungen als auch für Vergleiche. Deshalb kann die Anweisung `a = b` sowohl als Zuweisung als auch als Vergleich interpretiert werden. Die `Execute`-Anweisung verwendet immer die Zuweisung.
- Man sollte nie in oder aus `With`-Blöcken springen. Es könnten Anweisungen nicht korrekt gestartet oder beendet sein, sodass Fehler auftreten können.

Beispiele

Ein Kommentar mit dem Rem-Schlüsselwort:

```
Rem Das geht auch als Kommentar
```

Verwendung des Erase-Statements:

```
Dim NumArray(9)
Dim DynamicArray()
ReDim DynamicArray(9)
Erase NumArray     ' Jedes Element wird reinitialisiert.
Erase DynamicArray ' Speicher freigeben
```

Die Anwendung der With-Anweisung zum Setzen von verschiedenen Eigenschaften eines Objekts:

```
With regulaererAusdruck
.Pattern = SuchString
.IgnoreCase = True
End With
```

Verwandte Befehle/Themen

Grundlegende Begriffe der Script-Syntax – Token

Die JScript- und JavaScript-Token im direkten Vergleich und in Bezug auf die ECMA-Norm

Perl-Befehle

Zusammenfassung VBScript-Token

Eine Zusammenfassung der VBScript-Schlüsselworte und -Token.

Anwendung

Die nachfolgende Tabelle bietet abschließend nochmal eine alphabetische Auflistung der VBScript-Schlüsselworte und -Token mit ihrem Typ und der VBScript-Version, ab der sie unterstützt werden, als Überblick (zu Token siehe Seite 54). Beachten Sie bitte, dass die in normaler Schrift formatierten Begriffe bei den Sprachelementen beschreibend zu verstehen sind (etwa bei einigen Konstanten als Typbeschreibung zu verstehen).

Sprachelement	Typ	Unterstützt ab Version				
		1.0	2.0	3.0	4.0	5.0
`Abs`	Funktion	x				
`Addition`	Operator (+)	x				
`And`	Operator	x				
`Array`	Funktion		x			
`Asc`	Funktion	x				
`Assignment`	Operator (=)	x				
`Atn`	Funktion	x				
`Call`	Anweisung	x				
`CBool`	Funktion	x				
`CByte`	Funktion	x				
`CCur`	Funktion	x				
`CDate`	Funktion	x				
`CDbl`	Funktion	x				
`Chr`	Funktion	x				
`CInt`	Funktion	x				
`Class`	Objekt					x
`Class`	Anweisung					x
`Clear`	Methode	x				
`CLng`	Funktion	x				
Farbe	Konstante		x			
Vergleich	Konstante		x			
`Concatenation`	Operator (&)	x				
`Const`	Anweisung		x			
`Cos`	Funktion	x				
`CreateObject`	Funktion		x			
`CSng`	Funktion	x				
`CStr`	Funktion	x				
Datum	Konstante		x			
`Date`	Funktion	x				
Datumsformat	Konstante		x			
`DateAdd`	Funktion		x			
`DateDiff`	Funktion		x			
`DatePart`	Funktion		x			
`DateSerial`	Funktion	x				
`DateValue`	Funktion	x				

Sprachelement	Typ	Unterstützt ab Version				
		1.0	2.0	3.0	4.0	5.0
`Day`	Funktion	x				
`Description`	Eigenschaft	x				
`Dim`	Anweisung	x				
Division	Operator (/)	x				
`Do...Loop`	Anweisung	x				
`Empty`	Literal	x				
`Eqv`	Operator	x				
`Erase`	Anweisung	x				
`Err`	Objekt	x				
`Eval`	Funktion					x
`Execute`	Methode					x
`Execute`	Anweisung					x
`ExecuteGlobal`	Anweisung					x
`Exit`	Anweisung	x				
`Exp`	Funktion	x				
Exponential	Operator (^)	x				
`False`	Literal	x				
`Filter`	Funktion		x			
`FirstIndex`	Eigenschaft					x
`Fix`	Funktion	x				
`For Each...Next`	Anweisung		x			
`For...Next`	Anweisung	x				
`FormatCurrency`	Funktion		x			
`FormatDateTime`	Funktion		x			
`FormatNumber`	Funktion		x			
`FormatPercent`	Funktion		x			
`Function`	Anweisung	x				
`GetObject`	Funktion		x			
`GetLocale`	Funktion					x
`GetRef`	Funktion					x
`Global`	Eigenschaft					x
`HelpContext`	Eigenschaft		x			
`HelpFile`	Eigenschaft		x			
`Hex`	Funktion	x				
`Hour`	Funktion	x				

Sprachelement	Typ	Unterstützt ab Version				
		1.0	2.0	3.0	4.0	5.0
`If...Then...Else`	Anweisung	x				
`IgnoreCase`	Eigenschaft					x
`Imp`	Operator	x				
`Initialize`	Ereignis					x
`InputBox`	Funktion	x				
`InStr`	Funktion	x				
`InStrRev`	Funktion		x			
`Int`	Funktion	x				
Integerdivision	Operator (\)	x				
`IsObject`	Funktion	x				
`Is`	Operator	x				
`IsArray`	Funktion	x				
`IsDate`	Funktion	x				
`IsEmpty`	Funktion	x				
`IsNull`	Funktion	x				
`IsNumeric`	Funktion	x				
`Join`	Funktion		x			
`LBound`	Funktion	x				
`LCase`	Funktion	x				
`Left`	Funktion	x				
`Len`	Funktion	x				
`Length`	Eigenschaft					x
`LoadPicture`	Funktion		x			
`Log`	Funktion	x				
`LTrim`	Funktion	x				
`Match`	Objekt					x
`Matches`	Sammlung				x	
`Mid`	Funktion	x				
`Minute`	Funktion	x				
Miscellaneous	Konstante		x			
`Mod`	Operator	x				
`Month`	Funktion	x				
`MonthName`	Funktion		x			
`MsgBox`	Konstante		x			
`MsgBox`	Funktion	x				

Sprachelement	Typ	Unterstützt ab Version				
		1.0	2.0	3.0	4.0	5.0
Multiplikation	Operator (*)	x				
Negation	Operator (-)	x				
Not	Operator	x				
Nothing	Literal	x				
Now	Funktion	x				
Null	Literal	x				
Number	Eigenschaft	x				
Oct	Funktion	x				
On Error	Anweisung	x				
Option Explicit	Anweisung	x				
Or	Operator	x				
Pattern	Eigenschaft					x
Private	Anweisung		x			
Property Get	Anweisung					x
Property Let	Anweisung					x
Property Set	Anweisung					x
Public	Anweisung		x			
Raise	Methode	x				
Randomize	Anweisung	x				
ReDim	Anweisung	x				
RegExp	Objekt					x
Rem	Anweisung	x				
Replace	Funktion		x			
Replace	Methode					x
RGB	Funktion		x			
Right	Funktion	x				
Rnd	Funktion	x				
Round	Funktion		x			
RTrim	Funktion	x				
ScriptEngine	Funktion		x			
ScriptEngineBuildVersion	Funktion		x			
ScriptEngineMajorVersion	Funktion		x			
ScriptEngineMinorVersion	Funktion		x			
Second	Funktion	x				
Select Case	Anweisung	x				

Sprachelement	Typ	Unterstützt ab Version				
		1.0	2.0	3.0	4.0	5.0
Set	Anweisung	x				
SetLocale	Funktion					x
Sgn	Funktion	x				
Sin	Funktion	x				
Source	Eigenschaft	x				
Space	Funktion	x				
Split	Funktion		x			
Sqr	Funktion	x				
StrComp	Funktion	x				
String	Konstante		x			
String	Funktion	x				
StrReverse	Funktion		x			
Sub	Anweisung	x				
Subtraction	Operator (-)	x				
Tan	Funktion	x				
Terminate	Ereignis					x
Test	Methode					x
Zeit	Konstante		x			
Time	Funktion	x				
Timer	Funktion					x
TimeSerial	Funktion	x				
TimeValue	Funktion	x				
Trim	Funktion	x				
Tristate	Konstante		x			
True	Literal	x				
TypeName	Funktion		x			
Ubound	Funktion	x				
Ucase	Funktion	x				
Value	Eigenschaft					x
VarType	Konstante		x			
VarType	Funktion	x				
VBScript	Konstante		x			
Weekday	Funktion	x				
WeekdayName	Funktion		x			
While...Wend	Anweisung	x				

Sprachelement	Typ	Unterstützt ab Version				
		1.0	2.0	3.0	4.0	5.0
With	Anweisung					x
Xor	Operator	x				
Year	Funktion	x				

Die nachfolgende Tabelle sortiert die VBScript-Token nochmal nach Kategorien:

Kategorie	Schlüsselwort
Arrayhandling	Array, Dim, Private, Public, ReDim, IsArray, Erase, LBound, UBound
Zuweisung	Set
Kommentar	Alle Kommentare, welche das Zeichen ' oder das Schlüsselwort Rem verwenden.
Konstanten/Literale	Empty, Nothing, Null, True, False
Programmflusskontrolle	Do...Loop, For...Next, For Each...Next, If...Then...Else, Select Case, While...Wend, With,
Konvertierung	Abs, Asc, AscB, AscW, Chr, ChrB, ChrW, CBool, CByte, CCur, CDate, CDbl, CInt, CLng, CSng, CStr , DateSerial, DateValue, Hex, Oct , Fix, Int, Sgn, TimeSerial, TimeValue
Datum und Zeit	Date, Time, DateAdd, DateDiff, DatePart, DateSerial, DateValue, Day, Month, MonthName, Weekday, WeekdayName, Year, Hour, Minute, Second, Now, TimeSerial, TimeValue
Deklarationen	Class, Const, Dim, Private, Public, ReDim, Function, Sub, Property Get, Property Let, Property Set
Fehlerbehandlung	On Error, Err
Expressions	Eval, Execute, RegExp, Replace, Test,
Stringformatierungen	FormatCurrency, FormatDateTime, FormatNumber, FormatPercent
Input/Output	InputBox, LoadPicture, MsgBox
Literale	Empty, False, Nothing, Null, True
Mathematische Funktionen	Atn, Cos, Sin, Tan, Exp, Log, Sqr, Randomize, Rnd
Miscellaneous	Eval, Execute, RGB
Objekte	CreateObject, Err Object, GetObject, RegExp
Operatoren	+, -, ^, Mod, *, /, \, -,& , =, <>, <, <=, >,>=, Is, And, Or, Xor, Eqv, Imp
Optionen	Option Explicit
Prozeduren	Call, Function, Sub, Property Get, Property Let, Property Set

Kategorie	Schlüsselwort
Rundung	`Abs, Int, Fix, Round, Sgn`
Script Engine ID	`ScriptEngine, ScriptEngineBuildVersion, ScriptEngineMajorVersion, ScriptEngineMinorVersion`
Stringbehandlung	`Asc, AscB, AscW, Chr, ChrB, ChrW, Filter, InStr, InStrB, InStrRev, Join, Len, LenB, LCase, UCase, Left, LeftB, Mid, MidB, Right, RightB, Replace, Space, Split, StrComp, String, StrReverse, LTrim, RTrim, Trim`
Variant-Behandlung	`IsArray, IsDate, IsEmpty, IsNull, IsNumeric, IsObject, TypeName, VarType`

Verwandte Befehle/Themen

Grundlegende Begriffe der Script-Syntax – Token

Die JScript- und JavaScript-Token im direkten Vergleich und in Bezug auf die ECMA-Norm

Perl-Befehle

Webscripting, Objekte und Eventhandling

Ein wesentlicher Aspekt von Scriptsprachen im Web ist die Möglichkeit, auf zur Verfügung gestellte Objekte zugreifen zu können. Dies können sowohl sprachinterne Objekte als auch benutzerdefinierte Objekte sein, wie sie in dieser Referenz sowohl bei VBScript als auch JavaScript/JScript direkt behandelt werden. Aber auch darüber hinaus gibt es Konzepte und Modelle, welche den Zugriff auf fremde Objekte und die Nutzung deren Leistungsfähigkeit innerhalb einer Webseite ermöglichen. Sie regeln die Reaktion auf Ereignisse in Zusammenhang mit diesen Objekten und deren Manipulation. Insbesondere sind solche Objekte weitgehend unabhängig von einer einzelnen Sprache oder Technologie zu sehen, sondern stehen meist als Schnittstelle für mehrere Technologien bereit (was nicht heißen soll, dass sie immer plattformunabhängig sind).

Als Oberbegriff kann in unserer Sichtweise für dieses Kapitel der dynamische Zugriff auf Elemente in einer Webseite oder des Hosts einer Webseite sowie die Reaktion auf damit verbundene Ereignisse verstanden werden.

DOM und Dynamic HTML

Das Document Object Model und die nachträgliche Veränderung von bereits zum Client übertragenen Webseiten.

Anwendung

Das Document Objekt Model ist ein Konzept, mit dem eine statische HTML-Seite als Struktur betrachtet wird, die jenseits der einfachen Interpretation durch den Browser von oben nach unten eine eigenständige Behandlung der in der Webseite vorkommenden Elemente erlaubt.

Das Konzept veranlasst unter anderem einen Browser, eine HTML-Seite zwar wie eine gewöhnliche Textdatei zu lesen und entsprechende HTML-Anweisungen auszuführen. Darüber hinaus wird der Browser jedoch beim Laden der Webseite alle ihm bekannten Elemente einer Webseite bezüglich ihres Typs, ihrer relevanten Eigenschaften und ihrer Position innerhalb der Webseite indizieren – in einer Art dynamischen Datenbank, die beim Laden der Webseite aufgebaut und beim Verlassen der Seite wieder gelöscht wird. Ähnliche Elemente werden dabei bei der Indizierung auf gleichen dynamischen Datenstapeln (Stacks) für die Seite abgelegt, d.h. im gleichen Datenbankfeld eingetragen. Auf diese Weise hat der Browser nach dem Laden der Webseite genaue Kenntnis über alle relevanten Daten sämtlicher eigenständig für ihn ansprechbarer Elemente in der Webseite (diese können sich je nach Browser erheblich unterscheiden). Jeder HTML-Tag ist in einem eigenen Datensatz abgespeichert, der unter Umständen auch während der Lebenszeit der Webseite aktualisiert wird. Etwa wenn mittels eines Scripts die Position eines Elements in der Webseite verändert wird oder über Style-Sheets nach dem vollständigen Laden der Webseite das Layout eines Elements dynamisch verändert wird.

DOM wurde ursprünglich von der Firma Netscape entwickelt und mit dem Navigator 2.0 erstmals 1995 in Verbindung mit JavaScript der Öffentlichkeit präsentiert. Microsoft integrierte diese DOM-Idee ab dem Internet Explorer 3.0 in Verbindung mit VBScript. Im Wesentlichen sollte DOM ursprünglich eine reine Beziehung von einigen Standardobjekten (zu Objekten siehe Seite 51) des Browsers zueinander über eine Hierarchie beschreiben. Etwa ein Dokumentenobjekt mit Namen `document` (also eine Webseite), welches in der Hierarchie in einem Fensterobjekt mit Namen `window` (dem Anzeigebereich des Browsers) angezeigt wird. Über das Fenster kann man in dieser Philosophie mittels JavaScript auf das Dokument zugreifen.

Das ursprüngliche DOM-Konzept erlaubt jedoch keinen Zugriff auf einzelne Elemente, welche sich innerhalb dieser Standardobjekte befinden. Darunter sind insbesondere einzelne HTML-Tags (zu Tags siehe Seite 72) zur Beschreibung von Elementen in einer Webseite (etwa Überschriften, Grafiken etc.) zu verstehen. Über die einzelnen Phasen der DOM-Versionen kamen immer mehr Webseiten-Elemente hinzu, auf die gezielt zugegriffen werden kann. Leider verfolgen die beiden großen Browserkontrahenten dabei verschiedene Konzepte, weshalb es zu zahlreichen Inkompatibilitäten zwischen den Browsern kommt.

In dem DOM-Konzept der Version 3.0 des Navigator kann bereits auf Plug-Ins, Applets und Bilder zugegriffen werden. Andere Elemente wie Überschriften oder Blöcke in Webseiten sind noch nicht erreichbar. Erst ab der Version 4.0 des Navigator (Communicator) kann zudem auf Formulare, Stilinformationen, Anker, Links oder Frames zugegriffen werden. Damit sind zwar die wichtigsten Elemente einer Webseite erreichbar, jedoch beileibe noch nicht alle Elemente.

Das DOM-Modell stellt deshalb noch eine weitere Struktur zur Verfügung, welche den Zugriff auf Elemente verbessert – Layer bzw. Schichten, welche über den `<LAYER>`-Tag realisiert werden. Zusätzlich wird in dem Navigator 4.0 eine besondere Art von Style-Sheets eingeführt – die JavaScript-Assisted-Style-Sheets (JSSS). In Verbindung damit ergänzt der Navigator 4.0 seine bisherige Objekt-Hierarchie und führt für Webseiten ein neues Objekt ein, das – was für Einsteiger oft verwirrend ist – jedoch den gleichen Namen wie vorher bekommt – `document`. Das neue Objekt kommt immer dann zum Tragen, wenn Style-Sheets zum Einsatz kommen (es befindet sich auch auf einer tieferen Ebene in der Objekthierachie). JSSS benutzt JavaScript, um darüber auf die Elemente der Webseite zuzugreifen. Innerhalb eines Style-Sheet-Containers existiert über das neue `document`-Objekt für jedes Element der Webseite ein eigenes Objekt mit verschiedenen Formatinformationen und Kennzeichnungen. Außerhalb des Style-Sheet-Containers wirkt das alte `document-Objekt weiter`.

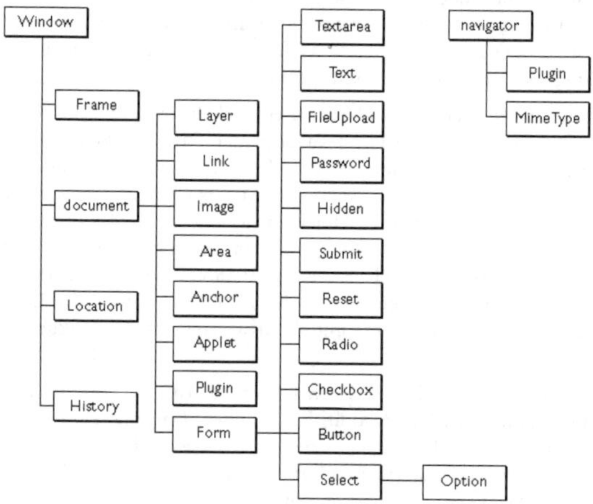

Die zwischenzeitige Objekt-Hierarchie von Netscape.

Microsoft hingegen stellt zur Unterstützung der DOM-Philosophie ab dem Internet Explorer 4.0 ein eigenes Objekt zur Verfügung (das Objekt `all`), das bereits überall (nicht nur für die Bereiche der Style-Sheets) in der Webseite den Zugang auf sämtliche Inhalte der Seite erlaubt. Das DOM-Modell von Microsoft kann mittlerweile sowohl über VBScript als auch JavaScript angesprochen werden und beinhaltet zudem – im Gegensatz zu dem Netscape-Modell – eine konkrete und weitgehend vollständige Ereignisbehandlung (zu Ereignissen siehe Seite 39) für sämtliche (!) eigenständigen Elemente einer Webseite. Netscape beschränkt die Ereignisbehandlung auf DOM-Ebene wie angedeutet auf wenige ausgewählte Objekte. Mehr zu den aktuellen Scriptingmodellen finden Sie auf Seite 348 ff.

Zusammenfassend kann man sich unter DOM die eigenständige Behandlung von Elementen einer Webseite in Verbindung mit Scripten und Style-Sheets im Rahmen einer HTML-Seite vorstellen.

Dynamic-HTML oder DHTML ist ein Begriff, der eng mit dem direkt zuvor beschriebenen DOM zusammenhängt. Teilweise werden DOM und Dynamic-HTML synonym verwendet. Der Begriff ist jedoch weder eindeutig, standardisiert oder sonst irgendwie geschützt. Es ist keine offizielle Terminologie im WWW. Insbesondere legen verschiedene Softwarefirmen den Begriff unterschiedlich aus und schreiben ihn auch leicht verschieden. Microsoft nennt seine Variante *Dynamic HTML* (mit großem D), Netscape dagegen *dynamic HTML* (mit kleinem d). Einige Leute reden bereits bei der Verwendung von animierten GIFs in einer Webseite von dynamischer HTML, aber das ist kaum sinnvoll. Bei aller Differenz in der konkreten Auslegung – die wichtigsten Protagonisten im Internet verstehen unter dynamischer HTML die Veränderungen einer Webseite, nachdem die Seite bereits beim Client (also im Browser) angelangt ist.

Wenn nun unter dem DOM-Konzept (welches ja sowohl Netscape als auch Microsoft – wenn auch technisch verschieden – unterstützen) temporär alle notwendigen Daten gespeichert sind, um jedes Element einer im Browser geladenen Webseite wiederzufinden, können diese Elemente angesprochen und verändert werden. Es sind dazu mindestens zwei sinnvolle Situationen denkbar, wann so eine Veränderung stattfinden kann:

- Direkte Veränderungen durch den Anwender: Der Anwender kann über die Tastatur oder die Maus ein Element auswählen. Etwa anklicken, mit dem Mauszeiger überstreichen oder auch per Maus verschieben.
- Veränderungen der Seite auf Grund von Eingaben bei anderen Elementen: Ein Element kann sich verändern, wenn in einem anderen Element eine Veränderung – etwa die Eingabe eines Werts – erfolgt. Der Anwender wählt also das dynamisch zu verändernde Element nicht direkt aus, sondern es ist eine automatische Folgereaktion auf ein anderes Ereignis.

Beide Möglichkeiten setzen eine Programmierung von Vorgängen voraus und die wird auf Webseiten am besten mit Scriptsprachen durchgeführt. Wenn man noch die Formatvorlagen für den Zugriff auf Layoutelemente hinzuzieht, lässt sich DHTML auch als die dynamische Veränderung von Webseiten über Scripte in Verbindung mit Style-Sheets definieren.

Verwandte Befehle/Themen

Grundlegende Begriffe der Script-Syntax – Objekte

Scripting-Objektmodelle Grundlagen

Das JavaScript-Objektmodell von Netscape

Das Microsoft-Scripting-Objektmodell

Scripting-Objektmodelle – Grundlagen

Die Grundlagen zur Arbeit mit Scripting-Objektmodellen an Hand der Modelle von Netscape und Microsoft.

Anwendung

Der Zugriff auf Webelemente mittels Scripten und auch anderer Techniken (die wir hier aber nicht weiter verfolgen) erfolgt über ein Konzept, in dem sämtliche an dem Webprozess beteiligten manipulierbaren oder abfragbaren Elemente als Objekte angesehen werden. Diese werden in ein übergeordnetes Konzept mit Hierarchiebeziehungen und Ereignissen samt deren Behandlung eingeordnet. Sowohl Netscape als auch Microsoft stellen solche allgemeinen Objektmodelle als Schnittstellen für den externen Zugriff durch Applikationen bereit. Die Sammlung derjenigen Objekte, auf die via Browser und Scriptsprachen zugegriffen werden kann, wird als Scripting-Objektmodell bezeichnet und bildet das Rückgrat dynamischer Webseiten. Dabei kann es sich um einfache Objekte wie das Browser-Fenster oder die Webseitenrepräsentation, aber auch Arrays aus Objekten (Objektfelder) wie Anker in einer Webseite handeln. Beide sind aus Objektsicht jedoch gleichwertig. Objektfelder treten jedoch nur als Eigenschaften von »normalen« Objekten auf.

An Scripting-Objektmodelle werden im Web verschiedenste Anforderungen durch die Rahmenbedingungen (Browser als Client, HTML-Elemente, Style-Sheets, Anwenderreaktionen über Tastatur oder Maus etc.) gestellt, weshalb sich Konzepte von der abgedeckten Leistung nicht allzu sehr unterscheiden können. Viele wesentliche Bestandteile der beiden Scripting-Objektmodelle von Microsoft und Netscape sind deshalb identisch oder gar gleich. Zumindest was den Umfang der Leistungen angeht. Aber insbesondere im Hinblick auf die konkrete Umsetzung in Objekthierarchien, Ereignisbehandlung und Behandlung einzelner Elemente einer Webseite weichen die aktuellen Konzepte von Netscape und Microsoft erheblich voneinander ab.

Das Scripting-Modell von Netscape ist allgemeiner formuliert, denn darauf können die meisten Browser – entweder über JavaScript oder JScript, aber auch VBScript – zugreifen. Das Microsoft-Modell ist auf Microsoft-kompatible Browser und den Zugriff mittels JScript oder VBScript beschränkt (aus Sicht der von uns behandelten Techniken zu verstehen – selbstverständlich können noch andere Techniken die jeweiligen Modelle nutzen).

Verwandte Befehle/Themen

Grundlegende Begriffe der Script-Syntax – Objekte

DOM und Dynamic HTML

Das JavaScript-Objektmodell von Netscape

Das Microsoft-Scripting-Objektmodell

Das JavaScript-Objektmodell von Netscape

Die Objekte, Objekthierarchien, Objektmethoden und Objekteigenschaften des Objektmodells von Netscape sowie die Auflistung der Elemente des JavaScript-Objektmodells von Netscape aus verschiedenen Blickwinkeln.

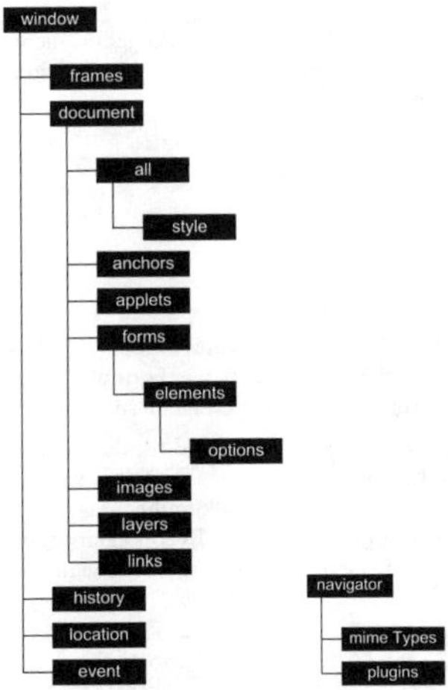

JavaScript Objektmodell von Netscape

Anwendung

Das Objektmodell von Netscape soll wegen seiner allgemeinen Bedeutung ausführlich behandelt werden. Die nachfolgenden Grafiken zeigen das aktuelle Objektmodell von Netscape. Dabei haben die Objekte `window` und `navigator` Unterobjekte (`window` wird weitgehend nur bis zur zweiten Ebene dargestellt), die anderen Objekte dagegen nicht.

```
Array
Boolean
Date
Function
Math
Number
RegExp
Screen
String
```

Die nachfolgende Tabelle beschreibt in einer knappen Übersicht alphabetisch die Objekte in der obigen Hierarchiedarstellung plus einem speziellen Objekt, welches zum Microsoft-Modell gehört.

Objekt	Beschreibung
`all`	Der Zugriff auf alle Elemente einer HTML-Datei. Das Objekt gehört nicht zum offiziellen JavaScript-Objektmodell, sondern ist eine Implementation für den Internet Explorer ab der Version 4.0.
`anchors`	Objektrepräsentation der Verweisanker in einer HTML-Datei.
`applets`	Objektrepräsentation der Java-Applets in einer HTML-Datei.
`Array`	Objektrepräsentation der Arrays in einer Webseite.
`Boolean`	Objekt aus `Boolean` Ja/Nein-Werten.
`Date`	Objekt mit Informationen zu Datum und Uhrzeit.
`document`	Dieses Objekt enthält Informationen über den Inhalt eines aktuellen Dokuments, wie Typ, Farben, aber auch enthaltene Objekte wie Formulare mit deren Unterelementen – etwa Schaltflächen oder Eingabefeldern.
`event`	Ein Objekt, das bei Anwenderereignissen erzeugt wird und für die (zentrale) Ereignisbehandlung genutzt werden kann. Dieses `event`-Objekt ist extrem wichtig und zudem in der Netscape-Variante vollkommen inkompatibel zu dem gleichnamigen Microsoft-Objekt. Es soll in einem eigenen Kapitel ausführlich behandelt und dem Microsoft-Modell gegenüber gestellt werden (siehe Seite 391).
`forms`	Objekt, das die Formulare einer HTML-Seite repräsentiert.
`frame`	Objekt, das die Framesets und Frames einer HTML-Seite repräsentiert.
`function`	JavaScript-Funktionen.

Objekt	Beschreibung
`history`	Dieses Objekt enthält Informationen über die URLs, die ein Anwender besucht hat.
`images`	Ein Objekt, das die Grafiken in einer HTML-Datei repräsentiert.
`layers`	Objektrepräsentation der Layer in einer HTML-Datei (Netscape-spezifisch).
`links`	Eine Objektrepräsentation, welche die Verweise in der aktuellen HTML-Datei bereitstellt.
`location`	Informationen über die im aktuell geladenen Dokument enthaltenen URL-Adressen und Verweisziele sowie die Bereitstellung von Methoden zum Aufruf von Querverweisen aus Scripten heraus.
`Math`	Mathematische Berechnungen und Konstanten.
`mimeTypes`	Objektrepräsentation mit MimeType-Informationen.
`navigator`	Objekt mit Informationen über den verwendeten WWW-Browser.
`Number`	Numerische Werte.
`plugins`	Objektrepräsentation, das die vorhandenen Plug-Ins in einem Browser repräsentiert.
`RegExp`	Objekt mit regulären Ausdrücken.
`Screen`	Objekt mit Bildschirminformationen.
`String`	Objekt für die Manipulation von Zeichen und Zeichenketten.
`Style`	Objektrepräsentation der CSS-Attribute eines Elements.
`window`	Dieses Objekt enthält Statusinformationen über das gesamte Browser-Fenster und sämtlicher Unterfenster. Jedes Fenster in einem Browser hat sein eigenes `window`-Objekt.

Dies sind noch nicht alle Objekte des Modells. Wie schon mehrfach angedeutet (und an anderer Stelle verwendet), können einzelne Elemente in einer Webseite in Form von Objekten angesprochen werden. Innerhalb eines `document`-Objekts stellt das Netscape-Modell eine Reihe von Unterobjekten bereit, welche jeweils die gleichnamigen HTML-Elemente repräsentieren und über eine Reihe von Event-Handlern ausgewertet werden können. Dies sind `Area` (Imagemap, die man anklicken kann), `Button` (Pushbutton eines HTML-Formulars), `Checkbox` (Checkbox eines HTML-Formulars), `FileUpload` (Dateiangabe zum Upload innerhalb eines HTML-Formulars), `Hidden` (verstecktes Textobjekt eines HTML-Formulars), `Option` (Eintrag in einer Selektionsliste), `Password` (Passwortfeld eines HTML-Formulars), `Radio` (Radiobutton eines HTML-Formulars), `Select` (Selektionsliste eines HTML-Formulars), `Submit` (Submitbutton eines HTML-Formulars), `Text` (Texteingabefeld eines HTML-Formulars) und `Textarea` (mehrzeiliges Texteingabefeld eines HTML-Formulars). Die jeweiligen HTML-Tags werden um die entsprechenden Event-Handler erweitert. Im Gegensatz zum Microsoft-Ereignismodell ist das Netscape-Ereignismodell leider auch auf diese wenigen Elemente beschränkt. Für mehr Informationen dazu siehe Seite 369.

Um einen externen Zugriff auf Java-Objekte zu erlauben, beinhaltet das Objektmodell von Netscape die Objekte `Packages` (ein ohne besonderen Konstruktor überall bereitstehendes Toplevel-Objekt für den Zugriff auf jede Java-Klasse – etwa direkt aus dem JavaScript-Code heraus), `java` (ein ohne besonderen Konstruktor überall bereitstehendes Toplevel-Objekt für den Zugriff auf jede Java-Klasse in dem Package `java.*`), `JavaArray` (eine Instanz eines Java-Arrays, die an JavaScript weitergereicht werden kann), `JavaObject` (Instanz eines Java-Objekts, welches an JavaScript weitergereicht werden kann) und `JavaPackage` (eine JavaScript-Referenz auf ein Java-Package). Damit können Objekte von Java erreicht werden, die zum Core-Java-Standard gehören. Die Objekte `netscape` und `sun` sind weitere Toplevel-Objekte für den Zugriff auf die speziellen Java-Klasse in dem Package `netscape.*` bzw `sun.*`. Das gesamte Konzept ist unter dem Namen LiveConnect bekannt und setzt – da eine Verbindung von zwei Technikwelten – natürlich entsprechende Java-Kenntnisse voraus. Die jeweiligen Eigenschaften und Methoden finden Sie auf Seite 369 ff.

Die nächste Tabelle soll aus einer anderen Sichtweise alle Objekte aufführen, die Arrays aus Objekten (Objektfeldern) in Form von Eigenschaften zur Verfügung stellen:

Objekt	Objektfelder
`document`	`anchors`
	`applets`
	`embeds`
	`forms`
	`images`
	`links`
`Function`	`arguments`
`Form`	`elements`
`select`	`options`
`window`	`frames`
	`history`
`navigator`	`mimeTypes`
	`plugins`

window

Das Objekt `window` beinhaltet Zugriff auf alles, was in einem Anzeigefenster eines Browsers angezeigt werden kann. Insbesondere steht das immer vorhandene Hauptanzeigefenster des Browsers zur Verfügung (über die reservierten Fensternamen `window` oder `self` oder auch ohne explizite Angabe eines Fensternamens).

Eine Instanz des Objekts `window` wird automatisch erzeugt, wenn die `open`-Methode von dem Objekt aufgerufen wird. Sinnvoll ist es, bei der Erstellung einer Fensterobjektinstanz diese in einer Variablen zu speichern, um an anderer Stelle im Script darauf zuzugreifen (etwa zum Schließen des Fensters über die Methode `close()`, welche das vorangestellte Fensterobjekt schließt). Dies sollte eine globale Variable sein, wenn die Erstellung innerhalb einer Funktion erfolgt und aus einer anderen Funktion das Fenster wieder geschlossen werden soll. Es gilt etwa unter JavaScript folgende Syntax:

```
var [Fenstervariable] = window.open("[URL]", "[Fenstername]", "[Optionen]")
```

- `URL` ist eine beliebige Datei, die in dem Fenster angezeigt werden soll. Es kann eine HTML- oder Grafikdatei sein, aber auch jede andere Datei, welche der Browser darstellen kann. Dabei gelten die üblichen Regeln für Verweise. Die Adresse muss in Anführungszeichen stehen. Ein leeres Fenster wird erzeugt, wenn anstelle einer URL-Adresse einfach `""` angegeben wird.
- `Fenstername` ist ein frei wählbarer Name. Bei der Namensvergabe gelten die gleichen Regeln wie bei Variablennamen. Der Name des Fensters muss in Anführungszeichen stehen.
- Die Angabe `Optionen` ist optional. Der gesamte »Optionen-Ausdruck« muss in Anführungszeichen stehen. Angaben zu einzelnen Optionen werden durch Kommata getrennt.

Die nachfolgende Tabelle enthält eine Beschreibung der wichtigsten Optionen beim Öffnen eines Fensters:

Option	Beschreibung
`width=(Pixel)`	Erzwingt eine in Pixel angegebene Fensterbreite.
`height=(Pixel)`	Die Option erzwingt eine in Pixel angegebene Fensterhöhe
`resizable=yes/no`	Die Option legt fest, ob die Größe fest oder veränderbar ist (Voreinstellung `yes`).

`scrollbars=yes/no`
`toolbar=yes/no`
`status=yes/no`
`menubar=yes/no`
`location=yes/no`
	Die Optionen legen jeweils fest, ob das Fenster eine fenstereigene Bildlaufleiste, Buttonleiste, Statuszeile, Menüleiste und URL-Adresszeile hat. Voreinstellung ist immer `no`.

`directories=yes/no`	Die Option legt fest, ob das Fenster über fenstereigene Directory-Buttons (Netscape) verfügt.
`dependent=yes/no`	In neueren Javascript-Versionen kann darüber festgelegt werden, ob auch das Elternfenster geschlossen werden soll, wenn das Clientfenster geschlossen wird (`yes`).
`hotkeys=yes/no`	In neueren Javascript-Versionen Deaktivierung der Browser-Hotkeys (`no`).

Option	Beschreibung
`innerHeight = (Pixel)`, `innerWidth = (Pixel)`	In neueren Javascript-Versionen Ergänzung der normalen Angabe zur Höhe und Breite, indem explizit der Anzeigebereich des neuen Fensters festgelegt wird (nicht nur die äußere Größe, welche den inneren Anzeigebereich auf Grund optionaler Statuszeile und Menüzeile nicht genau festlegt).
`screenX = (Pixel)`, `screenY = (Pixel)`	In neueren Javascript-Versionen die Festlegung der linken obere Ecke des Browser-Fensters.

Die Eigenschaften des Objekts `window` stehen immer dann zur Verfügung, wenn zuvor eine Objektinstanz von `window` erzeugt wurde oder wenn ein bereits vorhandenes Fenster über eine der gültigen Fensterreferenzen angesprochen wird. Hier eine Auswahl der wichtigsten Eigenschaften (für die vollständige Auflistung siehe Seite 369):

Eigenschaft	Beschreibung
`closed`	Wenn ein Fenster geöffnet und dieses einer Objektvariablen zugewiesen wurde, kann damit als Eigenschaft der Objektvariablen geprüft werden, ob das Fenster mittlerweile wieder geschlossen wurde. Falls ja, steht darin der Wert `true`.
`defaultStatus`	Ermittlung oder Festlegung der Standardanzeige in der Statuszeile des Browsers. Diese ist unter Umständen nicht permanent sichtbar, denn die Statuszeile des Browsers kann vielfältig beeinflusst werden, etwa über Setzen der Eigenschaft `status`.
`innerHeight`, `innerWidth`	Höhe und Breite des Anzeigebereichs eines Browsers. Die Angaben sind verschieden zu den Werten der äußeren Höhe und Breite, da dort die Größe optionaler Elemente wie Statuszeile, Bildlaufleiste oder Menüzeile abgezogen werden muss.
`frames`	Anzahl der Frames, die innerhalb der HTML-Datei definiert wurden. Mit `[Fensterreferenz].frames[n]` hat man Zugriff auf das n-te Frame-Fenster.
`length`	Anzahl von offenen Fenstern der aktuellen Instanz des Browsers.
`name`	Über diese Eigenschaft kann der Name eines Fensters bestimmt werden.
`outerHeight`, `outerWidth`	Die Höhe und Breite des gesamten Fensters.
`pageXOffset`, `pageYOffset`	Startposition des Fensters (Angabe links oben).
`locationbar`, `menubar`, `personalbar`, `scrollbars`, `statusbar` und `toolbar`	Angabe, ob die Fensterinstanz eine eigene URL-Adresszeile, eine eigene Menüleiste, eine Zeile für die Favoriten (Internet Explorer) bzw. persönliche Symbolleiste, Bildlaufleisten, Statuszeile oder Werkzeugleiste anzeigt. Es handelt sich jeweils um ein Unterobjekt von `window`, das über die Eigenschaft `visible` (jeweils Wert `true`, falls das Objekt sichtbar gesetzt ist) zu manipulieren ist.
`status`	Die Eigenschaft ermittelt oder setzt die aktuelle Anzeige der Statuszeile eines Fensters.

Nachfolgend finden Sie die wichtigsten Methoden des window-Objekts (für die vollständige Auflistung siehe Seite 369).

Methode	Eigenschaft
alert()	Öffnen eines Anzeigefensters mit der in den Klammern spezifizierten Nachricht. Die auszugebende Meldung muss als Parameter in Hochkommata gesetzt werden.
back()	Entspricht weitgehend einem Klick auf die »Zurück«-Schaltfläche im Browser.
blur()	Entzieht einem Fenster den Focus.
clearTimeout(TimeoutVar)	Diese Methode macht den Aufruf von setTimeout() wieder rückgängig, sofern dieser in der Form [TimeoutVar] = setTimeout() erfolgte. Diese Variable muss clearTimeout() als Parameter übergeben werden.
close()	Als Objekt vorangestelltes Fenster wird geschlossen.
confirm()	Erzeugt ein Dialogfenster zum Bestätigen oder Abbrechen einer Aktion. Es gibt zwei Schaltflächen (OK und Abbruch), welche die Rückgabewerte true und false liefern und in der aufrufenden Funktion ausgewertet werden können. Die auszugebende Meldung muss als Parameter in Hochkommata gesetzt werden.
focus()	Aktiviert ein Fenster (ähnlich dem Event-Handler onFocus).
forward()	Entspricht weitgehend einem Klick auf die Vorwärts-Schaltfläche im Browser.
home()	Ruft die Startseite des Browsers auf.
open(Fenstername, URL, [Optionen])	Die Methode öffnet ein neues Fenster.
print()	Druckt den Inhalt einer Seite aus (analog dem Menübefehl zum Drucken).
prompt([Aufforderungstext], [Feldvorbelegung])	Die Methode fordert den Anwender in einem Dialogfenster mit einer OK- und einer Abbrechen-Schaltfläche zu einer Eingabe in einem Feld auf und gibt diesen Wert an die aufrufende Funktion zurück, wenn Sie die OK-Schaltfläche betätigen (bei Abbrechen den Wert null). Parameter ist das Label des Eingabefeldes und optional ein Vorbelegungswert ("" für keine Vorbelegung).
setTimeout([Anweisung], [Millisek])	Ausführung einer beliebigen Anweisung nach der in Millisekunden angegebenen Zeit.
stop()	Bricht den Ladevorgang einer Seite ab. Entspricht weitgehend einem Klick auf die STOP-Schaltfläche im Browser.

document

Repräsentation der verschiedenen ansprechbaren Elemente einer Webseite. Besonders wichtig ist die Möglichkeit, HTML-formatierten Text in das angezeigte Dokument über Scripte zu schreiben, beispielsweise dynamisch generierten Text. In der

Objekthierarchie von JavaScript liegt das Objekt unterhalb des window-Objekts und enthält die Unterobjekte all (nur Internet Explorer), anchors, applets, areas, embeds, forms, images, layers (nur Netscape Navigator), links und plugins (dies ist jedoch teilweise Browser-abhängig). Eine Objektinstanz von document wird automatisch erzeugt, wenn der Browser ein einleitendes <BODY>-Tag in der HTML-Datei vorfindet.

Das Objekt document besitzt diverse Eigenschaften, die sowohl abzufragen als auch teilweise zu ändern sind. In der nachfolgenden Tabelle finden Sie die wichtigsten Eigenschaften (für die vollständige Auflistung siehe Seite 367).

Eigenschaft	Beschreibung
alinkColor	Die Farbe für Verweise zu bereits besuchten Verweiszielen, wie sie bei der Zusatzangabe alink im <BODY>-Tag oder vom Anwender in seinen Browser-Einstellungen festgelegt wurde.
anchors	Ein Verweisanker-Objektfeld. Mit document.anchors[0] greift man auf den Namen des ersten Verweisankers in der Datei, mit document.anchors[1] auf den Namen des zweiten Verweisankers zu usw. Die Eigenschaft length (die document-Eigenschaft anchors als Objektfeld gesehen hat wiederum selbst Eigenschaften) beinhaltet die Anzahl der in der Datei definierten Verweisanker.
applets	Zugriff auf Java-Applets in einer HTML-Datei möglich. Über applets kann unter anderem die Anzahl der Java-Applets in einer Datei bestimmt werden.
bgColor	Angabe der Hintergrundfarbe der HTML-Datei, wie sie bei der Zusatzangabe bgcolor im <BODY>-Tag oder vom Anwender in seinen Browser-Einstellungen festgelegt wurde.
cookie	Cookie-Verwaltung des Anwenders.
fgColor	Die Textvordergrundfarbe der HTML-Datei, wie sie bei der Zusatzangabe text im <BODY>-Tag oder vom Anwender in seinen Browser-Einstellungen festgelegt wurde.
forms	Ein Objektfeld für den Zugriff auf die Formulare, welche innerhalb der HTML-Datei definiert wurden. Mit document.forms[0] erfolgt der Zugriff auf das erste Formular, usw. Die Eigenschaft length (die document-Eigenschaft forms als Objektfeld gesehen hat wiederum selbst Eigenschaften) beinhaltet die Anzahl der in der Datei definierten Formulare.
lastModified	Datum und Uhrzeit der letzten Änderung der Datei im internationalen Format nach GMT (Greenwich-Zeit).
linkColor	Angabe der Farbe für Verweise zu noch nicht besuchten Verweiszeilen, wie sie bei der Zusatzangabe link im <BODY>-Tag oder vom Anwender in seinen Browser-Einstellungen festgelegt wurde.

Eigenschaft	Beschreibung
links	Ein Objektfeld für den Zugriff auf Verweise, die innerhalb der HTML-Datei definiert wurden. Mit document.links[0] erfolgt der Zugriff auf den ersten Link, usw. Die Eigenschaft length (die document-Eigenschaft links als Objektfeld gesehen hat wiederum selbst Eigenschaften) beinhaltet die Anzahl der in der Datei definierten Verweise.
location	Der vollständige URL der HTML-Datei.
referrer	Der URL der HTML-Datei, von der aus die aktuelle HTML-Datei aufgerufen wurde.
title	Der Titel der HTML-Datei, wie er bei <TITLE> angegeben ist.
url	Der vollständige URL der HTML-Datei (identisch mit location).
vlinkColor	Farbe für Verweise zu bereits besuchten Verweiszeilen, wie sie bei der Zusatzangabe vlink im <BODY>-Tag oder vom Anwender in seinen Browser-Einstellungen festgelegt wurde.

Die wichtigsten Methoden von dem Objekt document dürften die Methoden zum Schreiben in die Seite und dem Auftreten von Ereignissen sein. Das Objekt document besitzt unter anderem die folgenden Methoden (für die vollständige Auflistung siehe Seite 369).

Methoden	Beschreibung
captureEvents()	Überwacht im Rahmen des globalen Ereignisbehandlungsmodells Anwenderereignisse innerhalb des Dokumentfensters. Ereignisse außerhalb (beispielsweise Titelleiste, Menüleisten) werden nicht überwacht (wird nur von Netscape verstanden).
close()	Hiermit wird ein Dokument geschlossen. Man verwendet diese Methode normalerweise in Verbindung mit document.open() (Speicherung des Dokumentennamens in einer Variablen) und document.write() bzw. document.writeln().
getSelection()	Ermittelt, welchen Text ein Anwender im Dokument selektiert hat.
handleEvent()	Im Rahmen des globalen Ereignisbehandlungsmodells Übergabe eines Ereignisses an ein Element, das in der Lage ist, auf das Ereignis zu reagieren (wird nur von Netscape verstanden)
open()	Die Methode öffnet ein Dokument zum Schreiben. Optional kann der Dateityp als Mime-Typ-Parameter übergeben werden. Erlaubt sind die Angaben text/html, text/plain, image/gif, image/jpeg, image/x-bitmap oder diverse Plug-In-Typen.
write(), writeln()	Schreiben von HTML-formatiertem Text in das Dokumentfenster. Im Unterschied zu write() wird bei writeln() noch ein Zeilenumbruchzeichen am Ende eingefügt. Bitte beachten Sie, dass dies in einem HTML-Dokument keinen Zeilenumbruch bewirkt.

navigator

Über `navigator` hat man Zugriff auf den verwendeten Browser des Anwenders. Dies ist besonders dann wichtig, wenn Browser-spezifische Anweisungen verwendet werden (damit sind sowohl Scriptanweisungen – insbesondere die Verwendung von Mischkonstellation – und sogar HTML oder Style-Sheets gemeint). Eine Instanz von `navigator` braucht nie extra erzeugt werden, da es sich um ein *built in*-Objekt handelt. Hier folgen wieder die wichtigsten Eigenschaften (für die vollständige Auflistung siehe Seite 369).

Eigenschaft	Beschreibung
`appCodeName`	Codename eines Browsers.
`appName`	Der offizielle Anwendungsname eines Browsers. Der Unterschied zu `appCodeName` ist beispielsweise bei Netscape, dass dort `Mozilla` und hier der Name des Browsers – `Netscape` – zurückgegeben wird. Leider wird diese Eigenschaft von einigen Partnerfirmen der Browser-Hersteller gelegentlich für Werbezwecke missbraucht. So liefert beispielsweise T-Online den Netscape Navigator mit einer veränderten `appName`-Eigenschaft aus, weshalb eine Prüfung auf Gleichheit mit »`Netscape`« durch Scripte `false` liefern kann, obwohl der Browser ursprünglich diesen Wert in der Eigenschaft gesetzt hatte.
`appVersion`	Die Version und Betriebssystemplattform des Browsers.
`language`	Die vom Anwender eingestellte Sprache des Browsers in international üblichen Abkürzungen (etwa `de` für deutsch).
`platform`	Betriebssystem des Anwenders.
`userAgent`	Die Daten des verwendeten Browsers, und zwar genau so, wie sie im HTTP-Protokoll an den aufgerufenen WWW-Server übermittelt werden (eine Kombination von den restlichen Infos).

Das Objekt `navigator` hat nur wenige Methoden. Die meisten davon sind zudem selten wichtig. Ausnahme ist die Methode `javaEnabled()`, mit der die Java-Fähigkeit eines Browsers getest werden kann (`true`) (für die vollständige Auflistung siehe Seite 369).

Date

Das Objekt `Date` ist im Scriptmodell für alle Berechnungen mit Datum und Zeit zuständig. Der 1. Januar 1970, 0.00 Uhr ist der interne Zeitnullpunkt, der als Speicherungs- und Berechnungsbasis für alle Operationen dient. Die Einheit, in der intern Zeit berechnet wird, ist eine Millisekunde. Das Objekt `Date` zählt zu den vordefinierten Objekten, von denen vor einer Verwendung mit Hilfe des `new`-Schlüsselworts und eines Konstruktors eine konkrete Objektinstanz erzeugt werden muss (entsprechend den jeweiligen Syntaxregeln der eingesetzten Sprache). Dabei können unterschiedliche Konstruktormethoden des Objekts verwendet werden. Etwa die folgenden (Javascriptsyntax):

```
var [Objektname] = new Date()
var [Objektname]= new Date(Jahr,Monat,Tag)
var [Objektname]= new Date(Jahr,Monat,Tag,Stunden,Minuten,Sekunden)
```

Variante (1) erzeugt eine Objektinstanz, in der das zum Zeitpunkt der Programmausführung aktuelle Datum und die aktuelle Uhrzeit (Sytemzeit des Rechners) gespeichert wird. Die Varianten (2) und (3) initialisieren das neue `Date`-Objekt mit bestimmten Werten (also einem bestimmten Datum und einer bestimmten Uhrzeit). Alle Initialisierungswerte bei Variante 2 und 3 (Monat, Stunden oder Minuten) müssen in Zahlenform angegeben werden.

Das Objekt `Date` besitzt außer der nur in Ausnahmefällen wichtigen Eigenschaft `prototype` keine Eigenschaften, dafür aber eine ganze Reihe von Methoden, von denen eine Auswahl folgt (für die vollständige Auflistung siehe Seite 367).

Methoden	Beschreibung
`getDate()`	Der Monatstag des Objekts als Zahl.
`getDay()`	Der Wochentag des Objekts als Zahl. Die möglichen Rückgabewerte sind `0` (Sonntag) bis `6` (Samstag).
`getHours()`	Die Stunden der im Objekt gespeicherten Uhrzeit.
`getMinutes()`	Die Minuten der im Objekt gespeicherten Uhrzeit.
`getMonth()`	Der Monat des im Objekt gespeicherten Datums.
`getSeconds()`	Die Sekunden der im Objekt gespeicherten Uhrzeit.
`getTime()`	Die Anzahl von Millisekunden als Zahl, die seit dem 1. Januar 1970, 0:00:00, bis zu dem im Objekt gespeicherten Zeitpunkt vergangen sind.
`getTimeZoneoffset()`	Die Methode gibt den Unterschied zwischen lokaler Zeit und Greenwich Meridian Time (GMT) in Anzahl Minuten zurück.
`getYear()`	Das Jahr des im Objekt gespeicherten Datums.
`parse(Zeitpunkt)`	Ermittelt aus einer zu übergebenden Zeichenkette die Anzahl Millisekunden, die zwischen dem 1.1.1970 0:00:00, und dem übergebenen Zeitpunkt verstrichen sind. Die Zeichenkette muss dem IETF-Standard folgen.
`setDate(Tag)`	Setzen des in dem Objekt gespeicherten Monatstags auf den als Zahl zu übergebenden Monatstag.
`setHours(Stunden)`	Veränderung der in dem Objekt gespeicherten Stunden der Uhrzeit auf die als Zahl zu übergebenden Stunden. Die übergebenen Werte können zwischen `0` und `23` liegen.
`setMinutes(Minuten)`	Ändert die in dem Objekt gespeicherten Minuten der Uhrzeit auf die als Zahl zu übergebende Minutenzahl. Werte zwischen `0` und `59` sind erlaubt.
`setMonth(Monat)`	Ändert den in dem Objekt gespeicherten Monat auf den als Zahl zu übergebenden Monat. Es sind Werte zwischen `1` und `12` als Übergabeparameter erlaubt.

Methoden	Beschreibung
`setSeconds(Sek)`	Verändert die in dem Objekt gespeicherten Sekunden der Uhrzeit auf die als Zahl zu übergebenden Sekunden. Es gibt Übergabewerte zwischen `0` und `59`.
`setTime(Millisek)`	Diese Methode ändert den kompletten Inhalt von dem Objekt auf einmal durch Übergeben einer Zahl. Diese Zahl stellt die Anzahl der Millisekunden seit dem 10.01.1970 – 0:00:00 Uhr dar.
`setYear(Jahr)`	Hier wird das in dem Objekt gespeicherte Jahr auf das als Zahl zu übergebende Jahr geändert.
`toGMTString()`	Diese Methode wandelt die in dem Objekt gespeicherten Daten in eine Zeichenkette nach dem IETF-Standard um.
`toLocaleString()`	Diese Methode wandelt die in dem Objekt gespeicherten Daten in eine Zeichenkette um. Der Unterschied zu der Methode `toGMTString()` ist, dass die zurückgegebene Zeichenkette die lokale Systemzeit berücksichtigt.
`UTC(Jahr, Monat, Tag [, Stunden] [, Minuten] [,Sekunden])`	Die Methode gibt die Anzahl Millisekunden zurück, die zwischen dem 1.1.1970 – 0:00:00 Uhr und dem übergebenen Zeitpunkt verstrichen sind. Alle Parameter sind als Zahlenwerte zu übergeben. Die Angabe der Datumswerte ist zwingend, die der Uhrzeitwerte optional.

frame

Die Frame-Technologie besteht aus zwei Ebenen – dem äußeren `<FRAMESET>`-Container, und den darin enthaltenen Frames. Der Inhalt des `<FRAMESET>`-Containers wird mit dem Tag `<FRAME>` und den jeweils in Anführungszeichen notierten Parametern `src= "[URL des Inhalts]"` und `name="[Name]"` spezifiziert. Insbesondere die Angabe `name` ist in Zusammenhang mit Scripten wichtig, denn darüber wird ein interner Name des Frames definiert, über den es in Verweisen angesprochen werden kann. Dieser interne Name eines Frames ist relativ frei. Es gelten nur die üblichen Regeln für HTML-Anweisungen (keine Leerzeichen, so gut wie keine Sonderzeichen – außer der Unterstrich _) und die Namen sollten recht sprechend sein. Gewisse Namen für Frames sind verboten, da diese reservierten Fensternamen bei Verweisen eine spezielle Bedeutung haben:

Reserviert	Bedeutung
`_self`	Der URL wird im gleichen Frame dargestellt wie der Verweis (Standardsituation).
`_parent`	Der URL wird im übergeordneten Frame angezeigt. Falls es kein übergeordnetes Fenster gibt, wird das Verweisziel in einem neuen Fenster angezeigt (ohne Frame-Struktur).
`_blank`	Der URL wird in einem neuen Browser-Fenster angezeigt. Dieses neue Browser-Fenster hat defaultmäßig keine Frame-Struktur.
`_top`	Der URL wird im vollen Fenster des Browsers angezeigt. Die Frame-Struktur verschwindet.

Für den Zugriff auf Frames über Scripte gibt es das Objekt frame – ein Unterobjekt von window. Eine Objektinstanz von frame wird automatisch erzeugt, wenn der Browser ein Frameset in einer HTML-Datei vorfindet. Das frame-Objekt steht dann in der Datei zur Verfügung, in der das Frameset definiert wird sowie in allen Dateien, die in einem Frame-Fenster des Framesets angezeigt werden. Die Logik zum Anwenden des frame-Objekts erfolgt analog dem form-Objekt bei Formularen: über Objektfelder.

Eine Instanz eines frame-Objekts wird entweder durch den Index des zugeordneten Objektfeldes oder durch den Namen des Frame-Fensters angesprochen. Bei Verwendung des Indexschemas gibt man das Objektfeld frames mit der Nummer des Frame-Fensters im Frameset als Index an (bitte berücksichtigen Sie, dass frame und frames nicht identisch sind). Beachten Sie, dass der Zähler bei 0 beginnt. Das erste Frame-Fenster muss mit frames[0] adressiert werden.

Da frames window untergeordnet ist, kann ein Frame samt seiner Eigenschaften und Methoden über die Punktnotation angesprochen werden:

```
[Fensterreferenz].frames[n].[Eigenschaft/Methode()]
[Fensterreferenz].[FrameName].[Eigenschaft/Methode()]
```

Wenn der Frame-Name verwendet werden soll, benützt man den Namen, welcher bei der HTML-Definition des Frame-Fensters bei <FRAME> als Attribut name definiert worden ist.

Das frame-Objekt erbt die Eigenschaften und Methoden von window und stellt keine weiteren zur Verfügung.

history

Über history erfolgt der Zugriff auf die zuvor geladenen Seiten im Browser des Anwenders. Maßgeblich ist dabei die Liste, wie sie in der History-Liste des Browsers gespeichert ist. Eine Instanz des Objekts history steht automatisch bereit, und sämtliche Eigenschaften und Methoden lassen sich für die nachfolgende Syntax direkt verwenden:

```
history.[Eigenschaft/Methode]
```

Das Objekt besitzt die Eigenschaft length, worüber die Anzahl der Einträge in der aktuellen History-Liste dokumentiert wird. Die anderen Eigenschaften, current, next und previous (aktuelle Seite in der Historie, nächste und vorherige), funktionieren nicht auf allen Browsern. An Methoden steht die folgende Liste zur Verfügung:

Methode	Beschreibung
`back()`	Die Methode lädt die zuletzt besuchte WWW-Seite.
`forward()`	Die Methode macht die `back()`-Methode rückgängig, lädt also die gerade mit der `back()`-Methode verlassene Seite wieder.
`go(Anzahl)`	Die Methode lädt eine beliebige Seite der History-Liste. Bezugspunkt ist dabei die aktuelle Seite. Sie können die Anzahl mit Vorzeichen verwenden und damit also sowohl zurückgehen als auch vorwärts, wenn Sie vorher zurückgegangen sind.

Math

Mit dem *built in*-Objekt `Math` stehen direkt diverse Funktionen, Methoden und Eigenschaften für Berechnungen zur Verfügung. Zugriff auf Eigenschaften und Methoden von `Math` erfolgt über die folgende Syntax:

```
Math.[Eigenschaft/Methode]
```

Das Objekt besitzt eine ganze Menge Konstanten und Eigenschaften. Hier nur eine Auswahl (für die vollständige Auflistung siehe Seite 367):

Eigenschaft	Beschreibung
`E`	Die Eulersche Konstante.
`LN10`	Der natürliche Logarithmus von 10 – eine Konstante.
`LOG2E`	Der Logarithmus von 2 – eine Konstante.
`PI`	Die berühmte Konstante Pi.
`SQRT2`	Eine Konstante für Quadratwurzel aus 2.

Das Objekt besitzt ebenso eine ganze Reihe von Methoden. Hier wieder eine Auswahl (für die vollständige Auflistung siehe Seite 367):

Methode	Beschreibung
`abs(Zahl)`	Der absolute Wert des übergebenen Parameters. Dies ist immer ein positiver Wert, selbst wenn er vorher negativ war.
`cos(Zahl)`	Die Methode berechnet den Cosinus des übergebenen Parameters, einer beliebigen Zahl.
`exp(Zahl)`	Die Methode berechnet die Eulersche Zahl hoch dem übergebenen Parameter, einer beliebigen Zahl.
`log(Zahl)`	Die Methode berechnet den Logarithmus zur Basis 10 von dem übergebenen Parameter, einer beliebigen Zahl.
`max(Zahl1, Zahl2)`	Die Methode berechnet das Maximum von zwei beliebigen als Parameter übergebenen Zahlen.
`min(Zahl1, Zahl2)`	Die Methode berechnet das Minimum von zwei beliebigen als Parameter übergebenen Zahlen.

Methode	Beschreibung
pow(Zahl, Exponent)	Die Methode berechnet den Wert von Zahl hoch Exponent, wobei Zahl und Exponent als Parameter übergeben werden.
random()	Erzeugt eine Zufallszahl.
round(Zahl)	Die Methode berechnet die nächste Ganzzahl des übergebenen Parameters, einer beliebigen Zahl. Dabei wird die kaufmännische Rundung angewendet. Falls die Zahl selbst ganzzahlig ist, wird sie nicht verändert.
sin(Zahl)	Die Methode berechnet den Sinus des übergebenen Parameters, einer beliebigen Zahl.
sqrt(Zahl)	Die Methode berechnet die Quadratwurzel des übergebenen Parameters, einer beliebigen Zahl.
tan(Zahl)	Der Tangens einer als Parameter übergebenen Zahl.

String

Mit dem *built in*-Objekt String lassen sich über verschiedene Methoden Zeichenketten manipulieren. Ein String-Objekt wird normalerweise mit dem new-Schlüsselwort und dem Konstruktor erzeugt. Syntax:

```
var [Bezeichner] = new String("[Text]");
```

Das Objekt stellt neben der selten wichtigen Eigenschaft prototype nur noch length bereit, worüber die Anzahl der Zeichen in einer Zeichenkette dokumentiert wird. Dafür beinhaltet String eine ganze Menge an Methoden. Hier eine Auswahl (für die vollständige Auflistung siehe Seite 369):

Methode	Beschreibung
anchor(Ankname)	Hiermit wird ein Verweisziel innerhalb einer HTML-Datei mit dem übergebenen Namen für den Anker erzeugt.
big()	Diese Methode setzt eine über String definierte Zeichenkette in den HTML-Container <BIG> und bewirkt eine größere Schrift.
blink()	Diese Methode setzt eine über String definierte Zeichenkette in den HTML-Container <BLINK> und bewirkt eine blinkende Schrift.
bold()	Diese Methode setzt eine über String definierte Zeichenkette in den HTML-Container <B> und bewirkt eine fette Schrift.
charAt(Nummer)	Die Methode liefert das Zeichen zurück, das in der Zeichenkette an der Stelle steht, die im Parameter Nummer übergeben wird.
fixed()	Diese Methode setzt eine über String definierte Zeichenkette in den HTML-Container <TT> und bewirkt eine in den Dickten ausgeglichene Schrift.

Methode	Beschreibung
`fontcolor(Farbe)`	Diese Methode setzt eine über `String` definierte Zeichenkette in den HTML-Container `<FONT color=[farbe]> ... </FONT>` und bewirkt eine andersfarbige Schrift. Die gewünschte Farbe wird der Funktion als Parameter übergeben, und zwar entweder in hexadezimaler Schreibweise oder als Farbname.
`fontsize(Zahl)`	Diese Methode setzt eine über `String` definierte Zeichenkette in den HTML-Container `<FONT size=[groesse]> ... </FONT>` und bewirkt eine größere oder kleinere Schrift. Die gewünschte Größe wird der Funktion als Parameter übergeben. Es muss eine Zahl von 1 bis 7 sein. 1 ist sehr kleine Schrift, 3 ist Normalschrift, 7 ist sehr große Schrift.
`indexOf(Zeichen, [Nummer])`	Hier wird das erste Vorkommen eines Zeichens oder einer Zeichenkette innerhalb der mit `String` spezifizierten Zeichenkette ermittelt. Die Rückgabe ist die Stelle, an der das Zeichen in der Zeichenkette steht. Die Zählung beginnt bei 0. Optional ist es möglich, die Funktion in einem zweiten Parameter anzuweisen, ab der wie vielten Stelle in der Zeichenkette sie mit der Suche beginnen soll.
`italics()`	Diese Methode setzt eine über `String` definierte Zeichenkette in den HTML-Container `<I>` und bewirkt eine kursive Schrift.
`lastIndexOf( Zeichen, [Nummer])`	Hier wird das letzte Vorkommen eines Zeichens oder einer Zeichenkette innerhalb der mit `String` spezifizierten Zeichenkette ermittelt. Die Rückgabe ist die Stelle, an der das Zeichen in der Zeichenkette steht. Die Zählung beginnt bei 0. Optional ist es möglich, die Funktion in einem zweiten Parameter anzuweisen, ab der wie vielten Stelle in der Zeichenkette sie mit der Suche beginnen soll.
`link(Verweis)`	Die Methode erzeugt einen Verweis. Das Verweisziel, z.B. ein Dateiname oder eine URL-Adresse, wird als Parameter übergeben. Den Verweistext müssen Sie als Variable definieren.
`replace(was, womit)`	Die Methode ersetzt den zuerst angegebenen Ausdruck durch den zweiten Ausdruck.
`search(was)`	Die Methode durchsucht den String nach der als Parameter angegebenen Zeichenkette. Falls die Zeichenkette nicht gefunden wird, wird der Wert `-1` zurückgeliefert, sonst ein davon verschiedener Wert.
`small()`	Diese Methode setzt eine über `String` definierte Zeichenkette in den HTML-Container `<SMALL>` und bewirkt dadurch eine kleinere Schrift.
`strike()`	Diese Methode setzt eine über `String` definierte Zeichenkette in den HTML-Container `<S>` und bewirkt einen durchgestrichenen Text.
`sub()`	Diese Methode setzt eine über `String` definierte Zeichenkette in den HTML-Container `<SUB>` und bewirkt eine tiefgestellte Schrift.
`substring(Von, Bis)`	Liefert eine Zeichenkette zurück, die einen Teil innerhalb einer über `String` definierten Zeichenkette darstellt. Als Parameter werden der Funktion der Beginn und das Ende der zurückzugebenden Zeichenkette übergeben. Das erste Zeichen hat den Wert 0.

Methode	Beschreibung
sup()	Diese Methode setzt eine über String definierte Zeichenkette in den HTML-Container <SUP> und bewirkt eine kleinere Schrift.
toLowerCase()	Die Methode wandelt alle in der über String spezifizierten Zeichenkette enthaltenen Großbuchstaben in Kleinbuchstaben um.
toUpperCase()	Die Methode wandelt alle in der über String spezifizierten Zeichenkette enthaltenen Kleinbuchstaben in Großbuchstaben um.

image

Das image-Objekt erlaubt Zugriff auf alle Grafiken in einer HTML-Seite. Dabei können auch vorhandene Grafiken dynamisch durch andere Grafiken ersetzt werden. Ein neues Grafikobjekt lässt sich mittels des new-Schlüsselwortes und den syntaktischen Regeln von der Scriptsprache erzeugen, aber dies ist oft nicht notwendig, denn ein neues Grafikobjekt wird automatisch erzeugt, wenn der Browser eine Grafik in der HTML-Datei vorfindet. Jedes in einer Webseite vorhandene Grafikobjekt, das unter HTML mit dem <IMG>-Tag notiert wurde, wird in dem Objektfeld images[] gespeichert, über das man es mit einer Indexnummer – wie auch bei elements[] oder forms[] – oder mit dem Namen der Grafik ansprechen kann (über den im <IMG>-Tag über das Attribut name angegebenen Namen).

Syntax:

```
document.images[index]
document.[BildName]
```

Die Verwendung des Schlüsselworts new zur Erzeugung von Grafikobjekten ist immer dann notwendig, wenn nachträglich mit Scripten Grafiken in einer Webseite angezeigt werden sollen. Die nachfolgende Tabelle enthält bis auf prototype alle Eigenschaften von image:

Eigenschaft	Beschreibung
border	Angaben zum Rahmen um eine Grafik. Entspricht dem HTML-Attribut border im <IMG>-Tag. Achtung – Netscape Navigator und Internet Explorer reagieren verschieden auf die Verwendung.
complete	Ein Boolean-Wert, der angibt, ob eine Grafik vollständig geladen ist (true) oder nicht (false).
height, width	Die Höhe und Breite einer Grafik. Entspricht dem HTML-Attribut height bzw. width im <IMG>-Tag.
hspace	Der horizontale Abstand zwischen einer Grafik und ihren umgebenden Elementen. Entspricht dem HTML-Attribut hspace im <IMG>-Tag.

Eigenschaft	Beschreibung
lowsrc	Der URL einer Grafik niedriger Qualität und damit geringen Datenumfangs, welche vor den Anzeigen der tatsächlich gewünschten Grafik geladen und bereits angezeigt wird, während die endgültige Grafik noch übertragen wird. Das Attribut gibt es auch unter HTML als Erweiterung des <IMG>-Tags.
name	Der Name einer Grafik, wie er über das Attribut name im <IMG>-Tag angegeben wird. Über den Namen kann eine Grafik mit einem Script angesprochen werden.
src	Der URL der anzuzeigenden Grafikdatei. Entspricht dem HTML-Attribut src im <IMG>-Tag. Durch Neuzuweisung dieser Eigenschaft können Grafiken dynamisch neu angezeigt werden. Dabei wird die neue Grafik aber ohne entsprechende zusätzliche Angabe der Höhe und Breite in der Breite und Höhe der ursprünglichen Grafik angezeigt.
vspace	Der vertikale Abstand zwischen einer Grafik und ihren umgebenden Elementen. Entspricht dem HTML-Attribut vspace im <IMG>-Tag.

Das Objekt hat nur die Methode handleEvent(), womit die Übergabe eines Ereignisses an ein Element erfolgt, das in der Lage ist, auf das Ereignis zu reagieren (wird nur von Netscape verstanden).

Form

Das Form-Objekt repräsentiert ein HTML-Formular. Eine Objektinstanz von Form wird automatisch erzeugt, wenn der Browser einen <FORM>-Tag in der HTML-Datei vorfindet. Wenn die HTML-Datei mehr als ein Formular enthält, wird für jedes Formular automatisch eine Instanz von Form erzeugt. Die einzelnen Formulare einer Webseite werden sequentiell als Elemente in dem forms[]-Array als Eigenschaft von document (bitte beachten – nicht eine Eigenschaft von Form) gespeichert. Der Zugriff auf ein jeweiliges Formular erfolgt über einen Index, der bei 0 beginnt. Die Zählreihenfolge folgt der Reihenfolge, in der die HTML-Tags <FORM> in der Webseite notiert sind. Der Zugriff auf ein einzelnes Element innerhalb eines Formulars erfolgt über eine Eigenschaft des FormularObjekts- elements[], ein Objektfeld mit den Elementen des Formulars. Diese wird beim Ansprechen mit der Punktnotation und einem Index angefügt.

Es gibt noch zwei andere Varianten, mit denen auf das Formular und seine Bestandteile zugegriffen werden kann. Diese basieren auf den Namen, welche bei der Erstellung des Formulars über das Attribut name vergeben werden können. Sie können diesen Namen statt des Index angeben oder sogar ganz auf die Angabe von forms verzichten und direkt den Formularnamen schreiben. Die Eigenschaften von dem Form-Objekt sind folgende:

Eigenschaft	Beschreibung
`action`	Die Angabe des Wertes, der bei der Definition des Formulars in der Zusatzangabe `action` steht.
`encoding`	Der Kodierungstyp des Formulars. Mehr Informationen finden Sie im WWW in der Spezifikation RFC 1867.
`length`	Die Angabe der Anzahl von Elementen des Formulars.
`method`	Die Angabe des Wertes, der bei der Definition des Formulars in der Zusatzangabe `method` steht.
`name`	Der Name des Formulars.
`target`	Die Angabe des Wertes, der bei der Definition des Formulars in der Zusatzangabe `target` steht (bei CGI-Formularen).

Das Objekt `Form` selbst hat nicht viele Methoden. Wesentliche Aufgabe von einem Formular ist die Datenübermittlung.

Methoden	Beschreibung
`handleEvent()`	Übergibt ein Ereignis an ein Element, das auf das Ereignis reagieren kann (nur Netscape).
`reset()`	Löscht alle Eingaben in einem Formular und hat die gleiche Wirkung wie ein Button, der in HTML mit `type=reset` definiert wurde.
`submit()`	Die Methode sendet das Formular und hat damit den gleichen Effekt wie ein Mausklick auf einen Button vom Typ `submit`.

Die Objektfelder elements und options

Eine der wichtigsten Eigenschaften von `forms` (der Eigenschaft von `document`, wo die einzelnen `Form`-Objekte gespeichert werden) ist sicher dessen Objektfeld `elements`. Über `elements` erfolgt der Zugriff auf alle einzelnen Elemente innerhalb von Formularen, welche in einer HTML-Datei definiert sind. Darunter fallen beispielsweise Eingabefelder, Auswahllisten, Radio- und Checkbuttons, Ausführungsbuttons und allgemeine Buttons. Das Objektfeld wird automatisch erzeugt, wenn der Browser mindestens ein Formular in der HTML-Datei mit Elementen vorfindet. Dabei wird für jedes Element in jedem Formular automatisch eine Instanz eines dem Element entsprechenden Objekts erzeugt.

Da das Objektfeld `elements` eine Eigenschaft von dem Objektfeld `forms` ist, gibt es verschiedene Möglichkeiten, um einzelne Formularelemente anzusprechen. Entweder über die Form-Instanz selbst und einen Index oder den Formularnamen. Schematisch sehen die Zugriffe so aus:

```
document.forms[index1].elements[index2].[Eigenschaft/Methode()]
document.forms[index1].[Elementname].[Eigenschaft/Methode()]
document.[Formularname].elements[index].[Eigenschaft/Methode()]
document.[Formularname].[Elementname].[Eigenschaft/Methode()]
```

Einige Eigenschaften des Objektfelds sind bereits verfügbar, wenn der Browser wenigstens ein Formular mit wenigstens einem Element in der HTML-Datei vorfindet. Andere Eigenschaften sind jedoch nur für bestimmte Formularelemente verfügbar (d.h. wenn ein Element des zugeordneten Typs überhaupt vorhanden ist).

Eigenschaft	Beschreibung
`checked`	Diese Eigenschaft steht zur Verfügung, wenn das Element ein Radio- oder Checkbutton ist. Sie fragt ab oder bestimmt, ob ein Radio- oder Checkbutton aktiviert ist oder nicht. Mögliche Werte sind `true` bzw. `1` oder `false` bzw. `0`.
`defaultChecked`	Diese Eigenschaft steht zur Verfügung, wenn das Element ein Radio- oder Checkbutton ist. Sie fragt ab oder bestimmt, ob ein Radio- oder Checkbutton per Voreinstellung aktiviert ist oder nicht. Mögliche Werte sind `true` bzw. `1` oder `false` bzw. `0`.
`defaultValue`	Diese Eigenschaft steht zur Verfügung, wenn das Element ein Eingabefeld ist. Sie fragt ab oder bestimmt den voreingestellten Text eines Eingabefeldes.
`form`	In der Eigenschaft `form` wird das zugehörige Formular als Objekt referenziert. Darüber besteht Zugriff auf alle Eigenschaften und Methoden des `Form`-Objekts aus einem Element eines Formulars heraus.
`name`	Der Name des Formularelements, wie er in HTML bei der Definition des Elements mit der Zusatzangabe `name` zugewiesen wurde.
`type`	Die Variable hat die Information über den Elementtyp eines Formularelements gespeichert. Sie kann in Zusammenhang mit allen Formularfeldern angewendet werden.
`value`	Dies ist der Wert, den der Anwender in einem Formularelement eingegeben bzw. diesem zugewiesen hat.

Über das Objektfeld `options`, das in der Objekthierarchie unter `elements` angeordnet und damit eine Eigenschaft davon ist, hat man vollständigen Zugriff auf Auswahllisten innerhalb eines Formulars. Auswahllisten können wie jedes andere Formularelement mit einer Indexnummer oder dem Namen angesprochen werden. Da es sich ebenfalls um ein Objekt handelt, stellt es eigene Eigenschaften bereit:

Eigenschaft	Beschreibung
`length`	Ermittelt wird die Anzahl der Auswahlmöglichkeiten.
`options[n].defaultSelected`	Wird zum Abfragen oder Bestimmen einer Defaulteinstellung in einer Auswahlliste genutzt, d.h. ob sie per Voreinstellung aktiviert ist oder nicht. Mögliche Werte sind `true` bzw. `1` oder `false` bzw. `0`.
`selectedIndex`	Ermittelt oder bestimmt, welche Auswahlmöglichkeit in einer Auswahlliste selektiert ist. Mögliche Werte sind `true` bzw. `1` oder `false` bzw. `0`.
`options[n].selected`	Die Eigenschaft kann dazu verwendet werden, zu ermitteln oder bestimmen, welche Auswahlmöglichkeit in einer Auswahlliste aktiviert ist. Mögliche Werte sind `true` bzw. `1` oder `false` bzw. `0`.

Eigenschaft	Beschreibung
`options[n].value`	Beinhaltet den internen Wert des über den Index angegebenen Eintrags in einer Auswahlliste.
`options[n].text`	Der Text einer Auswahlmöglichkeit in einer Auswahlliste wird abgefragt oder bestimmt.

Das Objektfeld `elements` stellt die folgenden Methoden bereit:

Methoden	Beschreibung
`blur()`	Der Focus verlässt ein Element und es wird damit deselektiert.
`click()`	Die Methode entspricht dem Klick eines Anwenders auf ein Element.
`focus()`	Der Focus wird auf ein Element positioniert.
`handleEvent()`	Die Methode übergibt ein Ereignis an ein Element, das auf das Ereignis reagieren kann (Netscape).
`select()`	Selektiert den gesamten in einem Feld enthaltenen Text.

Das Webscripting-Objektmodell von Netscape ist so umfangreich und von zentraler Bedeutung für die tiefergehende Beschäftigung mit Webscripting, so dass wir in diesem abschließenden Abschnitt die Konzepte aus verschiedenen Blickwinkeln zusammenfassen wollen.

Die Auflistung der Objekte/Methoden/Eigenschaften/Event-Handlers des JavaScript-Objektmodells von Netscape mit der Navigator-Version als Referenzsystem

Objekt	Ab Navigator-Version	Methoden	Eigenschaften/ Unterobjekte	Auslösende Event-Handler
`Anchor`	2			
`Applet`	3			
`Area` (siehe unter `Link`)	3			
`Array`	3 (in Version 2 nur als Nichtobjekt vorhanden)	`concat, join, pop, push, reverse, shift, slice, splice, sort, toString, unshift`	`index, input, length, prototype`	
`Boolean`	3	`toString`	`prototype`	
`Button`	2	`blur, click, focus, handleEvent`	`form, name, type, value`	`onBlur, onClick, onFocus, onMouseDown, onMouseUp`

Objekt	Ab Navigator-Version	Methoden	Eigenschaften/ Unterobjekte	Auslösende Event-Handler
Checkbox	2	blur, click, focus, handleEvent	checked, defaultChecked, form, name, type, value	onBlur, onClick, onFocus
Date	2	getDate, getDay, getHours, getMinutes, getMonth, getSeconds, getTime, getTimezoneOffset, getYear, parse, setDate, setHours, setMinutes, setMonth, setSeconds, setTime, setYear, toGMTString, toLocaleString, UTC	prototype	
document	2	captureEvents, close, getSelection, handleEvent, open, releaseEvents, routeEvent, write, writeln	alinkColor, anchors, applets, bgColor, cookie, domain, embeds, fgColor, formName, forms, images, lastModified, layers, linkColor, links, plugins, referrer, title, URL, vlinkColor	onClick, onDblClick, onKeyDown, onKeyPress, onKeyUp, onMouseDown, onMouseUp
event	4		data, height, layerX, layerY, modifiers, pageX, pageY, screenX, screenY, target, type, which, width	
FileUpload	2	blur, focus, handleEvent, select	form , name, type, value	onBlur, onChange, onFocus
Form	2	handleEvent, reset, submit	action, elements, encoding, length, method, name, target	onReset, onSubmit
Frame (siehe window)	2			

Objekt	Ab Navigator-Version	Methoden	Eigenschaften/ Unterobjekte	Auslösende Event-Handler
Function	3	toString	arguments, arity, caller, prototype	
Hidden	2		form, name, type, value	
History	2	back, forward, go	current, length, next, previous	
Image	3	handleEvent	border , complete, height, hspace, lowsrc, name, prototype , src , vspace , width	onAbort, onError, onKeyDown, onKeyPress, onKeyUp, onLoad
java	2	Synonym für Packages.java		
JavaArray		toString	length	
JavaClass		static-deklarierte Methoden einer Java-Klasse	static-deklarierte Eigenschaften einer Java-Klasse	
JavaObject		public-deklarierte Methoden der Java-Klasse, die in dem Objekt enthalten sind	public-deklarierte Eigenschaften der Java-Klasse, die in dem Objekt enthalten sind	
JavaPackage			JavaClass-Objekte und jedes andere darin enthaltene JavaPackage-Objekt	
Layer	4	captureEvents, handleEvent, load, moveAbove, moveBelow, moveBy, moveTo, moveToAbsolute, releaseEvents, resizeBy, resizeTo, routeEvent	above, background, bgColor, below, clip.bottom, clip.height, clip.left, clip.right, clip.top, clip.width, document, left, name, pageX, pageY, parentLayer, siblingAbove, siblingBelow, src, top, visibility, zIndex	onBlur, onFocus, onLoad, onMouseOut, onMouseOver

Objekt	Ab Navigator-Version	Methoden	Eigenschaften/ Unterobjekte	Auslösende Event-Handler
Link	2	handleEvent	hash, host, hostname, href, pathname, port, protocol, search, target, text	onClick, onDblClick, onKeyDown, onKeyPress, onKeyUp, onMouseDown, onMouseOut, onMouseUp, onMouseOver
Location	2	reload, replace	hash, host, hostname, href, pathname, port, protocol, search	
Math	2	abs, acos, asin, atan, atan2, ceil, cos, exp, floor, log, max, min, pow, random, round, sin, sqrt, tan	E, LN10, LN2, LOG10E, LOG2E, PI, SQRT1_2, SQRT2	
MimeType	3		description, enabledPlugin, suffixes, type	
navigator	2	javaEnabled, plugins.refresh, preference, taintEnabled,	appCodeName, appName, appVersion, language, mimeTypes, platform, plugins, userAgent	
netscape	2		Synonym für Packages.netscape	
Number	3		MAX_VALUE, MIN_VALUE, NaN, NEGATIVE_INFINITY, POSITIVE_INFINITY, prototype	
Object	2	eval, toString, unwatch, valueOf, watch	constructor, prototype	
Option	2		defaultSelected, selected, text, value	
Packages	2		className, java, netscape, sun	

Objekt	Ab Navigator-Version	Methoden	Eigenschaften/ Unterobjekte	Auslösende Event-Handler
Password	2	blur, focus, handleEvent, select	defaultValue, form, name, type, value	onBlur, onFocus
Plugin	3		description, filename, length, name	
Radio	2	blur, click, focus, handleEvent	checked, defaultChecked, form , name, type, value	onBlur, onClick, onFocus
RegExp	4	compile, exec, test	$1, ..., $9, global, ignoreCase, input ($_), lastIndex, lastMatch ($&), lastParen ($+), leftContext ($'), multiline ($*), rightContext ($'), source	
Reset	2	blur, click, focus, handleEvent	form, name, type, value	onBlur, onClick, onFocus
screen	4		availHeight, availWidth, colorDepth, height, pixelDepth, width	
Select	2	blur, focus, handleEvent,	form, length, name, options, selectedIndex , type	onBlur, onChange, onFocus
String	2	anchor, big, blink, bold, charAt, charCodeAt, concat, fixed, fontcolor, fontsize, fromCharCode, indexOf, italics, lastIndexOf, link, match, replace, search, slice, small, split,	length, prototype	

Objekt	Ab Navigator-Version	Methoden	Eigenschaften/ Unterobjekte	Auslösende Event-Handler
		strike, sub, substr, substring, sup, toLowerCase, toUpperCase		
Submit	2	blur, click, focus, handleEvent	form, name, type, value	onBlur, onClick, onFocus
sun	2		Synonym für Packages.sun	
Text	2	blur, focus, handleEvent, select	defaultValue, form, name, type, value	onBlur, onChange, onFocus, onSelect
Textarea	2	blur, focus, handleEvent, select	defaultValue, form, name, type, value	onBlur, onChange, onFocus, onKeyDown, onKeyPress, onKeyUp, onSelect
window	2	alert, back, blur, captureEvents, clearInterval, clearTimeout, close, confirm, disableExternal-Capture, enableExternal-Capture, find, focus, forward, handleEvent, home, moveBy, moveTo, open,	closed, defaultStatus, document, frames, history, inner-Height, innerWidth, length, location, locationbar, menubar, name, opener , outerHeight, outerWidth, pageXOffset, pageYOffset, parent , personalbar, scrollbars, self,	onBlur, onDragDrop, onError, onFocus, onLoad, onMove, onResize, onUnload
		print, prompt, releaseEvents, resizeBy, resizeTo, routeEvent, scroll, scrollBy, scrollTo, setInterval, setTimeout, stop	status, statusbar, toolbar, top, window	

Die alphabetische Auflistung der Methoden des Modells mit den zugehörigen Objekten und ab welcher Version sie im Referenzbrowser Navigator vorhanden sind

Methode	Zugehöriges Objekt	Ab NavigatorVersion
abs	Math	2
acos	Math	2
alert	Window	2
anchor	String	2
asin	Math	2
atan	Math	2
atan2	Math	2
back	History	2
back	Window	4
big	String	2
blink	String	2
blur	Button	2
blur	Checkbox	2
blur	FileUpload	2
blur	Password	2
blur	Radio	2
blur	Reset	2
blur	Select	2
blur	Submit	2
blur	Text	2
blur	Textarea	2
blur	Window	3
bold	String	2
captureEvents	document	4
captureEvents	Layer	4
captureEvents	Window	4
ceil	Math	2
charAt	String	2
charCodeAt	String	4
clearInterval	Window	4
clearTimeout	Window	2
click	Button	2
click	Checkbox	2

Methode	Zugehöriges Objekt	Ab NavigatorVersion
click	Radio	2
click	Reset	2
click	Submit	2
close	document	2
close	Window	2
compile	RegExp	4
concat	Array	4
concat	String	4
confirm	Window	2
cos	Math	2
disableExternalCapture	Window	4
enableExternalCapture	Window	4
eval	Object	3
exec	RegExp	4
exp	Math	2
find	Window	4
fixed	String	2
floor	Math	2
focus	Button	2
focus	Checkbox	2
focus	FileUpload	2
focus	Password	2
focus	Radio	2
focus	Reset	2
focus	Select	2
focus	Submit	2
focus	Text	2
focus	Textarea	2
focus	Window	3
fontcolor	String	2
fontsize	String	2
forward	History	2
forward	Window	4
fromCharCode	String	4
getDate	Date	2
getDay	Date	2

Methode	Zugehöriges Objekt	Ab NavigatorVersion
getHours	Date	2
getMinutes	Date	2
getMonth	Date	2
getSeconds	Date	2
getSelection	document	4
getTime	Date	2
getTimezoneOffset	Date	2
getYear	Date	2
go	History	2
handleEvent	Button	4
handleEvent	Checkbox	4
handleEvent	document	4
handleEvent	FileUpload	4
handleEvent	Form	4
handleEvent	Image	4
handleEvent	Layer	4
handleEvent	Link	4
handleEvent	Password	4
handleEvent	Radio	4
handleEvent	Reset	4
handleEvent	Select	4
handleEvent	Submit	4
handleEvent	Text	4
handleEvent	Textarea	4
handleEvent	Window	4
home	Window	4
indexOf	String	2
italics	String	2
javaEnabled	navigator	3
join	Array	3
lastIndexOf	String	2
link	String	2
load	Layer	4
log	Math	2
match	String	4

Methode	Zugehöriges Objekt	Ab NavigatorVersion
max	Math	2
min	Math	2
moveAbove	Layer	4
moveBelow	Layer	4
moveBy	Layer	4
moveBy	Window	4
moveTo	Layer	4
moveTo	Window	4
moveToAbsolute	Layer	4
open	document	2
open	Window	2
parse	Date	2
plugins.refresh	navigator	3
pop	Array	4
pow	Math	2
preference	navigator	4
print	Window	4
prompt	Window	2
push	Array	4
random	Math	2
refresh	navigator.plugins	3
releaseEvents	document	4
releaseEvents	Layer	4
releaseEvents	Window	4
reload	Location	3
replace	Location	3
replace	String	4
reset	Form	3
resizeBy	Layer	4
resizeBy	Window	4
resizeTo	Layer	4
resizeTo	Window	4
reverse	Array	3
round	Math	2
routeEvent	document	4
routeEvent	Layer	4

Methode	Zugehöriges Objekt	Ab NavigatorVersion
routeEvent	Window	4
scroll	Window	2-3
scrollBy	Window	4
scrollTo	Window	4
search	String	4
select	FileUpload	2
select	Password	2
select	Text	2
select	Textarea	2
setDate	Date	2
setHours	Date	2
setInterval	Window	4
setMinutes	Date	2
setMonth	Date	2
setSeconds	Date	2
setTime	Date	2
setTimeout	Window	2
setYear	Date	2
shift	Array	4
sin	Math	2
slice	Array	4
slice	String	4
small	String	2
sort	Array	3
splice	Array	4
split	String	3
sqrt	Math	2
stop	Window	4
strike	String	2
sub	String	2
submit	Form	2
substr	String	4
substring	String	2
sup	String	2
taintEnabled	navigator	3
tan	Math	2

Methode	Zugehöriges Objekt	Ab NavigatorVersion
`test`	`RegExp`	4
`toGMTString`	`Date`	2
`toLocaleString`	`Date`	2
`toLowerCase`	`String`	2
`toString`	`Object`	2
`toString`	`Array`	3
`toString`	`Boolean`	3
`toString`	`Number`	3
`toUpperCase`	`String`	2
`unshift`	`Array`	4
`unwatch`	`Object`	4
`UTC`	`Date`	2
`valueOf`	`Object`	3
`watch`	`Object`	4
`write`	`document`	2
`writeln`	`document`	2

Die alphabetische Auflistung der Eigenschaften des Modells mit den zugehörigen Objekten und ab welcher Version sie im Referenzbrowser Navigator vorhanden sind

Eigenschaft	Zugehöriges Objekt	Ab Navigator-Version
`$'`	`RegExp`	4
`$&`	`RegExp`	4
`$*`	`RegExp`	4
`$_`	`RegExp`	4
`$'`	`RegExp`	4
`$+`	`RegExp`	4
`$1, ..., $9`	`RegExp`	4
`above`	`Layer`	4
`action`	`Form`	2
`alinkColor`	`document`	2
`anchors`	`document`	2
`appCodeName`	`navigator`	2
`applets`	`document`	3
`appName`	`navigator`	2
`appVersion`	`navigator`	2

Eigenschaft	Zugehöriges Objekt	Ab Navigator-Version
arguments	Function	3
arity	Function	4
background	Layer	4
below	Layer	4
bgColor	document	2
bgColor	Layer	4
border	Image	3
caller	Function	3
checked	Checkbox	2
checked	Radio	2
clip.bottom	Layer	4
clip.height	Layer	4
clip.left	Layer	4
clip.right	Layer	4
clip.top	Layer	4
clip.width	Layer	4
closed	Window	3
colorDepth	screen	4
complete	Image	3
constructor	Object	3
cookie	document	2
current	History	3
data	event	4
defaultChecked	Checkbox	2
defaultChecked	Radio	2
defaultSelected	Option	3
defaultStatus	Window	2
defaultValue	Password	2
defaultValue	Text	2
defaultValue	Textarea	2
description	MimeType	3
description	Plugin	3
document	Window	2
document	Layer	4
domain	document	3
E	Math	2

Eigenschaft	Zugehöriges Objekt	Ab Navigator-Version
elements	Form	2
embeds	document	3
enabledPlugin	MimeType	3
encoding	Form	2
fgColor	document	2
filename	Plugin	3
form	Button	2
form	Checkbox	2
form	FileUpload	2
form	Hidden	2
form	Password	2
form	Radio	2
form	Reset	2
form	Select	2
form	Submit	2
form	Text	2
form	Textarea	2
formName	document	3
forms	document	3
frames	Window	2
global	RegExp	4
hash	Link	2
hash	Location	2
height	Image	3
height	event	4
height	screen	4
history	Window	2
host	Link	2
host	Location	2
hostname	Link	2
hostname	Location	2
href	Link	2
href	Location	2
hspace	Image	3
ignoreCase	RegExp	4
images	document	3

Eigenschaft	Zugehöriges Objekt	Ab Navigator-Version
index	Array	4
innerHeight	Window	4
innerWidth	Window	4
input	Array	4
input	RegExp	4
language	navigator	4
lastIndex	RegExp	4
lastMatch	RegExp	4
lastModified	document	2
lastParen	RegExp	4
layers	document	4
layerX	event	4
layerY	event	4
left	Layer	4
leftContext	RegExp	4
length	Form	2
length	History	2
length	Select	2
length	String	2
length	Window	2
length	Array	3
length	Plugin	3
linkColor	document	2
links	document	2
LN10	Math	2
LN2	Math	2
location	Window	2
locationbar	Window	4
LOG10E	Math	2
LOG2E	Math	2
lowsrc	Image	3
MAX_VALUE	Number	3
menubar	Window	4
method	Form	2
mimeTypes	navigator	3
MIN_VALUE	Number	3

Eigenschaft	Zugehöriges Objekt	Ab Navigator-Version
modifiers	event	4
multiline	RegExp	4
name	Button	2
name	Checkbox	2
name	FileUpload	2
name	Form	2
name	Hidden	2
name	Password	2
name	Radio	2
name	Reset	2
name	Select	2
name	Submit	2
name	Text	2
name	Textarea	2
name	Window	2
name	Image	3
name	Plugin	3
name	Layer	4
NaN	Number	3
NEGATIVE_INFINITY	Number	3
next	History	3
opener	Window	3
options	Select	2
outerHeight	Window	4
outerWidth	Window	4
pageX	event	4
pageX	Layer	4
pageXOffset	Window	4
pageY	event	4
pageY	Layer	4
pageYOffset	Window	4
parent	Window	2
parentLayer	Layer	4
pathname	Link	2
pathname	Location	2
personalbar	Window	4

Eigenschaft	Zugehöriges Objekt	Ab Navigator-Version
PI	Math	2
pixelDepth	screen	4
platform	navigator	4
plugins	document	3
plugins	navigator	3
port	Link	2
port	Location	2
POSITIVE_INFINITY	Number	3
previous	History	3
protocol	Link	2
protocol	Location	2
prototype	Array	3
prototype	Boolean	3
prototype	Cursor	3
prototype	Date	3
prototype	Function	3
prototype	Image	3
prototype	Number	3
prototype	Object	3
prototype	String	3
referrer	document	2
rightContext	RegExp	4
screenX	event	4
screenY	event	4
scrollbars	Window	4
search	Link	2
search	Location	2
selected	Option	2
selectedIndex	Select	2
self	Window	2
siblingAbove	Layer	4
siblingBelow	Layer	4
source	RegExp	4
SQRT1_2	Math	2
SQRT2	Math	2
src	Image	3

Eigenschaft	Zugehöriges Objekt	Ab Navigator-Version
src	Layer	4
status	Window	2
statusbar	Window	4
suffixes	MimeType	3
target	Form	2
target	Link	2
target	event	4
text	Option	2
text	Link	4
title	document	2
toolbar	Window	4
top	Window	2
top	Layer	4
type	Button	3
type	Checkbox	3
type	FileUpload	3
type	Hidden	3
type	Password	3
type	MimeType	3
type	Radio	3
type	Reset	3
type	Select	3
type	Submit	3
type	Text	3
type	Textarea	3
type	event	4
URL	document	2
userAgent	navigator	2
value	Button	2
value	Checkbox	2
value	FileUpload	2
value	Hidden	2
value	Option	2
value	Password	2
value	Radio	2
value	Reset	2

Eigenschaft	Zugehöriges Objekt	Ab Navigator-Version
value	Submit	2
value	Text	2
value	Textarea	2
visibility	Layer	4
vlinkColor	document	2
vspace	Image	3
which	event	4
width	Image	3
width	event	4
width	screen	4
window	Window	2
zIndex	Layer	4

Warnungen

- Bei der Arbeit mit Frames sollte die Target-Angabe _top immer dann bei einem Verweis verwendet werden, wenn ein Link zu Seiten erfolgt, die nicht zum eigenen Projekt gehören. Ansonsten erscheinen bei einem Besucher unter Umständen auch die Folgeseiten von anderen Projekten in der von Ihnen definierten Frame-Struktur.

Beispiele

Wir wollen hier nur einige Beispiele für die zahlreichen in dem Abschnitt besprochenen Anwendungsmöglichkeiten geben. Mehr Beispiele finden Sie im Praxisteil und etwas weiter unten.

Anwendung von parse:

```
parse("Wed, 2Oct 1991 23:59:00 GMT");
```

Zugriff auf die vorletzte besuchte WWW-Seite in der History des Browsers.

```
history.go(-2);
```

Wenn Sie in einer Formulardeklaration das optionale Attribut NAME="meineform" verwendet haben, können Sie den dort angegebenen Namen verwenden.

```
<FORM NAME="meineform" ACTION="jsformauswert.html" method=POST>)
```

Unter JavaScript funktioniert dann der Zugriff auf Variablen so:

```
var meineVar = document.forms[meineform].action;
```

Dies geht auch für Methoden:

```
document.forms[meineform].submit();
```

Die direkte Alternative sieht folgendermaßen aus.

Variablen:

```
document.meineform.action;
```

Methoden:

```
document.meineform.submit();
```

Öffnen eines `window`-Objekts (JavaScript):

```
open("irgendeinedatei.htm","Fenster1");
```

Öffnen eines Fensters mit verschiedenen Optionen (JavaScript):

```
meinFenster = self.open("irgendeinedatei.htm","Fenster1","width=600,height=200,
resizable=yes, directories=yes, menubar=yes,location=yes");
```

Verwandte Befehle/Themen

Grundlegende Begriffe der Script-Syntax – Objekte

Grundlegende Begriffe der Script-Syntax – Klassen

Grundlegende Begriffe der Script-Syntax – Methoden

Grundlegende Begriffe der Script-Syntax – Eigenschaften

DOM und Dynamic HTML

Scripting-Objektmodelle Grundlagen

Das Microsoft-Scripting-Objektmodell

Das Microsoft-Scripting-Objektmodell

Die Spezifika des Scripting-Objektmodells von Microsoft im Vergleich zum Netscape-Modell.

Anwendung

Microsoft geht bezüglich seines Scripting-Objektmodells einen etwas anderen Weg als Netscape[25]. Auch in deren Philosophie sind über die Zeit verschiedene Veränderungen aufgetreten. Das seit dem Internet Explorer 4.0 aktuelle Modell beinhaltet

25. Natürlich ;-(

insbesondere die Möglichkeit, auf sämtliche (!) Elemente einer Webseite als eigenständige Objekte zuzugreifen (über `document` und `all`). Speziell sind alle wichtigen Objekte in dem Modell dem `window`-Objekt untergeordnet (auch das `navigator`-Objekt). Deren Funktionalität hat dann aber große Parallelen zu den Netscape-Objekten gleichen Namens, oder die Objekte sind sogar identisch. Die Objekte `window`, `document`, `navigator`, `location` und `history` sind bis auf die Hierarchieeinordnung und einige Attribute gleich. Ebenso unterscheiden sich die Formularobjekte so gut wie gar nicht. Wir verzichten aus Platzgründen auf die wenigen abweichenden Details und verweisen auf entsprechende Microsoft-Quellen.

Eine große und wichtige Ausnahme ist das `event`-Objekt, welches vollkommen inkompatibel zu dem gleichnamigen Netscape-Objekt ist. Es soll in einem eigenen Kapitel ausführlich behandelt und dem Netscape-Modell gegenübergestellt werden (siehe Seite 391). Das Dynamic-HTML-Objektmodell von Microsoft sieht so aus (nur die ersten beiden Ebenen):

MS DHTML-Object Model

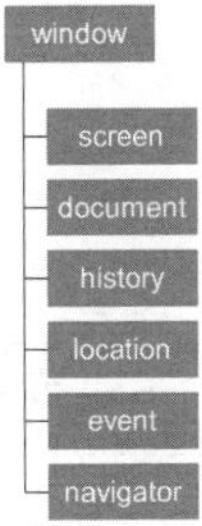

Daneben stellt das Microsoft-Objektmodell noch zwei weitere Objekte bereit:

```
TextRange
Style
```

Das `TextRange`-Objekt hat nur zwei Eigenschaften (`htmlText` und `text`), über die man auf die HTML-Quelle eines Elements oder nur den eigentlichen Text zugreifen kann. Dafür besitzt es einige Methoden, deren vollständige Behandlung jedoch unseren Rahmen sprengt. Allerdings sind viele der Methoden sprechend (etwa `execCommand` zum Ausführen eines Befehls, `findText` zum Suchen eines Textes, `isEqual` zum Überprüfen auf Gleichheit von Bereichen oder `pasteHTML` zum Einfügen von HTML-Text). Hier eine Auflistung der Methoden mit allen notwendigen Parametern:

```
collapse([start])
compareEndPoints(type, range)
duplicate()
execCommand(sCommand [, bUserInterface [, vValue]])
expand(unit)
findText(sText [, iSearchScope] [, iFlags])
getBookmark()
inRange(oRange)
isEqual(compareRange)
move(unit [, count])
moveEnd(unit [, count])
moveStart(unit [, count])
moveToBookmark()
moveToElementText(element)
moveToPoint(x, y)
parentElement()
pasteHTML(htmlText)
queryCommandEnabled(command)
queryCommandIndeterm(command)
queryCommandState(command)
queryCommandSupported(command)
queryCommandText(command)
queryCommandValue(command)
scrollIntoView([start])
select()
setEndPoint(type, range)
```

Das `style`-Objekt wird genutzt, um auf Style-Sheet-Attribute eines Elements zugreifen zu können. Das Objekt erlaubt den Zugriff auf sämtliche CSS1-Attribute für alle HTML-Elemente. Wir behandeln die genaueren Details im Zusammenhang mit dem Style-Sheet-Kapitel.

Verwandte Befehle/Themen

Grundlegende Begriffe der Script-Syntax – Objekte

DOM und Dynamic HTML

Scripting-Objektmodelle – Grundlagen

Das JavaScript-Objektmodell von Netscape

Die Ereignisbehandlung und das event-Objekt

Die unterschiedliche Ereignisbehandlung der verschiedenen Objektmodelle.

Anwendung

Im Rahmen der Ereignisbehandlung in Scripten gibt es zwei Konzepte (welche beide jeweils parallel in den Browsern umgesetzt sind), die recht ähnlich klingen, jedoch zwei verschiedene Denkweisen repräsentieren.

Zum einen gibt es die Reaktion auf Ereignisse über Event-Handler, welche an der Schnittstelle zwischen HTML und Scripten anzusiedeln sind (siehe die Seiten 39, 193 und 369) und jeweils eine individuelle Behandlung eines Ereignisses bei einem auslösenden Element bedeuten.

Darüber hinaus kann man auf Ereignisse reagieren, wenn ein Ereignis mit der Erzeugung eines spezifischen Objekts im Rahmen eines übergreifenden Objektmodells einhergeht. Das so erzeugte Ereignisobjekt stellt Informationen zu dem Ereignis bereit und wird laufend von einem entsprechenden Listener (einem Mechanismus, der während der Laufzeit eines Scripts permanent auf das Auftreten eines solchen Objekts wartet) überwacht. Sowohl das Dynamic-HTML-Objektmodell von Microsoft als auch das JavaScript-Objektmodell von Netscape stellen dazu ein identisch benanntes Objekt bereit – das `event`-Objekt. Das `event`-Objekt beinhaltet Informationen über ein aufgetretenes Ereignis in einer Webseite samt der Randbedingungen, welche dabei eine Rolle gespielt haben. Allerdings darf die identische Bezeichnung der jeweiligen Objekte in den beiden konkurrierenden Konzepten nicht darüber hinweg täuschen, dass die Konzepte vollkommen inkompatibel sind und daher Quelle mannigfaltiger Unbill.

Grundsätzlich entsteht in beiden Konzepten ein `event`-Objekt, wenn ein bestimmtes Ereignis auftritt – etwa der Klick mit der Maus. Ein Mausklick erzeugt beispielsweise ein `event`-Objekt, welches folgende Informationen enthält:

- die verwendete Taste
- eventuell gedrückte Zusatztasten (`Strg`, `Alt`, `Alt-Gr`, `Shift`)
- die Koordinaten, wo der Klick erfolgte, bzw. das Element, auf das geklickt wurde

`event`-Objekte, die bei anderen Ereignissen erzeugt werden, beinhalten natürlich andere Informationen, welche dem Ereignis angepasst sind. So steht etwa bei einem Tastendruck die gedrückte Taste als abzufragende Information bereit.

Auf welche Art und Weise auf ein erzeugtes Ereignisobjekt reagiert werden soll, wird durch ein abstraktes Modell geregelt – das Ereignismodell. Darin sind sowohl die Verhaltensweisen auf Ereignisse und die konkrete Syntax zur Umsetzung festgelegt als auch erst recht diejenigen Ereignisse, welche überhaupt zur Kenntnis genommen werden. Prinzipiell unterscheidet man zum Beispiel im Ereignismodell von Netscape zwischen fünf verschiedenen Kategorien von Ereignistypen, die in einer Webseite auftreten können (in Klammern sind jeweils die entsprechenden Event-Handler notiert):

- Dokumentenereignisse. Darunter versteht man die Ereignisse, welche beim Laden (`onLoad`) und Entfernen (`onUnload`) einer Seite aus dem Browser entstehen.
- Formular-basierende Ereignisse. Diese Ereignisse werden erzeugt, wenn ein Anwender mit der Seite über ein Formular interagiert, d.h. den Fokus in einer Formularmaske verschiebt (`onFocus` zum Fokussieren und `onBlur`, um den Fokus an ein anderes Element weiterzureichen), eine Auswahl ändert (`onSelect`) oder ein Formular abschickt (`onSubmit`).
- Referenz-basierende Ereignisse. Sie werden im Netscape-Modell ausgelöst, wenn der Anwender auf einen Hyperlink in einer Webseite klickt (`onClick`) oder den Mauszeiger darüber bewegt (`onMouseOver`).
- Elementbezogene Ereignisse. Sie geben den Status eines Elements (Grafik) in einer Webseite an.
- Fensterbezogene Ereignisse. Diese treten auf, wenn mehr als eine Fensterinstanz des Navigator angezeigt wird. Für jede Instanz stehen dann verschiedene Ereignisse zur Verfügung.

Die damit nur sehr eingeschränkt bereitgestellte Unterstützung von Ereignissen auf HTML-Elementen führt dazu, dass die Event-Handler im Netscape Navigator auch nur bei solchen Elementen als Tag-Erweiterungen notiert werden können, die diesem Konzept zugeordnet sind (die erlaubten Elemente können Sie der etwas weiter unten notierten Tabelle bzw. Seite 369 entnehmen). Während es beim Internet Explorer kein Problem ist, eine Grafikreferenz (oder nahezu jeden anderen beliebigen Tag) mit einem `onMouseOver`-Event-Handler zu erweitern, wird dies im Navigator keinen Erfolg haben. Dort müsste man sich mit dem Trick behelfen: Die Grafik oder eine andere sinnvolle Referenz wird in einen Hyperlink-Container eingeschlossen, der keinerlei Weiterleitungsfunktionalität besitzt und ausschließlich den Event-Handler auslösen soll (siehe »Beispiele«).

Aber auch das globale Netscape-Eventhandling ist recht eigen und gegenüber der Microsoft-Variante komplizierter und weniger effektiv. Prinzipiell ist es so: Wenn ein `event`-Objekt entsteht, steht es überall im Code zur Verfügung und man kann es auswerten und darauf reagieren. Dabei gibt es verschiedene Konzepte, auf welche Weise so ein `event`-Objekt angesprochen werden kann. Etwa über seinen Namen (`event`) und das vorangestellte Objekt, welches das `event`-Objekt erzeugt hat. Die Syntax dazu ist die in der objektorientierten Programmierung übliche Punktnotation:

```
[Objekt].event
```

Das `event`-Objekt stellt zahlreiche Eigenschaften bereit, welche die Art eines Ereignisses charakterisieren.

```
[Objekt].event.[Eigenschaft]
```

Soweit sind die Konzepte für die Arbeit mit Ereignisobjekten einheitlich. Sowohl das Netscape-Objektmodell als auch das Microsoft-Objektmodell erlauben zwar das Auffangen eines Ereignis-Objekts und die Behandlung an zentraler Stelle. Dies ist im Prinzip sehr sinnvoll, denn damit lässt sich eine strukturelle Aufteilung einer Seite in Ereignisse und Nichtereignisse erreichen (so ähnlich wie die Trennung von Layout und Inhalt über die Verwendung von Style-Sheets). Sämtliche Ereignisse werden dann an einer zentralen Stelle behandelt. Dummerweise setzen Netscape und Microsoft dessen Implementierung jedoch völlig unterschiedlich um. Insbesondere die Syntax zur Überwachung von Ereignissen (dem so genannten Auffangen eines `event`-Objekts) differiert absolut und ist nicht kompatibel. Der Internet Explorer wird beim Laden des Codes nach dem Netscape-Objektmodell eine Fehlermeldung bringen. Der Navigator bringt bei der Microsoft-Variante zwar meist keine Fehlermeldung, ignoriert jedoch die Ereignisbehandlung. Die ausschließliche Verwendung einer der beiden Modelle sollte deshalb weitgehend vermieden werden, wenn nicht jeweils Anwender der konkurrierenden Plattform ausgeschlossen werden sollen. Zumal die zentrale Verwaltung von Ereignissen über das `event`-Objekt zwar recht interessant, aber in keiner Weise zwingend ist (siehe Event-Handler).

Die Netscape-Variante

Unter dem Netscape-Modell kann man über eine dort definierte JavaScript-Funktion bewirken, dass alle Ereignisse eines spezifizierten Typs innerhalb eines bestimmten Objekts (in der Regel einer ganzen Webseite) zentral behandelt werden. Sie erreichen dies über die Funktion `captureEvents()`. Sie wird folgendermaßen angewandt:

```
[Objekt].captureEvents([Ereignistyp])
```

Wenn so eine Zeile in einem JavaScript-Code steht, werden alle spezifizierten Ereignisse in der Seite oder dem sonst angegebenen Objekt abgefangen und an eine zentrale Stelle weitergeleitet – der zentralen Ereignisbehandlungsroutine. Dies ist in diesem Fall einfach eine Funktion, welche als Argument das erzeugte `event`-Objekt mit der gewünschten Eigenschaft verwendet. Sie können die im vorherigen Abschnitt erklärten Event-Handler verwenden, die von Netscape im Zusammenhang mit dem `event`-Objekt verstanden werden. Die Namen der Events selbst ergeben sich einfach aus dem Event-Handler ohne das vorangestellte `on`.

Beispiel:

```
document.captureEvents(Event.MouseOver);
```

Die Zeile in dem Beispiel bewirkt, dass alle Mausbewegungen über dafür sensible Elemente (im Netscape-Ereignismodell sind das Links) nicht direkt ausgeführt, sondern abgefangen werden. Diese müssen dann zentral behandelt werden. Das wird über eine Funktion gewährleistet, welche als Argument das Ereignis übergeben bekommt. Sie kann beispielsweise so aussehen:

```
function BehandleEreignis(e)
{
}
```

Übergabeparameter dieser beliebig zu benennenden Funktion ist das Ereignisobjekt. Diese Funktion muss jetzt noch für das Objekt und dessen gewünschtes Ereignis aufgerufen werden, etwa in unserem Fall für eine Mausbewegung über sämtliche Links einer Webseite:

```
document.onMouseOver = BehandleEreignis();
```

Das Ereignismodell von Netscape ist im Zusammenhang mit einem allgemeineren Konzept zu sehen, mit dem Netscape dynamische Webseiten realisiert – dem Layer-Konzept (Schichten), das Netscape mit der Version 4.0 seines Browsers einführte und als Sprachelement von HTML versteht. Mit Hilfe des <LAYER>-Containers ist es möglich, beliebige Bereiche einer HTML-Datei exakt zu kontrollieren und Elemente zu positionieren. Neben der auf HTML beschränkten Funktion von Layern verwendet Netscape diese als Zielobjekt für Manipulationen unter JavaScript. Wir werden im Rahmen der Behandlung von Style-Sheets und des Zugriffs über JavaScript im Praxisabschnitt die Layer-Technik kurz vorstellen. Prinzipiell ist sie jedoch mit Vorsicht zu genießen, da sie ausschließlich auf Netscape-Browser ab dem Navigator 4.0 beschränkt ist und wahrscheinlich von Netscape nicht weiter verfolgt wird. Das W3-Konsortium hatte sich bereits vor deren Einführung entschlossen, die Möglichkeit des absoluten Positionierens nicht über HTML (zu dem Layer ja gehören), sondern über CSS-Style-Sheets zu realisieren. Auch die auf Layer basierende Ereignisbehandlung wird offiziell nicht unterstützt.

Das Netscape-`event`-Objekt stellt die folgenden Eigenschaften bereit, die bei allen Ereignistypen zur Verfügung stehen (die notierten Event-Handler bei `type` demonstieren, bei welchen Tags sie allgemein erlaubt sind):

Eigenschaft	Beschreibung
`data`	Rückgabe eines Stringarrays mit den URLs der auslösenden Objekte.
`height`	Höhe des Fensters oder Frames.
`layerX`, `layerY`	Koordinaten eines Ereignisses. Die Variablen speichern die aktuelle Breite (`layerX`) und Höhe (`layerY`) eines Objekts, wenn das Ereignis `onResize` überwacht wird, oder die horizontalen Pixel (`layerX`) und die vertikalen Pixel (`layerY`) der Cursorposition relativ zur oberen linken Ecke eines Layer-Bereichs, wenn z.B. Mausereignisse überwacht werden.

<table>
<tr><th>Eigenschaft</th><th>Beschreibung</th></tr>
<tr><td><code>modifiers</code></td><td>Über die Variable wird gespeichert, ob Zusatztasten wie <code>ALT</code>, <code>ALTGR</code>, <code>CRTL</code> oder <code>SHIFT</code> gemeinsam mit einer anderen Taste oder einem Mausklick gedrückt wurden. Dabei können folgende Variablen des <code>event</code>-Objekts verstanden werden:

<code>Event.ALT_MASK</code> wird bei der <code>ALT</code>-Taste ausgelöst
<code>Event.CONTROL_MASK</code> wird bei der <code>CRTL</code> -Taste ausgelöst
<code>Event.SHIFT_MASK</code> wird bei der <code>SHIFT</code> -Taste ausgelöst
<code>Event.META_MASK</code> wird bei der <code>ALTGR</code>-Taste ausgelöst</td></tr>
<tr><td><code>pageX</code>, <code>pageY</code></td><td>Die relative Cursorposition. Zur Auswertung der Cursorkoordinaten stellt Netscape zwei Varianten zur Verfügung:
• eine relative Auswertungsmöglichkeit
• eine absolute Auswertungsmöglichkeit
Über die Variablen kann auf die horizontalen Pixel (<code>pageY</code>) und die vertikalen Pixel (<code>pageY</code>) der Cursorposition relativ zur oberen linken Ecke der Seite zugegriffen werden.</td></tr>
<tr><td><code>screenX</code>, <code>screenY</code></td><td>Die absolute Cursorposition. Zur Auswertung der Cursorkoordinaten stellt Netscape zwei Varianten zur Verfügung:
• eine relative Auswertungsmöglichkeit
• ein absolute Auswertungsmöglichkeit
Die Variablen enthalten die horizontalen Pixel (<code>screenX</code>) und die vertikalen Pixel (<code>screenY</code>) der Cursorposition, absolut gesehen zum Bildschirm.</td></tr>
<tr><td><code>target</code></td><td>Stringrepräsentation des Objekts, wohin das abgefangene Ereignis ursprünglich gesendet wurde.</td></tr>
<tr><td><code>type</code></td><td>Eine Stringrepräsentation des Ereignistyps. Damit wird dokumentiert, welches Ereignis eingetreten ist. Der gespeicherte Wert ist der Name des Ereignisses ohne das vorangestellte <code>on</code>.
<table>
<tr><th>Event-Handler</th><th>Navigatorversion</th><th>Event-Handler für</th></tr>
<tr><td><code>onAbort</code></td><td>Nav 3+</td><td><code>Image</code></td></tr>
<tr><td><code>onBlur</code></td><td>Nav 3+</td><td><code>Button, Checkbox, FileUpload, Layer, Password, Radio, Reset, Select, Submit, Text, Textarea, Window</code></td></tr>
<tr><td><code>onChange</code></td><td>Nav 3+</td><td><code>FileUpload, Select, Text, Textarea</code></td></tr>
<tr><td><code>onClick</code></td><td>Nav 3+</td><td><code>Button, Checkbox, document, Link, Radio, Reset, Submit</code></td></tr>
<tr><td><code>onDblClick</code></td><td>Nav 4</td><td><code>document, Link</code></td></tr>
<tr><td><code>onDragDrop</code></td><td>Nav 4</td><td><code>Window</code></td></tr>
<tr><td><code>onError</code></td><td>Nav 3+</td><td><code>Image, Window</code></td></tr>
</table></td></tr>
</table>

Eigenschaft	Beschreibung		
	onFocus	Nav 3+	Button, Checkbox, FileUpload, Layer, Password, Radio, Reset, Select, Submit, Text, Textarea, Window
	onKeyDown	Nav 4	document, Image, Link, Textarea
	onKeyPress	Nav 4	document, Image, Link, Textarea
	onKeyUp	Nav 4	document, Image, Link, Textarea
	onLoad	Nav 3+	Image, Layer, Window
	onMouseDown	Nav 4	Button, document, Link
	onMouseMove	Nav 4	
	onMouseOut	Nav 3+	Layer, Link
	onMouseOver	Nav 3+	Layer, Link
	onMouseUp	Nav 4	Button, document, Link
	onMove	Nav 4	Window
	onReset	Nav 3+	Form
	onResize	Nav 4	Window
	onSelect	Nav 3+	Text, Textarea
	onSubmit	Nav 3+	Form
	onUnload	Nav 3+	Window
which	Der Tastaturcode. In der Variablen steckt nach Tastaturereignissen der dezimale Code (ASCII/ANSI-Wert) der gedrückten Taste und bei Mausereignissen, welche Maustaste gedrückt wurde (1 bedeutet linke, 2 mittlere und 3 rechte Taste).		
width	Die Breite von dem Fenster oder Frame.		
x	Synonym für layerX.		
y	Synonym für layerY.		

An Methoden erbt das event-Objekt nur die Methoden watch und unwatch von Object.

Die Microsoft-Variante

Das Microsoft-Objektmodell erlaubt die zentrale Behandlung von Ereignissen mittels der folgenden Syntax:

```
<SCRIPT FOR=[Objekt] EVENT=[Ereignis] language="[Scriptsprache]">
      ...[Konkrete Anweisungen]...
</SCRIPT>
```

Als [Ereignis] gibt man einfach die im vorherigen Abschnitt erklären Event-Handler an. Mehr ist nicht notwendig, um alle Ereignisse des spezifizierten Typs von dem angegebenen Objekt zentral zu verarbeiten. Innerhalb des Scripts können Sie dann auf alle Eigenschaften des event-Objekts zugreifen, die der Internet Explorer kennt. Bedeutend weniger Aufwand als bei dem Netscape-Modell und für fast alle Elemente in einer Webseite anzuwenden.

Betrachten wir hier wie beim Netscape-Modell als knappe Zusammenfassung die spezifischen Befehle des Microsoft-Ereignismodells in Zusammenhang mit dem event-Objekt.

Die Abfrage der gemeinsam mit einer anderen Taste oder einem Mausklick gedrückten Zusatztasten erfolgt über die Modifier altKey, ctrlKey und shiftKey (ALT, CRTL oder SHIFT). Die Koordinaten eines Ereignisses werden in den Variablen clientX (horizontale Pixel) und clientY (vertikale Pixel) gespeichert. Die Cursorposition wird relativ zur oberen linken Ecke des Anzeigefensters gesehen, wenn ein koordinatenabhängiges Ereignis (etwa eine Mausaktion) ausgelöst wurde. Über die Variablen offsetX und offsetY kann auf die horizontalen Pixel (offsetX) und die vertikalen Pixel (offsetY) der Cursorposition relativ zur oberen linken Ecke des Elements, das ein Ereignis ausgelöst hat, zugegriffen werden. Es gibt im Microsoft-Modell noch ein weiteres Koordinatenpaar, welches die Cursorposition speichert. Die Variablen x und y speichern die horizontalen Pixel (x) und die vertikalen Pixel (y) der Cursorposition relativ zur oberen linken Ecke des Eltern-Elements von dem Element, das ein Ereignis ausgelöst hat. Wenn ein absolut positionierter Bereich das Eltern-Element ist, ist dessen obere linke Ecke der Bezugspunkt. Wenn das auslösende Element sonst kein Eltern-Element hat, gilt die linke obere Ecke des Dokuments als Koordinatenursprung. Der dezimale Tastaturcode (ASCII/ANSI-Wert) steht über die Variable keyCode zur Verfügung.

Beispiele

Ein Mausklick in einer Webseite:

```
document.event.CLICK
```

Ein Auslösen eines onMouseOver-Effekts über einer Grafik in einer Notation, welche auch vom Netscape Navigator verstanden wird. Der Trick funktioniert über das Umschließen mit einem Link-Container, der nur das Zeichen # als Zieladresse enthält. Dieses Zeichen leitet allgemein den Verweis zu einem lokalen Anker in der Webseite ein. Da aber danach kein Bezeichner eines Ankers eingegeben wird, bleibt der Klick auf den Link erfolglos und die aktuelle Stelle wird nicht verlassen (der gewünschte Effekt). Beachten Sie bitte, dass ein Leerstring als Zuweisung des href-Attributs nicht sinnvoll ist, denn dann wird bei einem Klick des Anwenders auf die Referenz das Dateisystem des Rechners angezeigt. Auch jeder andere URL – inklusive der Selbstreferenz, also der Angabe der gerade aktuellen Datei – ist für die hier gewünschte Situation nicht sinnvoll. Der Link soll ja explizit unterdrückt werden, und das funktioniert damit nicht.

```
<A href="#" onMouseOver="meineFunktion()"><IMG src="RJSFOTO.GIF"</A>
```

Ein vollständiger Code mit einer zentralen Ereignisbehandlung unter dem Netscape-Objektmodell:

```
<HTML>
<HEAD>
<SCRIPT language="javascript">
document.captureEvents(Event.MOUSEOVER);
function BehandleEreignis(e)
{
meldung = "An der Position " + e.layerX + ", " + e.layerY + " trat das Ereignis "
+ e.type + " auf.";
alert(meldung);
return true;
}
document.onMouseOver = BehandleEreignis;
</SCRIPT>
</HEAD>
<body>
<p>
<IMG src="bat1.gif" height=200>
</BODY>
</HTML>
```

Wenn Sie die Datei in den Navigator laden und den Mauszeiger über die Grafik bewegen, wird ein Mitteilungsfenster aufgehen. In der Zeile

```
meldung = "An Position " + e.layerX + ", " + e.layerY + " trat Ereignis " +
e.type + " auf.";
```

werden diverse Eigenschaften des event-Objekts (X- und Y-Koordinaten sowie der Typ des Ereignisses) abgefragt und zu einer Meldung zusammengesetzt. Beachten Sie die veränderten Positionsangaben, wenn der Mauszeiger an einer anderen Stelle das Ereignis auslöst. Wenn Sie sich diese Datei im Internet Explorer anschauen, werden Sie eine Fehlermeldung bekommen.

Ein Beispiel zur Microsoft-event-Objektbehandlung:

```
<HTML>
<HEAD>
<SCRIPT FOR=document EVENT=onclick language="javascript">
<!--
alert("Geklickt");
-->
```

```
</SCRIPT>
</HEAD>
<body>
<H2>Reaktion auf Klick</H2>
<H3>Noch eine Reaktion</H3>
</BODY>
</HTML>
```

Die Angabe `FOR=document` legt fest, dass die zentrale Behandlung für die gesamte Webseite gilt, `EVENT=onclick` spezifiziert das Ereignis Mausklick. Beachten Sie bei der Spezifizierung des Ereignisses die Groß- und Kleinschreibung.

Verwandte Befehle/Themen

Grundlegende Begriffe der Script-Syntax – Ereignisse und Event-Handler

DOM und Dynamic HTML

Scripting-Objektmodelle – Grundlagen

Das JavaScript-Objektmodell von Netscape

Das Microsoft-Scripting-Objektmodell

VBScript in Verbindung mit ActiveX-Controls, Java-Applets und beliebigen interaktiven Objekten

Die Verbindung von VBScript mit ActiveX-Controls, Java-Applets oder sonstigen beliebigen Objekten, die von außen über die Bereitstellung von Eigenschaften gesteuert werden können.

Anwendung

VBScript zählt mit vielen anderen Techniken von Microsoft zu dem ActiveX-Konzept, deren bekanntestes Detail ActiveX-Controls sind. Vielfach werden diese sogar mit der gesamten ActiveX-Technik gleichgesetzt, obwohl sie nur ein kleiner Teil davon sind. ActiveX ist ein Technologiestandard, der von Microsoft erstmals im März 1996 vorgestellt wurde und ein allgemeines Standardverfahren zur Integration von Steuerelementen in Anwendungen beschreibt und alle beteiligten Anwendungen, aber auch Dokumente als aktive Elemente behandelt. Triebfeder dafür waren im Wesentlichen die Visual Basic-Komponenten (in alten Visual Basic-Versionen die VBX-Steuerelemente, in neueren Version die OCX-Varianten), welche mittlerweile von den meisten Komponenten-basierenden, grafischen Windows-Entwicklungstechniken eingesetzt werden und eine standardisierte Schnittstelle für aufrufende Anwendungen bieten. Die Einbindung der Komponenten erfolgt auf Basis der noch älteren OLE-Technik von Microsoft, sind also eine Weiterentwicklung der herkömmlichen OLE-Controls. Vor allem sind die ActiveX-Controls gegenüber den OCX-Controls auf das Wesentliche reduziert und damit verglichen mit diesen bedeutend kleiner. Die OCX-Controls schleppen eine Unmenge im Prinzip für das Internet überflüssigen Ballast aus der MFC (Mircosoft Foundation Classes) mit, der hier durch das neue Konzept weggelassen werden kann. ActiveX-Controls verzichten zudem auf eigene Fenster, sondern delegieren diese Aufgabe an den Container, beispielsweise einen Webbrowser. Neben der Verkleinerung der Controls bringt dieses Verfahren einen weiteren Vorteil – die Controls sind nicht mehr an die Fensterform gebunden. Jede denkbare Form ist im Prinzip realisierbar. Allerdings hat der Container dann eine Menge zu tun, um »Löcher« oder »Flicken« im Bildschirm zu verhindern und Benutzerinteraktionen des Controls zu verarbeiten.

Der Kern der ActiveX-Idee bei der Verwendung in Webseiten besteht darin, Betriebssystem und Browser zu verschmelzen. ActiveX-Controls sind diejenigen Bestandteile der ActiveX-Technologie, welche als Objekte in eine Webseite eingebunden werden. Es besteht also damit aus dem Browser heraus voller Zugriff auf alle Bestandteile des Betriebssystems (es sei denn, Sicherheitseinstellungen beschränken es wieder).

ActiveX-Controls gibt es aus drei Quellen:

- Microsoft
- Fremdhersteller
- Selbstgeschriebene Controls

Fremde Controls werden von Microsoft oder diversen Fremdherstellern zur Verfügung gestellt. Letztere lassen sich mit zahlreichen Programmiersprachen und Entwicklungsumgebungen erstellen (insbesondere C++ und Visual Basic ab der Version 5.0), nicht aber mit Scriptsprachen. Diese verwenden diese Objekte nur, wie auch interne VBScript-Objekte oder Objekte, welche die Elemente einer Webseite repräsentieren, benutzt werden. Das heißt, über Scripte werden die Eigenschaften von ActiveX-Controls abgefragt oder gesetzt und die bereitgestellten Methoden verwendet.

Egal ob fremde oder selbstprogrammierte ActiveX-Controls – in einer Webseite werden ActiveX-Controls identisch eingebunden (siehe Seite 146):

```
<OBJECT classid = "[wert]" ID = "Name"
WIDTH=[Wert] HEIGHT=[Wert] [optionale Angaben]>
 <PARAM name="[Bezeichner]" value="[Wert]">
...
 ... alternativer Text...
</OBJECT>
```

Dabei kann mit dieser Notation jedliches Objekt referenziert werden. Nicht nur ActiveX-Controls im engen Sinn, sondern auch Java-Applets oder beliebige interaktive Objekte.

Das `classid`-Attribut ist die weltweit eindeutige ActiveX-ID für das ActiveX-Control (ein eindeutiger 128-Bit-Wert, der dem Ersteller eines Controls bei der Registrierung seines Controls von einer Lizensierungsorganisation zugeteilt wird und der für die konkrete Objektimplementierung zuständig ist). Jedes Control, das für die allgemeine Verwendung in einer Webseite bereitgestellt wird, muss normalerweise die Klassen-ID dokumentieren, denn beim Laden des Controls in den Browser über den `<OBJECT>`-Tag muss die Klassen-ID verwendet werden, um den Sicherheitsüberprüfungen des Browsers zu genügen. ActiveX-Controls werden wie Java-Applets bei Bedarf automatisch aus dem Internet auf den Client geladen und installiert, wenn sie dort noch nicht vorhanden sind. Dabei dient die Klassen-ID zur Überprüfung, ob das Control zertifiziert und die Zertifizierung noch gültig ist. Ein Zertifikat enthält Informationen über die Authentizität eines bestimmten ActiveX-Controls. Hierdurch soll gewährleistet werden, dass sich kein anderes Programm die Identität des ursprünglichen Programms aneigenen kann. Zertifikate enthalten auch das Ausstellungsdatum. Wenn ein Zertifikat abgelaufen ist, wird der Internet Explorer dies bemerken und – bei nicht zu niedrig eingestellten Sicherheitseinstellungen – eine Warnung ausgeben.

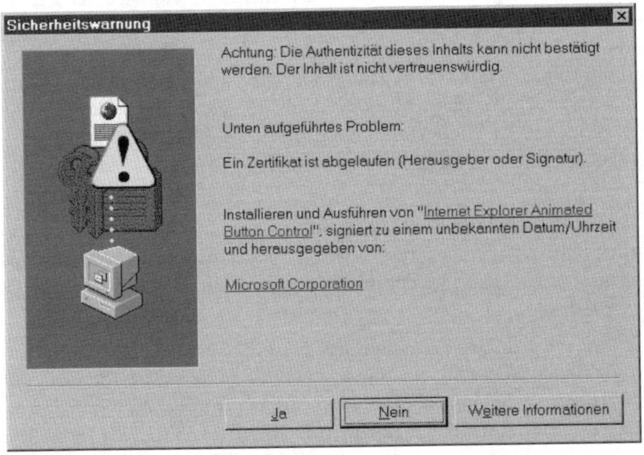

Der Browser erkennt, dass ein Zertifikat abgelaufen ist.

Technisch sind nichtzertifizierte Controls oder Controls mit abgelaufenem Zertifikat nicht unbedingt besser oder schlechter als zertifizierte. Prinzipiell kann jede ActiveX-Komponente Schaden im Computersystem anrichten oder zu einem instabilen Systemverhalten führen. Allerdings sind zertifizierte Controls zumindest registriert. Um Details über das Zertifikat anzuzeigen, kann man bei der Installation des Controls auf den unterstrichenen Namen des Softwareherausgebers im Dialogfeld klicken. Ausgehend von den so angezeigten Informationen über das Control und dem Herausgeber, muss man entscheiden, ob die Installation fortgesetzt werden soll.

Die Klassen-ID kann auch als Identifikation dienen, über die von einer Scriptsprache aus auf das Objekt zugegriffen werden kann. Üblicher ist jedoch der Zugriff über die Namens-ID. Das kann auf verschiedene Weise erfolgen. Die einfachste Variante funktioniert über eine gleich benannte VBScript-Prozedur mit nachgestelltem `_Click`. Diese wird automatisch bei jedem Mausklick auf das Control aufgerufen. Die flexiblere Möglichkeit arbeitet über Ereignisse und Event-Handler, die eine VBScript-Routine aufrufen (siehe Seite 39). Bei beiden Varianten kann innerhalb des VBScript-Codes über den Objekt- und den jeweiligen Eigenschaftsnamen jede Objekteigenschaft geändert werden. Dabei ist zu beachten, dass die Namen der Eigenschaften identisch zu den Angaben im `<PARAM>`-Bereich des `<OBJECT>`-Containers sind. Allerdings muss die Wertzuweisung nicht immer übereinstimmen. Das hängt massiv vom ActiveX-Control, dem Java-Applet oder dem allgemeinen interaktiven Objekt ab, aber auch davon, wie VBScript intern Formate und Zuweisungen benötigt. Die genauen Details sollten jedoch der Dokumentation jedes Controls entnommen werden können. In einem der nachfolgenden Beispiele wird der Fall an Hand von Farbangaben demonstriert, die unter HTML und VBScript unterschiedlich gehandhabt werden. HTML verwendet symbolische Farbnamen oder die hexadezimale Darstellung mit einleitendem `#`. Unter VBScript kann man diese HTML-Farbnamen nicht verwenden, sondern muss die VBScript-Farbkonstanten verwenden (siehe zu den VBScript-Farbkonstanten Seite 280), die hexadezimale Darstellung mit der Sequenz `&H` einleiten oder eine dezimale Zahl zwischen `0` und `16777216` verwenden.

Die beiden Größenangaben für die Breite und Höhe legen den Anzeigebereich des Controls fest, haben aber mit dessen interner Größe nichts zu tun (es sei denn, das Control ist so programmiert, dass es darauf Rücksicht nimmt). Sie sollten beide gesetzt werden.

Das `codebase`-Attribut wird dafür verwendet, das Control aus dem Netz zu laden, wenn es auf dem lokalen System fehlt (in Windows sind bereits zahlreiche Controls vorhanden oder werden mit der Zeit über das Internet via Internet Explorer installiert, wenn dagegen keine Vorkehrungen getroffen werden). Auch diese Information muss ggf. aus der Dokumentation des Multimedia-Objekts entnommen werden.

Die jeweiligen `<PARAM>`-Werte spezifizieren den genauen Typ eines interaktiven Objekts, eventuell die Version und möglicherweise eine Pfadangabe dorthin. Außerdem sind irgendwelche optionalen Übergabeparameter an ein Objekt möglich, die man aus der Beschreibung des Objekts entnehmen muss. Damit werden (wenn man es objektorientiert ausdrückt) die Eigenschaften des Objekts gesetzt.

Grundsätzlich hat man aus einer Webseite heraus zwei Möglichkeiten für den Zugriff auf ein interaktives Objekt:

- Mittels der beschriebenen HTML-<PARAM>-Werte, deren genaue Ausprägung der Dokumentation jedes einzelnen ActiveX-Controls zu entnehmen ist.
- Mittels Script-Routinen, welche über die auch in anderen Situationen übliche Punktnotation ([Objekt].[Eigenschaft/Methode]) auf die vom Control nach außen dokumentierten Schnittstellenelemente zugreifen.

Die Beeinflussung von Java-Applets, wie auch anderen interaktiven Objekten, funktioniert analog, wenn sie mit dem <OBJECT>-Tag referenziert werden. Es gibt aber bei Applets noch die andere und viel häufiger verwendete Variante zur Referenzierung von Applets mittels dem <APPLET>-Tag. Auch für den Fall kann man das Applet über VBScript beeinflussen. Der Trick beruht darauf, über die document.write-Anweisung einfach die gesamte Webseite samt Referenz und <PARAM>-Werte herauszuschreiben, die dann vom Applet aufgenommen werden.

Im Grunde genommen ist es für VBScript irrelevant, wie konkret das Control sich nach außen darstellt oder referenziert wird. In jedem Fall muss man die vom Objekt nach außen dokumentierten Eigenschaften und Methoden kennen (und natürlich die Funktion des Objekts verstehen) und diese entsprechend bedienen. Das ist alles.

Warnungen

- Die tiefgreifenden Manupilationsmöglichkeiten über ActiveX-Controls aus einer Webseite heraus auf fremden Rechnern sind natürlich insbesondere aus Gründen der Sicherheit sehr bedenklich. Viele Anwender lassen sogar überhaupt keine ActiveX-Steuerelemente bei ihrem Browser durch. Falls jedoch ein ActiveX-Control in einer Webseite verwendet wird, das auf einem Rechner nicht installiert ist, wird es automatisch, nach Nachfrage oder überhaupt nicht auf dem Rechner aus der angegebenen Quelle installiert (je nach Sicherheitseinstellungen im Browser). Wenn es nicht installiert werden kann, kann die entsprechende Funktionalität trivialerweise auch nicht genutzt werden.
- Es gibt zahlreiche ActiveX-Controls, deren Zertifizierung abgelaufen ist oder die überhaupt nicht zertifiziert wurden. Technisch gesehen bedeutet dies überhaupt keine Einschränkung der Funktionalität. Sie sind nur nicht in das – so genannte – Sicherheitskonzept für ActiveX-Controls mehr eingebunden. Dieses ist jedoch sowieso kaum als ernsthaftes Sicherheitskonzept zu verstehen, denn der Anwender muss ziemlich blind der Registrierungsnummer des Controls vertrauen, welche als digitale Unterschrift über ein Entwicklungstool für ein Control in dieses eingebaut wurde. Diese Signatur bedeutet aber nicht, dass ein Control unschädlich ist, sondern nur, dass das ActiveX-Control bei einer von Microsoft lizensierten Organisation registriert wurde (etwa der Firma Verisign). Dort wird jedoch die Funktionsweise des ActiveX-Controls nicht über-

prüft! Ganz zu schweigen von gefälschten oder gehackten Klassen-IDs[26]. Technisch erfolgt die »Sicherheitskontrolle« darüber, dass diese digitale Unterschrift und deren Gültigkeit überprüft wird, sofern ein Anwender ein ActiveX-Control auf seinen Rechner lädt, und – falls der Browser entsprechend konfiguriert ist – bei fehlender Registrierungsnummer das Laden verweigert oder gewarnt wird. Und selbst diese minimalen Sicherheitsmechanismen lassen sich durch technische und logische Lücken im Internet Explorer aushebeln. Neben den immer wieder neu aufgedeckten Sicherheitsbugs in den verschiedenen Browserversionen dürfte das Hauptproblem die Bedienung der Konfiguration der Browser sein. Die Überprüfung lässt sich im Internet Explorer in den Sicherheitseinstellungen vollständig deaktivieren. Den Sicherheitslevel kann man so niedrig einstellen, dass ein ActiveX-Control auf dem Rechner alles tun darf – ob Zertifikat oder nicht spielt dann keine Rolle mehr. Experten werden diesen Level garantiert mit Vorsicht anpacken. Was ist aber mit den vielen Computerlaien und – noch schlimmer – Halbprofis, welche hier aus Versehen etwas verstellen oder einfach rumexperimentieren, ohne die Gefahr zu ahnen? Die für Laien ziemlich versteckte Konfiguration des Browsers hat sicher auch politische Gründe, um die Akzeptanz der ActiveX-Technologie nicht zu sehr zu behindern. Grundsätzlich gilt bei der Akzeptanz von ActiveX-Controls, dass man als Anwender ein ziemliches Vertrauen zu Microsoft und den Herstellern der Controls aufbringen muss.

Beispiele

Ein ActiveX-Control, das über verschiedene Werte in den <PARAM>-Tag beeinflusst wird:

```
<OBJECT
 CLASSID="clsid:99B42120-6EC7-11CF-A6C7-00AA00A47DD2"
 CODEBASE="other/ielabel.ocx#version=4,70,0,1161"
 TYPE="application/x-oleobject"
 WIDTH=390
 HEIGHT=150
 ALIGN=center>
      <PARAM NAME="Angle" VALUE="0">
      <PARAM NAME="Alignment" VALUE="4" >
      <PARAM NAME="BackStyle" VALUE="1" >
      <PARAM NAME="BackColor" VALUE="#001111" >
      <PARAM NAME="Caption" VALUE="Safety First">
```

26. Nicht umsonst lassen sich mit ActiveX-Controls trotz Sicherheitseinschränkungen alle möglichen schädlichen Dinge anstellen, welche zum Teil auch in der Presse ausführlich dokumentiert wurden (Löschen von Verzeichnissen, Ausführen von Banküberweisungen usw.). Auf der HIP 97 - dem größten Hackertreffen in Europa - war ActiveX ein Hauptthema. Wer es selbst einmal ausprobieren will, was passieren kann, wenn die Sicherheitsschranke des Browsers beim Download von nicht zertifiziertem Code deaktiviert ist, soll sich einmal das Control Exploder (kein Schreibfehler!) auf seinen Rechner laden (http://www.halcyon.com/mclain/ActiveX/welcome). Einmal geladen, fährt Ihnen das Demoprogramm den PC sauber herunter.

```
    <PARAM NAME="FontName" VALUE="Arial">
    <PARAM NAME="FontSize" VALUE="20">
    <PARAM NAME="ForeColor" VALUE="#F0fee0" >
    <PARAM NAME="FontBold" VALUE="0" >
</OBJECT>
```

Die Beeinflussung der nach außen dokumentierten Eigenschaften eines Controls über den per ID-Attribut angegebenen Namen und eine gleich benannte VBScript-Prozedur mit nachgestelltem `_Click`. Beim Klick auf das Control wird es initialisiert. Das Beispiel verwendet den Namen `MeinControl` für das ActiveX-Control, und entsprechend heißt die VBScript-Prozedur `MeinControl_Click`. Über den Namen des Objekts und den jeweiligen Namen der Eigenschaft (identisch zu den Angaben im `<PARAM>`-Bereich) kann jede Eigenschaft geändert werden.

```
<HTML>
<HEAD>
<SCRIPT LANGUAGE="VBSCRIPT">
Sub MeinControl_Click
    MeinControl.Highscore = 360
    MeinControl.Start = 100
End Sub
</SCRIPT>
</HEAD>
<BODY>
<center>
<OBJECT
    ID="MeinControl"
    CLASSID="clsid:99B42120-6EC7-11CF-A6C7-00AA00A47DD2"
    CODEBASE="other/ielabel.ocx#version=4,70,0,1161"
            TYPE="application/x-oleobject"
        WIDTH=300
        HEIGHT=250
        VSPACE=0
        ALIGN=center>
    <PARAM NAME="Highscore" VALUE="0">
    <PARAM NAME="Start" VALUE="0">
</OBJECT>
</center>
</BODY>
</HTML>
```

Die Verwendung von einem Event-Handler (`onload`), der eine VBScript-Routine aufruft (siehe Seite 39) kann im Gegensatz zu dem vorherigen Fall beliebig benannt werden. Innerhalb der VBScript-Prozedur verändern wir mehrere Eigenschaften eines Objekts. Dazu bietet sich die `With`-Technik an, die eine Anzahl von Anweisungen mit einem einzelnen Objekt durchführen lässt, ohne dass das sonst jeder Anweisung voranzustellende Objekt notiert werden muss. Außerdem werden zusammengehörende Anweisungen auch optisch zu einem Block zusammengefasst. Eigenschaften des angegebenen Objekts müssen mit einem beginnenden Punkt notiert werden! Beachten Sie, dass in der HTML-Referenz innerhalb des <OBJECT>-Tags keine einzige Eigenschaft gesetzt wird (nicht einmal die Beschriftung).

```
<HTML>
<HEAD>
<SCRIPT LANGUAGE="VBSCRIPT">
Sub AendereLabel
With MeinLabel
 .FontSize = "20"
 .Caption = "RJS EDV - KnowHow"
End With
End Sub
</SCRIPT>
</HEAD>
<BODY onload=AendereLabel()>
<center>
<OBJECT
          ID="MeinLabel"
          CLASSID="clsid:99B42120-6EC7-11CF-A6C7-00AA00A47DD2"
      CODEBASE="other/ielabel.ocx#version=4,70,0,1161"
      TYPE="application/x-oleobject"
          WIDTH=500
          HEIGHT=250
          VSPACE=0
          ALIGN=center>
</OBJECT>
</center>
</BODY>
</HTML>
```

Verwandte Befehle/Themen

Java

Java-Applets

DOM

Scripting-Objektmodelle – Grundlagen

Das JavaScript-Objektmodell von Netscape

Das Microsoft-Scripting-Objektmodell

Perl-Grundlagen

Da Perl eine der wichtigsten Sprachen für die Erstellung von CGI-Scripten ist und ebenso für das Scripting auf Clientseite hervorragend geeigenet ist, sollen nachfolgend einige wichtige Grundstrukturen[27] erklärt werden. Perl ist die Abkürzung von *Practical Extraction and Report Language* und wurde 1986 in den USA als Internet-Programmiersprache entwickelt. Momentan ist die Version 5 aktuell.

Stark beeinflusst ist Perl von C/C++, was sich bei vielen Operatoren zeigt. Wie auch C/C++ oder Java ist Perl aus Paketen aufgebaut, die in einem Script über die `package`-Anweisung referenziert werden können (darauf wollen wir aber nicht genauer eingehen). Perl verfolgt wie viele Scriptsprachen einen objektorientierten Ansatz, ist aber insgesamt als hybrid zu bezeichnen. Es gibt also Objekte und nicht-objektorientierte Elemente parallel. Auf der einen Seite stellt Perl beispielsweise Objekte, Methoden, Mechanismen wie Überladen und Vererbung bereit. Auf der anderen Seite selbstdefinierte Subroutinen und globale Variablen. Insbesondere gestaltet sich der Umgang mit Perl für den Einsteiger viel einfacher als der mit den streng objektorientierten Sprachen. Viele im Prinzip hochkomplizierte Dinge laufen bei Perl (auf Wunsch oder bei Nichtbeachtung) weitgehend im Hintergrund. Die meisten Probleme mit Perl beruhen auf der Konfiguration der Laufzeitumgebung und des Interpreters (siehe dazu im Praxisteil), nicht der Sprache selbst.

Perl ist keine Sprache mit großen grafischen Möglichkeiten, sondern äußert sich bei Ausgaben auf dem Bildschirm auf Befehlszeilenniveau. Die Stärken liegen auf anderen Ebenen, insbesondere der möglichen Serverprogrammierung (was fast immer ohne grafischen Schnickschnack auskommt) und einem großen Satz von Operatoren, welche mathematische Aktionen oder komplizierte Hintergrundalgorithmen stark vereinfachen. In demselben Maße ist das Datei-Handling unter Perl äußerst komfortabel. Nicht umsonst sind im Internet viele CGI-Zugriffszähler oder CGI-Gästebücher in Perl erstellt. Wir wollen diese beiden Beispiele (sowohl auf lokaler Ebene ohne CGI und Server-Kontakt als auch als CGI-Anwendungen) im Rahmen des Praxisteils dieses Buchs durchsprechen und Sie werden sehen, dass so etwas unter Perl nahezu trivial (bis auf das Datenhandling nach einer CGI-Übermittlung – das ist etwas aufwendig) realisiert werden kann.

Auf der anderen Seite ist Perl mittlerweile mächtiger geworden, als man der Sprache gemeinhin zutraut. Wenn man tiefer in die Hintergründe einsteigt, sieht man, dass in Bezug auf Ein- und Ausgabeoperationen, komplexeren arithmetischen Ope-

27. Für die vollständige Behandlung sei auf weiterführende Perl-Literatur oder das Internet (`http://www.perl.com`) verwiesen.

rationen oder Stringhandling ein mächtiger Apparat bereitgestellt wird. Selbst mächtige Techniken wie Prototyping oder Inline-Funktionen stellt Perl bereit. Der leichte Einstieg in Perl verschleiert oft, dass Perl mit seiner extrem kurzen (und daher in komplexeren Situationen dann leider recht kryptischen) Schreibweise für viele komplexe Vorgänge einen mächtigen Apparat bereitstellt. Wir werden nachfolgend die Perl-Grundlagen nur so weit behandeln, wie es im Hinblick auf Webscripting sinnvoll erscheint, jedoch dennoch einige weitergehende Details erläutern.

Perl-Anweisungen, -Deklarationen und -Kommentare

Die Grundregeln für Anweisungen, Deklarationen und Kommentare unter Perl.

Anwendungen

Ein Perl-Script besteht im Wesentlichen aus Deklarationen und Anweisungen sowie erklärenden Kommentaren, welche vom Interpreter ignoriert werden.

Allgemein stehen Perl-Anweisungen in einer Zeile und müssen mit einem Semikolon beendet werden. Es ist möglich, eine Anweisung über mehrere Zeilen zu verteilen oder auch mehrere Anweisungen in einer Zeile zu notieren. Relevant für den Perl-Interpreter ist nur das Semikolon (analog JavaScript). Anweisungen werden einfach von oben nach unten abgearbeitet, es sei denn, es handelt sich um eine Schleife oder den Aufruf einer Subroutine, welche überall im Script deklariert werden kann (meist jedoch am Anfang vor der ersten direkt auszuführenden Anweisung).

Bezüglich Deklarationen ist Perl äußerst tolerant (mit allen Vor- und Nachteilen). Genau genommen müssen unter Perl nur Subroutinen und wenige spezielle Formate (report formats) überhaupt explizit deklariert werden (ebenfalls wieder am besten am Anfang eines Perl-Scripts vor der ersten direkt auszuführenden Anweisung). Alle nicht initialisierten Objekte, welche von einem Anwender erstellt werden, bekommen beim Start einen `null`- oder `0`-Wert als Initialierung zugewiesen. Bei der ersten expliziten Operation mit ihnen bekommen sie so einen Defaultwert. Deklarationen können überall da stehen, wo auch eine Anweisung stehen kann, werden aber nicht als auszuführender Befehl verstanden, sondern erst bei Bedarf von einer Anweisung über ihren Bezeichner verwendet. Bei Subroutinen gibt es optional die Anweisung `use`, mit der sie aus fremden Modulen importiert werden können.

Perl kennt natürlich Kommentare, wenngleich nur über eine Zeile. Das Zeichen `#` leitet unter Perl immer einen Kommentar ein, der sich bis zum Ende der Eingabezeile erstreckt. Der Kommentar kann hinter einer Anweisung in der gleichen Zeile beginnen.

Blockanweisungen

Größere Codeblöcke aus Anweisungen und gegebenenfalls Deklarationen sind in Perl natürlich möglich und werden wie in JavaScript oder C mit geschweiften Klammern zusammengefasst. Insbesondere bei Subroutinen und Schleifen finden sich Blöcke.

Die Anweisung zur Ausgabe

Eine der wichtigsten Anweisungen unter Perl ist die Ausgabeanweisung. Die übliche Ausgabeanweisung ist die Funktion `print`. Syntax:

```
print "[beliebiger Text]";
```

Ohne die Angabe eines Handles (siehe Seite 435) erfolgt die Ausgabe auf dem Standardausgabegerät – meist dem Bildschirm. Diese Anweisung erzeugt erstmal keinen Zeilenvorschub. Dieser kann durch eine in vielen Sprachen übliche Sequenz `\n` ausgelöst werden (siehe dazu Seite 425).

Warnungen

- Trotz seiner C-Verwandtschaft gibt es unter Perl nicht die dort verwendeten Kommentare `/*...*/` und `//`. Das ist nicht ganz ungefährlich, da diese Zeichenfolgen unter Perl dennoch vorkommen und statt dessen dann unerwünschte Operationen auslösen.
- Beachten Sie, dass die Ausgabeanweisung `print` keinen Zeilenvorschub auslöst. Dieser muss explizit durch die Sequenz `\n` ausgelöst werden.

Beispiele

Ein Perl-Kommentar:

```
# Mein erstes Perl-Programm
```

Das klassische »Hello World«-Programm als Perl-Script mit Ausgabe auf der Standardkonsole (dem Bildschirm auf Befehlszeilenniveau) über die `print`-Funktion:

```
print "Hello World";
```

Verwandte Befehle/Themen

Grundlegende Begriffe der Script-Syntax – Anweisungen

Grundlegende Begriffe der Script-Syntax – Token

JavaScript-/JScript-Anweisungen

VBScript-Anweisungen und -Kommentare

Variablen & Arrays in Perl

Die Perl-Variablen und -Arrays sowie deren Datentypen.

Anwendung

Perl kennt für Variablen drei Datenstrukturen:

- skalare Variablen
- skalare Arrays
- assoziierte Arrays aus Skalaren, d.h. Symbole übernehmen die Indexkennung (so genannte Hashes oder Hasharrays).

Wir gehen hier erst einmal auf die skalaren Variablen ein (zu Variablen siehe Seite 64). Deren Definition beginnt immer mit `$`, gefolgt von einem Bezeichner, der folgenden Regeln genügt:

- Buchstaben und Zahlen sowie Unterstrich sind erlaubt
- Der Bezeichner darf nicht mit einer Zahl beginnen
- Groß- und Kleinschreibung ist relevant

Ansonsten sollten Bezeichner maximal 32 Zeichen Länge haben.

Perl kennt sowohl globale als auch lokale Variablen (in den Ausprägungen `private`, `persistent private` oder temporär) im Rahmen der üblichen Randbedingungen (etwa wie in C). Diese Differenzierung wird aber in Perl sehr einfach gemanagt (sofern man die Sprache nicht ausreizt). In diesem Punkt unterscheidet sich Perl im Vergleich zu vielen anderen Sprachen teilweise.

Grundsätzlich ist in Perl jede Variable erst einmal global, wenn sie nicht explizit anderweitig deklariert wird. Was beispielsweise erst in einer Schleife oder einer Subroutine deklariert wird, steht auch außerhalb zur Verfügung (nach Abarbeitung des Codes – also etwa dem Aufruf der Subroutine). Was außerhalb deklariert wird, kann sowieso im ganzen Script verwendet werden. Private Variablen werden in Perl via einer Subroutine namens `my()` realisiert, temporäre Variablen mit der Subroutine `local()`. Beide Varianten legen lokale Variablen fest, die nur innerhalb eines umgebenden Blocks zur Verfügung stehen. Im Allgemeinen ist `my()` sinnvoller als `local()`, denn diese Technik gilt als schneller und auch sicherer. Ausnahmen sind etwa Dateizugriffe, bestimmte Formataktionen oder die direkte Manipulation der Perl-Symboltabelle selbst. Persistente private Variablen sind solche, die im Gegensatz zu den einfachen privaten Variablen nicht nach der Beendigung der Abarbeitung des umgebenden Blocks aus dem Speicher entfernt werden. Die Technik hat viel mit C/C++- und Java-Konzepten gemein. So tief wollen wir aber nicht in Perl einsteigen.

Auch die Wertzuweisung und Typdeklaration ist in Perl wenig restriktiv. Sowohl globale als auch lokale Variablen haben einen Defaultinitialisierungswert – den `null`-Skalar. Davon gibt es zwei Arten – den `null`-Wert (Stringvariante) oder den `0`-Wert (numerische Variante). Das hat weitgehende Konsequenzen, denn bereits die Verwendung eines Variablenbezeichners macht diese Variable existent. Wenn auch nur mit einem Defaultwert. Das ist vollkommen analog zu JavaScript oder VBScript mit den gleichen Vor- und Nachteilen.

Der `null`-Skalar hat noch eine andere Verwendung. In Perl werden `null`-Skalare zurückgegeben, wenn ein illegaler Wert für irgendetwas auftritt (etwa ein Error oder das Ende einer Datei beim Lesen oder die Referenz auf eine uninitialisierte Variable).

Stringvariablen bekommen in Hochkommata (doppelte als auch einfache erlaubt) eingeschlossene Werte zugewiesen, numerische Variablen können ohne Hochkommata Wertzuweisungen erhalten. Dabei gibt im einfachsten Fall ein Punkt an, ob es sich um einen Fließkomma-Datentyp handeln soll oder einen Ganzzahltyp. Daneben gibt es die Expotentialschreibweise über das einer Zahl nachgestellte `E`, die hexadezimale Schreibweise mit einleitendem `0x` und nachfolgender Hexadezimaldarstellung sowie die oktale Schreibweise mit führender `0` und nachfolgender Oktaldarstellung. Eine nette Perl-Besonderheit ist die mögliche Trennung einer Zahl durch Unterstriche, damit insbesondere große Zahlen besser zu lesen sind.

Grundsätzlich legt die Wertzuweisung über den Datentyp des Werts oder des Ausdrucks den Datentyp der Variablen fest (zu Datentypen siehe Seite 37). Typkonvertierungen (zu Typkonvertierung siehe Seite 34) laufen bei Bedarf im Hintergrund. Ein skalarer Wert wird im `Boolean` Sinn als wahr interpretiert, wenn er weder der `null`-String noch die Zahl `0` bzw. ihr Stringäquivalent ist. Ansonsten gibt es keinen `Boolean` Datentyp – Wahrheitslogik ist nur eine spezielle Art des skalaren Kontexts.

Stringliterale (für Literale siehe Seite 54) können in Perl in einer oktalen oder hexadezimalen Repräsentation dargestellt werden. Dies ist insbesondere für CGI-Formulare wichtig, denn diese maskieren Sonderzeichen bei Benutzereingaben hexadezimal. Diese maskierten Stringliterale werden jedoch bei einer Verwendung nicht (!) automatisch in ihre Integerrepräsentation konvertiert. Dazu stellt Perl die Standardfunktionen `hex()`[28] und `oct()` bereit, die die Rückkonvertierung durchführen müssen.

Viel mehr ist bei Perl bezüglich der Datentypen von Variablen nicht zu beachten, wenn man nicht zu tief in Perl einsteigen möchte. Die meisten Prozesse mit Variablen laufen unter Perl im Hintergrund.

Perl stellt einige vordefinierte Variablen bereit, von denen wir noch die wichtigsten ansprechen wollen.

Vordefinierter Skalar	Erklärung
`$_`	Der aktuelle Wert in Suchläufen (z.B. bei der Suche in einer Liste).
`$.`	Die aktuelle Zeilennummer der zuletzt eingelesenen Datei.
`$/`	Der eingestellte Eingabeseparator.
`$]`	Versionsnummer des Perl-Interpreters.
`$!`	Aktuelle Fehlermeldung oder Fehlernummer, sofern ein Fehler aufgetreten ist.
`$0`	Dateiname des aktuellen Perl-Scripts.
`$$`	Prozess-ID des Perl-Scripts.
`$^T`	Startzeitpunkt des Perl-Scripts in Millisekunden.

28. Diese Funktion ist wichtig für die Rückkonvertierung von CGI-Übergabedaten auf dem Server.

Vordefinierter Skalar	Erklärung
`$&`	Enthält nach Anwenden eines regulären Ausdrucks den Wert, auf den das Suchmuster passt.
`$+`	Enthält nach Anwenden eines regulären Ausdrucks mit Klammern den Inhalt der Klammer, die mit dem letzten Suchmuster übereinstimmte.
`$1`, `$2` usw.	Enthalten nach Anwenden eines regulären Ausdrucks mit Klammern die Werte der Klammern 1, 2 usw., auf die das in der jeweiligen Klammer definierte Suchmuster passt.

Arrays

Arrays bedeuten in Perl (wie auch anderen Sprachen) eine Sammlung von skalaren Variablen mit gleichem Namen, auf die über einen Index zugegriffen wird. Dabei interessiert es unter Perl im Gegensatz zu vielen anderen Programmiersprachen nicht, ob Werte gleichen oder verschiedenen Datentyps in einem Array zusammengefasst werden. Es können also in einem Array Strings und Zahlen notiert werden.

Normale Arrays werden bei der Deklaration mit dem @-Zeichen begonnen, gefolgt von einem Bezeichner mit denselben Namensregeln wie bei Variablen. Die Wertzuweisung erfolgt durch Werte, welche in runden Klammern notiert und durch Komma getrennt werden. Die Zahl der Werte legt die Dimension des Arrays fest. Allgemeine Syntax:

```
@[Bezeichner] = ([Werte]);
```

Hasharrays – assoziative Listen – speichern im Gegensatz zu normalen Arrays pro Listenelement zwei Werte: einen Namen und einen Wert. Werte innerhalb eines Hash brauchen dann nicht über Indexnummern ansgesprochen zu werden, sondern werden über den zugehörigen Namen angesprochen. Das erste Element stellt den Hash-Namen dar, das zweite Element den gespeicherten Wert, der über den Hash-Namen ansprechbar ist. Ein ähnliches Konzept gibt es auch unter VBScript – siehe Seite 296.

Hasharrays beginnen mit %. Allgemeine Syntax:

```
%[Bezeichner] = ([Werte]);
```

Für Hasharrays, also für assoziative Listen, gelten ansonsten die gleichen Regeln und Möglichkeiten wie für gewöhnliche Listen. Ein Hashliteral besteht immer aus einem Paar von Werten, welche als Zugriffsschlüssel und Wert zu interpretieren sind. Da alle Einträge einfach durch Kommata getrennt werden (ohne Unterscheidung der Trennung zwischen Schlüssel und seinem Wert auf der einen und Wertepaaren auf der anderen Seite), müssen immer zwei Werte bei der Zuweisung zusammen betrachtet werden. An dieser Stelle kann man aber eine Besonderheit von Perl nutzen: die zwei verschiedenen Schreibweisen für den Kommaoperator (siehe Seite 424). Neben dem normalen Kommazeichen fungiert der Operator => gleichwertig, so dass eine übersichtlichere Schreibweise möglich ist.

Der Zugriff auf Elemente eines Arrays erfolgt über den bei der Definition angegebenen Bezeichner mit vorangestelltem $ (wie bei gewöhnlichen skalaren Variablen) und nachgestelltem Index in eckigen Klammern. Der Index beginnt normalerweise mit 0. Eine Perl-Besonderheit ist, dass auch negative Indizes möglich sind. Diese zählen dann vom Ende des Arrays an. Syntax:

```
$[Bezeichner][[Index]];
```

Um ein bestimmtes Element innerhalb eines Hash anzusprechen, wird der Variablenname des Hash verwendet, jedoch wie bei normalen Arrays mit einem Dollarzeichen $ davor. Hinter dem Namen des Hasharrays wird in geschweiften Klammern und einfachen Anführungszeichen der Hash-Name des Elements, das angesprochen werden soll, notiert. Hasharrays verwenden also grundsätzlich Stringindizes und werden auch über diese symbolischen Zugriffsindizes angesprochen. Syntax:

```
$[Bezeichner][{'[Indexbezeichner]'};
```

Hashs lassen sich im Zusammenhang mit CGI-Scripts sehr sinnvoll einsetzen. So ist es beispielsweise möglich, den Datenstrom eines vom Anwender ausgefüllten HTML-Formulars in einen Hash einzulesen, wobei als Hash-Name jeweils der Name gespeichert wird, den ein Formularelement in der HTML-Datei hat, und als Wert der Wert, den der Anwender in dem betreffenden Formularelement eingegeben oder ausgewählt hat. Wir werden dies im Praxisabschnitt nutzen.

Perl stellt neben den oben besprochenen vordefinierten Skalaren auch vordefinierte Arrays bereit. Nachfolgend finden sie drei der wichtigsten:

Vordefiniertes Array	Beschreibung
@_	Übergabeparameter beim Aufruf eines Unterprogramms. Innerhalb des Arrays können verschiedene übergebene Parameter mit $_[0], $_[1] usw. angesprochen werden.
@ARGV	Übergabeparameter an das Perl-Script beim Aufruf. Diese werden einfach mit Leerzeichen abgetrennt nach dem Script notiert.
%ENV	Enthält die komplette Rechnerumgebung, wie Sie dem Perl-Interpreter bekannt ist (geladene Treiber, Systemprogramme usw.).

Betrachten wir noch ein paar Bearbeitungsmöglichkeiten für Arrays. Der Perl-Befehl

```
push ([Array], [neue Werte]);
```

erweitert beispielsweise ein bestehendes Array um die angegebenen Werte, und die Anweisung `pop` entfernt Elemente bei Bedarf wieder. Interessant in Perl ist die Tatsache, dass die Sprache eine eigene Array-Schleifenanweisung bereitstellt, mit der auf jedes Element des Arrays zugegriffen werden kann – `foreach`. Syntax:

```
foreach [Elementvariable] ([Arraybezeichner])
{
... irgendwelche Perl-Anweisungen
}
```

In Verbindung damit kann auch ein Bereich angegeben werden, der einen Startwert und einen Endwert in der Indexmenge des Arrays festlegt.

```
foreach (Bereich) [Elementvariable] ([Arraybezeichner])
{
... irgendwelche Perl-Anweisungen
}
```

Die Elementvariable enthält bei jedem Schleifendurchlauf den Wert eines Arrayelements und wird dabei automatisch einen Index weiter verschoben – bis das Array abgearbeitet ist. Ideal ist dieses Konstrukt, wenn zum Zeitpunkt der Erstellung des Quellcodes die Größe des Arrays nicht bekannt ist. Etwa wenn eine Datei eingelesen werden soll und jede Zeile in ein Array-Feld gespeichert wird (siehe unten).

Warnungen

- Perl ist bei der Verknüpfung von Variablen verschiedenen Typs beileibe nicht so mächtig wie etwa Java. Casting (siehe Seite 34) ist kein Highlight von Perl. Explizites Casting gibt es gar nicht. Deshalb sollten am besten nur Variablen mit gleichen Datentypen (siehe Seite 37) miteinander verknüpft werden (etwa Zahl mit Zahl oder String mit String). Perl castet zwar automatisch, aber nur in wenigen Fällen. Etwa wenn eine Stringvariable nur einen numerisch interpretierbaren Ausdruck enthält und eine arithmetische Verknüpfung mit einer numerischen Variablen erfolgt, wird diese Stringvariable gecastet. Oder auch, wenn ein Ganzzahltyp mit einem Gleitzahltyp verknüpft wird. Kritisch ist jedoch die Verknüpfung von String und numerischer Variablen, da dabei nicht der +-Operator verwendet wird, sondern der Punkt-Operator.
- Perl verhält sich als lose typisierte Sprache bei der Deklaration einer Variablen sehr tolerant. Mit allen Vor- und Nachteilen (ähnlich wie Visual Basic in der Grundkonfiguration oder JavaScript und VBScript). Bereits die Verwendung eines Variablenbezeichners macht diese Variable existent. Wenn auch nur mit einem Defaultwert. Wenn beispielsweise eine bereits existierende Variable über eine Wertzuweisung einen neuen Wert bekommen soll und der Variablenbezeichner nicht korrekt geschrieben wird, entsteht eine neue Variable mit diesem Wert, und die urspüngliche Variable existiert mit dem alten Wert weiter. Eine mögliche Quelle großer Freude bei umfangreichen Scripten[29].

29. ;-)

- Etwas tückisch unter Perl ist die Tatsache, dass die Array-Deklaration mit dem Zeichen `@` beginnt, der Zugriff auf Elemente eines Arrays mit dem vorangestellten `$` (wie bei gewöhnlichen skalaren Variablen).
- Jeder Variablentyp in Perl hat seinen individuellen Namensraum. Dies bedeutet, man kann den gleichen Namen für eine skalare Variable, ein Array oder ein Hasharray (oder auch ein Dateihandle, den Namen einer Subroutine oder ein Label) verwenden. Die Ausdrücke `$Ja` und `@Ja` sind zwei verschiedene Variablen. Ebenso eindeutig ist damit festgelegt, dass `$Ja[1]` ein Feld des Arrays `@Ja` ist und nichts mit `$Ja` zu tun hat. Sinnvoll ist so eine identische Namenswahl jedoch selten, denn der Quelltext wird kaum noch zu durchschauen sein.

Beispiele

Einige Variablendeklarationen:

```
# Deklaration ohne Wertzuweisung
$BlaBla;
# Deklaration eines Strings mit Wertzuweisung
# (doppelte Hochkommata)
$Text = "ABC";
# Deklaration eines Strings mit Wertzuweisung
# (einfache Hochkommata)
$Text = 'Auch das geht';
# Deklaration einer Ganzzahl mit Wertzuweisung
$Zahl = 5;
# Deklaration einer Gleitkommazahl mit Wertzuweisung
$NochneZahl = 5.3;
# Deklaration einer Zahl mit Exponenten-Wertzuweisung
$wissenschaft = .23E-10;
# Deklaration einer Zahl mit Exponenten-Wertzuweisung
$hexe = 0xffff;
# Deklaration einer Zahl mit Oktal-Wertzuweisung
$achterbahn = 0377;
# Deklaration einer numerischen Variablen, wo die
# zugewiesene Zahl für die bessere Lesbarkeit mit
# Unterstrichen unterteilt wird.
$ganzgroß = 1_234_567_891;
```

Ein vollständiges Perl-Script mit verschiedenen Variablendefinitionen, die dann mit eigenen `print`-Anweisungen ausgegeben werden:

```
$Text = "Die Antwort ist ";
$Zahl = 5;
$Irgendwas = "42";
print $Text;
print $Zahl;
print $Irgendwas;
```

Das Ergebnis wird so aussehen:

Die Antwort ist 542

Beachten Sie, dass die einzelnen `print`-Anweisungen keinen Zeilenvorschub auslösen.

In dem nachfolgenden Beispiel wird eine Variable, `$Text`, innerhalb der Subroutine (ein kleiner Vorgriff, siehe dazu Seite 420) deklariert und bekommt dort einen Wert zugewiesen. Nach dem Aufruf der Subroutine (nicht vorher bzw. höchstens trivial mit dem `null`-Defaultwert) steht die Variable überall zur Verfügung.

```
sub deklariereVariable
{
$Text = "Die Antwort ist 42";
}
deklariereVariable;
print $Text;
```

Das Ergebnis wird so aussehen:

Die Antwort ist 42

Private Variablen via `my()`:

```
# deklariere $meineVar als private
my $meineVar;
# deklariere eine Liste von Variablen als private
my (@meinArray, %get);
# deklariere $meineVar als private
# und initialsiere sie gleichzeitig
my $meineVar = "Die Antwort ist geheim";
```

Lokale Variablen via `local()`:

```
# deklariere $meineVar als lokal
local $meineVar;
# deklariere eine Liste von Variablen als lokal
local (@meinArray, %get);
# deklariere $meineVar als lokal
# und initialsiere sie gleichzeitig
local $meineVar = "Die Antwort ist geheim";
```

Ein kleines Beispiel, was ein kleiner Schreibfehler bei der Wertzuweisung einer Variablen bewirken kann:

```
# Variable $Text bekommt Wert zugewiesen
$Text = "Die Antwort ist 42\n";
# Variable $Text soll neuen Wert zugewiesen bekommen.
# Statt dessen wird $Test geschrieben.
$Test = "Denk Dir mal was Neues aus\n";
```

```
# Zwei Testausgaben
print $Text;
print $Test;
# Variable $Text bekommt jetzt neuen Wert zugewiesen.
# Der alte Wert ist überschrieben.
$Text = "Was Neues\n";
print $Text;
```

Die Ausgabe sieht so aus:

Die Antwort ist 42
Denk Dir mal was Neues aus
Was Neues

Ein Array, auf das mit der Array-Schleifenanweisung `foreach` zugegriffen wird:

```
# Variablendeklaration
@meinArray= ("A", "B","C");
# Schleife zum Abarbeiten des Arrays
foreach $zaehler (@meinArray)
{
print $zaehler;
print "\n";
}
```

Die Ausgabe wird *ABC* (mit jeweiligen Zeilenumbruch) sein.

Ein Array, auf dessen zweites Element zugegriffen wird (beachten Sie die Indizierung und die Verwendung des Zeichens `$` beim Zugriff auf ein Element):

```
@meinArray= ("A", "B","C");
print $meinArray[1];
```

Der letzte Index von dem Array `@wochentage`

```
$#wochentage
```

Der Wert `Montag` aus dem Hasharray `%wochentage`

```
$wochentage{'Montag'}
```

Zwei Werte aus dem Hasharray `%wochentage`

```
@wochentag{'Montag','Sonntag'}
```

Andere Schreibweise für zwei Werte aus dem Hasharray `%wochentage`

```
($wochentag{'Montag'},$wochentag{'Sonntag'})
```

Die Deklaration eines Hasharrays:

```
%farben = ('red',0x00f,'blue',0x0f0,'green',0xf00);
```

Die gleiche Deklaration unter Verwendung des alternativen Kommaoperators:

```
%farben = (
'red' => 0x00f,
'blue' => 0x0f0,
'green' => 0xf00);
```

Vollständige Deklaration eines Hasharrays und Zugriff darauf:

```
%farben = (
'red' => 0x00f,
'blue' => 0x0f0,
'green' => 0xf00);
print $farben{'red'} . "\n";
print $farben{'green'} . "\n"
```

Alle Einträge im Array `@wochentag`, also (`$wochentag[0]`, `$wochentag[1]`,... `$wochentag[n]`):

```
@wochentag
```

Ein Array mit Bereichsoperator – entspricht `@wochentag[3,4,5]`:

```
@wochentag[3..5]
```

Die Ausnutzung der verschiedenen Namensräume für Variablen. Ein Skalar, ein normales Array und ein Hasharray bekommen den gleichen Bezeichner:

```
@Ja = ("A", "B","C");
$Ja = "Nein";
%Ja = (
'red' => 0x00f,
'blue' => 0x0f0,
'green' => 0xf00);
print $Ja[1] . "\n";
print $Ja . "\n";
print $Ja{'blue'};
```

Die Ausgabe ist:

B
Nein
240

Verwandte Befehle/Themen

Grundlegende Begriffe der Script-Syntax – Token

Grundlegende Begriffe der Script-Syntax – Variablen

Grundlegende Begriffe der Script-Syntax – Datentypen

VBScript Datentypen, -Variablen, -Konstanten und -Arrays

Variablen, Arrays und Datentypen in JavaScript/JScript

Perl-Subroutinen

Prozeduren und Funktionen unter Perl.

Anwendung

Subroutinen bedeuten das Zusammenfassen von einer oder mehreren Anweisungen bzw. Deklarationen zu einem Block, der mit einem Bezeichner (siehe Seite 54) benannt, bei Bedarf im Script aufgerufen wird und Übergabeparameter empfangen und verarbeiten kann. In gewisser Weise sind Subroutinen ein verallgemeinerter Name für Funktionen oder Prozeduren, aber in Perl sind Funktionen, deren Bezeichner vollständig in Großbuchstaben notiert werden, nach der Konvention für den Perl-Kern reserviert. Eine Funktion, deren Bezeichner vollständig in Großbuchstaben notiert ist, wird indirekt durch das Runtime-System von Perl aufgerufen. Etwa spezielle Perl-Funktionen wie `BEGIN`, `END`, `AUTOLOAD` oder `DESTROY`. Wie in den meisten Programmiersprachen unterstützt Perl jedoch auch selbstdefinierte Programmzusammenfassungen, die eben Subroutinen genannt werden. Diese können überall im Hauptprogramm stehen, aus anderen Dateien via der Schlüsselworte `do`, `require`, oder `use` geladen oder sogar »on the fly« generiert werden, indem das Schlüsselwort `eval` oder anonyme Subroutinen verwendet werden[30] (closures). Auch der Import aus anderen Perl-Paketen ist möglich, indem die folgende Syntax verwendet wird:

```
use PACKAGE qw(NAME1 NAME2 NAME3);
```

Dies alles führt jedoch für unsere Zwecke zu weit.

Wir verfolgen nur die letzte und einfachste Variante – der Aufruf der Subroutine kann auch einfach über den bei der Definition angegebenen Bezeichner erfolgen. Eventuell mit vorangestelltem `&`. Aber das ist bei manchen Interpretern meist nicht notwendig und kann sogar Probleme bereiten. Genau genommen ist der Präfix in neueren Perl-Varianten bis auf wenige Ausnahmen optional und macht meist nur Schwierigkeiten, wenn er falsch angewandt wird. Nicht optional ist er beispielsweise, wenn die Subroutine ein Argument der Perl-Standardroutinen `defined()` oder `undef()` ist, oder ein indirekter Subroutinenaufruf über den Subroutinennamen ist, oder eine Referenz via den `&$subref()` oder `&{$subref}()`-Konstruktionen erfolgen soll. Das führt aber ebenso zu weit. Wichtig ist für unsere Zwecke nur, dass

30. Deren Definition zur Laufzeit geht syntaktisch so: `$subref = sub BLOCK;`

Subroutinen in Perl auch rekursiv aufgerufen werden können und dann bei Verwendung des Präfix die Argumentenliste optional ist. Wir geben in den Beispielen einige Varianten und ihre Wirkung an.

Prozeduren bzw. Subroutinen beginnen in Perl mit dem Schlüsselwort `sub`, gefolgt von einem Bezeichner. Der Quellcode wird nachfolgend in geschweiften Klammern notiert. Falls dieser Block fehlt, redet man von einer »forward«-Deklaration, die später noch überschrieben werden muss, analog dem Konzept von abstrakten Methoden in Java. So etwas ist jedoch für »normale« Perl-Anwendungen, die nicht den objektorientierten Charakter von Perl voll ausnutzen wollen, selten notwendig.

Mit einer Subroutinendeklaration gekennzeichneter Quellcode gilt bei der ersten Interpretation gegenüber dem Interpreter als geschützt und wird nicht einfach abgearbeitet. Erst der konkrete Aufruf der Subroutine arbeitet den Code ab.

Das Perl-Konzept für den Funktionsaufruf mit Übergabe von Parametern an die Subroutine sowie die Rückgabewerte an den Aufrufer der Subroutine ist einfach. Alle Parameter über die Subroutine werden in einer einzigen Liste von Skalaren bereitgestellt und die Subroutine ihrerseits gibt nur eine einzige Liste von Skalaren zurück. Wenn Parameter an eine Subroutine übergeben werden sollen, werden sie in runden Klammern dem Bezeichner beim Aufruf nachgestellt. Auf den Übergabewert kann mit dem Perl-Standardtoken `@_` zugegriffen werden. Genau genommen wird jeder Parameter in der Subroutine über ein Array mit dem reservierten Bezeichner `@_` bereitgestellt. Wenn eine Subroutine mehr als einen Übergabeparameter besitzt, kann also über die Einträge dieses dynamischen Arrays gezielt darauf zugegriffen werden. Etwa mit `$_[0]`, `$_[1]`, `$_[2]` etc.

Das Array `@_` ist zwar ein rein lokales Array, aber dessen Elemente sind Aliase für jeden der übergebenen skalaren Parameter. Dies bedeutet, wenn ein Element `$_[0]` in der Subroutine geändert wird, wird das korrespondierende Argument aktualisiert (oder ein Fehler wird ausgegeben, wenn das nicht geht). Bei einem Zugriff auf das vollständige Array über die Sammelbezeichnung `@_` werden Werte außerhalb der Subroutine jedoch nicht aktualisiert.

Grundsätzlich sollte beachtet werden, dass in Subroutinen geänderte globale Variablen nicht zurückgegeben werden müssen. Diese Aussage mag zwar banal klingen, hat in Perl jedoch ihre Berechtigung, weil auch in Subroutinen verwendete Variablen nur dann als nichtglobal gelten, wenn sie explizit so deklariert wurden. Setzen wir also lokale Variablen voraus. Der Rückgabewert einer Subroutine ist der Wert der letzten Zuweisung. Alternativ (und meist sinnvoller) ist ein explizites `return`-Statement, das auch die Subroutine verlässt. Syntax:

```
return [Wert];
```

Entgegengenommen werden die Rückgabewerte beim Aufrufer. Das bedeutet, beim Aufruf einer Subroutine mit Rückgabewert muss diese bereits in der Form

```
[Variable oder Array-Bezeichner] = [Subroutine];
```

deklariert werden (globale Variablen, die in der Routine verändert werden, sind wie gesagt außen vor). Wenn kein Rückgabewert in der Subroutine spezifiziert wird, wird eine leere Liste oder sonst ein leerer Wert zurückgegeben.

Beispiele

Die Verwendung einer Subroutine:

```
sub MeineUnterRoutine
{
print "Das steht im Script oben";
}
print "Das wird aber zuerst ausgegeben\n";
MeineUnterRoutine;
```

Die Ausgabe ist folgende:

Das wird aber zuerst ausgegeben
Das steht im Script oben

Die Verwendung einer Subroutine mit Verwendung eiens Übergabeparameters:

```
sub MeineUnterRoutine
{
print @_;
}

print "Das wird aber zuerst ausgegeben\n";
MeineUnterRoutine("Uebergebe mich");
```

Die Ausgabe ist folgende:

Das wird aber zuerst ausgegeben
Uebergebe mich

Ein Beispiel mit mehreren Übergabeparametern:

```
sub MeineUnterRoutine
{
# Ausgabe Gesamtuebergabearray
print @_;
print "\n";
# Ausgabe der einzelnen Arrayelemente
print $_[2];
print "\n";
print $_[1];
print "\n";
print $_[0];
print "\n";
}
print "Das wird aber zuerst ausgegeben\n";
MeineUnterRoutine("Uebergebe mich! ", "Das auch noch. ", "und noch dasda? ");
```

Die Ausgabe sieht so aus:

Das wird aber zuerst ausgegeben
Uebergebe mich! Das auch noch. und noch das da?
und noch das da?
Das auch noch.
Uebergebe mich!

Die Verwendung einer privaten Variablen in einer Subroutine und die Verwendung des Rückgabewerts der Subroutine:

```
sub MeineUnterRoutine
{
# deklariere $meineVar als private
my $meineVar = 42;
print "Ausgabe der privaten Variable in der Subroutine: ";
print $meineVar;
print "\n";
return $meineVar;
}
print "Versuch Ausgabe der privaten Variable: ";
print $meineVar;
print "\n";
print "Verwenden des Rueckgabewertes: " . MeineUnterRoutine();
```

Die Ausgabe sieht so aus:

Versuch Ausgabe der privaten Variable:
Ausgabe der privaten Variable in der Subroutine: 42
Verwenden des Rueckgabewertes: 42

Mehrere Beispiele für die Verwendung des Präfix & beim Aufruf von Subroutinen:

```
# Übergabe von vier Argumenten
&meineFunktion(1,2,3,4);
# Identische Übergabe von vier Argumenten
meineFunktion(1,2,3,4);
# Übergabe einer null-Liste
meineFunktion();
# Identische Übergabe einer null-Liste
&meineFunktion();
# meineFunktion() bekommt die aktuellen Argumente -
# das entspricht dem Aufruf meineFunktion(@_)
&meineFunktion;
# Hier offenbart sich der Unterschied:
# meineFunktion bekommt eine null-Liste übergeben -
# das entspricht dem Aufruf meineFunktion()
meineFunktion;
```

Verwandte Befehle/Themen

Grundlegende Begriffe der Script-Syntax – Funktionen und Prozeduren

VBScript-Prozeduren und -Funktionen

Funktionen, Prozeduren und Methoden in JavaScript/JScript

Perl-Operatoren

Die Standardoperatoren von Perl.

Anwendung

Perl besitzt eine Vielzahl von Operatoren. Diese sind aus C/C++ abgeleitet und recht vollständig. Sie bieten in Bezug auf andere Scriptsprachen damit einige interessante Erweiterungen. Es gibt neben den arithmetischen Standardoperatoren `+`, `-`, `*`, `/`, `%` etwa den Operator `**` für die Potenzierung oder die De- und Inkrementoperatoren `++` und `--`. Viele der Operatoren können nach- als auch vorangestellt werden.

Grundsätzlich entsprechen viele Perl-Operatoren den in den meisten Sprachen verwendeten Operatoren (siehe Seite 55), haben jedoch eine Menge kleiner Feinheiten zu bieten (auch gegenüber C). Viel von der Perl-Leistungsfähigkeit beruht auf den umfangreichen Operatoren. Einem Umsteiger auf Perl erschließt sich das Potential der Sprache recht gut über die Beschäftigung damit.

Eine Besonderheit von Perl ist, dass die arithmetischen Standardoperatoren nur auf numerische Variablen angewandt werden. Dies hat massive Konsequenzen, wenn mit Strings operiert wird. Für die Addition von Strings gibt es beispielsweise einen eigenen Operator – den Punkt-Operator. Besonders interessant ist nebem dem .-Operator zur additiven Verknüpfung von Strings die Möglichkeit der Stringmultiplikation über das Zeichen `x`. Syntax:

```
[String] x [Wert]
```

Letzterer Code erzeugt aus der voranstehenden Zeichenkette `[String]` eine Kette von so vielen Strings, wie im zweiten Operanden angegeben werden. Dieser zweite Wert sollte eine Ganzahl oder ein String mit numerischem Ganzzahlwert sein. Ein sehr leistungsfähiger Operator ist auch =~, mit dem ein regulärer Ausdruck zur Angabe von Suchbedingungen innerhalb eines Suchstrings gebildet werden kann. Der Operator ~= dient in Verbindung mit einem Slash-Container zum Vergleich einer als Suchbegriff definierten Variablen mit dem zu durchsuchenden String. Syntax:

```
if ([zu durchsuchender String] =~ /[Testbegriff]/)
{
```

```
... weitere Perl-Anweisungen
}
```

Die regulären Ausdrücke werden in Perl oft und sehr flexibel eingesetzt. Sie sind der Schlüssel zum Konvertieren und Manipulieren von Zeichenketten schlechthin. Wir werden das im Praxiskapitel bei der Auswertung von CGI-Scripten sehen.

Vergleichsoperatoren in Perl sind wie in vielen Sprachen üblich vorhanden. Dabei sollten jedoch auch hier ein paar Feinheiten beachtet werden. Der Vergleich auf numerische Gleichheit in Perl ist wie in C das doppelte Gleichheitszeichen. Ganz wichtig ist ebenfalls, dass die üblichen Vergleichsoperatoren <, >, <=, >= nur für numerische Vergleiche verwendet werden. Für Stringvergleiche stehen gleichwertige symbolische Abkürzungen `lt`, `gt`, `le` und `ge` zur Verfügung, die auch nur da verwendet werden. Das gilt sinngemäß auch für ==, != und <=>, denen auf Stringseite die symbolischen Abkürzungen `eq`, `ne` und `cmp` entsprechen. Bemerkenswert ist ebenso, dass es für den Kommaoperator zwei verschiedene Schreibweisen gibt. Die alternative Schreibweise => dient der besseren Lesbarkeit von umfangreichen Konstrukten.

Anführungszeichen in jeder Form haben in Perl eine besondere Bedeutung. Sie fungieren unter Perl allesamt als Operatoren und lassen sich so in ein Prioritätensystem eingliedern. Darüber hinaus stellt Perl Möglichkeiten bereit, selbstdefinierte Anführungszeichen und einen Satz von vorgefertigten Zusatzanführungszeichen zu generieren. Diese werden einfach mit geschweiften Klammern und einem vorangestellten Schlüsselwort definiert. Sinnvoll sind solche unterschiedlichen Anführungszeichen besonders beim Verschachteln von verschiedenen Elementen (Interpolation). Dort dürfen andere Typen von Anführungszeichen-Containern oder maskierten Sonderzeichen eingefügt werden. Die nachfolgende Tabelle zeigt einige Varianten von Anführungszeichen-Containern:

Eingabe	Generiert	Bedeutung unter Perl	Interpolation
`' '`	`q{}`	Literal	nein
`" "`	`qq{}`	Literal	ja
`' '`	`qx{}`	Befehl	ja (bis '' die Grenze festlegt)
	`qw{}`	Wortliste	nein
`/ /`	`m{}`	Patternmatch	ja
	`qr{}`	Pattern	ja
	`s{}{}`	Substitution	ja
	`tr{}{}`	Transliteration	nein

Wenn man in einen solchen Container ein besonderes Zeichen wie einen Zeilenumbruch, einen Tabulator etc. einfügen möchte, hat man Sequenzen zur Maskierung zur Verfügung, die mit einem Slash eingeleitet werden:

Sequenz	Beschreibung	
`\t`	Tabulator	`(HT, TAB)`
`\n`	Neue Zeile	`(NL)`
`\r`	Return	`(CR)`
`\f`	Formfeed	`(FF)`
`\b`	Backspace	`(BS)`
`\a`	Alarm (bell)	`(BEL)`
`\e`	Escape	`(ESC)`
`\033`	Octalzeichen	
`\x1b`	Hexzeichen	
`\c[`	Controlzeichen	
`\l`	Nächstes Zeichen Kleinbuchstabe	
`\u`	Nächstes Zeichen Großbuchstabe	
`\L`	Kleinschreibung bis Endezeichen `\E`	
`\U`	Großschreibung bis Endezeichen `\E`	
`\E`	Endezeichen für eine Modifikation	
`\Q`	Jedes nicht-Wortzeichen in Anführungszeichen setzt bis Endezeichen `\E`	

Einfache Zuweisungen in Perl erfolgen über das Gleichheitszeichen. Daneben gibt es diverse Zuweisungsoperatoren, welche mit einer Operation (einfach dem Gleichheitszeichen ein Operator direkt vorangestellt) gekoppelt werden können.

Die Operatoren besitzen weitgehend die gängigen Prioritäten. Diese können wie in nahezu allen Programmiersprachen üblich durch Klammern – Klammern werden ebenso als Operatoren gesehen – beeinflusst werden. Bezeichner von Funktionen, Variablen etc. haben immer eine höhere Priorität als Operatoren. Dabei werden bestimmte Standardfunktionen von Perl wie `print()` oder `chdir()` auch als Operatoren (list operators bzw. unary operators) gesehen. Grundsätzlich erfolgt bei gleicher Priorität von Operatoren innerhalb einer Anweisung die Auswertung von rechts nach links.

Die nachfolgende Tabelle gibt sämtliche Perl-Operatoren der Priorität nach geordnet an und beschreibt deren Funktion:

Operatorposition bezüglich eines Operanden	Operator	Beschreibung
links notiert	Ausdrücke und list operators (linksgerichtet)	Variablen, Standardfunktionen mit Parametern in Klammern, Ausdrücke in Klammern, in Anführungszeichen eingeschlossene Ausdrücke und dementsprechende Operatoren etc.

Operatorposition bezüglich eines Operanden	Operator	Beschreibung
links notiert	`->`	Der Dereference-Operator zum Auflösen einer Referenz.
nicht gerichtet	`++` `--`	In- und Dekrementoperator zum Hoch- und Runterzählen einer Variablen um den Wert 1.
rechts notiert	`**`	Expotential-Operator.

rechts notiert	`!`
	`~`
	`\`
	unitäres `+`
	unitäres `-`
		`!` ist die logische Verneinung, `~` die bitweise Negierung, `\` eine Referenz auf alles, was folgt (etwa `\n` für Zeilenvorschub), `-` die arithmetische Negierung und `+` deren positives Gegenstück (rein aus Symmetriegründen vorhanden).

links notiert	`=~` `!~`	`=~` beschreibt einen regulären Ausdruck. Er erlaubt die Angabe von Suchbedingungen innerhalb eines Suchstrings. Der Operator `~=` dient in Verbindung mit einem Slash-Container zum Vergleich einer als Suchbegriff definierten Variablen mit dem zu durchsuchenden String. `!~` ist einfach die Suche auf Ungleichheit.

links notiert	`*`
	`/`
	`%`
	`x`
		Multiplikation, Division, Modulo und Stringmultiplikation.

links notiert	`+`
	`-`
	`.`
		Die Summe bzw. Differenz von zwei Zahlen sowie die Verkettung von zwei Strings.

links notiert	`<<` `>>`	Shift-Operatoren.
nicht gerichtet	benannte unary operators	Diverse Funktionen mit einem Parameter.
nicht gerichtet		Relationale Operatoren für Vergleiche:
	`<`	`<` gibt `true` zurück, wenn das linke Argument numerisch kleiner als das rechte Argument ist.
	`>`	`>` gibt `true` zurück, wenn das linke Argument numerisch größer als das rechte Argument ist.
	`<=`	`<=` gibt `true` zurück, wenn das linke Argument numerisch kleiner oder gleich dem rechten Argument ist.
	`>=`	`>=` gibt `true` zurück, wenn das linke Argument numerisch größer oder gleich dem rechten Argument ist.
	`lt`	`lt` gibt `true` zurück, wenn das linke Argument stringweise kleiner als das rechte Argument ist.

<table>
<tr><th>Operatorposition bezüglich eines Operanden</th><th>Operator</th><th>Beschreibung</th></tr>
<tr><td></td><td>gt</td><td>gt gibt true zurück, wenn das linke Argument stringweise größer als das rechte Argument ist.</td></tr>
<tr><td></td><td>le</td><td>le gibt true zurück, wenn das linke Argument stringweise kleiner oder gleich dem rechten Argument ist.</td></tr>
<tr><td></td><td>ge</td><td>ge gibt true zurück, wenn das linke Argument stringweise größer oder gleich dem rechten Argument ist.</td></tr>
<tr><td>nicht gerichtet</td><td>==
eq
!=
ne
<=>
cmp</td><td>Vergleichsoperatoren für numerische bzw. stringweise Gleichheit bzw. Ungleichheit mit Rückgabe von true oder false sowie Rückgabe -1, 0 oder 1 durch <=> bzw. cmp. Das hängt davon ab, ob das linke Argument numerisch (stringweise) kleiner, gleich oder größer ist als das rechte Argument. Die Operatoren ==, != und <=> werden ausschließlich bei numerischen Vergleichen verwendet, die andern drei nur bei Stringvergleichen.</td></tr>
<tr><td>links notiert</td><td>&</td><td>Bitweises Und.</td></tr>
<tr><td>links notiert</td><td>|
^</td><td>Bitweises Oder bzw. ausschließendes Oder.</td></tr>
<tr><td>links notiert</td><td>&&</td><td>Typische C-Syntax. Wenn der linke Operand falsch ist, wird der rechte Operand nicht mehr ausgewertet.</td></tr>
<tr><td>links notiert</td><td>||</td><td>Typische C-Syntax. Wenn der linke Operand wahr ist, wird der rechte Operand nicht mehr ausgewertet.</td></tr>
<tr><td>nicht gerichtet</td><td>..
...</td><td>Bereichsoperatoren. Bereichsoperatoren können recht flexibel eingesetzt werden. Fast immer wenn Anweisungen über einen Bereich laufen sollen, kann man in Perl mit Bereichsoperatoren arbeiten. So geben sie beispielsweise ein Array von Werten mit den angegebenen Grenzen zurück – z.B. in Verbindung mit foreach (1..10) oder direkt in Schleifen. Unter Perl ist auch Folgendes möglich:
for (1 .. 10000)
{
    # Perl-Code
}
In rein skalarem Kontext gibt .. einen Boolean-Wert zurück.</td></tr>
</table>

Operatorposition bezüglich eines Operanden	Operator	Beschreibung
rechts notiert	`?:`	C-Syntax – der konditionale Operator als Ersatz für ein `if-else`-Konstrukt. Der Doppeloperator arbeitet mit drei Operanden. Die Operation benötigt einen booleschen Ausdruck vor dem Fragezeichen. Wenn er `wahr` liefert, wird der Wert vor dem Doppelpunkt zurückgegeben, ansonsten der Wert hinter dem Doppelpunkt.

rechts notiert	`=`
	`**=`
	`+=`
	`*=`
	`&=`
	`<<=`
	`&&=`
	`-=`
	`/=`
	`|=`
	`>>=`
	`||=`
	
	`.=`
	`%=`
	`^=`
	`x=`
		Die Zuordnungsoperatoren. Bis auf das gewöhnliche Gleichheitszeichen wird damit eine weitere Operation ausgelöst, welche sich auf Grund des ersten Zeichens ergibt.
		`a += 1;`
		entspricht beispielsweise
		`a = a + 1;`

links notiert	`,` `=>`	Der gewöhnliche Kommaoperator und eine Perl-Sonderschreibweise dafür.
nicht gerichtet	list operators (rechtsgerichtet)	Auf der rechten Seite eines list operators können nur wenige Dinge notiert werden, die eine niedrigere Priorität haben. Etwa die logischen Operatoren `and`, `xor`, `or` und `not`. Damit kann man ohne die explizite Verwendung von Klammern Ausdrücke wie den folgenden realisieren: `open HANDLE, "Dateiname" or die "Kann folgende Datei nicht oeffnen: $!\n";`
rechts notiert	`not`	Logische Verneinung. Vollkommen identisch zu `!` bis auf die Priorität.
links notiert	`and`	Logische Konjunktion. Identisch zu `&&` bis auf die Priorität.
links notiert	`or` `xor`	Logisches Oder bzw. exklusives Oder. `or` ist identisch zu `||` bis auf die Priorität.

Warnungen

- Beachten Sie bitte, dass alle Systeme die Sequenz \n für einen Zeilenvorschub verstehen. Jedoch verstehen nicht alle Systeme \r als ASCII CR und \n als ASCII LF.
- Die C-Verwandtschaft mit Perl heißt nicht, dass sämtliche C-Operatoren übernommen wurden. Die folgenden Operatoren fehlen in Perl:
  der Addressoperator & (Perl-Alternative \),
  der Dereference-Addressoperator * und
  der Typcasting-Operator ([DATENTYP]).

Beispiele

Ein Beispiel, das gleichartige Variablen per Operatoren miteinander verknüpft (bitte die Kommentare und erklärenden Ausgaben beachten):

```
# Variablendeklaration
$Text1 = "Die Antwort ist ";
$Text2 = "Lala: ";
$Zahl1 = 5;
$Zahl2 = 3;
$Zahl3 = 1.5;
$Zahl4 = 1.2;
$Irgendwas = "4";

# Ab hier die Ausgabe
print $Text1; print $Irgendwas;
# Zeilenvorschub
print "\n";
print "Verknuepfung von String und Zahl: ";
print $Text1 . $Zahl2;
# Zeilenvorschub
print "\n";
print "Verknuepfung von String und String: ";
print $Text1 . $Text2;
# Zeilenvorschub
print "\n";
print "Multiplikation von zwei Zahlen - einmal Ganzzahl, einmal Gleitzahl: ";
print $Zahl2 * $Zahl3;
# Zeilenvorschub
print "\n";
print "Multiplikation von zwei Zahlen - beidesmal Gleitzahl: ";
print $Zahl4 * $Zahl3;
# Zeilenvorschub
print "\n";
print
"Addition von Zahl und String mit numerischem Inhalt: ";
print "Der String wird gecastet: ";
print $Zahl2 + $Irgendwas;
# Zeilenvorschub
```

```
print "\n";
print "Berechnungen ohne Klammern: ";
print $Zahl1 + $Zahl2 * $Zahl3;
# Zeilenvorschub
print "\n";
print "Berechnungen mit Klammern: ";
print ($Zahl1 + $Zahl2) * $Zahl3;
# Zeilenvorschub
print "\n";
print "Textausgabe und Multiplikation von zwei Zahlen in einer Zeile ";
print "- ohne Klammern: ";
print $Text1 . $Zahl2 * $Zahl3;
# Zeilenvorschub
print "\n";
print "Textmultiplikation: ";
print $Text2 x $Irgendwas;
```

Das Ergebnis sieht so aus:

Die Antwort ist 4
Verknuepfung von String und Zahl: Die Antwort ist 3
Verknuepfung von String und String: Die Antwort ist Lala:
Multiplikation von zwei Zahlen – einmal Ganzzahl, einmal Gleitzahl: 4.5
Multiplikation von zwei Zahlen – beidesmal Gleitzahl: 1.8
Addition von Zahl und String mit numerischem Inhalt: Der String wird gecastet: 7
Berechnungen ohne Klammern: 9.5
Berechnungen mit Klammern: 8
Textausgabe und Multiplikation von zwei Zahlen in einer Zeile – ohne Klammern: Die Antwort ist 4.5
Textmultiplikation: Lala: Lala: Lala: Lala:

Verwandte Befehle/Themen

Grundlegende Begriffe der Script-Syntax – Operatoren

VBScript-Prozeduren und -Funktionen

Funktionen, Prozeduren und Methoden in JavaScript/JScript

Kontrollanweisungen in Perl

Kontrollmöglichkeiten des Programmflusses in Perl.

Anwendung

Perl kennt verschiedene Kontrollstrukturen für den Programmablauf. Sowohl die übliche `for`-Iterationsanweisung als auch die `while`-Iterationsanweisung und die until-Iterationsanweisung. Die Regeln dafür entsprechen zwar recht oft den Standardfällen in nahezu jeder Programmiersprache. Aber nicht immer, weshalb einige Schleifen mit Vorsicht eingesetzt werden sollten.

Die for-Schleife ist nicht weiter kritisch (wenngleich unter Perl viel flexibler und leistungsfähiger als in anderen Sprachen, die wir hier durchsprechen). Sie arbeitet einen Anweisungsblock so lange ab, bis der Zählindex das Abbruchkriterium erfüllt. Die Schrittweite kann angegeben werden.

Syntax for-Iterationsanweisung:

```
for ([Start]; [Abbruch]; [Zähler])
{
...weitere Perl-Anweisungen
}
```

Zwei der Perl-spezifischen Erweiterungen der for-Schleife wollen wir angeben. Sie kann mit einer Bereichsangabe über den Bereichoperator gekoppelt werden. Das sieht dann so aus:

```
for ([Bereichsoperator])
{
...weitere Perl-Anweisungen
}
```

Eine weitere Erweiterung ist die foreach-Anweisung, die wir etwas weiter unten noch behandeln (siehe Seite 439).

Die while-Iterationsanweisung verhält sich in Perl auch weitgehend wie in anderen Sprachen. Sie sorgt dafür, dass die angegebenen Schritte so oft ausgeführt werden wie angegeben. Syntax while-Schleife:

```
while([Kontrollwert] [Vergleich] [Abbruchbedingung])
{
...weitere Perl-Anweisungen
}
```

Die until-Iterationsanweisung ist unter Perl etwas gefährlich, denn sie bewirkt etwas anderes, als man aus anderen Sprachen gewohnt ist. Sie wird dem auszuführenden Block vorangestellt und führt ihn aus, wenn die dort überprüfte Bedingung falsch (!) ist. Sie schirmt den Block praktisch ab. Syntax until-Schleife:

```
until([Kontrollwert] [Vergleich] [Abbruchbedingung])
{
...weitere Perl-Anweisungen
}
```

Perl kennt auch eine do-until-Konstruktion, welche eher der wohl bei der until-Schleife erwarteten Funktionalität entspricht. Allerdings ist Perl auch da ziemlich eigen, weshalb diese Konstuktion mit Vorsicht zu genießen ist. Wir wollen nicht zu intensiv darauf eingehen – nur soweit der Hinweis, dass im Inneren der Schleife eine next- oder last-Anweisung notiert werden sollte (eine Sprunganweisung), sonst gibt es Komplikationen mit der Iteration. Die Anweisung next löst explizit den nächsten Durchlauf einer Iteration aus, last ist eine Abbruch-Anweisung, die der aus anderen Sprachen bekannteren break-Anweisung entspricht. Das sieht dann meist so aus:

```
do
{
   next if [Vergleich];
...weitere Perl-Anweisungen
}
until [Abbruchbedingung];
```

Oder

```
do
{
   last if [Vergleich];
...weitere Perl-Anweisungen
}
until [Abbruchbedingung];
```

Für die Abprüfung von Bedingungen gibt es in Perl die if-else-Ausdrucksanweisung:

```
if ([Bedingung])
{
...weitere Perl-Anweisungen
}
else
{
...weitere Perl-Anweisungen
}
```

Perl kennt keine offizielle switch-Anweisung, aber über ein Label in Verbindung mit der last-Anweisung kann man so etwas nachbilden. Etwa so:

```
SWITCH:
{
        $abc = 1, last SWITCH  if /^abc/;
        $def = 1, last SWITCH  if /^def/;
        $xyz = 1, last SWITCH  if /^xyz/;
        $nothing = 1;
}
```

Beispiele

Die for-Schleife, um ein Array abzuarbeiten. Beachten Sie die Einführung der Zählvariablen direkt in der Schleife und den Inkrementoperator:

```
@meinArray= ("A". "B","C");
for ($i=0;$i<3;$i++)
{
print $meinArray[$i];
}
```

Die for-Schleife mit einem Bereichsoperator – es wird fünfzehnmal der Text ausgegeben:

```
for (1..15)
{
print "Auf mich kannste zaehlen\n";
}
```

Eine while-Schleife, die fünfmal den dritten Arraywert ausgibt. Beachten Sie den zum Hochzählen der Kontrollvariablen verwendeten – dieses Mal vorangestellten – Inkrementoperator:

```
@meinArray= ("A", "B","C");
$i = 0;
while ($i<5)
{
print $meinArray[2];
++$i;
}
```

Die Verwendung von until:

```
@meinArray= ("A", "B","C");
$i = 0;
for ($i=0;$i<6;$i++)
{
until ($i<5)
{
print $i;
}
}
```

Vorsicht, das Beispiel produziert eine Endlosschleife, in der immer wieder 5 ausgegeben wird. Abbrechen lässt sich der Vorgang mit CRTL+C.

Verwandte Befehle/Themen

Grundlegende Begriffe der Script-Syntax – Anweisungen

VBScript-Kontrollanweisungen

JavaScript-/JScript-Anweisungen

Zeiger

Referenzen auf Variablen.

Anwendung

Da Perl C-Ursprünge hat, kann die Sprache auch mit Zeigern bzw. Referenzen auf Variablen umgehen (ab der Perl-Version 5.0). Über solche Referenzen kann der Inhalt eines Skalars, einer Liste oder eines Hasharrays genau so angesprochen werden wie über den Originalnamen. Das Besondere an Referenzen in Perl ist, dass der Wert einer Variablen so lange erhalten bleibt, wie es Referenzen dieser Variablen gibt.

Um den Wert einer Referenz auf einen Skalar anzusprechen, müssen zwei Dollarzeichen vor dem Namen der Referenz notiert werden. Wir wollen jedoch auf Grund der Komplexität der Materie und der fehlenden Unterstützung in früheren Versionen von Perl die Zeiger nicht weiter verfolgen.

Ein- und Ausgabe in Perl

Die Eingabe und Ausgabe sowie das Datei-Handling.

Anwendung

Die Ein- und Ausgabe inklusive des Zugriffs auf Dateien sind in Perl sehr komfortabel gestaltet. Alle Datenein- und -ausgaben erfolgen über so genannte Handles, welche virtuelle Kanäle repräsentieren. Über diese Kanäle können auf einfachste Art und Weise verschiedene Ein- und Ausgaben parallel verwaltet werden. Perl-Handle werden in spitzen Klammern notiert und erinnern damit ein bisschen an HTML-Tags[31].

Die Eingabe von Benutzern erfolgt gewöhnlich über das Standard-Handle `<STDIN>`. Syntax:

```
[Variable]=<STDIN>;
```

31. Haben aber damit nichts zu tun.

Diese Eingabeaufforderung wartet auf eine Benutzereingabe und arbeitet das Script erst dann weiter ab, wenn die Eingabetaste betätigt wird.

Die Ausgabe erfolgt in Perl in der Regel über das Standard-Handle <STDOUT>, was einer Ausgabe auf dem Bildschirm entspricht. Die Ausgabe erfolgt normalerweise in Verbindung mit dem print-Befehl. Syntax:

```
print <STDIN> [Variable];
```

Meist kann auf die explizite Notation des Ausgabehandles verzichtet werden, denn print verwendet diese standardmäßig.

Für Ausgaben von Fehlern gibt es noch das besondere Handle <STDERR>.

Dateizugriffe unter Perl

Auch Dateizugriffe werden in Perl über Handles realisiert. Der jeweilige Datei-Handle wird einfach mit einer Datei verknüpft. Diese Form von Handles ist beispielsweise der Schlüssel, um einen CGI-Zugriffszähler oder ein Gästebuch für eine Webseite zu realisieren.

Mit der Anweisung open wird eine Datei konkret geöffnet. Zur Verknüpfung mit dem Datei-Handle wird nachstehend in runden Klammern ein Name für den Handle und der URL der Datei angegeben. Dabei wird dem URL der Datei einfach ein Operator vorangestellt, welcher definiert, ob aus der Datei gelesen (<), ob die Datei neu geschrieben (>) oder ob der Inhalt an eine bestehende Datei angehängt werden soll (>>). Das Verfahren ist dem Umleiten der Aus- und Eingabe in verschiedenen Betriebssystemen (etwa DOS) sehr ähnlich. Syntax:

```
open ([Name Datei-Handle], ">[URL der Datei]");
open ([Name Datei-Handle], ">>[URL der Datei]");
open ([Name Datei-Handle], "<[URL der Datei]");
```

Perl ist in Bezug auf Datei-Handling extrem fehlertolerant. Der Versuch, eine nicht vorhandene Datei zu öffnen, führt zu keinem Laufzeitfehler. Die Anweisung wird einfach ignoriert. Falls eine Datei beim Schreiben noch nicht vorhanden ist, wird sie automatisch erstellt.

In eine zum Schreiben geöffnete Datei kann über die print-Anweisung geschrieben werden, indem der in der Definition vergebene Name des Datei-Handles zwischen die print-Anweisung und den zu schreibenden Wert notiert wird. Syntax:

```
print ([Name Datei-Handle]) [auszugebender Inhalt];
```

Aus einer zum Lesen geöffneten Datei wird gelesen, indem (normalerweise) einer Variablen der Inhalt der Datei zugewiesen wird. Der Name des Datei-Handles wird in spitzen Klammern notiert. Syntax:

```
[Variable] = <[Name Datei-Handle]>;
```

Dabei kann eine gewöhnliche Variable verwendet werden, um eine Zeile aus einer Datei zu lesen. Um die gesamte Datei zu lesen, ist ein Array ideal. Mit der foreach-Funktion kann man dann hervorragend auf den gesamten Inhalt zugreifen.

Eine geöffnete Datei wird mit der Anweisung close und in Klammern dem beim Öffnen angegebenen Namen des Handles wieder geschlossen. Syntax:

```
close ([Name Datei-Handle]);
```

Beispiele

Ein Beispiel, das das Standardhandle <STDIN> zur Abfrage einer Benutzereingabe anwendet und die if-else-Schleife zur Auswertung einsetzt:

```
print "Bitte geben Sie eine Zahl ein: ";
$i = <STDIN>;
if ($i<6)
{
print "Zu klein";
}
else
{
print "Zu groß";
}
```

Test über einen regulären Ausdruck, ob das Wort »bitte« in der Eingabe enthalten ist:

```
print "Bitte aeussern Sie Ihren Wunsch: ";
$i = <STDIN>;
if ($i =~ /bitte/)
{
print "Danke, aber klar doch.";
}
else
{
print "Das Zauberwort war nicht dabei";
}
```

Der Aufruf einer Subroutine mit einem Übergabeparameter, der aus dem Standardeingabehandle gelesen wird:

```
sub Begruessung
{
print "Herzlich Willkommen " . "@_";
}

print "Bitte Geben Sie Ihren Namen ein: ";
$i = <STDIN>;
&Begruessung($i);
```

Eine Datei wird mit Text gefüllt. Wenn sie noch nicht da ist, wird sie neu erstellt:

```
sub oeffneschreiben
{
open ("hugo", ">Text.dat");
}
sub schliesen
{
close ("hugo");
}
oeffneschreiben;
print hugo "Und rein damit";
schliesen;
```

In einer Datei wird neuer Text an den bestehenden Inhalt angehängt. Wenn die Datei noch nicht da ist, wird sie neu erstellt und der Text als erster Inhalt eingefügt:

```
sub oeffneschreiben
{
open ("hugo", ">>Text.dat");
}
sub schliessen
{
close ("hugo");
}
oeffneschreiben;
print hugo "Haeng dich dran.";
schliessen;
```

Der Inhalt einer Datei wird gelesen und dieser dann auf dem Bildschirm ausgelesen (nur eine Zeile in diesem Beispiel):

```
sub oeffnelesen
{
open ("hugo", "<Besucher.dat");
}
sub schliessen
{
close ("hugo");
}
&oeffnelesen;
$i = <hugo>;
print $i;
schliessen;
```

Das nachfolgende Beispiel liest den vollständigen Inhalt einer Datei. Dazu wird die Datei in ein dynamisches Array gelesen. Anschließend werden die einzelnen Elemente des Arrays (jede Zeile in der Datei ist in ein eigenes Feld geladen worden) mit der `foreach`-Anweisung auf dem Bildschirm angezeigt.

```
sub oeffnelesen
{
open ("fred", "<Test.dat");
}
sub schliessen
{
close ("fred");
}
&oeffnelesen;
@bisherigerinhalt = <fred>;
foreach $zaehler (@bisherigerinhalt)
{
print $zaehler;
}

schliessen;
```

Verwandte Befehle/Themen

Automatisierungs- und interne VBScript-Objekte

Perl-Befehle

Wichtige Standard-Befehle von Perl.

Anwendung

Wir wollen abschließend noch einige für uns wichtige Standardbefehle (beileibe nicht alle) von Perl zusammenfassen (zum Teil werden sie in den anderen Abschnitten zu Perl verwendet).

Mathematisch

Befehl	Beschreibung
`abs(Zahl)`	Bestimmung Absolutwert eines Arguments.
`cos(Zahl)`	Bestimmung Kosinuswert eines Arguments.
`exp(Zahl)`	Berechnung des Werts e (Eulersche Zahl) hoch Argument.
`hex(Zahl)`	Rückwandlung der angegebenen Hexadezimalzahl in Dezimaldarstellung.
`int(Zahl)`	Bestimmung des abgerundeten Ganzzahlanteils eines Arguments.
`log(Zahl)`	Logarithmus des Arguments.
`oct(Zahl)`	Rückwandlung der angegebenen Oktalzahl in Dezimaldarstellung.
`sin(Zahl)`	Bestimmung Sinuswert eines Arguments.
`sqrt(Zahl)`	Quadratwurzel eines Arguments.

Skalar-, Zeichen- und Stringmanipulation

Befehl	Beschreibung
`chr(Zahl)`	Die als Argument angegebene Zahl wird in das zugehörige Zeichen des Zeichensatzes gewandelt.
`join(Trennzeichen, Liste)`	Die Funktion besitzt zwei Argumente. Das erste Argument definiert ein Trennzeichen, das zweite Argument legt eine Liste fest. Diese wird zu einem einzigen String verbunden, in dem die jeweiligen Listenelemente durch das definierte Trennzeichen getrennt werden.
`length(Skalar)`	Länge eines Skalars (unabhängig vom Datentyp).
`ord`	Rückgabe des ASCII-Werts des ersten Zeichens eines Strings.
`split(/Zeichen/, Ausdruck)`	Der angegebene Ausdruck wird an dem angegebenen Trennzeichen in Teilstücke zerlegt. Diese werden sinnvollerweise in einem Array entgegengenommen.
`uc(String)`	Konvertierung eines Strings in Großbuchstaben.
`ucfirst(String)`	Konvertierung des ersten Zeichens eines Strings in Großbuchstaben.

Array-Manipulationen

Befehl	Beschreibung
`pop(Array)`	Ausgabe des letzten Arrayelements und Eliminierung aus dem Array.
`push(Array1, Array2)`	Anhängen des Inhalts von Array2 an Array1.
`shift`	Ausgabe des ersten Arrayelements und Eliminierung aus dem Array.
`unshift Array1 Array2`	Anhängen des Inhalts von Array2 vor das Array1.

Ausgabe- und Dateioperationen

Befehl	Beschreibung
`close(Dateihandle)`	Schließe Datei.
`eof(Dateihandle)`	Ist wahr, wenn das Dateiende erreicht ist.
`getc(Dateihandle)`	Byteweises Lesen in der Datei.
`open(Dateihandle, Datei)`	Öffne Datei und weise sie dem Dateihandle zu.
`print Element`	Allgemeine Ausgabe.
`read(Dateihandle Skalar Länge)`	Lesen der über `Länge` angegebenen Anzahl von Zeichen aus dem angegebenen Handle in den Skalar.
`write(Dateihandle )`	Schreiben eines formatierten Datensatzes in den angegebenen Dateihandle.

Systemoperationen

Befehl	Beschreibung
`exit Ausdruck`	Programmabbruch mit Ergebnis Ausdruck.
`return Wert`	Abbruch Subroutine und Rückgabe des Wertes.
`syscall String`	Systemaufruf.

Beispiele

Mathematische Funktionen von Perl:

```
print abs(-3.14) . "\n";
print cos (3.14) . "\n";
print exp (3.14) . "\n";
print hex (FF) . "\n";
print int (3.14) . "\n";
print log (3.14) . "\n";
print oct (123) . "\n";
print sin (3.14) . "\n";
print sqrt (3.14) . "\n";
```

Die Ausgabe sieht so aus:

3.14
-0.99999873172754
23.1038668587222
255
3
1.14422279992016
83
0.00159265291648683
1.77200451466693

String- und Zeichenmanipulationen:

```
@Ja = ("Alle", "meine","Entchen");
$Text = "keine macht den doofen";
$piii = 3.141592654;
print chr(45). "\n";
print chr(48). "\n";
print chr(68). "\n";
print join("-", @Ja). "\n";
print join("*", @Ja). "\n";
print length($Text). "\n";
print length($piii). "\n";
print ord("Z"). "\n";
print ord("E"). "\n";
print ord("@"). "\n";
```

```
@meinArray = split(/ /, $Text);
foreach $zaehler (@meinArray)
{
print $zaehler;
print "\n";
}
print uc($Text). "\n";
print ucfirst($Text). "\n";
```

Die Ausgabe sieht so aus:

-
0
D
Alle-meine-Entchen
*Alle*meine*Entchen*
22
11
90
69
64
keine
macht
den
doofen
KEINE MACHT DEN DOOFEN
Keine macht den doofen

Beispiele mit Array-Manipulationen:

```
@Ja = ("Alle", "meine","Entchen");
@Ne = ("Fuchs", "Du","hast", "die", "Gans", "gestohlen");
@listit = (1,5,3,6,7,8,9,10,14,2);
foreach $zaehler (@Ja)
{
print $zaehler;
print " ";
}
print "\n";
pop(@Ja);
foreach $zaehler (@Ja)
{
print $zaehler;
print " ";
}
print "\n";
push(@Ja, @Ne);
foreach $zaehler (@Ja)
```

```
{
print $zaehler;
print " ";
}
print "\n";
shift(@Ja);
foreach $zaehler (@Ja)
{
print $zaehler;
print " ";
}
print "\n";
unshift(@listit,@Ne);
foreach $zaehler (@listit)
{
print $zaehler;
print " ";
}
print "\n";
```

Die Ausgabe sieht so aus:

Alle meine Entchen

Alle meine

Alle meine Fuchs Du hast die Gans gestohlen

meine Fuchs Du hast die Gans gestohlen

Fuchs Du hast die Gans gestohlen 1 5 3 6 7 8 9 10 14 2

Verwandte Befehle/Themen

Grundlegende Begriffe der Script-Syntax – Token

Grundlegende Begriffe der Script-Syntax – Anweisungen

Die JScript- und JavaScript-Token im direkten Vergleich und in Bezug auf die ECMA-Norm

VBScript-Schlüsselworte

CGI-Grundlagen in Verbindung mit Perl

Wir wollen in diesem Abschnitt die Grundlagen von dem Common Gateway Interface (was übersetzt »Allgemeine Zugangsschnittstelle« bedeutet) genauer untersuchen. Dabei sollen die grundlegenden Vorgänge eines CGI-Prozesses – im Wesentlichen an Hand eines beispielhaften Vorgangs (ein Web-Formular) – erläutert werden. Außerdem werden wir die CGI-Umgebungsvariablen behandeln und uns mit dem Aufruf von CGI-Scripten beschäftigen.

CGI ist eine Schnittstelle für einen Client, über welche die Übergabe von Parameterwerten an Programme oder Scripte auf einem Server erfolgen kann. Dort werden die übergebenen Werte verarbeitet, und bei Bedarf eine Antwort (meist ein HTML-Dokument) an den Client generiert. Die CGI-Schnittstelle liegt derzeit in der Version 1.1 vor. Festhalten muss man bei CGI immer wieder, dass es sich nicht um eine Programmiersprache handelt, sondern nur ein Protokoll ist, dessen wesentlicher Vorteil die plattformübergreifende Standardisierung ist.

CGI-Scripte können in jeder Sprache erstellt werden, die Scripte erstellen kann und von der auf dem jeweiligen Server ein passender Interpreter vorhanden ist. Die meistverbreitete Sprache zur Erstellung von Scripten ist Perl, aber auch nahezu alle anderen Sprachen eignen sich, wenn sie Scripte erstellen können und auf dem Zielserver ein passender Interpreter vorhanden ist.

Ablauf eines CGI-Prozesses

Die grundlegenden Schritte, welche bei der Verwendung eines CGI-Scripts ablaufen.

Anwendung

Im Rahmen der Verbindung von einer Webseite und CGI – etwa mit einem Formular (siehe Seite 149), der Realisierung eines Gästebuchs unter HTML oder eines Zugriffszählers (siehe im Praxisabschnitt) – läuft ein klassischer Prozess über das Client-Server-Prinzip nach folgendem Muster ab:

- Aktionen, die auf dem Client ausgelöst werden, müssen ungeprüft zu dem Server zurückgeschickt werden.
- Auf dem Server werden sie verarbeitet.
- Anschließend wird das daraus ermittelte Ergebnis als Antwort zu dem Client zurückgeschickt.

Ein Ereignis ist etwa der Klick auf eine Schaltfläche in einer Webseite im Rahmen eines Formulars (zu dem Begriff »Ereignisse« siehe Seite 39). Welche Art von Informationen an den Server geschickt werden, hängt massiv von dem Ereignis ab. Bei einem Mausklick kann es etwa der Name des angeklickten Elements und/oder eine Mausposition sein. Auf dem Server läuft nun ein Programm/Script ab, das die Aktion verarbeitet und eine neue HTML-Seite zurück zum Client schickt. Die Logik dieses Vorgangs ist also der Aufruf von Programmen/Scripten auf Servern direkt von Clients aus. Vor der Einführung von CGI bereitete dies diverse Probleme. Etwa die in vielen EDV-Techniken zu findenden Speziallösungen, denn die Betreiber der verschiedenen Server implementierten die zum Aufruf von Programmen/Scripten bzw. zur Parameterübergabe nötigen Mechanismen nach eigenem Gutdünken. Die Folge war, ein Script lief auf dem einen Server, auf dem anderen wiederum nicht.

CGI bedeutet ein Standardverfahren zum Aufruf und zur Parameterversorgung solcher Scripts oder Programme, das die meisten Probleme ausräumt. Bei dem Verfahren handelt es sich um eine Spezifikation, die beschreibt, wie genau vom Anwender im Browser eingegebene Daten und andere Clientinformationen an den Webserver gesendet und dort an ein Programm bzw. Script weitergereicht werden. Dies ist also eine standardisierte Schnittstelle zwischen dem Anwender und einem Programm bzw. Script, das auf dem Server läuft.

Betont werden sollte nochmal, dass CGI keine Programmiersprache ist. Es gibt zur Erstellung eines CGI-Programms/Scripts auch keine spezielle Programmiersprache. Abhängig vom Betriebssystem kann ein CGI-Programm/Script in fast jeder Programmiersprache erstellt werden. Sehr weit verbreitet ist die Scriptsprache Perl (die Sprachspezifikation ist unter `http://www.perl.com` zu finden).

Da es sich bei CGI um eine Kommunikation zwischen einem Client und einem Server handelt, wird zwar der Aufruf des Scripts vom Client aus erfolgen, das fertige CGI-Script jedoch in der Regel auf dem Server gespeichert sein und auch dort ablaufen. Auf den meisten Webservern gibt es dazu ein spezielles globales Verzeichnis für CGI-Scripte. Dafür hat sich sogar ein weitgehend standardisierter Name durchgesetzt – `cgi-bin`[32]. Oder aber der Betreiber des Webservers stellt jedem Kunden ein eigenes Verzeichnis innerhalb seiner Verzeichnisstruktur zur Verfügung, das dann meist auch diesen Namen bekommt. Hauptsächlich geht es darum, dass dieses Verzeichnis für die Ausführung von CGI-Scripten in den Einstellungen des Servers freigegeben sein muss. Das konkrete Prozedere hängt von den Einstellungen des jeweiligen Servers ab.

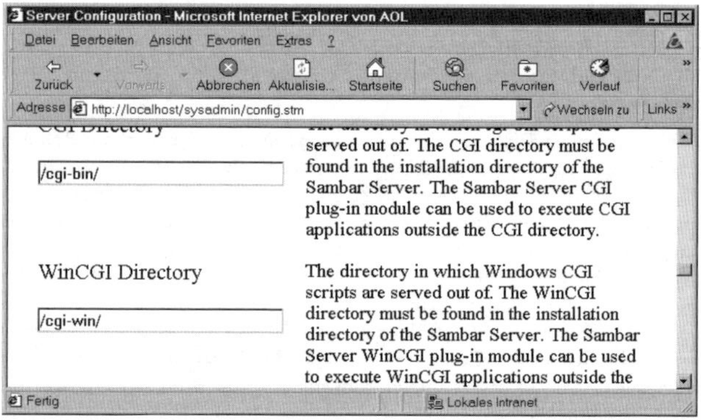

Die Festlegung des CGI-Verzeichnisses unter Sambar.

Auch die Dateierweiterung für die Scripte hängt von der Einstellung Ihres Servers ab. Die Erweiterungen `*.cgi` und für den Fall von Perl-generierten Scripten `*.pl` sind gebräuchliche Konventionen.

Ein typischer CGI-Vorgang lässt sich in vier Stufen einteilen:

- Übertragung einer Client-Anforderung an den Webserver
- Start des CGI-Programms auf dem Server
- Lauf des CGI-Programms auf dem Server
- Senden der Antwort an den Client

32. Er ist aber selbstverständlich frei und kann vom Betreiber des Servers frei gewählt werden.

Wenn beispielsweise ein HTML-Formular durch den Client abgeschickt wird, findet die Übertragung an den Webserver statt (der so genannte Request). Die meisten CGI-Scripte verwenden für CGI-Requests das HTTP-Protokoll. Diese HTTP Request Header werden in der Regel als Environment-Variablen (Umgebungsvariablen) übertragen (in einem der nächsten Abschnitte finden Sie eine Auflistung der wichtigsten CGI-Umgebungsvariablen). In dem Formular kann man über zwei Angaben – der Angabe `action` für den URL des Webservers samt vollständiger Pfad- und CGI-Programmangabe und `method` für die Art und Weise der Datenübertragung – den genauen Ablauf des Vorgangs spezifizieren.

Bevor die Daten an den Server gesendet werden, werden sie zunächst vom Browser zu einer einzigen Zeichenkette verpackt. Die Art und Weise der Datenübertragung wird durch den Parameter `method` gesteuert. Dabei wird grundsätzlich zwischen den beiden Methoden `GET` und `POST` unterschieden. Der Unterschied zwischen den beiden Methoden besteht hauptsächlich darin, wie der Server das zurückgeschickte Formular speichert und verarbeitet.

Bei der `GET`-Methode wird das zurückgeschickte Formular in der Standard-Umgebungsvariablen `QUERY_STRING` gespeichert. Das CGI-Programm/Script wertet den Inhalt dieser Umgebungsvariablen aus. Danach wird der restliche Inhalt weiterverarbeitet.

Die Methode `POST` veranlasst das CGI-Programm, das Formular wie eine auf der Kommandozeilenebene erfolgte Benutzereingabe zu behandeln. Es gibt daher kein `EndOfFile`-Signal (`EOF`) und die Länge der übermittelten Daten muss vom CGI-Programm aus einer weiteren Standard-Umgebungsvariablen (`CONTENT_LENGTH`) entnommen werden.

Die `GET`-Methode hat sich als Regelfall bei Verweisen auf Server etabliert. Allerdings eigenet sich die Methode `GET` nicht zur Übertragung größerer Datenmengen! Die Grenze liegt ungefähr bei einem KByte. Auch bei der Übertragung von Formularen per E-Mail wird in der Regel die `POST`-Methode bevorzugt.

Wenn bei einem Formular die Eingaben per `GET`-Methode zum Server geschickt werden sollen, wird aus dem im `<FORM>`-Tag angegebenen URL des CGI-Programms/Scripts und der aus den Eingabedaten erzeugten Zeichenkette, getrennt durch ein »?«, ein Pseudo-URL erzeugt. Diesen Pseudo-URL sieht der Anwender nach dem Abschicken des Formulars im Adressfeld des Browsers. Falls die Methode `POST` verwendet wird, wird in der Adressanzeige des Browsers normalerweise der angegebene URL nach dem Abschicken unverändert dargestellt.

Der Pseudo-URL beinhaltet die Zeichen der Benutzereingabe nicht unverändert, sondern bei der Generierung wird der Prozess der URL-Codierung durchlaufen. Diese URL-Codierung erfolgt hauptsächlich, damit die Serverprogramme und CGI-Scripte keine Probleme bekommen. Dabei werden alle Leerzeichen in dem String, der aus den Benutzereingaben zusammengesetzt wird, durch Pluszeichen ersetzt. Zusätzlich werden sämtliche reservierte Zeichen, die der Benutzer im Formular eingegeben hat (etwa das Gleichheitszeichen oder das kaufmännische Und), in hexadezimale Äquivalente konvertiert. Ein so konvertiertes Zeichen wird jeweils mit dem Prozentzeichen eingeleitet. Danach folgt der Hexadezimalcode.

In dem String des Pseudo-URL kann also weder das Gleichheitszeichen, das Prozentzeichen, das oben erwähnte Fragezeichen noch das Pluszeichen oder das kaufmännische Und (Ampersand) durch Benutzereingaben vorkommen. Das ist wichtig, denn diese Zeichen werden wie gesagt als Sonderzeichen von dem CGI-Prozess benötigt und deshalb als eindeutige Steueranweisungen durch den Browser generiert. Aber auch zahlreiche andere Zeichen werden verschlüsselt. Nachfolgend finden Sie eine Auflistung der wichtigsten Zeichen samt ihrer Hexadezimaldarstellung, die bei Eingabe durch den Anwender in Hexadezimalcodes konvertiert werden:

Zeichen	Hexadezimalcode
.	2E
..	2E2E
#	A6
ü	FC
Ü	DC
ä	E4
Ä	C4
ö	F6
Ö	D6
ß	DF
§	A7
~	7E
>	3E
´	B4
^	5E
[Datenfreigabe]	%0D%0A
/	2F
+	2B
*	2A
?	3F
=	3D
<	3C
!	21
"	22
%	25
&	26
'	27

Zeichen	Hexadezimalcode
(	28
)	29
'	60

Wenn die Daten aus einem Formular an ein CGI-Script übermittelt werden, kommen alle Daten als ein Satz von Name-Wert-Paaren an. Der Name ist jeweils der, der in dem einsprechenden Tag auf der HTML-Seite festgelegt wurde. Die Werte sind das, was der User eingetragen oder ausgewählt hat. Dieser Satz von Name-Wert-Paaren wird in einem langen String übermittelt, den das CGI-Script wieder auflösen muss. Ein solcher String ist ungefähr so aufgebaut:

```
"name1=wert1&name2=wert2&name3=wert3"
```

Der String muss beim kaufmännischen Und (&) und dem Gleichheitszeichen (=) in einzelne Stücke geteilt werden. Die entstandenen Teilstücke müssen dann noch weiter verarbeitet werden. Dies umfasst unter anderem die folgenden Aktionen:

- Alle Plus-Zeichen sind in Leerzeichen umzuwandeln.
- Alle »%xx«-Sequenzen (entstanden aus der Hexadezimal-Übersetzung in den Pseudo-URL bei bestimmten Sonderzeichen – darunter fallen auch deutsche Umlaute) sind wieder in einzelne Buchstaben mit dem ASCII-Wert »xx« umzuwandeln (Beispiel: »%3D« wird wieder zu »=«). Unter Perl hat man dazu die Funktion `hex()` zur Verfügung.

Der Start des CGI-Programms/Scripts auf dem Server erfolgt automatisch, da der Server auf Grund des URL erkennt, dass nicht einfach eine Webseite an den Client zurückgesendet, sondern ein CGI-Programm/Script gestartet werden soll. Die dazu notwendigen Daten (im Fall eines Formulars die Benutzereingaben) werden aus den oben spezifizierten Umgebungsvariablen des Pseudo-URL ausgelesen.

Der Lauf des CGI-Programms/Scripts sieht in der Regel wie folgt aus:

- Zuerst muss das CGI-Programm/Script die empfangene Zeichenkette entschlüsseln. Dies bedeutet, die Umgebungsvariablen werden ausgelesen. Der weitere Programmablauf wird durch die so erhaltenen Parameter gesteuert.
- Die aus dem eigentlichen Inhaltsstring erhaltene Zeichenkette wird an den definierten Trennzeichen in die einzelnen Werte zerlegt.
- Der eigentliche Programmablauf wird gestartet.

Das Senden der Rückantwort (Response) an den Client hat nichts mehr mit CGI speziell zu tun und unterscheidet sich nicht sonderlich von dem Senden einer normalen Webseite an den Client. Es handelt sich normalerweise um einfachen HTML-formatierten Text. Gewöhnlich wird das Ergebnis über den Webserver an den Client gesendet. Das muss aber nicht sein. Es gibt sowohl so genannte geparste und nicht-geparste Antwort-Header.

Ein geparster Header ist noch nicht vollständig und muss vom Webserver vervollständigt werden. Dazu muss die Antwort von der CGI-Anwendung ausgewertet und der Header ergänzt werden, bevor der Header an den Client zurück geht. Insbesondere muss einem geparsten Header (ebenso einem nicht-geparsten Header) immer mindestens eine Leerzeile folgen, und ein Teil des geparsten Headers muss eine so genannte Server-Direktive sein. Dies sind spezielle Befehle für den Webserver, die er bei der Auswertung des Antwort-Headers berücksichtigt. Besonders wichtig sind die Server-Direktiven `Content-type` (meist `Content-type: text/html`), die den MIME-Typ der zurückgegebenen Daten angibt, `Location`, welche den URL angibt, wo der Browser das Ergebnis anzeigen soll, und `Status` mit dem HTTP-Statuscode. Aus den restlichen HTTP-Antwort-Header-Feldern, welche eine CGI-Anwendung als Teil des geparsten Headers zurückgeben, wird der endgültige HTTP-Antwort-Header an den Client zusammengesetzt.

Ein nicht-geparster Header ist bereits vollständig aus der CGI-Anwendung erzeugt worden und wird vom Webserver nicht noch mal angepackt.

Verwandte Befehle/Themen

Die CGI-Umgebungsvariablen

CGI-Scripteaufruf und SSI

Installation und Konfiguration eines Intranets/Webservers

Serverseitige Scripte

Die CGI-Umgebungsvariablen

Ein Webserver stellt eine Anzahl von Umgebungsvariablen bereit, die sowohl von dem Server als auch dem Client über eine geeigenete Programmiersprache (etwa Perl) genutzt werden können.

Anwendung

Um CGI-Scripte erstellen zu können, ist eine Kenntnis der Umgebungsvariablen (Environment-Variablen), welche der Webserver bereitstellt, nahezu unumgänglich. Zahlreiche Informationen über sich selbst und über den vom Client empfangenen Request vermittelt der Server dem CGI-Script in Form dieser Environment-Variablen. Beim Aufruf eines CGI-Scripts werden bestimmten Umgebungsvariablen bereits vom Server bestimmte Werte zugewiesen, die dann innerhalb des Scripts verwendet werden können. Andere Umgebungsvariablen werden vom Client gefüllt und auf Serverseite ausgelesen. Die Umgebungsvariablen existieren während der gesamten Laufzeit des Scripts und sind unabhängig von anderen im Script definierten Variablen. CGI ist dabei ein standardisiertes Verfahren, welches die Namen und Inhalte dieser Umgebungsvariablen spezifiziert und damit die Möglichkeit eröffnet, mit einer geeigeneten Programmiersprache wie Perl auf diese Umgebungsvariablen zuzugreifen.

Perl stellt beispielsweise für den Zugriff auf eine Umgebungsvariable die folgende Syntax bereit:

```
$env([Name der Umgebungsvariable])
```

So kann man etwa mit

```
print $env([Name der Umgebungsvariable])
```

den Inhalt einer Umgebungsvariablen ausgeben. Die nachfolgenden Umgebungsvariablen stehen unter CGI unabhängig vom jeweiligen Server stets zur Verfügung:

`AUTH_TYPE`

Falls das Script geschützt ist, kann hier die verwendende Authentisierungsmethode angegeben werden.

`CONTENT_LENGTH`

Die Angabe der Länge der auf der Standardeingabe verfügbaren Daten in Bytes bei der `POST`-Methode. Bei der `GET`-Methode ist die Variable leer.

`CONTENT_TYPE`

Der Typ einer Requestanfrage. Format ist ein MIME-Typ.

Beispiel: `application/x-www-form-urlencoded`

`GATEWAY_INTERFACE`

Die Version der CGI-Spezifikation, die dieser Server unterstützt.

Format: CGI/Version

Beispiel: `CGI/1.1`

`HTTP_ACCEPT`

Eine Liste der Datei-Typen des gesendeten Objekts, die der das CGI-Script aufrufende Browser verarbeiten kann. Die Liste ist eine Sammlung von MIME-Typen nach dem Schema *Kategorie/Unterkategorie* (siehe Seite 66). Die Kategorie legt den Typ der Datei fest, die Unterkategorie die Dateierweiterung.

Beispiel: `image/gif, image/jpeg`

`HTTP_REFERER`

Der URL, woher das Script aufgerufen wurde.

`HTTP_USER_AGENT`

Allgemeine Informationen über das Clientprogramm.

`PATH_INFO`

Zusatzinformationen zum Pfad des CGI-Verzeichnisses relativ zum Rootverzeichnis des Webservers. Die Umgebungsvariable enthält aber keine Information darüber, an welcher Stelle im Filesystem diese Relativangabe zu finden ist.

Beispiel: `/CGI/CGI/`

`PATH_TRANSLATED`

Die absolute Pfadangabe des CGI-Verzeichnisses. Der Server leitet den Wert von `PATH_INFO` durch sein Mapping-System und bestimmt damit den absoluten Pfad.

`QUERY_STRING`

Eine Zeichenkette aus einem Web-Formular bei Verwendung der `GET`-Methode. Format ist der MIME-Typ *application/x-www-form-urlencoded.*

`REMOTE_ADDR`

Die IP-Adresse des Webservers, wenn dieser ein CGI-Script von einem anderen Webserver laden muss. Der Wert wird nicht von allen Clients gesetzt.

`REMOTE_HOST`

Der DNS-Name des Webservers, von dem ein Request stammt, wenn dieser ein CGI-Script von einem anderen Webserver laden muss. Der Wert wird nicht von allen Clients gesetzt. Zudem kann es vorkommen, dass der Server diese Information nicht besitzt (einfachstes Beispiel – die zugreifende Maschine hat keinen Domainnamen). Dann ist diese Umgebungsvariable leer. Für diesen Fall gibt es die Variable `REMOTE_ADDR`.

`REMOTE_IDENT`

Die Benutzeridentifikation nach dem RFC-931-Authentisierungssystem. Diese Protokollinformationen können genutzt werden, wenn auf dem Webserver das entsprechende Protokoll (*ident*) für einen geschützten Zugriff installiert ist.

`REMOTE_USER`

Der Benutzername des Aufrufers des CGI-Scripts bei geschützten Dokumenten, wenn die Server-Authentisierung aktiviert ist.

REQUEST_METHOD

Zugriffsmethode des Requests (GET oder POST).

SCRIPT_NAME

Die Angabe des CGI-Scripts als relativer URL (von dem DNS-Namen des Webservers aus gesehen).

SERVER_NAME

Der Name des Rechners, auf dem das Server-Programm läuft. Die Angabe kann als Hostname, DNS-Alias oder IP-Adresse erfolgen.

SERVER_PORT

Der Port, auf dem der Request erfolgte. In den meisten Fällen handelt es sich bei einer WWW-Anfrage über das HTTP-Protokoll um den Port 80.

SERVER_PROTOCOL

Der Name und die Version des Protokolls, über das der Zugriff erfolgte. Das Format ist HTTP/Version.

Beispiel: HTTP/1.0

SERVER_SOFTWARE

Die Bezeichnung der Serversoftware, welche die Ausführung des CGI-Scripts veranlasst. Das Format ist name/version.

Beispiel: CERN/3.0

Zusätzlich zu den standardisierten Umgebungsvariablen vermittelt ein CGI/1.1-kompatibler Server dem Script jene Header-Zeilen des HTTP-Requests, die oben keine Entsprechung haben, über ergänzende Variablen. Dazu setzt er den Namen des Header-Elements in Großbuchstaben um und ersetzt alle Bindestriche durch Unterstriche. Dem Ergebnis wird die Zeichenfolge »HTTP_« vorangestellt. Aus dem Header »Verwendete-Sprache: de« wird so die ergänzende Umgebungsvariable HTTP_VERWENDETE_SPRACHE mit dem Wert »de«.

Beispiele

Mit dem nachfolgenden Perl-CGI-Script können alle interessanten Umgebungsvariablen eines Servers ausgegeben werden:

```
print "<H1>Server CGI-Umgebungsvariablen</H1>";
print "<table>";
print "<tr><td>AUTH_TYPE: </td><td>", $ENV{'AUTH_TYPE'}, "</td></tr>";
print "<tr><td>CONTENT_LENGTH: </td><td>", $ENV{'CONTENT_LENGTH'}, "</td></tr>";
```

```
print "<tr><td>CONTENT_TYPE: </td><td>", $ENV{'CONTENT_TYPE'}, "</td></tr>";
print "<tr><td>GATEWAY_INTERFACE:</td><td>", $ENV{'GATEWAY_INTERFACE'}, "</td></tr>";
print "<tr><td>PATH_INFO: </td><td>", $ENV{'PATH_INFO'}, "</td></tr>";
print "<tr><td>PATH_TRANSLATED: </td><td>", $ENV{'PATH_TRANSLATED'}, "</td></tr>";
print "<tr><td>QUERY_STRING: </td><td>", $ENV{'QUERY_STRING'}, "</td></tr>";
print "<tr><td>REMOTE_ADDR: </td><td>", $ENV{'REMOTE_ADDR'}, "</td></tr>";
print "<tr><td>HTTP_ACCEPT:</td><td>", $ENV{'HTTP_ACCEPT'}, "</td></tr>";
print "<tr><td>HTTP_REFERER: </td><td>", $ENV{'HTTP_REFERER'}, "</td></tr>";
print "<tr><td>HTTP_USER_AGENT: </td><td>", $ENV{'HTTP_USER_AGENT'}, "</td></tr>";
print "<tr><td>REMOTE_IDENT: </td><td>", $ENV{'REMOTE_IDENT'}, "</td></tr>";
print "<tr><td>REMOTE_HOST: </td><td>", $ENV{'REMOTE_HOST'}, "</td></tr>";
print "<tr><td>REMOTE_USER: </td><td>", $ENV{'REMOTE_USER'}, "</td></tr>";
print "<tr><td>REQUEST_METHOD: </td><td>", $ENV{'REQUEST_METHOD'}, "</td></tr>";
print "<tr><td>DOCUMENT_NAME: </td><td>", $ENV{'DOCUMENT_NAME'}, "</td></tr>";
print "<tr><td>DOCUMENT_URI: </td><td>", $ENV{'DOCUMENT_URI'}, "</td></tr>";
print "<tr><td>SCRIPT_NAME: </td><td>", $ENV{'SCRIPT_NAME'}, "</td></tr>";
print "<tr><td>SCRIPT_FILENAME: </td><td>", $ENV{'SCRIPT_FILENAME'}, "</td></tr>";
print "<tr><td>SERVER_NAME: </td><td>", $ENV{'SERVER_NAME'}, "</td></tr>";
print "<tr><td>SERVER_PORT: </td><td>", $ENV{'SERVER_PORT'}, "</td></tr>";
print "<tr><td>SERVER_PROTOCOL: </td><td>", $ENV{'SERVER_PROTOCOL'}, "</td></tr>";
print "<tr><td>SERVER_SOFTWARE: </td><td>", $ENV{'SERVER_SOFTWARE'}, "</td></tr>";
print "</table>";
```

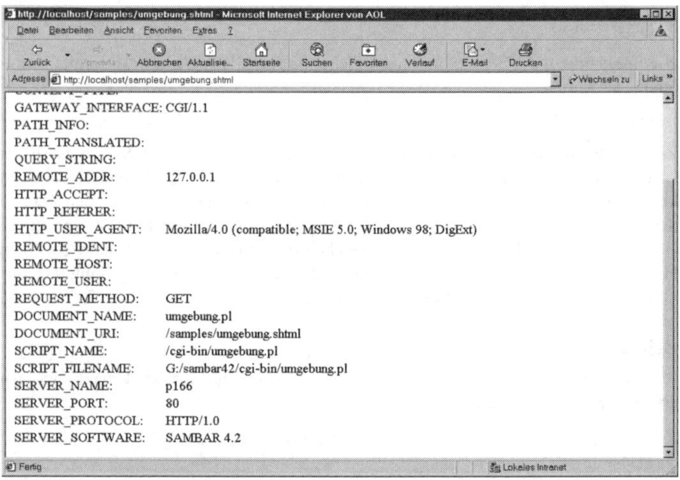

Das liefert der Sambar-Server zurück.

Die HTML-Datei zum Aufruf:

```
<HTML>
<BODY>
<!--#exec cgi="umgebung.pl" -->
</BODY>
</HTML>
```

Verwandte Befehle/Themen

Ablauf eines CGI-Prozesses

Installation und Konfiguration eines Intranets/Webservers

CGI-Scripteaufruf und SSI

Serverseitige Scripte

CGI-Scripteaufruf und SSI

Die verschiedenen Wege, um CGI-Scripte aufzurufen, sowie die Technik des SSI.

Anwendung

Ein CGI-Script wird oft in Zusammenhang mit Formularen aufgerufen (siehe dazu Seite 149). Es gibt jedoch noch andere Möglichkeiten. CGI-Scripte lassen sich auf verschiedene Arten aufrufen:

- Durch Absenden eines Formulars
- Die direkte URL-Eingabe in der Adresszeile des Browsers
- Als Verweis in einer HTML-Seite
- Über ein clientseitiges Script
- Als Verweis beim Image-Tag
- Als automatischen Aufruf beim Laden einer Webseite

Betrachten wir die Details (den Aufruf über ein Formular haben wir dabei schon an anderer Stelle ausführlich betrachtet).

Man kann den URL eines CGI-Scripts wie eine gewöhnliche Referenz auf eine Webseite direkt in der Adresszeile des Browsers eingeben (meist absolut, aber auch relativ, wenn man den Server auf dem gleichen Rechner laufen hat).

Zum anderen kann der Aufruf eines CGI-Scripts über einen Verweis aus einem HTML-Dokument heraus ausgeführt werden. Dieser Link sieht wie ein normaler Link auf eine Webseite aus, nur dass er auf ein CGI-Script verweist (siehe zu Verweisen unter Seite 138). Dies sieht schematisch so aus:

```
<A href="[URL des Scriptes]">[Verweistext]</A>
```

Da sich dann Webseite und CGI-Script meist auf dem gleichen Server befinden, wird dieser URL des Scripts in der Regel relativ sein. Dies ist aber wie bei fast allen Verweisen nicht zwingend, und auch hier ist eine absolute Angabe erlaubt.

Normalerweise erfolgt die Ausgabe des CGI-Scripts nach der Erledigung seines Auftrags wie bei allen Verweisen in dem Fenster oder Frame, in dem der Link angeklickt wurde. Die Ausgabe kann auch in ein anderes Fenster oder Frame umgeleitet werden. Wie bei Verweisen üblich erfolgt es mit dem Attribut `target`. Dies sieht schematisch dann so aus:

```
<A href="[URL des Scriptes]"
target="[Bezeichner Frame/Fenster]">
[Verweistext]</A>
```

Eine sehr interessante Variante zum Start eines CGI-Scripts ist die Verwendung eines clientseitigen Scripts zum Aufruf. Wie auch für gewöhnliche Verweise muss nur der URL des Scripts in der passenden Methode des Webseiten-Objekts angegeben werden. Für JavaScript sieht das etwa so aus:

```
document.location = "[URL des Scriptes]"
```

Server Side Includes

Wenn CGI-Scripte direkt beim Start einer Webseite ausgeführt werden sollen[33], nutzt man den HTML-Kommentar-Tag (siehe Seite 84). Dies geschieht analog dem Vorgehen bei Scripten auf Clientseite. Diese Art der Ausführung von CGI-Scripten nennt man SSI (Server Side Includes). Deren Verwendung sollte etwas genauer unter die Lupe genommen werden.

Unter SSI versteht man eine spezielle HTML-Technik, mit deren Hilfe der Server gesteuert werden kann. Die allgemeine Syntax eines SSI-Kommandos lautet:

```
<!--#[Kommando]
      [Tag1]=[Wert1]
      [Tag2]=[Wert2]
      ...
-->
```

SSI basiert auf der Grundlage des Server-Parsings. Bei gewöhnlichen Webseiten erhält der Webserver eine Anforderung für eine Webseite und sendet diese ohne jegliche Überprüfung an den Client zurück. Wenn eine Seite jedoch Server-Parsing fordert, analysiert der Webserver die HTML-Seite vor der Rücksendung und sucht dabei nach Server-basierenden Befehlen. Erkennt der Webserver einen solchen Befehl, führt er die entsprechende Aktion aus.

33. Selbstverständlich vorausgesetzt, dass der Server, auf dem das Script liegt, dies unterstützt.

Grundsätzlich muss bei der Arbeit mit SSI beachtet werden, dass nicht alle Webserver diese Technik unterstützen oder erlauben. Damit die Verwendung von SSI-Anweisungen in einer Webseite für den Server sofort offensichtlich werden, sollten solche Webseiten die Dateierweiterungen `.SHTM` oder `.SHTML` bekommen. Webseiten mit den normalen Endungen `.HTM` oder `.HTML` werden von den meisten Servern nicht geparst und damit werden die SSI-Anweisungen nicht beachtet (das lässt sich aber in vielen Webservern konfigurieren – wenn man will, kann man auch beliebige Dateierweiterungen wie `.FELIX` oder `.FLO` als SSI-Endung angeben).

SSI kennt mehrere Standardanweisungen, von denen wir uns nachfolgend einige wichtige ansehen wollen.

Der Konfigurationsbefehl

Über den SSI-Konfigurationsbefehl `#config` können unterschiedliche Einstellungen auf dem Server beeinflusst werden.

```
<!-- #config [Tag]=[Wert]>
```

Besonders wichtig ist die Generierung einer indivduellen serverseitigen Fehlermeldung über den Tag `errmsg`, oder der Tag `timefmt` für das Ausgabeformat bei Datums- und Zeitangaben.

Der Ausgabebefehl

Der Webserver besitzt mehrere interne Variablen. Zur Ausgabe von Variablen kann der allgemeine SSI-Befehl `#echo` in Verbindung mit dem Tag `var` genutzt werden. Syntax:

```
<!-- #echo var=[Wert]>
```

Bei diesen Variablen kann es sich sowohl um CGI-Umgebungsvariablen, aber auch spezielle SSI-Umgebungsvariablen handeln. Einige interessante SSI-Variablen folgen in der Tabelle:

SSI-Variable	Beschreibung
DOCUMENT_NAME	Name der HTML-Datei
DOCUMENT_URI	Pfad der HTML-Datei
LAST_MODIFIED	Datum der letzten Änderung der HTML-Datei
DATE_LOCAL	Systemdatum des Servers
SERVER_SOFTWARE	Name der Serversoftware
SERVER_NAME	Name des Servers
SERVER_PROTOCOL	Name des Serverprotokolls

Eigene Variablen setzt man mit der folgenden Syntax:

```
<!--#set var="[Bezeichner]" value="[Wert]" -->
```

Ansonsten kann der Befehl auch zur Ausgabe von gewöhnlichem Text verwendet werden.

Der Einbindungsbefehl

Mittels der SSI-Anweisung

```
<!-- #include [Tag]=[Wert]>
```

kann der Inhalt einer anderen Datei an den Client gesendet werden. Dabei wird für den Tag entweder `virtual` oder `file` verwendet.

Der SSI-Start eines CGI-Scripts

Der vielleicht wichtigste SSI-Befehl ist derjenige, der beliebige Programme auf dem Server startet. Dies ist nicht auf CGI-Scripte beschränkt. Der Befehl

```
<!--#exec [Tag]="[URL des Scriptes/Programms]"-->
```

kann beliebige Scripte und Programme auf dem Server starten, welche der Server unterstützt und wozu der Aufrufer die Erlaubnis hat. Als Tag wird zum Aufruf eines beliebigen Serverprogramms `cmd` genommen. Syntax:

```
<!--#exec cmd="[URL des Scriptes/Programms]"-->
```

CGI hat nun eine herausgehobene Bedeutung auf vielen Servern. Deshalb können CGI-Scripte mit einem eigenen Tag aufgerufen werden. Um nun ein CGI-Script über SSI zu starten, muss der Befehl wie folgt eingesetzt werden:

```
<!--#exec cgi="[URL des Scriptes]"-->
```

Der URL ist dabei als die Zusammensetzung der relativen Pfadangabe (oder auch absolut, aber wie etwas weiter oben beschrieben selten notwendig) und dem Name des Scripts selbst zu verstehen.

Einige Server unter Windows stellen auch die folgende Syntax bereit:

```
<!--#exec wincgi="[URL einer EXE]"-->
```

Unter den gleichen SSI-Kontext fällt der Start eines CGI-Scripts über den gewöhnlichen Grafik-HTML-Tag `<IMG>`. Unter Verwendung des `src`-Attributs beim `<IMG>`-Tag kann ein CGI-Script gestartet werden. Syntax:

```
<IMG src="[URL des Scriptes]">
```

Vielleicht entgegen aller Erwartung hat diese Technik nichts mit einem Klick auf eine Grafik zu tun (es wird ja gar keine Grafik in dem Tag referenziert). Es passiert folgendes:

Der Browser parst das HTML-Dokument. In einer sehr frühen Phase werden alle über den `<IMG>`-Tag angegebenen Bilder geladen. Für die Bilder wird vom Browser eine separate HTTP-Anforderung für jedes im `src`-Attribut angegebene Dokument eröffnet – so auch für das CGI-Script.

Warnungen

- Grundsätzlich funktionieren einige der Aufrufvarianten nur, wenn das CGI-Script eine Dateierweiterung hat, die in der Serverkonfiguration auch als CGI-Erweiterung registriert ist. Bei der Erweiterung `.CGI` darf man das zwar weitgehend voraussetzen (obgleich es auch da keine vollständige Sicherheit gibt), aber bereits bei der Erweiterung `.PL` sollte man da nicht so sicher sein. Prinzipiell ist eine Kontrolle in der Serverdokumentation zu empfehlen, wenn der Scriptaufruf ignoriert wird. Ansonsten ist eine Umbenennung der Dateierweiterung in `.CGI` immer einen Versuch wert.
- Beachten Sie bei einem SSI-Aufruf von CGI-Scripten (oder auch anderen SSI-Kommandos) die meist zwingend vorausgesetzte Dateierweiterung `.SHTM` oder `.SHTML` für die Webseite.
- SSI-Befehle werden nicht von allen Webservern unterstützt. Das betrifft dann natürlich auch alle darauf basierenden Aufrufe von CGI-Scripten.

Beispiele

Ein Aufruf eines CGI-Scripts über einen Verweis aus einem HTML-Dokument heraus:

```
<A href="cgi-bin/anfrage.cgi">
Start des CGI-Scriptes</A>
```

Ein Aufruf eines CGI-Scripts über einen Verweis aus einem HTML-Dokument heraus mit Umleitung der Ausgabe:

```
 <A href="cgi-bin/anfrage.cgi"
target="meinZweitesFenster">
Start des CGI-Scriptes</A>
```

SSI-Aufruf eines CGI-Scripts mit der Erweiterung `.CGI`:

```
<!--#exec cgi="cgi-bin/anfrage.cgi"-->
```

SSI-Aufruf eines CGI-Scripts mit der Erweiterung `.PL`:

```
<!--#exec cgi="hello.pl"-->
```

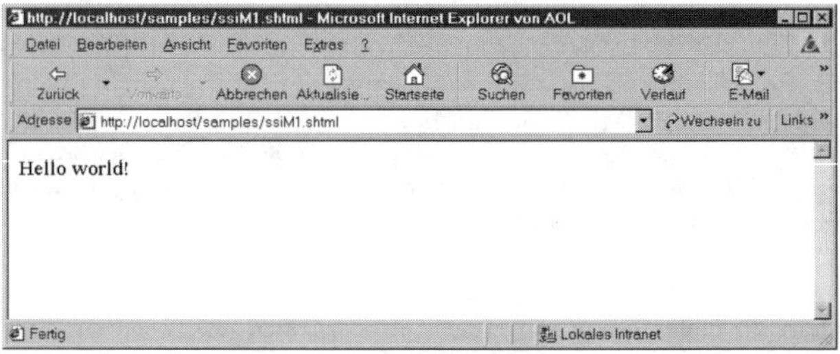

Der SSI-Aufruf generiert die Ausgabe.

Aufruf eines beliebigen Programms auf dem Server:

```
<!--#exec cmd="tracert localhost" -->
```

SSI-Start eines CGI-Scripts über den Grafik-HTML-Tag <IMG>:

```
<IMG src="hello.pl">
```

Die SSI-Einbindung zweier HTML-Dateien:

```
<!--#include virtual="..\MeinVerz\Meindoc.html" -->
<!--#include file="test.html" -->
```

Die SSI-Ausgabe des Dokumentenpfads:

```
<!--#echo var="DOCUMENT_URI" -->
```

Setzen einer eigenen SSI-Variablen:

```
<!--#set var="firma" value="RJS" -->
```

Verwandte Befehle/Themen

Ablauf eines CGI-Prozesses

Die CGI-Umgebungsvariablen

Installation und Konfiguration eines Intranets/Webservers

Serverseitige Scripte

Style-Sheets & CSS

Style-Sheets (Stilvereinbarungen) sind eine Art Analogon zu Formatvorlagen im Rahmen von Textverarbeitungen. Wesentliche Bedeutung erlangen sie durch den Umstand, dass sie eine Trennung von Layout und Inhalt einer Webseite ermöglichen, was mit anderen Techniken nur schwer oder gar nicht erreichbar wäre. Bei komplexeren Projekten ist dies aber unabdingbar.

Es gibt nun verschiedene Versuche, Style-Sheets zu standardisieren. Leider muss man festhalten, dass zum aktuellen Zeitpunkt[34] keinerlei Einigung auf einen Standard in Sicht ist oder sich ein Standard wirklich überzeugend durchsetzt. Vielversprechende neuere Style-Sheet-Formate wie XLS kommen nicht aus den Startlöchern, andere bereits länger diskutierte Formate wie JSSS (von Netscape entwickeltes und im Navigator unterstütztes Format) finden keine breite Basis. Am ehesten scheinen sich noch die so genannten Cascading Style-Sheets (CSS) zu etablieren. Insbesondere werden sie auch zunehmend im privaten Bereich eingesetzt.

CSS gehen auf die im Januar 1997 durch das W3C zu Style-Sheets getroffenen Aussagen zurück. Darin wurden verbindliche Empfehlungen für deren konkrete Anwendung erstellt. Zwar gibt es die Cascading Style-Sheets bereits seit 1998 in der 2. Version (`http://www.w3.org/TR/PR-CSS2/`), aber derzeit haben die neuesten Browser noch nicht einmal die Version CSS1 (`http://www.w3.org/TR/REC-css1/`) vollständig umgesetzt. Die neuen Browser von Microsoft und Netscape haben die CSS1-Empfehlung zwar beide implementiert und halten sich auch in den Kernbereichen an alle Vorschläge zur Umsetzung. Es gibt jedoch zum einen auch in der CSS1-Empfehlung viele Implementierungsdetails, die interpretationsfähig sind. Selbstverständlich interpretieren die beiden konkurrierenden Browser diese Details unterschiedlich. Zum anderen muss man beobachten, dass es immer noch zahlreiche Anweisungen und Attribute gibt, die entweder der eine oder der andere oder gar beide Browser nicht verstehen. Insgesamt kann der Internet Explorer aber besser mit dem CSS1-Standard umgehen als der Navigator. Die noch gar nicht weiter verfolgte Umsetzung des CSS2-Standards kommt bei CSS insgesamt zur recht dürftigen Unterstützung hinzu. Dennoch ist dieser Standard wohl derjenige, der am ehesten bei einer breiten Masse von Anwendern dargestellt werden kann, und da die CSS2-Version abwärtskompatibel ist, wird man keine Unterschiede feststellen, wenn man Anweisungen verwendet, die bereits im CSS1-Standard integriert waren.

34. Frühjahr 2000

CSS-Style-Sheets sind kein direkter Bestandteil von HTML, sondern wie alle Style-Sheets eine eigene Sprachentwicklung, die offiziell in HTML verwendet werden soll, wenn dort mit Style-Sheets gearbeitet wird. Die Einbindung von Style-Sheets wird im allgemeineren Zusammenhang besprochen (siehe Seite 171).

Die Syntax von CSS-Deklarationen

Die Grundregeln von CSS-Deklarationen.

Anwendung

Die Syntax einer CSS-Deklaration sieht immer gleich aus. Es gibt immer den folgenden Aufbau:

```
name : wert
```

Dabei gibt `name` das zu formatierende Element (den so genannten Selector) an und `wert` die konkrete Stilinformation. Mehrere Deklarationen werden mit Semikolon getrennt. In vielen Situationen werden die Werte auch in geschweifte Klammern gesetzt. Der Selector ist bis auf wenige Ausnahmen einer der existierenden HTML-Tags.

Ein HTML-Tag kann, mit einem Punkt abgetrennt, um die optionale Angabe `class` erweitert werden. Dies ist die Festlegung der Eigenschaften für eine Instanz eines Elements. Dabei legt man eine Klasse fest und verwendet diese bei der Stilzuweisung. Für `class` kann jeder beliebige Name genommen werden. Damit ist es möglich, verschiedene Stile für ein Element zu erstellen. Der ursprüngliche Selector, welcher vor dem Punkt steht, ist das Elternelement zu dieser Instanz.

Die Angabe `class` kann auch alleine in der Stildeklaration auftauchen. In diesem Fall muss nur ein Punkt vorangestellt werden und bei der konkreten Verwendung ein HTML-Element um den so benannten neuen Parameter erweitert werden.

Die Festlegung von Klassen bei Stilvereinbarungen ist besonders deshalb interessant, weil man mittels Scripten über diese Angabe auf diese Stilvereinbarungen zugreifen kann.

Style-Sheets lassen sich auch über eine so genannte ID auswählen. Dies wird zwar vom W3C nicht empfohlen, aber von sämtlichen Browsern unterstützt. Man ordnet damit eine Formatierung einem bestimmten Element (keiner Elementklasse wie eben) zu. Das funktioniert, indem bei der Deklaration eine Raute (#) statt eines Punkts vorangestellt wird (etwa `P#meineID {color : red}`). Anwenden kann man diese ID, indem man statt `class` `id` dem jeweiligen Element als Parameter nachstellt (im Beispiel wäre das so: `<P id=meineID>`)

Wenn Sie verschiedene Selectoren zusammen in einer Stilinformation deklarieren, bilden sie eine Gruppe. Die einzelnen Selectoren werden durch Kommata voneinander getrennt und bekommen alle die jeweilig angegebenen Stile zugeordnet. Nicht explizit angegebene Attribute werden davon nicht beeinflusst.

Warnungen

- Beachten Sie bitte bei allen Anwendungen von Stilinformationen, dass nicht jeder Browser mit allen Informationen zurechtkommt und sehr viele Stilinformationen unterschiedlich ausgelegt werden.

Beispiele

Das Beispiel zeigt die parallele Verwendung von verschiedenen Stilinformationen bei gleichen HTML-Elementen:

```
<HTML>
<HEAD>
<TITLE>Style-Sheets</TITLE>
<STYLE TYPE="text/css">
H1 { color : white }
H1.neuefarbe { color : blue}
H1.nocheinefarbe { color : green}
BODY { background : gray }
.nurclass {background : red; color : yellow}
</STYLE>
</HEAD>
<BODY>
<H1>Überschrift H1 mit normalen Style-Sheets</H1>
<H1 CLASS=neuefarbe>H1-Überschrift mit der Class-Information neuefarbe</H1>
<P>Normaler Text und <i CLASS=nurclass>darin mit nurclass veränderte </i>Farbe.
<H1 CLASS=nocheinefarbe>H1-Überschrift mit der Class-Information nocheinefarbe
</H1>
Nachfolgender Text <u CLASS=nurclass>kursiv und zudem mit nurclass formatiert.</u>
</BODY>
</HTML>
```

Im `<STYLE>`-Container wird zuerst eine Stilinformation (Schriftfarbe Weiß) für alle Überschriften der Ordnung 1 vereinbart (`H1 { color : white }`). Danach wird über eine mit Punkt abgetrennte `class`-Erweiterung ein Unterstil (Schriftfarbe Blau) für die Überschriften der Ordnung 1 vereinbart (`H1.neuefarbe { color : blue}`). Die Angabe (`H1.nocheinefarbe { color : green}`) deklariert noch einen zweiten Unterstil (Schriftfarbe Grün) für die Überschriften der Ordnung 1. Die vorletzte Stildeklaration im `<STYLE>`-Container legt die Hintergrundfarbe der Webseite fest (`BODY { background : gray }`). Interessant ist die letzte Stildeklaration im `<STYLE>`-Container. Die Angabe `.nurclass {background : red; color : yellow}` deklariert eine Stilinformation (rote Hintergrundfarbe und gelbe Textfarbe), die bei Bedarf an jedes HTML-Element als neu definierter Parameter angehängt werden kann. Innerhalb des `BODY`-Bereichs werden die vereinbarten Stilinformationen angewandt, einmal auf die Überschriften-Tags und über `<i CLASS=nurclass>` auf das `<i>`-Element im normalen Textfluss.

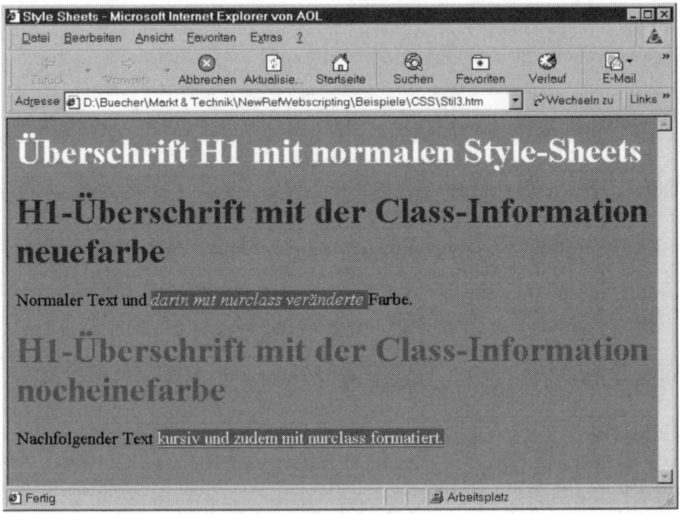

Verschiedene Textstile bei HTML-Elementen.

Verwandte Befehle/Themen

Einbindung von Style-Sheets

HTML-Gestaltungsanweisungen

Anwendungsregeln von Stil-Formatierungen mit CSS-Style-Sheets

Die Anwendungsregeln von CSS-Stil-Formatierungen.

Anwendung

Das CSS-Formatierungsmodell teilt HTML-Elemente in zwei Gruppen ein. Es gibt einmal die Elemente, die einen abgesetzten Textblock darstellen – dazu zählen im Wesentlichen Überschriften, Listen, Absätze usw. Zum anderen Typ gehören Elemente, welche im Fließtext stehen. Dazu zählen unter anderem Hervorhebungen und Links.

Bei den Stilattributen gibt es feste Regeln, die angewendet werden, wenn es auf einer Webseite zu Konflikten zwischen widersprechenden Stilanweisungen kommt oder Anweisungen auf Elemente angewendet werden, die diese nicht umsetzen können:

Die vereinbarten Stildeklarationen werden angewendet, wenn der Selector vernünftige Werte hat. Kann die Deklaration nicht angewandt werden, wird die Deklaration des Elternelements verwendet. Gibt es kein solches Elternelement, kommen die Standardeinstellungen des Browsers zum Tragen.

Gibt es mehrere Deklarationen zu einem Element, hat der Stil Vorrang, der über einen gesonderten Modifier `important` deklariert worden ist.

Stilvereinbarungen eines Autors einer Webseite haben höhere Priorität als Stilvereinbarungen des Besuchers einer Webseite. Diese wiederum überschreiben Standardeinstellungen des Browsers.

Globale Stilinformationen werden von lokalen überschrieben.

Gibt es mehrere Deklarationen mit gleicher Priorität zu einem Element, hat der Stil Vorrang, der als letzter vereinbart wurde.

Beispiele

Das nachfolgende Beispiel verwendet verschiedene Stilinformationen. Insbesondere hat der `BODY`-Bereich eine Hintergrundfarbe über eine Stilinformation zugeordnet bekommen, die in einer Überschrift wieder überschrieben wird (lokal überschreibt global):

```
<HTML>
<HEAD>
<STYLE TYPE="text/css">
body
{
  background-color : cyan;
}
H2
 {
  color : yellow;
  background-color : red;
  font-size : 33pt;
  border : solid
 }
</STYLE>
</HEAD>
<BODY>
<H2>Headline mit Stilinformationen</H2>
Absatz ohne Style-Sheets. Ganz normaler Text.
<H3>Headline der Ordnung 3 ohne Stilinformationen</H3>
Normaler Text.
</BODY>
</HTML>
```

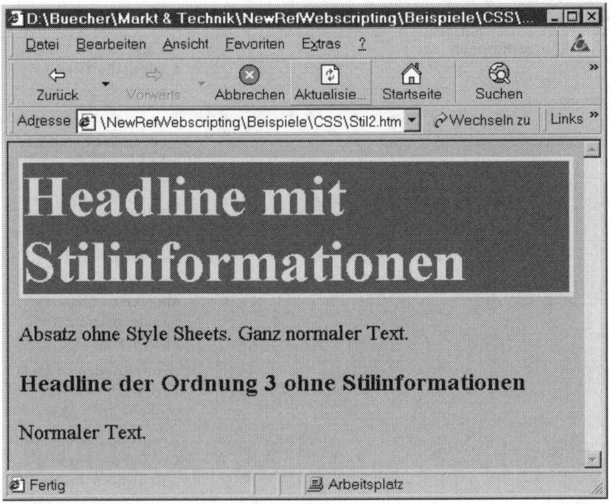

Lokal überschreibt global.

Verwandte Befehle/Themen

Einbindung von Style-Sheets

HTML-Gestaltungsanweisungen

Font-Stilinformationen

Die Verwendung von Stilinformationen zur Beeinflussung von Fonts (Schriften).

Anwendung

Die folgende Tabelle ist eine Auflistung von wichtigen CSS-Schriftformatierungseigenschaften mit Angabe der erlaubten Werte. Der Wertebereich umfasst sowohl Konstanten wie `large`, `medium` oder `small` samt ihrer Abarten für Schriftgrößen als auch Längenangaben als absolute Werte (Pixel, Zentimeter, Millimeter, Zoll, Punkt, Pica) oder relativ (prozentuale Angaben) zu einer Referenzgröße (meist die Größe des Standardzeichensatzes). Des Weiteren können Farben in der RGB-Notation oder durch Angabe eines Farbnamens festgelegt werden und URLs über grafische Angaben für Hintergrundgrafiken.

Eigenschaft	Beschreibung	Wertebereich	Beschreibung
`font-size`	Schriftgrößen	`xx-small`	Relativ zu den anderen Größen der Familie kleinste Schriftgröße
		`x-small`	Relativ zu den anderen Größen der Familie sehr kleine Schriftgröße
		`small`	Relativ zu den anderen Größen der Familie kleine Schriftgröße
		`medium`	Relativ in Bezug zu den anderen Größen der Familie mittlere Schriftgröße
		`large`	Relativ zu den anderen Größen der Familie große Schriftgröße
		`x-large`	Relativ zu den anderen Größen der Familie sehr große Schriftgröße
		`xx-large`	Relativ zu den anderen Größen der Familie größte Schriftgröße
		`larger`	Relativ zum Elternstil größer
		`smaller`	Relativ zum Elternstil kleiner
		Länge	Faktor, der mit der ursprünglichen Schriftgröße multipliziert wird. Einheit ist ein `Em`, was der Platz ist, der von dem Buchstaben M eingenommen wird
		Prozentwert	Multiplikationsfaktor mit der Größe der Elternschrift (in Prozent)
		Absolutangabe	Absoluter Zahlenwert in einer Einheit für die Textgröße (Pixel, Zentimeter, Millimeter, Zoll, Punkt, Pica)

Eigenschaft	Beschreibung	Wertebereich	Beschreibung
`font-family`	Angabe einer ganzen Gruppe von Schrifttypen (Schriftfamilie). Mehrere Schriftfamilien werden durch Kommata getrennt	`serif`	Schriften mit Serifen (Häkchen) an den Linien (z.B. Times)
		`sans-serif`	Schriften ohne Serifen (Häkchen) an den Linien (z.B. Helvetika)
		`cursive`	Geneigte Schriften
		`fantasy`	Dekorative Schriften
		`monospace`	Nichtproportionale Schriften
		Angabe einer konkreten Schrift	(Times, Helvetica, ...)
`font-weight`	Festlegung, wie fett eine Schrift dargestellt wird	`normal`	Mittlere Gewichtung
		`bold`	Fette Darstellung
		`bolder`	Verstärkung um eine Stufe
		`lighter`	Verringerung um eine Stufe
		Zahlenwert mit Abstufungen von 100 bis 900	`Fett` entspricht dem Wert 700.
`font-style`	Schriftstile	`normal`	Normaler Schriftstil. Entspricht gelegentlich `roman`
		`italic`	Kursiver Schriftstil
		`oblique`	Kursiver Schriftstil Die Neigung wird aber durch das System aus der normalen Schrift errechnet
`font-variant`	Kapitälchen (Großbuchstaben mit unterschiedlicher Höhe)	`normal`	Normal
		`small-caps`	Klein
`font`	Abkürzung für alle oben genannten Eigenschaften	`font-style, font-variant, font-weight, font-size, line-height, font-family`	Die Angabe sämtlicher Attribute erfolgt in der angegebenen Reihenfolge ohne Kommata, es sei denn, es werden Schriftfamilien angegeben

Warnungen

- Die genannten Attribute mit ihren erlaubten Werten werden nicht alle von jedem Browser verstanden. Auch kann die Darstellung teilweise erhebliche Unterschiede in verschiedenen Browsern aufweisen.

Beispiele

Das nachfolgende Beispiel zeigt die Verwendung von verschiedenen Stilinformationen in Zusammenhang mit Fonts:

```
<HTML>
<HEAD>
<STYLE TYPE="text/css">
H1
{ font-size: xx-large;font-family : sans-serif; font-weight: bolder }
H2
{ font-size: large;font-family : fantasy; font-variant : small-caps ;font-weight:
bold ; line-height : 90% }
H3
{ font-size: xx-small;font-family : serif; font-weight: normal ; line-height :
110% }
H4
{ font-size: medium;font-family : cursive; font-variant : small-caps ;font-weight:
lighter }
H5
{ font-size: 8pt;font-family : monospace; font-variant : normal ;font-weight: 888
; line-height : 30% }
H6
{ font-size: x-small;font-family : serif; font-variant : small-caps ;font-weight:
111 ; line-height : 140% }
</STYLE>
</HEAD>
<BODY>
<H1>Andrea</H1>
<H2>Florian</H2>
<H3>Felix</H3>
<H4>Ralph</H4>
<H5>Safety First</H5>
<H6>Eppstein</H6>
</BODY>
</HTML>
```

Beachten Sie die nachfolgenden Abbildungen, welche die unterschiedlichen Interpretationen zwischen dem Navigator und dem Explorer zeigen. Der Internet Explorer stuft den Fettwert besser ab und kann die Kapitälchen darstellen sowie verschiedene Schrifttypen (`cursive` und `fantasy`) richtig interpretieren.

Der Navigator kann nicht alles.

Der Explorer.

Verwandte Befehle/Themen

Einbindung von Style-Sheets

HTML-Gestaltungsanweisungen, insbesondere der <FONT>-Tag

Farbe und Hintergrund

Beeinflussung von Farbe und Hintergrund mittels Style-Sheets.

Anwendung

Über eine Vielzahl von Eigenschaften können die einzelnen farblich zu beeinflussenden Elemente einer Webseite konfiguriert werden. Die nachfolgende Tabelle bietet dazu eine Übersicht.

Eigenschaft	Beschreibung	Wertebereich	Beschreibung
`color`	Textfarbe	Angabe der Farbe im RGB-Modell oder über Farbnamen	
`background-color`	Hintergrundfarbe	Angabe der Farbe im RGB-Modell oder über Farbnamen	
`background-image`	Hintergrundbild	`url([URL des Bildes])`	
`background-repeat`	In Verbindung mit einem Hintergrundbild Art der Wiederholung	`repeat`	Kachelartige Wiederholung über den gesamten Bereich
		`repeat-x`	Wiederholung über die horizontale Zeile
		`repeat-y`	Wiederholung über die vertikale Spalte
`background-position`	Startposition eines Hintergrundbildes. In Kombination von einer horizontalen und einer vertikalen Angabe kann diese festgelegt werden	`left`	Horizontale Platzierung
		`center`	Anzuwenden für die horizontale und vertikale Platzierung
		`right`	Horizontale Platzierung
		`top`	Vertikale Platzierung
		`bottom`	Vertikale Platzierung
		Koordinaten-Tupel in %. `0% 0%` steht für oben links, `100% 100%` für unten rechts	Platzierung über Koordinatenangabe n

Eigenschaft	Beschreibung	Wertebereich	Beschreibung
`background-attachment`	Verankerung eines Hintergrundbildes	`scroll`	Hintergrundbild mit Text verbunden
		`fixed`	Hintergrundbild mit dem Hintergrund verbunden
`background`	Abkürzung für alle oben genannten Eigenschaften zu Hintergrundfarben und Hintergrundgrafik	`background-color, background-image, background-repeat, background-attachment, background-position`	Die Angabe sämtlicher Attribute erfolgt in der angegebenen Reihenfolge ohne Kommata

Warnungen

- Die Farb- und Hintergrundangaben über CSS sind recht einfach, denn es gibt viele Übereinstimmungen mit der Vorgehensweise in gewöhnlichem HTML. Die Möglichkeiten sind jedoch erheblich erweitert und eben nicht vollständig identisch, weshalb es leicht Flüchtigkeitsfehler geben kann. Da dies keine Fehlermeldung im Browser auslöst, erkennt man nur, dass der Browser eine Stilinformation nicht wie gewünscht umsetzt. Dabei kann man aber nie ganz sicher sein, dass es nicht ein »normales« Problem eines Browsers ist, der mit den Angaben nicht vollständig zurechtkommt.

Beispiele

Das Beispiel demonstriert die verschiedenen Möglichkeiten zur Hintergrundgestaltung. Einige Überschriften sind mit definierter Hintergrundfarbe und Textfarbe versehen. Die Überschrift 3 hat für ihren Bereich ein eigenes Hintergrundbild definiert. Die Instanz des Absatz-Tags hat ebenfalls ein eigenes Hintergrundbild, welches nur im Bereich zu sehen ist, wo diese Absatz-Instanz einen Container bildet. Was die Ausdehnung der Stilinformationen angeht, haben Navigator und Explorer verschiedene Ansichten, wie die dem Quelltext folgenden Screenshots zeigen:

```
<HTML>
<HEAD>
<STYLE TYPE="text/css">
H5
{ color: red; background-color : yellow }
H3
{ color: black; background-color : white; background-image:url(butfly9.gif) }
H4
{ color: green; background-color : blue}
p.bild
{background-image:url(butfly5.gif); color: Blue}
H1.bild2
{background-image:url(butfly9.gif); background-repeat:repeat-x;color: Blue}
```

```
</STYLE>
</HEAD>
<BODY>
<H1>Unsinn</H1>
<H5>Mumpitz</H5>
<H3>Heckmeck</H3>
<H4>Unfug</H4>
<p CLASS=bild>
SchubiDubiDuuuuuuuuuuuuuuuuuuuu
SchubiDubiDuuuuuuuuuuuuuuuuuuuu
SchubiDubiDuuuuuuuuuuuuuuuuuuuu
SchubiDubiDuuuuuuuuuuuuuuuuuuuu
</p>
Jetzt ist der Absatz zu Ende.
<H1 CLASS=bild2>
Watehatedudeda
</H1>
</BODY>
</HTML>
```

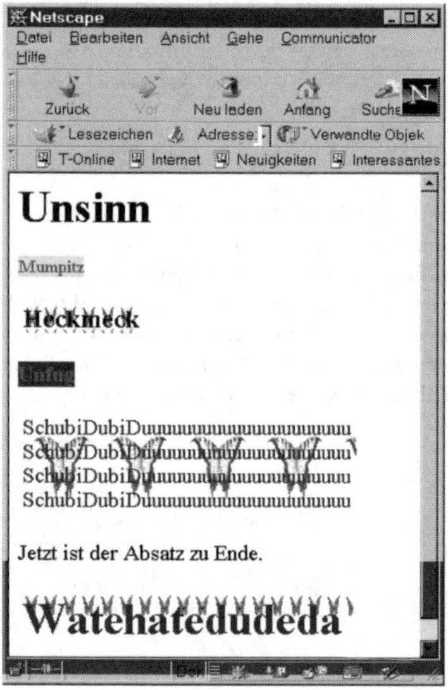

Darstellung im Navigator.

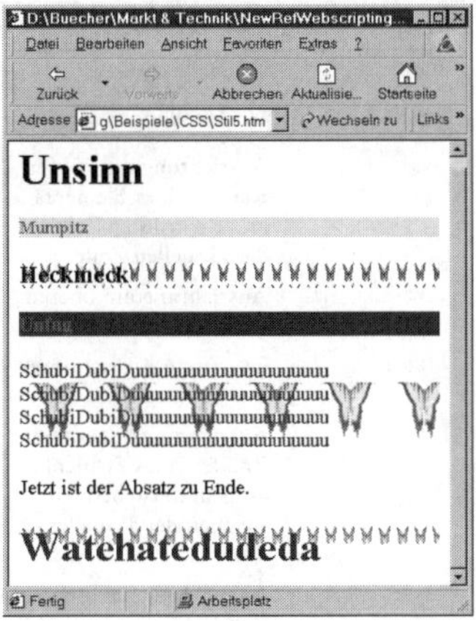

Der Explorer.

Verwandte Befehle/Themen

Einbindung von Style-Sheets

HTML-Gestaltungsanweisungen, insbesondere alle Farbangaben

Textformatierung

Stilinformationen zur Gestaltung von Textformatierungen.

Anwendung

Das CSS-Konzept beinhaltet neben den allgemeinen Font-Beeinflussungsmöglichkeiten zahlreiche Eigenschaften, mit denen dann der daraus aufgebaute Text individuell gestaltet werden kann. Die nachfolgende Tabelle bietet einen Überblick:

Eigenschaft	Beschreibung	Wertebereich	Beschreibung
`vertical-align`	Dient zur vertikalen Ausrichtung von Text, z.B. für tief- oder hochgestellten Text. Die als Basis dienende Grundlinie ist die Grundlinie des Elternelements, welches neu formatiert wird	`baseline`	Ausrichtung an der Grundlinie

Eigenschaft	Beschreibung	Wertebereich	Beschreibung
		`sub`	Tiefstellung
		`super`	Hochstellung
		`top`	Ausrichtung des oberen Randes eines Elements an dem größten Zeichen der aktuellen Zeile
		`text-top`	Ausrichtung am oberen Rand
		`middle`	Zentrierte Ausrichtung in der Mitte einer Zeile
		`bottom`	Ausrichtung des unteren Randes eines Elements an dem tiefstehenden Zeichen der aktuellen Zeile
		`text-bottom`	Ausrichtung am unteren Rand
		Angabe von Prozentwerten	Verschieben eines Elements um einen positiven oder negativen Wert über oder unter die Grundlinie
`text-transform`	Tranformiert Zeichen, etwa in Kleinbuchstaben oder Großbuchstaben	`capitalize`	Erster Buchstabe eines Wortes groß
		`uppercase`	Alle Buchstaben groß
		`lowercase`	Alle Buchstaben klein
		`none`	Keine Transformation
`text-align`	Die üblichen Angaben der horizontalen Ausrichtung	`left`	Linksbündig
		`right`	Rechtsbündig
		`center`	Zentriert
		`justify`	Blocksatz
`text-indent`	Dient zur Einrückung der ersten Zeile eines Textblocks	Angabe der direkten Länge oder einer Prozentzahl	Einheit in Ems oder Zoll
`line-height`	Abstand zwischen zwei benachbarten Grundlinien	Angabe als Faktor	Ohne Einheit

Eigenschaft	Beschreibung	Wertebereich	Beschreibung
`word-spacing`	Abstand zwischen einzelnen Worten	Einheit	Angabe in Ems
`letter-spacing`	Abstand zwischen einzelnen Buchstaben	Einheit	Angabe in Ems
`text-decoration`	Weitergehende Textdekoration	`none`	Keine
		`underline`	Unterstrichen
		`overline`	Strich oben
		`line-through`	Durchgestrichen
		`blink`	Blinken
`line-height`	Höhe einer Zeile	Direkte Angabe der Länge oder in Prozent	

Warnungen

- Insbesondere die Umsetzung dieser zahlreichen Style-Sheet-Formatierungen zur Textgestaltung ist in vielen Browsern ziemlich mangelhaft. Deshalb sollten Sie sich darauf nie verlassen.

Beispiele

Das Beispiel verwendet einige der oben aufgeführten Style-Sheet-Formatierungen zur Textgestaltung. Insbesondere der Navigator kann den Ausführungen meist nicht folgen (siehe die anschließenden Screenshots):

```
<HTML>
<HEAD>
<STYLE TYPE="text/css">
<!--
.hoch
{vertical-align:super}
.tief
{vertical-align:sub}
.oben
{vertical-align:text-top}
-->
</STYLE>
</HEAD>
<body>
<p type="text/css" style="text-transform:capitalize; text-align:center">
Fuchs <I CLASS=hoch>Du </I> hast <B CLASS=tief>die </B> Gans gestohlen.
</p>
```

```
<p type="text/css" style="text-transform:lowercase;word-spacing:5Em;text-
align:right">
Alle <I CLASS=oben>meine </I> Enten.
</p>
<p type="text/css" style="text-decoration:line-through;text-transform:uppercase">
Kaffee <I CLASS=hoch>und</I> Tee.
</p>
<p type="text/css" style="letter-spacing:1Em;text-transform:capitalize;text-in-
dent:10Em">
Das hier ist viel Text, <I CLASS=hoch>damit </I> manl <B CLASS=tief>erkennen </B>
kann, wie sich die Texteinrückung auswirkt. Deshalb muss hier auch noch etwas Bla-
Bla folgen.
</p>
Ein letzter Absatz ohne CCS.
</BODY>
</HTML>
```

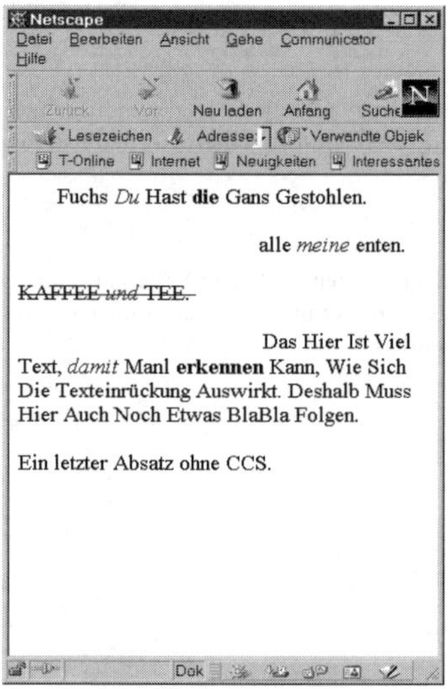

Darstellung im Navigator zeigt viel Ignoranz.

Verwandte Befehle/Themen

Einbindung von Style-Sheets

HTML-Gestaltungsanweisungen, insbesondere alle Anweisung für die Textgestaltung

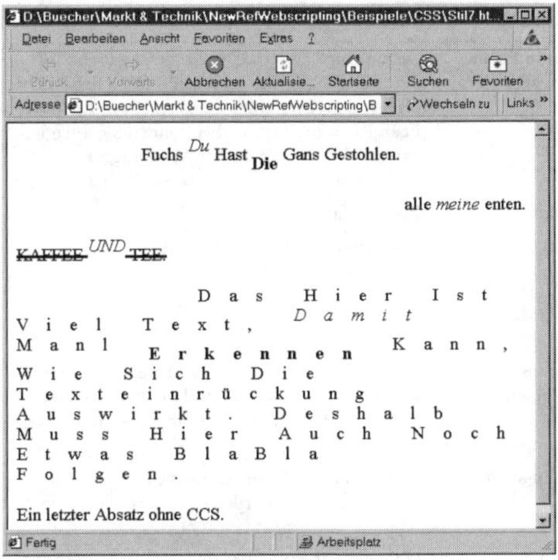

Der Explorer kann es besser.

Textblock-Eigenschaften

Stilinformationen zur Gestaltung von Textblock-Eigenschaften.

Anwendung

Stilinformationen können auch auf ganze Textblöcke angewandt werden. Etwa zum Definieren von Abständen zu Rändern oder anderen Elementen, zum Festlegen von Rahmen usw. Die nachfolgend in der Tabelle angegebenen Eigenschaften behandeln immer einen vollständigen Textblock:

Eigenschaft	Wertebereich	Beschreibung

`padding-left`
`padding-right`
`padding-top`
`padding-bottom`
 	
`padding`
	Angabe in Pixeln oder Prozent	Padding kann man mit Polsterung übersetzen. Damit kann ein Element ähnlich einem Rahmen oder einer Linie umschlossen werden. Der Hintergrund scheint durch. Wenn Sie die Eigenschaft ohne nachgestellte Richtung angeben, werden alle Seiten gepolstert. Sie können die Eigenschaft ohne nachgestellte Richtung auch mit Werten – ohne Komma dazwischen – angeben. Dann werden die Werte in der Richtung oben, unten, rechts, links interpretiert. Fehlende Werte werden von gegenüber liegenden Seiten ergänzt

Eigenschaft	Wertebereich	Beschreibung

`margin-left`
`margin-right`
`margin-top`
`margin-bottom`
 	
`margin`
	Angabe in Pixeln oder Prozent	Setzen von Rändern. Die Zusatzangaben `-left`, `-right`, `-top`, `-bottom` legen – wenn gebraucht – Platz zum benachbarten Element in der jeweiligen Richtung fest. Dabei können Sie auch negative Werte nehmen, um Abstände zu verkürzen

`border-color`	Farbangabe	Rahmenfarbe
`border-style`	`none`, `dotted`, `dashed`, `solid`, `double`, `groove`, `ridge`, `inset`, `outset`	Erscheinungsbild eines Rahmens
`border`	Abkürzung für einen Rahmen	Ein Rahmen mit den gewünschten Ausprägungen. Die Breite, der Stil und die Farbe können nacheinander – ohne Komma – angegeben werden
`width`	`auto`, Länge, Prozent	Breitenangabe. Kann an Elemente mit Bindestrich angehängt werden (z.B. `border-width= 5%` oder `border-top-width=10%`)
`height`	`auto`, Länge	Höhenangabe (wie Breite)
`float`	left, right, none	Ausrichtung eines Blockelements in Bezug auf umgebenden Text. Beispiel: `float:left` platziert ein Element, Text fließt rechts um das Element herum
`clear`	left, right, both, none	Legt fest, ob floating-Elemente auf der linken, rechten oder auf beiden Seiten erlaubt sind

Beispiele

Das Beispiel zeigt die Anwendung von Padding und Rahmen:

```
<HTML>
<BODY>
<p type="text/css" style="padding: 15% 45%">
Puffer all around.
</p>
<p type="text/css" style="border : 30pt groove green">
Umranden
</p>
<p type="text/css" style="border : 25pt ridge white; padding-left: 15%">
Ups
</p>
</BODY>
</HTML>
```

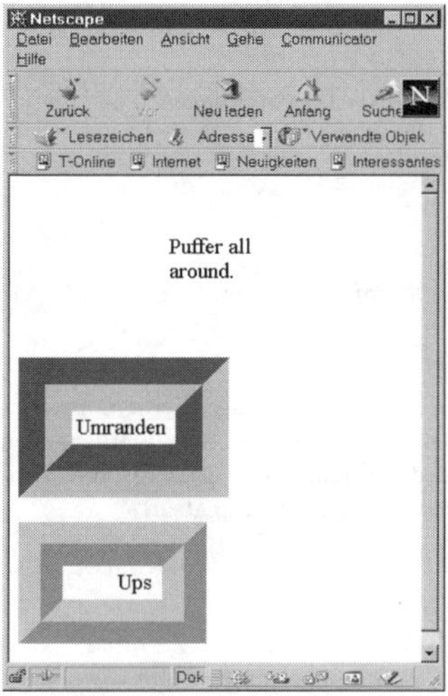

Darstellung im Navigator.

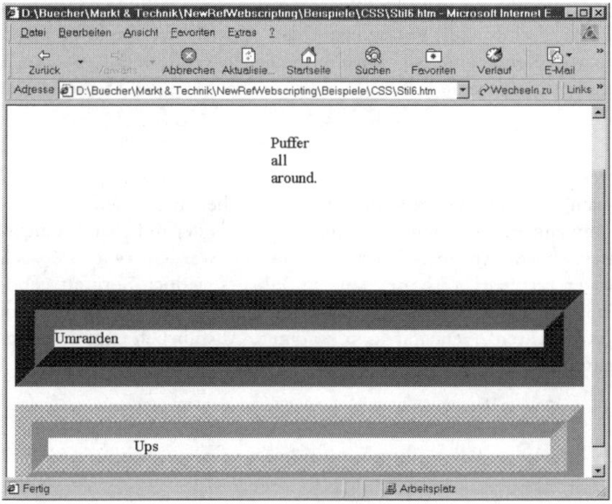

Der Explorer.

Verwandte Befehle/Themen

Einbindung von Style-Sheets

HTML-Gestaltungsanweisungen, insbesondere Absatzformatierungen

Positionierung mit CSS

Positionierung von beliebigen Elementen über Stilinformationen.

Anwendung

Mit Style-Sheets können nach Belieben Elemente innerhalb einer Webseite positioniert werden. Entweder mit relativen Positionsangaben, wie bei obigen Stilangaben zur Textpositionierung, oder mittels Abstandsdefinitionen oder über absolute Positionsangaben. Dazu gibt es die gemeinsam zu verwendenden Angaben

```
position:absolute
Left=[Position]
Top=[Position]
```

Damit können beliebige Elemente pixelgenau positioniert werden, und sowohl der Navigator als auch der Explorer verstehen es. Die beiden konkurrierenden Browser Navigator und Explorer kennen aber jeweils zwei zusätzliche Techniken zur Positionierung von Elementen, die der jeweilige Konkurrent nicht darstellen kann. Netscape stellt die Layer-Technik zur Verfügung. Diese versteht der Explorer nicht. Der Explorer hingegen kennt eine Abart der allgemeinen Positionierungstechnik, bei der der Positionierungsparameter `STYLE` direkt in einen Tag geschrieben wird. Damit kann der Navigator nicht umgehen.

Warnungen

- Die Positionierung und das Verhalten lassen sich auf beliebige Elemente in einer Webseite anwenden. Diese müssen dann nur mittels der üblichen Stilangaben positioniert bzw. Angaben darüber gemacht werden, wie sie sich bezüglich anderer Elemente verhalten sollen. Dabei ist jedoch Sorgfalt geboten, denn es kann je nach Plattform und Bedingungen zu recht interessanten (aber selten gewünschten) Nebeneffekten kommen. Ausführlich experimentieren ist unumgänglich.

Beispiele

Mehrere Grafiken (animierte GIFs), die so positioniert werden, dass sie sich teilweise überlagern:

```
<HTML>
 <HEAD>
 <STYLE TYPE="text/css">
 <!--
 .pos1 {position:absolute; left:60px; top:40px}
 .pos2 {position:absolute; left:100px; top:60px}
 .pos3 {position:absolute; left:140px; top:80px}
 .pos4 {position:absolute; left:180px; top:70px}
 -->
 </STYLE>
 <TITLE>Absolute Positionierung</TITLE>
</HEAD>
<BODY>
<DIV class=pos1><IMG src="bat1.gif" height=150></DIV>
<DIV class=pos2><IMG src="bat10.gif" height=160></DIV>
<DIV class=pos3><IMG src="butfly5.gif" height=170></DIV>
<DIV class=pos4><IMG src="butfly9.gif" height=50></DIV>
</BODY>
</HTML>
```

Überlagertes Rummgeflatter.

Beispiel zur Positionierung von Text mit der Layer-Technik:

```
<HTML>
<BODY>
<LAYER NAME="pos" LEFT=60 TOP=40>Text </LAYER>
</BODY>
</HTML>
```

Die Anwendung des STYLE-Parameters direkt in einem Tag:

```
<HTML>
 <HEAD>
<STYLE TYPE="text/css">
 <!--
 .pos1 {position:absolute; left:60px; top:40px}
 .pos2 {position:absolute; left:160px; top:140px}
-->
 </STYLE>
   <TITLE>Absolute Positionierung</TITLE>
</HEAD>
<BODY>
<P class=pos1><IMG src="redbul.gif"></P>
<DIV class=pos2><IMG src="greenbul.gif"></DIV>
</BODY>
</HTML>
```

Verwandte Befehle/Themen

Einbindung von Style-Sheets

HTML-Positionierungs- und Ausrichtungsanweisungen, insbesondere Tabellen und Frames

Das Netscape-Objektmodell

CSS und verschiedene Ausgabemedien

Die Umleitung der Ausgabe auf verschiedene Ausgabemedien mittels Stilinformationen.

Anwendung

Über Style-Sheets können die Grenzen des Browsers gesprengt und Webseiten auf andere Ausgabemedien umgeleitet werden. Dafür gibt es die media-Attribute, die als Parameter in die STYLE-Anweisung geschrieben werden können. Natürlich kann auch mit externen Style-Sheets gearbeitet werden.

Diese Technik kann man zum Beispiel dafür nutzen, um eine unterschiedliche Darstellung eines Elements je nach Ausgabegerät festzulegen. So kann ein Element etwa auf einen Computerbildschirm anders als auf dem Drucker dargestellt werden. Es können auch Gruppen von Ausgabegeräten festgelegt werden, wenn das Verhalten dort bezüglich der im Container deklarierten Stilinformationen gleich ist. Die einzelnen Medientypen werden durch Komma getrennt. Das media-Attribut kennt die folgenden Werte:

Attribut	Beschreibung
`print`	Ausgabe auf den Drucker
`projection`	Ausgabe auf einen Projektor
`braille`	Ausgabe an Geräte, welche Blindenschrift unterstützen
`screen`	Ausgabe auf den Bildschirm
`speech`	Ausgabe an Sprachsynthesizer
`all`	Ausgabe an alle Geräte

Beispiele

Die Festlegung der Ausgabe auf Bildschirm und Drucker:

```
<STYLE type="text/css" media="screen, print">
```

Verwandte Befehle/Themen

Einbindung von Style-Sheets

Zugriff auf CSS über Scripte

Allgemeine Zugriffsregeln für den Zugriff auf Stilinformationen mittels Scripten (ohne Beschränkung der Allgemeinheit mit JavaScript als Beispiel).

Anwendung

Wenn eine HTML-Seite vom Browser geladen wird, können im Rahmen vom Document Object Model (DOM – siehe Seite 345) die eigenständigen Elemente als Objekte klassifiziert werden (abhängig von der genauen Umsetzung der Browserhersteller). Auf diese Weise kann der Browser jedes unterscheidbare Element einer Seite eindeutig wiederfinden. Als Elemente fasst man in diesem Zusammenhang auch die unter CSS erstellten Stilvorlagen auf, die über Scripte ebenso angesprochen und verändert werden können.

Dies kann etwa direkt über Veränderungen der Webseite durch den Anwender (beispielsweise über die Tastatur oder die Maus) geschehen oder auf Grund von Eingaben bei irgendwelchen Elementen als eine automatische Folgereaktion.

Das große Problem wird hier nur sein, dass sich die Probleme der unterschiedlichen Ereignisbehandlungsmodelle mit den verschiedenen Style-Sheet-Konzepten potenzieren. Wenn Sie JavaScript unter dem Netscape-Browser in Verbindung mit einem Style-Sheet-Konzept einsetzen wollen, ist das Layer-Konzept in Verbindung mit dem Netscape-eigenen JSSS-Standard für Style-Sheets natürlich ideal. Dahingegen werden Microsoft-Browser bei JSSS und dem Layer-Konzept bzw. dem Ereignismodell von Netscape aussteigen. Es ist also unbedingt nötig, zwei getrennte Projekte aufzubauen, wenn Sie mit JavaScript Style-Sheets unter Ausnutzung des vollständigen Leistungumfangs manipulieren wollen.

Wir werden uns hier auf eines der beiden Konzepte beschränken – ausnahmsweise das Microsoft-Konzept. Dies ist keine wesentliche Einschränkung, da die Grundvorgänge auch unter dem Netscape-Modell fast identisch realisiert werden können. Es wird nur gewisse Einschränkungen im Umfang und leichte Abweichungen in der genauen Syntax geben. Die nachfolgenden Ausführungen sind also auf den Internet Explorer abgestimmt und können im Navigator zu Fehlern führen.

Im Mittelpunkt der dynamischen Veränderung von Webseiten über JavaScript steht das Attribut `ID`, mit dem Sie HTML-Tags erweitern können und über das ein Script ein Element in einer Webseite identifizieren kann. `ID` wird als Stilobjekt verstanden und besitzt eine Eigenschaft `className`, die Sie dynamisch setzen können.

Beispiele

Das erste Beispiel verwendet zwei Stilklassen (`farbe1` und `farbe2`), die zwei Farbangaben definieren. Den beiden Abschnitten in der Webseite wird jeweils eine der beiden Stilinformationen zugewiesen. Der erste Abschnitt wird blau und der zweite Abschnitt grün dargestellt. Das zweite Attribut ist die `ID`, über die die Elemente (hier Absätze) mittels JavaScript angesprochen werden:

In dem nachfolgenden Formular wird über die Schaltfläche eine Funktion (`farbwechsel()`) aufgerufen, welche die Eigenschaft `className` der beiden ID-Objekte setzt (Punktnotation). Dabei werden einfach die beiden Stilinformationen vertauscht.

```
<HTML>
<HEAD>
<STYLE TYPE="text/css">
<!--
 .farbe1 {color:blue}
 .farbe2 {color:green}
-->
</STYLE>
</HEAD>
<SCRIPT LANGUAGE="JavaScript">
function farbwechsel()
{
P1.className="farbe2";
P2.className="farbe1";
}
</SCRIPT>
<BODY>
<P class=farbe1 id=P1>Es grünt so grün</P>
<P class=farbe2 id=P2>Was sind wir wieder blau</P>
```

```
<form name="meinFormular">
  <input type=button value="Farbwechsel" onClick="farbwechsel()">
<BR>
</form>
</BODY>
</HTML>
```

Das nächste Beispiel verwendet eine neue Stilvereinbarung für den Hintergrund eines Elements (background-color) und wendet die Stilvereinbarungen auf Überschriften an. Dort werden bei der ersten Überschrift die beiden Event-Handler onMouseOver und onMouseOut zum Aufruf der Funktion verwendet. Beachten Sie bitte, dass nur die erste Überschrift die Funktion auslöst. Dies ist durch die Konstruktion der Funktion als eine Art Schalter und den Aufruf beim Bewegen auf die erste Überschrift sowie von ihr wieder weg vollkommen ausreichend.

```
<HTML>
<HEAD>
<STYLE TYPE="text/css">
<!--
 .farbe1 {color:red; font-style:italic; font-size=18;  background-color = white}
 .farbe2 {color:white; font-style:normal; font-size=22;  background-color = blue}
-->
</STYLE>
<SCRIPT LANGUAGE="JavaScript">
<!--
function farbwechsel()
{
if (P1.className=="farbe1")
{
P1.className="farbe2";
P2.className="farbe1";
}
else
{
P1.className="farbe1";
P2.className="farbe2";
}
}
-->
</SCRIPT>
</HEAD>
<BODY>
<h1 class=farbe1 id=P1 onmouseover="farbwechsel()" onmouseout="farbwechsel()">Da
schau an</h1>
<h1 class=farbe2 id=P2>Gude wie</h1>
</BODY>
</HTML>
```

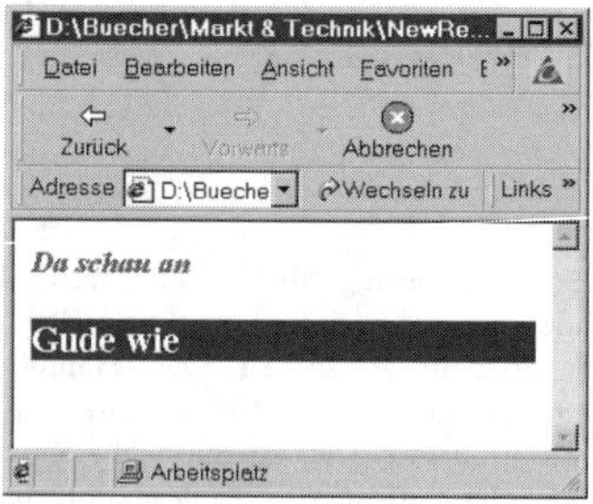

Die Absätze verändern dynamisch ihr Aussehen.

Das dritte Beispiel beeinflusst dynamisch die Position von Elementen über Style-Sheets. Dabei wird der HTML-`<DIV>`-Tag verwendet, der mit der ID versehen wird, worüber die Scripte auf die Stilinformation zugreifen. Sobald der Mauszeiger auf das Bild bewegt wird, wird die Funktion `poswechsel()` ausgelöst. Diese verschiebt jeweils das Bild auf die Alternativposition.

```
<HTML>
<HEAD>
<STYLE TYPE="text/css">
<!--
 .pos1 {position:absolute; left:100px; top:60px}
 .pos2 {position:absolute; left:280px; top:100px}
-->
</STYLE>
<SCRIPT LANGUAGE="JavaScript">
<!--
function poswechsel()
{
if (P1.className=="pos1")
{
P1.className="pos2";
}
else
{
P1.className="pos1";
}
}
-->
</SCRIPT>
</HEAD>
<BODY>
<DIV class=pos1 id=P1 onmouseover="poswechsel()">
<IMG src="bat1.gif" height=50>
```

```
</DIV>
</BODY>
</HTML>
```

Verwandte Befehle/Themen

DOM

Einbindung von Style-Sheets

Das Netscape-Objektmodell

Das Microsoft-Objektmodell

Alle Scriptthemen

Style-Sheets und die Verwendung des all-Objekts

Die Anwendung von Style-Sheets in Verbindung mit dem Microsoft-spezifischen all-Objekt.

Anwendung

Das Microsoft-spezifische Objekt `all` (ein Unterobjekt von `document` im Mircosoft-Objektmodell) erlaubt über Scripte Zugriff auf alle einzelnen Elemente und Inhalte einer HTML-Datei. Insbesonders hat `all` selbst ein interessantes Unterobjekt – `style`. Darüber können beispielsweise sämtliche Elemente eines Typs innerhalb einer Webseite zusammen abgefragt oder verändert werden. Dies erfolgt über die Syntax

```
document.all.tags["(Tagname)"].[index].style.[Eigenschaft/Methode]
```

Neben dem Namen kann man über die ID arbeiten. Über die Syntax

```
document.all.[id].style.[Eigenschaft/Methode]
```

kann genauso jegliches HTML-Element innerhalb einer Webseite beeinflusst oder abgefragt werden.

Warnungen

- Die Eigenschaften vom `all`-Objekt unterscheiden sich in der Schreibweise ein wenig von der Schreibweise bei den CSS1-Attributen. Dies führt oft zu Fehlern. Im Allgemeinen gilt, dass der Bindestrich bei CSS1-Attributen bei den Eigenschaften des `all`-Objekts entfällt und der nachfolgende Buchstabe groß zu schreiben ist (Groß- und Kleinschreibung ist zu beachten). So wird etwa aus `font-size` `fontSize`, aus `background-color` wird `backgroundColor` und aus `text-align` wird `textAlign`. Wenn man diese Regeln beachtet, lassen sich in den meisten Fällen die Eigenschaften des `all`-Objekts direkt aus den CSS1-Attributen herleiten.

Beispiele

Zugriff auf die zweite Überschrift der Ordnung 5 in einem Dokument:

```
document.all.tags("H5")[1].style.color
```

Eine vollständige Datei mit Stilinformationen, welche über das `all`-Objekt gesetzt werden. Die eine Schaltfläche ändert den Bereich, welcher von dem `<DIV>`-Container eingeschlossen ist. Die Funktion spricht den Bereich über die ID an. Die andere Schaltfläche ändert jedes Element individuell. Dies ist unabhängig davon, ob sie zu einem Elementtyp gehören.

```
<HTML>
<HEAD>
<SCRIPT LANGUAGE="JavaScript">
<!--
function wechsel1()
{
document.all.tags("h1")[0].style.color="green";
document.all.tags("h1")[1].style.color="cyan";
document.all.tags("h3")[0].style.color="gray";
document.all.tags("BODY")[0].style.backgroundColor="red";
document.all.tags("P")[1].style.fontStyle="italic";
document.all.tags("A")[0].style.fontSize="42";
}
function wechsel2()
{
document.all.P2.style.color="white";
document.all.P2.style.backgroundColor="blue";
}
-->
</SCRIPT>
</HEAD>
<BODY>
<h1>Rock & Roll</h1>
<P>Blues</P>
<h3>Boogie</h3>
<DIV id=P2>
<h1>Jazz</h1>
<P>Pop</P>
<h4>Soul</h4>
<A href="">Ein A-Element</A>
```

```
</DIV>
<form name="meinFormular">
  <input type=button value="Ändere jedes Element individuell" on-
Click="wechsel1()">
  <input type=button value="Ändere alle Element innerhalb DIV gleichzeitig"
onClick="wechsel2()">
</form>
</BODY>
</HTML>
```

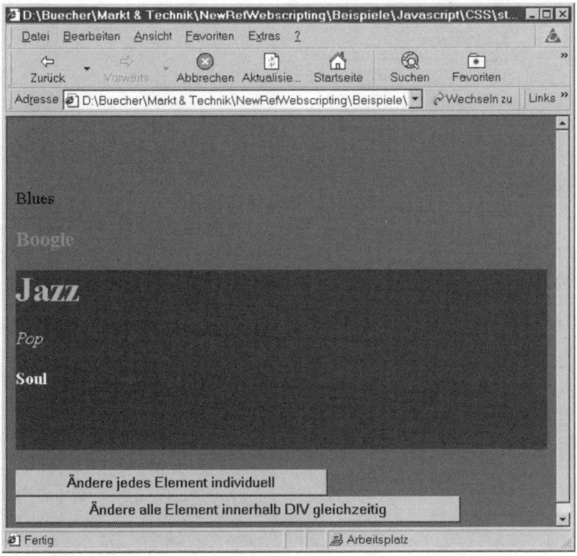

Stilinformationen in Verbindung mit all können ebenso dynamisch geändert werden.

Verwandte Befehle/Themen

DOM

Einbindung von Style-Sheets

Das Microsoft-Objektmodell

Index

A